KB153982

자립기

카이로스총서34

자립기 The Age of Independence

지은이 마이클 J. 로젠펠드
옮긴이 이계순

펴낸이 조정환
책임운영 신은주
편집부 김정연
홍보 김하은
프리뷰 김혜선·홍지혜

펴낸곳 도서출판 갈무리 등록일 1994. 3. 3. 등록번호 제17-0161호
초판인쇄 2014년 11월 22일 초판발행 2014년 11월 31일
종이 화인페이퍼 출력 경운출력·상지출력 인쇄 중앙피엔엘
라미네이팅 금성산업 제본 일진제책

주소 서울 마포구 서교동 375-13호 성지빌딩 101호 [동교로 22길 29]
전화 02-325-1485 팩스 02-325-1407
website http://galmuri.co.kr e-mail galmuri94@gmail.com

ISBN 978-89-6195-087-9 04300 / 978-89-86114-63-8(세트)
도서분류 1. 사회과학 2. 사회학 3. 사회문제 4. 가족학 5. 여성학 6. 정치학 7. 문화연구

값 20,000원

이 도서의 국립중앙도서관 출판시도서목록(CIP)은 서지정보유통지원시스템 홈페이지(http://seoji.nl.go.kr)와 국가자료공동목록시스템(http://www.nl.go.kr/kolisnet)에서 이용하실 수 있습니다. (CIP제어번호 : CIP2014033369)

The Age of Independence

자립기

1960년대 이후 자립생활기의 형성과
가족 및 사회의 극적 변화

마이클 J. 로젠펠드 지음

이계순 옮김

일러두기

1. 이 책은 Michael J. Rosenfeld. *The Age of Independence: Interracial Unions, Same-Sex Unions, and the Changing American Family*. Cambridge, MA: Harvard University Press, 2007을 완역한 것이다.
2. 인명과 고유명사는 혼동을 야기할 수 있다고 생각되는 경우를 제외하고는 본문에 원어를 병기하지 않았으며 찾아보기에 병기했다.
3. 부호 사용
1) 단행본, 전집, 정기간행물, 보고서에는 겹낫표(『』)를, 논문, 논설, 기고문 등에는 홑낫표(「」)를 사용하였다.
2) 영어 원문에서 사용된 콜론과 세미콜론, 그리고 맞줄표는 맥락에 맞게 최대한 제거하는 것을 원칙으로 삼았다.
4. 지은이 주석과 옮긴이 주석은 같은 일련번호를 가지며, 옮긴이 주석에는 [옮긴이]라고 표시하였다.
5. 표와 도표의 번호는 원서를 따라 〈표 3.1〉, 〈도표 3.1〉과 같이 표기하였다. '3.1'에서 3은 표가 위치한 '장'을 의미하여 소수점 뒤의 1은 해당 장에서 표가 등장하는 순서를 의미한다. 예를 들어서 '3.1'은 '3장의 첫 번째 표'라는 의미이다.

자립기
自立期

차례

자립기
自立期

자립기
自立期

1장

서문

1990년대에 하와이 주 법원과 알래스카 주 법원은 주 정부를 향해 동성 커플에게도 결혼 증명서를 발급하라고 판결했다. 하지만 하와이와 알래스카 주 정부들은 동성 결혼을 막기 위해 아예 주 법을 개정했다.[1] 2000년 겨울, 버몬트 주 법원은 주 정부를 강제해서 동성 커플에게도 최초로 '시민 결합'civil unions이라는 새로운 종류의 합법적인 지위를 주도록 했다. 시민 결합이란 동성 커플에게 결혼한 이성애자 커플이 누리는 행정상 권리를 전부는 아니고 일부분만 보장한 것이다.[2] 2003년, 미국 연방대법원은 자신들이 해왔던 기존의 판결을 뒤집었고, 서로 동의하에 관계를 맺은 동성 간 성관계도 유죄로 인정했던 각 주의 법을 폐기하기로 결정했다.[3] 2004년, 매사추세츠 주 정부는 주 법원의 명령에 따라 동성 커플도 이성 커플과 동등한 조건에서 결혼하도록 허용했고, 어떤 주에서는 아예 주 법률을 무시하면서 동성 커플의 결혼을 인정하기 시작했다.[4] 몇 년 사이에 동성애자 권리라는 미개척 분야는 전례 없는 영역으로 이동했다. 동성애자 권리를 위한 정치적·법적 변화의 속도는 매우 빨라서 주요 법률 조항들이 그 변화를 따라가지 못할 정도이다.[5] 동성애자 생애를 연구해온 저명한 학자의 말을 빌리자면, "세상이 변했다."[6]

우리는 확실히 급변하는 시대에 살고 있는 것 같지만, 정신없고 혼란스런 사회 변화는 사회 자체의 역사만큼이나 오래전부터 보고되고 있다. 현대의 사회와 가족에게서 일어난 변화는 정말로 보이는 것만큼 극적일까? 동성애가 처음부터 인간 사회를 구성하는 한 요소였다면, 왜 최근 몇 십 년 동안에만 동성애자 권리를 위한 변화의 바람이 불고 있는 것일까? 미국에서 가족을 통제하는 법률과 관습이 매우 급격하게 변화하고 있기 때문에, 사람들은 최근인 1967년까지 많은 주에서 이인종 결혼이 불법이었다는 사실을 잊기 쉽다. 미국 대법원이 마침내 이인종 결혼 금지법을 폐기하기 전까지, 대법원은 이인종 결혼이 너무 물의를 일으킬까봐 우려해서 수 년 간 그 사안을 다루길 피했었다.[7]

최근 동성 커플과 이인종 커플 수가 급격하게 증가하고 있다. 1960년대 이후 가족에게 일어난 중요한 변화 몇 가지만 언급한다면 이혼이 더 보편화되었고, 이성애자들의 동거가 증가하고 있으며, 결혼 연령이 점점 늦어지고 있다는 점이다. 가족은 역사가 오래된 제도이며 이 제도는, 반대되는 근거도 많이 있지만, 과거에 그 변화의 속도가 꽤 느렸다. 그렇다면 우리는 가족 제도 안에서 일어나는 현재의 변화 속도를 어떻게 설명할 수 있을까?

이 책에서 나는 현대 가족 형성에 한몫을 한 근원적인 인구학적 요소 중 몇 가지를 살펴볼 것이다. 성인 초기young adulthood는 가족을 새로 형성하는 시기이므로 이 시기를 집중해서 보려 한다. 1960년대 이후 젊은이들은 예전처럼 결혼할 때까지 부모님과 함께 살지 않고 자신의 가정을 꾸리기 전부터 이미 자립해 살기 시작했다. 이처럼 새롭게 등장한 인생 단계를 나는 자립적 생활단계, 즉 자립기independent life stage[8]라 부르며, 이 시기에 젊은이들은 대학도 가고, 여행도 다니며, 직업도 갖는다. 젊은이들은 사회적 독립이 이루어지는 시기로서 자립기를 경험한다. 물론 현대 젊은이들이 부모에게서 완전히 자립했다고 볼 순 없다. 젊은이들이 대학에 가 있는 동안 등록금 고지서는 대개 부모에게 날아간다. 또 자립기에 젊은이들은 몇 번이고 부모 집으로 되돌아 갈 수 있다. 자립기에 완벽한 독립이 이루어지는 것은 아니지만, 예전의 미국 젊은이들이 이 시기에 경험했던 것에 비하면 상당히 자립적이다.

최근에 학자들은 성인 초기의 변화 과정에 주목한다.[9] 이런 연구는 대부분 졸업과 결혼, 취업, 육아와 같이 인생의 단계에서 일어나는 일의 순서를 조사하고, 성인 초기에 일어나는 일련의 사건들이 예전보다 무질서한 양상을 보이는지 살핀다. 내가 주목하고 있는 지점은 다르다. 나는 젊은이들이 형성하는 가족 유형에 자립기가 영향을 주는지 조사한다. 나는, 자립기가 젊은이들을 부모로부터 분리시킴으로써 그들이 다양한 유형의 가족을 이루도록 만든다고 주장한다.

2002년에 스탠포드 대학에서 한 흑인 학생 토론자가 청중들에게 자신의 여자 친구는 백인이라고 말했다. 이를 싫어하는 사람이 학교에 있을 수도 있지만 자신은 그런 분위기를 느끼지 못했다고 말했고, 청중 가운데 이에 동의하지 않는다고 한 사람은 아무도 없었다. 한 학생이 백인 여자 친구의 부모님께서 둘 사이를 반대하지 않는지 물었다. 토론자는 이런 질문을 한 번도 생각해 보지 않았던 것처럼 어리둥절해하다 대답했다. "부모님 의견은 중요하지 않아요. 저희랑 멀리 떨어져 사시거든요."

과거 젊은이들이 부모와 함께 살 때는 부모가 그들의 배우자 선택에 막강한 영향력을 행사했다. 부모의 경제력에 전적으로 기대야 했던 젊은이들이 부모의 뜻을 거스르며 자신의 짝을 고집하기란 쉽지 않았다. 요즘 부모는 자녀가 다른 인종이나 동성을 짝으로 선택하더라도 대개는 둘을 억지로 떼 놓으려 하지 않는다. 부모는 자녀가 배우자를 선택했을 때 거부권을 오랫동안 행사하지 않으며, 자녀도 그들에게 맞는 짝을 선택할 권리가 있다고 믿는 부모들이 점점 늘어나고 있다. 실제로 세대 간 결속이 느슨해졌다는 것은 인구 통계로도 나타나며, 이는 개인의 자유에 대한 우리의 사고방식을 변화시켜 왔다.

하지만 자녀가 부모의 영향을 적게 받는다고 해서 부모들이 지켜왔던 사회 규범이나 경계선을 완전히 무시할 수 있는 것은 아니다. 1967년 이전에는 자녀의 이인종 결혼을 막고자 했던 많은 미국 부모들이 법에 의지할 수 있었다. 미국 대법원이 1967년 이인종 결혼 금지법을 폐기한 후[10] 이인종 결혼은 빠르게 증가하고 있지만, 이상하게도 백인과 흑인의 결혼만은 우리가 예상하는 수에 훨씬 못 미치고 있다. 이인종 결합을 방해하는 장애물은 여전히 존재한다. 이 장애물은 이인종 결혼을 가로막는 법률처럼 항상 명확하게 보이지 않을 뿐만 아니라, 그 법률도 이인종 결혼을 원하는 당사자들에게만 보일 뿐 다른 사람에게는 보이지 않는다. 여전히 인종별 거주지 분리는 미국에서 매우 일반적이다.[11] 백인은 다른 인종의 자녀가 자기 자녀와 사회적으로 어울리거나 사귀는 것을 원하지 않기 때문에, 인종별 거주지 분리를 열정적으로 또 어느 정도는 폭력적으로 지켜내고 있다. 고등학교는 분리된 거주지의 중심에 있으므로 고등학교 졸업 후 대학에 진학하지 않는 한, 거주지 분리는 이인종 결혼을 막을 수 있는 효과적인 제도였다.

부모와 살던 집을 떠나 대학을 가는 자녀들이 늘어나면서 거주지 분리는 영향력을 잃고 있다. 미국 젊은이들의 대학 진학률은 1940년에 12%, 1960년 23%, 2000년 59%였다. 자녀가 집을 떠나자 부모는 자녀가 꾸리는 새로운 종류의 결합에 영향력을 미치기 힘들어졌다. 자립기는 부모의 사고방식과 자녀의 행동을 분리하고 있다. 대학에서 젊은이들은 노동시장에서 쓸 기술을 배우고, (비록 대학 등록금은 부모님이 대주지만) 결국 여기에서 배운 기술로 부모로부터 경제적으로 독립할 수 있다. 부모의 통제가 감소하자 그 결과 비전통적 가족이 나타났다.

1960년에서 2000년까지, 미국 내 흑인과 백인 결혼은 5만 5천 건에서 33만 1천 건으로 늘었다. 같은 기간 동안 아시아인과 백인의 결혼은 4만 9천 건에서 57만 9천 건으로 증가했다. 히스패닉과 비히스패닉 백인 결혼은 1970년 28만 3천 건에서 2000년 1백 50만 건으로 늘었다. 1990년대 10년 동안[12] 동성 동거 커플의 수는 미국 인구조사에서 14만 5천 건에서 59만 3천 건으로 껑충 뛰었다. 하지만 동성 커플 숫자가 껑충 뛴 주요 원인은 전에는 모순이라고 여겼던 데이터, 다시 말해 동성 커플이 서로 결혼했다고 응답한 데이터의 취급 방식을 인구조사국이 바꿨기 때문이다.[13] 이인종 결합과 동성 결합이 증가했다고는 하지만, 2000년 미국에서 이성애자 동인종 결혼 커플이 5천 2백 6십만 쌍이라는 것을 감안했을 때 이들의 수는 여전히 적다.

이인종 결합과 동성 결합 커플의 수는 결혼한 동인종 커플과 비교했을 때 확연히 적으므로, 가족과 결혼을 연구한 다른 논문들에서 비전통적 결합을 자세히 다루지 않았다고 탓할 수는 없다. 이인종 결합과 동성 결합이 불법적인 존재로 눈에 잘 띄지도 않았다가 사회 가장자리일 망정 인정받기 시작한 것은 몇 십 년도 채 안 된다. 비전통적 결합은 여전히 소수지만, 이들이 증가한 이유를 연구해 보면 가족 형태가 언제, 어떻게, 왜

바뀌었는지에 대한 흥미로운 실마리를 제공한다. 나는 이 책에서 종종 사소하게 느껴지는 이인종 결합과 동성 결합을 통해, 비전통적 결합 그 자체뿐만 아니라 좀 더 일반적으로 미국 가족에 대해서도 이야기하고자 한다.

이인종 결합과 동성 결합의 확산이 흥미로운 이유는, 과거 미국 사회가 이런 결합을 막기 위해 법과 인종분리 정책도 모자라 협박과 폭력까지 썼다는 점이다. 1955년, 시카고에서 자란 14살 흑인 소년 에밋 틸은 미시시피 주에서 백인 여성과 시시덕거렸다는 이유로 살해되었다.[14] 사람들은 어떤 형태의 다른 가족도 이성애자 동인종 결혼의 헤게모니와 지배에 근본적으로 도전한다고 봤고, 그것이 아주 터무니없는 생각은 아니었지만, 이 이유로 인해 이인종 커플과 동성 커플은 집요하게 괴롭힘 당했다. 미국에서 인종 분리의 진정한 토대는 '백인'에게서 '흑인'을 확실하게 분리해서 두 인종 간에 존재하는 이른바 고유한 차이라는 것을 강화하고 논증할 수 있느냐에 달려 있었다. 미국에서 인종 분리의 힘과 그 깊이를 고려했을 때, 과거에 이인종 커플은 그 수가 적더라도 우수한 인종의 헤게모니에 무모한 도전을 한 것으로 여겨졌다. 이인종 결혼은 다른 인종이 가족으로 섞일 뿐만 아니라 그 결혼으로 탄생한 아이들도 인종의 경계를 흐린다. 하지만 노예 주인과 노예의 관계처럼 인종 간의 비공식적인 성관계는 미국에서 하나의 유형으로 언제나 있었고, 백인 사회는 이인종 결합으로 탄생한 아이를 거부하거나 아이와 의절하는 것을 허용했다.[15]

이인종 커플과 그들의 다인종 자손들은 거부할 수 없는 존재가 되었고, 미국 인구조사국은 2000년 인구조사에서 처음으로 응답자들이 인종 분류를 한 개 이상 택할 수 있게 했다. 미국인의 2.6%인 7백 30만 명이 2000년 인구조사에서 자신의 인종을 하나 이상으로 분류했다. 기존의 인종 분류도 남아 있긴 하지만 그 권위와 불가침성은 점차 약해지고 있다.

가족 통치 제도

1960년 이후, 이인종 결합 및 동성 결합의 확산은 이혼과 이성애자 동거의 확산과 함께 미국에서 가족 형태를 더욱 다양하게 만들고 있다. 새롭게 등장한 다양한 형태의 가족이 어떻게 생겨났는지 알아보기 위해서, 먼저 과거에는 이런 다양한 형태의 가족을 어떻게 억제했는지 이해할 필요가 있다. 다시 말해서, 미국 사회는 어떻게 이성애자 동인종 결혼만을 그토록 오래 유지할 수 있었을까? 과거에 이성애자 동인종 결혼이 주류가 된 것은 우연이 아니며 미국 식민지의 지도자들이 '가족 통치 제도'family government라 부른 것을 체계적으로 적용한 결과였다.[16]

식민지 시대에 가족 통치 제도란 가족이 개인의 행동을 바로잡고, 인도하며, 감독하는 것이었고 그러기 위해 모든 개인은 가족이란 집단에 속해 있어야 함을 의미했다. 식민지 시대의 지도자들은 결혼을 생물학적 재생산만이 아니라 사회적 재생산까지 도모하는 사회 통제 제도로 이해했다. 따라서 가족 통치 제도 바깥에 사는 미혼 남성은 가장 중요한 사회 통제 시스템에서 일탈한 것이므로, 뉴잉글랜드 식민지 지도자들은 미혼 남성이 자기네 지역에 사는 것을 불법으로 여겼다. 미혼 남성은 결혼을 하든지, 이전의 가족과 함께 이사를 오든지, 그것도 아니면 감옥에 가든가 그 지역사회를 떠나야 했다.[17] 개인의 행동을 통제할 수 있었던 가족은 배우자감으로 누가 적당하고 적당하지 않은지도 간섭했다. 식민지 시대엔 부모의 허락과 지역사회의 승인이 있어야 결혼이 합법적으로 인정되었기 때문에, 부모의 지도와 통제를 무시하기 힘들었다.[18]

1960년대 이후 가족 형태의 다양화는 식민지 지도자들이 직관적으로 간파했던 한 가지 이유, 즉 젊은이들이 부모에게서 멀리 떨어져 살 때 부모의 통제를 덜 받게 된다는 이유에서 일어나고 있다.

다른 시각에서 본 자립기

자립기는 늘 우리를 둘러싸고 있지만 감지하기는 어려운 인구학적 현상의 하나다. 언론은 늘 자립기와 반대되는, 젊은이들이 부모의 집으로 돌아오는 현상을 강조했다.[19] 사람들 대부분은 부모와 살고 있는 자녀들이 예전보다 늘었다고 믿는다. 하지만 이런 대중적인 믿음과 반대로, 인구 통계 자료는 오늘날 부모와 사는 20대 독신 비율이 과거보다 줄었음을 보여 준다. 우리가 집에 돌아와 부모와 사는 자녀들이 늘었다고 느끼는 이유는 역설적으로 그러한 행동들이 과거보다 덜 일반적이어서 더 눈에 띄기 때문이다.[20]

사실 누구나 가족이 있고, 가족은 매우 친근한 대상이기에 학자들은 연구에 어려움을 크게 느낀다. 자신의 가족을 잘 알고 있다고 생각하지만, 가족과 너무 가깝기 때문에 도리어 공정하게 판단하기가 힘들다. 함께 결혼해서 살아가는 남편과 아내도 그들의 결혼 생활을 서로 다르게 바라본다.[21] 가족을 역사적으로 꾸준하게 측정해 온 데이터가 없다면, 우리는 개인의 가족 경험을 근거로 전반적인 가족 제도를 추정해서 이해할 수밖에 없다. 우리의 가족 경험을 감싸고 있는 막연한 친밀감과 또 시간 및 공간에 따른 가족 구조family structure의 확실한 차이를 고려하면, 개인의 경험은 가족의 역사적 변화를 이해하는 데 있어서 우리를 오도할 수 있다. 그래서 19세기와 20세기 초반 인구조사 마이크로데이터microdata [22]는 1990년대에 와서 사용 가능하게 되었는데, 그전까지 학자들은 미국을 여행했던 프랑스인 토크빌이 쓴 글이나 19세기 미국 여성을 묘사한 엘런 로스만의 일기처럼 개인적 관찰에만 의존해야 했다.[23] 개인적 관찰법은 대상에 대해 인구조사가 줄 수 없는 풍부한 정보를 제공할 수 있다. 하지만 인구조사는 조사 대상자 숫자가 굉장히 많고, 전국적 대표성을 지니며, 역사적으로 일관된 조사를 했기 때문에 시간 흐름에 따른 가족 구조 변화 같은 주제로 인구 데이터를 얻을 때 좋은 정보를 제공한다.

개인 관찰에 의존해 대상을 연구한 역사가들은 19세기 후반 산업혁명기에 미국 젊은이들이 부모의 통제에서 벗어나 많이 자유로워졌다고 믿곤 한다.[24] 이를테면 로스만은 일기에 부모 간섭 없이 배우자를 선택할 수 있게 되었다고 썼다. 토크빌은 1831년에서 1832년까지 미국을 여행하면서 미국 청년들의 독립 정신과, 가족의 통제를 벗어나 자유롭게 살아가는 이들의 모습을 상세히 적었다.

인구조사 데이터는 과거의 미국 가족에 대한 새로운 시각을 제공하며, 특히 19세기 후반 미국 가족을 재조명한다. 가령 인구조사 데이터는 산업혁명기에도 위아래 세대가 같이 사는 방식을 통해 가족 통치 제도가 유지되었음을 보여 준다. 이 기간에도 젊은이들은 거의 대부분 부모나 부모의 역할을 하는 사람들과 살았다. 인구조사 데이터로 보면 2차 세계대전이 끝날 때까지도 젊은이들을 통제하는 가족 통치 제도가 쇠퇴하지 않았다. 산업혁명기에 가족의 생활은 많이 바뀌었다. 영아 사망률과 출생률 그리고 가족 구성원 수가 줄었으며, 이혼율은 증가했고, 많은 사람들이 공장에서 돈을 벌고자 터전이었던 농장을 떠났다. 산업혁명기의 가족에게 일어났던 많은 변화들은 (내 관점에서는 아주 결정적인) 가족 생활의 다른 측면들이 그 기간 동안 변함 없이 완강하게 유지되었다는 사실을 가리고 있다.

가족 통치 제도의 쇠퇴는 앞서 나왔던 역사가들이 합의했던 것처럼 100년 전의 현상이 아니라, 최근에 일어난 현상이며 이는 최근에 와서 비전통적인 결합이 증가하고 있는 흥미로운 사실을 설명하는 데 도움을 준다. 19세기 인구조사로만 보면 당시에는 비전통적 결합은 거의 존재하지 않았다. 특히 이성애자 혼외 동거와 이인종 결혼은 두 형태 다 미국 산업혁명기에는 사실상 알려져 있지 않았다. 산업혁명기에 비전통적 결합이 거의 없었다는 사실은 앞서 나온 역사가들이 19세기 미국인들은 유례없이 개인적 독립을 누렸다고 합의한 내용과 모순된다. 이 문제는 3장과 4장에서 자세히 다루려 한다.

가족의 변화와 사회 변화

이 책에서는 핵심적으로 가족 구조의 변화, 특히 자립기의 등장이 사회 변화를 어떻게 이끌었는지를 실증적으로 논의하려 한다. 실제로 자립기의 등장은 자녀가 연애나 직업, 교육, 거주지 등을 결정할 때 부모의 영향력을 감소시킨다. 이인종 커플과 동성 커플이 눈에 띄게 증가하면서 비전통적 결합에 반대하는 부모의 도덕적 권위가 떨어지고 있다. 젊은 코호트[25]들이 이인종 결합이나 동성 결합을 계속 형성하기 때문에, 이런 비전통적 결합이 가시적으로 증가하면서 동성애와 이인종성향interraciality처럼 사회에서 금기시했던 것들을 서서히 깨고 있다. 부모는 자녀의 짝을 반대해 봐야 별 소용없다는 것을 깨달았기 때문에 그다지 반대하지 않게 된다. 마침내 이인종 결합과 동성 결합이 확산되고 이를 반대하는 목소리도 거의 사라지면서 이전에 금기시했던 가족 형태들도 사회 주류로 통합되기 시작한다.[26]

자립기와 비전통적 결합의 확산은 1960년 이후 미국에서 일어난 사회적·가족적·정치적 변화 중 가장 큰 두 개의 퍼즐 조각일 뿐이다. 그 외 주목할 만한 변화들을 열거하면 이혼과 이성애자 동거의 확산과 피임약 발명, 성혁명과 시민권 운동, 페미니즘과 여성권의 성장, 베트남전 반대 시위, 1960년대 대항문화와 청소년 운동, 동성애자 권리 운동 등이 있다. 자립기는 이런 변화의 원인이자 결과이다. 나는 사회학자로서 자립기 같은 사회 구조가 어떻게 우리의 생각과 삶, 그리고 우리 스스로를 보는 방식에 영향을 미치는가에 대한 이론을 확증하지만, 인과 관계는 분명 그 반대 방향으로 향하기도 한다. 우리가 살면서 만드는 사회 구조는 우리 시대의 문화적 가치관의 산물이기 때문이다.

시민권 운동이 일어난 시기를 보자. 과거 그 많았던 시기 중에서 왜 1960년대가 시민권 운동의 시발점이 되었을까? 흑인 시민들은 확실히 1960년대 이전에도 더 많은 자유와 권리를 요구해 왔다. 시민권 운동의 역사를 연구하는 학자들은 1960년대에 미국의 정치 제도가 전보다 변화에 개방적이 되었다고 주장한다.[27] 2차 세계대전 이후 미국이 세계를 주도하는 역할을 함에 따라, 국제 사회도 전과는 다른 눈으로 미국 국내 문제를 바라보았다. 이에 따라 미국에서 인종 분쟁과 인종 간 주거 분리 정책을 계속 지속했을 때 그에 따르는 대가가 커졌다는 것이다.[28] 이런 설명이 합리적인 설득력을 지닌 듯하지만, 1960년대의 인구 통계는 다른 설명을 제공한다.

시민권에서 반전 운동까지, 그리고 그린즈버러의 연좌 운동에서 〈학생비폭력조정위원회〉SNCC [29]까지, 버클리 대학 자유언론운동[30]에서 켄트 주립 대학교와 잭슨 주립 대학교의 학생 운동까지, 〈민주학생연합〉SDS에서 '자유의 여름'[31] 참가자들까지, 1960년대 운동에서는 대학생이나 대학을 갓 졸업한 청년들, 대학 중퇴자, 급진적인 청년문화공동체가 선두에 섰다.[32] 이런 종류의 급진적·활동적 청년문화가 전에는 이런 방식으로 존재하지 않았다. 자립기는 젊은이들에게, 반대하고 항의할 자유를 더 많이 주었을 뿐만 아니라 저항하고 방해할 사회적·물리적 공간도 주었기 때문이다. 부모와 함께 사는 고등학생이나 결혼해서 자녀를 양육하는 젊은이들이 〈민주학생연합〉이나 자유의 여름을 주도하는 모습을 상상

하긴 어렵다. 혼자 사는 대학생이나 젊은 독신자는 미국 식민지 시대 지도자들이 '가족 통치 제도'라고 불렀던 제도 밖에 존재하기 때문에 더 반체제적이 될 수 있다. '세대 격차'는 1960년대에 만들어진 관념이며, 이전 세대에서는 찾기 힘든 관념이기도 하다.

1960년대 급진 학생운동을 일으킨 기초 문건들 중 하나인 〈민주학생연합〉의 「포트 휴런 성명」의 첫 문장을 보자. "우리는 적어도 안락한 가정에서 길러져, 현재 대학에 머무르며, 우리가 물려받을 세계를 불안하게 바라보는 세대이다."[33] 부모와 살 때보다 대학에 머무르면서 학생들은 가족의 사회적 통제에서 벗어났고, 이는 학생들이 '제도'에 대해 이전과 다르게 조금 더 공격적으로 비판하게끔 하였다.

「포트 휴런 성명」에서 '적어도 안락한' 가정에서 양육되었다고 언급하면서 사회의 경제적 번영에 주목한 것도 흥미롭다. 자립기를 위해서는 어느 정도의 경제적 번영이 요구된다. 미국에 있는 모든 가족이 자녀를 대학에 보낼 능력이 되는 것도 아니고, 모든 젊은이들이 혼자서 살 수 있는 재력을 가진 것도 아니다. 우리는 종종 재력과 고등교육이 사람을 더 자유롭고 관대하게 만든다고 가정하며, 이런 가정에는 어느 정도 근거도 있다. 하지만 가난한 가족 출신의 젊은이들에게서 비전통적 결합이 비교적 적게 나타나는 이유는, 그 젊은이의 가족이 아주 보수적이어서 그런 것이 아니라 그 젊은이가 부모의 지원을 받지 못해 부모에게서 독립하기 힘들기 때문이다.

나이와 인생의 시기는 젊은이들의 사회적 행동주의와 급진적 정견政見을 형성하는 데 결정적인 역할을 한다.[34] 아직 젊은이들은 직장도, 대출

금도, 부양할 자녀도 없기 때문에 잃을 게 가장 적어서 가장 급진적인 행동주의를 보일 가능성이 높다. 1969년 6월, 뉴욕 그리니치빌리지 스톤월 바에서 일어난 경찰 습격사건을 예로 들어보자. 뉴욕 경찰은 평소에도 동성애자를 괴롭히고 게이 바를 급습해 왔으므로 당시 스톤월 바의 불시 단속은 새삼스러운 일이 아니었다. 대개는 경찰이 고용주나 집주인에게 그들이 게이 바에 있다가 잡혔다고 전화 한 통만 해도 동성애자들은 직장이나 아파트에서 쫓겨날 수 있었기 때문에 경찰은 이런 단속에서 겁먹은 동성애자들보다 늘 우세한 위치에 있었다.[35] 하지만, 스톤월의 젊은 동성애자 손님들은 호락호락 협박당하지 않았다. 그들의 반격에 경찰도 놀랐고 동성애자들 자신도 놀랐다. 젊은 동성애자 무리는 재빨리 거리를 점령했고, 반대로 경찰은 게이 바로 후퇴해서 지원 병력을 기다렸다. 스톤월의 동성애자들이 바에서 웅크린 경찰을 끌어내기 위해 주차권 자동판매기를 뽑아내 바의 문을 때려 부술 때, 이미 힘의 관계가 바뀌어 있었다. 경찰과 지역 주민은 스톤월을 원래대로 되돌리기 위해 싸움을 재개했고 이틀 밤을 더 싸웠다. 스톤월 폭동은 미국에서 전투적인 동성애자 권리 운동을 탄생시켰지만, 선배 동성애자운동 지도자들은 당시 지레 겁을 먹었다.[36] 〈메타친 협회〉[37] 뉴욕 지부의 선배 동성애자 운동가들은 대부분 성정체성이 탄로나 직장이나 아파트를 잃을까봐 자신들끼리만 은밀히 알고 지냈기 때문에, 그들은 제발 이 폭동이 평화롭게 조용히 지나가기를 바랐다.[38] 메타친 조직원들은 평화와 평온을 빌었지만, 스톤월의 성난 젊은 동성애자들은 그 반대였다.

역사가와 활동가들이 내부자의 이야기를 훌륭하게 복원했기 때문에 우리는 스톤월 폭동 같은 사건들과 더 일반적인 동성애자 권리운동, 시민권 운동, 그리고 여성권 운동을 잘 알고 있다.[39] 1960년대 운동의 내부자 기록은 매우 많은 정보를 제공하며 또한 이러한 운동을 연구하는 학문도 매우 다양하고 광범위한데, 이 분야에 새롭게 접근한다고 해서 무엇을 더 제시할 수 있을까? 나는 이 책에서 개인 차원에서는 잘 보이지 않는 가족 구조의 변화가 1960년대에 이 운동들이 일어난 이유를 이해하는 데 있어 참신하고 실용적인 발상을 제공한다고 주장한다. 나는 시민권 운동과 거기서 나온 많은 분파들을 '설명하려' 애쓰지 않았다. 기존의 연구들은 내가 할 수 있는 것보다 훨씬 나은 설명을 제공한다. 내가 보탤 것은 우리가 이미 아는 시민권과 여성권, 동성애자 권리에 대한 새로운 관점이다.

미국에서 시민권 운동과 페미니즘, 동성애자 권리운동이 우리 삶에 사회적·정치적으로 깊은 영향을 주고 있다는 것을 부인할 사람은 없다. 여기서 드는 의문은, 많은 젊은이들이 행동주의로 나아가게 된 이유가 무엇인지, 활동가들이 자기들이 옳다고 여기는 명분을 많은 시민에게 설득할 수 있었던 이유가 무엇인지 하는 것이다. 내 관점에서 그 답은 미국 가족의 변화에 있다. 사회 변화에 대한 논쟁에서 인구 통계학은 무시되고 있지만, 나는 인구통계 구조를 중점적으로 강조할 것이다. 나 역시 위대한 지도자와 조직의 전략, 소수의 헌신적인 노력이 우리 삶에 중요한 영향을 끼친다고 믿는다. 이미 다른 학자들이 1960년대 운동을 주도했던 지도자와 전략, 조직 내부의 역학관계들을 광범위하게 서술했으므로, 나는 내가 보탤 수 있는 작은 퍼즐 조각인 가족 변화의 역할에 집중했다.

데이터와 용어 정의

이 책에서 주로 사용한 데이터의 주된 출처는 1850년에서 2000년까지의 미국 인구조사 마이크로데이터로, 미네소타 대학의 마이크로데이터 제공프로그램IPUMS에 의해 체계적으로 통합되고 조직된 데이터이다.[40] 미국 인구조사는 갖가지 기본 질문에 대해 엄청나게 큰 표본과 비할 데 없이 상세한 인구 집단 범위를 제공한다. 미국은 1790년부터 10년마다 전국적으로 인구조사를 해왔지만, 1940년 이전의 인구조사에서 학자들이 '마이크로데이터'라고 부르는 개인 기록들은 최근 미네소타 대학에서 스티븐 러글스가 이끄는 학자들이 오래된 인구조사 기록들을 현대적 데이터베이스로 변환시켜 공개할 때까지 사용 가능하지 않았다. 인구조사 자료 자체는 오래된 것이지만, 연구자들에게 그것이 유용해진 것은 아주 최근의 일이다. 최근의 연구자에게 사용 가능한 초창기 인구조사 마이크로데이터는 1850년에 시행한 인구조사 자료이다. 초창기 인구조사 데이터가 복원되어 사용 가능하게 되었으므로, 학자들은 우리가 초기 미공화국 시대의 가족생활에 대해 알고 있다고 생각하는 것들을 재검토해야 할 것이다.

나는 미국 대중의 사고방식을 연구하는 데 일반사회여론조사GSS의 데이터를 사용했다.[41] GSS는 1972년부터 거의 2년에 한 번씩 수천 가구를 인터뷰하는 전국적 대표성을 지닌 설문조사이다.

인구조사 데이터와 여론조사 데이터를 보충하기 위해, 나는 샌프란시스코 베이 지역의 이인종 커플과 동성 커플 모두 스물여덟 쌍을 인터뷰했다. 이 인터뷰는 미국 인구조사에 있는 수백만 명의 개인 기록들과 비교해서 수적으로 터무니없이 적고, 인터뷰 응답자들이 샌프란시스코 베이 지역을 대표하는 커플들도 아니다. 하지만 인터뷰는 연애 과정과 가족 관계에 대한 회고와 이야기, 관점, 감정 등 인구조사에서는 얻지 못하는 것들을 주었다.

이 책에서 '가족'과 '가족 구조'는 두 세대 이상으로 구성된 가족cross-generational family을 의미하며, 특히 부모와 자녀의 관계, 넓게는 이모와 삼촌, 양부모, 조부모와 아이들의 관계를 뜻한다.[42] '가족으로부터의 자립'Independence from family은 두 세대 이상으로 구성된 가족에서의 자립, 즉 부모로부터 자녀의 자립을 뜻한다. '결합'unions이란 단어는 결혼한 커플이나 동거 커플에게 사용했으며, '이성애자'는 간단히 말해서 그들 스스로 남성과 여성으로 밝힌 커플을 뜻한다. 이런 방법을 사용하면 '이성애자'는 사적 행동 양식이라기보다 공적 성정체성의 척도이다.

현재 사용 가능한 인구조사 데이터에서 결혼한 커플은 모두 인구조사국 규정에 의해 이성애자 결혼 커플로 되어 있다. 2000년 인구조사 이후 매사추세츠 주와 몇몇 지방에서 동성 커플에게도 결혼증명서를 발급해 주기 시작했기 때문에 나는 분명하게 하기 위해 결혼한 커플 앞에 '이성애자'라는 수식어를 붙였다. 이성애자 동인종 결혼은 '전통적'이라 표현했고, 이성애자 동인종 결혼을 제외한 모든 결합은 '비전통적'이라 표현했다. 나는 동인종 이성애자 결혼 '전통'이 사회적으로 또 합법적으로 세워진 전통이라는 것을 인정한다.[43] '잡혼'miscegenation이란 단어는 흑인 노예 제도를 옹호하는 정치적 속임수를 통해 미국 어휘로 도입되었기 때문에,[44] 나는 '잡혼'이란 단어 대신에 '이인종 결혼'이란 용어를 사용했다. 동성 동거 커플을 서술할 때에도 '동성애자 커플'과 '게이[45] 커플', '동성 커플'로 서로 바꿔가며 사용했다. 동성 동거 커플은 동성애자 인구 중 아주 적은 수를 차지하지만, 이 동거인들은 미국 인구조사에서 확인할 수 있기 때문에 동성 동거 커플은 동성애자 인구 중에서 가장 쉽게 연구할 수 있는 인구 집단이다.[46]

이 책은 시간의 흐름에 따른 미국 가족의 변화를 알아본다. '미국 가족'은 물론 한 가지 범주로 묶일 수 없다. 미국 가족은 이인종 커플과 동성 커플, 결혼한 커플, 이성애자 동거 커플뿐만 아니라 인종, 민족, 사회계급, 종교, 국적에 따라 아주 다른 모습들을 하고 있다. '흑인 가족'은 그 자체로 학자들이 줄곧 매달리는 하나의 연구 주제다.[47] 이 책 몇 군데에서는 인종에 따라 분리해서 분석하기도 했고, 가족을 도시와 시골, 교외로 나누는 게 가장 적절하다고 보일 때에는 그렇게 했다. 나는 각 집단 사이의 인종별 다양성이나 경제적 다양성에 주목하기보다 시계열적으로 광범위한 변화에 주목했기 때문에, 책에 나오는 대부분의 수치와 도표에 인종과 사회 계급, 지역에 상관없이 전체 미국 가족을 포함시켰다. 내가 묘사하는 가족 구조의 일반적인 동향은 대부분 비히스패닉 백인 가족의 동향과 거의 가깝다. 왜냐하면 이들이 미국 가족들 중 월등히 많은 수를 차지하고 있기 때문이다. 내가 묘사하는 대부분의 동향은 인구 전체뿐만 아니라 대부분의 인구 하위 그룹에게도 적용할 수 있지만, 이 책에서 나는 총체적인 동향에 집중하기 위하여 하위 그룹의 변동에는 신경 쓰지 않았다.

관련 연구 분야

이 책은 몇몇 학과들의 경계를 넘나든다. 자녀의 배우자를 선택하는 과정에 부모 통제와 사회 통제가 어떤 역할을 하는지 전체 그림을 완성하기 위해서 게이와 레즈비언 연구, 인종학, 사회사, 가족학, 법학, 아동 발달과 사회 인구 통계학의 연구와 학문들의 문헌들을 수집했다. 역사와 이론 분석을 서로 비교하는 것의 목적은, 전혀 연관성이 없는 보고서들을 한데 모아 꿰매서 화려한 퀼트를 만드는 것이 아니라, 한 분야에서 해결하지 못한 문제를 다른 분야의 보고서에 담긴 도구와 통찰력으로 해결하기 위해서다.

최근 게이와 레즈비언 연구 분야에서는 미국 가족의 역사와 이론을 논한 책과 논문들이 나오고 있는데, 이 저작물들은 아주 흥미롭고 통찰력이 빛나며 혁신적인 내용들로 가득하다. 대학에서 게이와 레즈비언 연구는 주로 역사와 문학 분야에서 이루어진다. 동성애를 연구하는 학자들은 최근까지 그들이 세운 가설을 전국적 대표성을 지닌 인구 통계학 데이터를 이용해 증명할 수 없었는데, 그 이유는 충분히 많은 동성애자 인구를 다룬 데이터 집합이 없었기 때문이다. 1990년과 2000년의 인구조사가 처음으로 전국적 대표성을 지닌 동성 동거 커플들의 표본을 제공했다. 나는 동성애 연구 논문들이 제기하는 질문들을 실험하기 위해 사회 인구 통계학에서 발달된 분석 도구들을 이용해서 인구조사 데이터를 분석했다. 우리는 가족 구조와 비전통적 결합 그리고 자립에 대해 많은 질문을 던질 수 있으며, 그 질문의 답은 현대 가족 생활을 이해하는 데 큰 도움이 될 것이라고 확신한다.

가족 구조의 변화를 알아보기 위해 지난 150년간의 인구조사 데이터를 양적으로 조사했고, 그래서 이인종 결합과 동성 결합의 확산은 가족 구조의 변화와 관련이 있다는 결론을 내렸다. 미국에서 이인종 결혼에 대한 논문들과 동성 관계에 대한 논문들은 보통 분리되어 있고, 연결되어 있다 하더라도 모호하게 약간만 겹쳐 있을 뿐이다.[48] 나는 이인종 결합과 동성 결합이 많은 비슷한 이유로 시간이 지나면서 점점 증가하고 있는 비전통적 결합 형식의 연속체에 속한다고 가정한다.

내가 가정한 것처럼 동성 결합과 이인종 결합이 모두 자립기라는 뿌리를 가지고 있다면, 결혼한 이성애자 커플에 비해 동성 커플이 이인종 결합을 할 가능성도 많을 것이라고 예상할 수 있고, 실제로도 그렇다는 것을 확인할 수 있다. 그리고 실제 인구통계 데이터도 이와 일치하는 결과를 보여 준다. 1990년에 결혼한 젊은 이성애자 커플 중 5.7%가 이인종 결합인 반면, 젊은 동성애자 커플 중 이인종 결합은 14.5%나 된다.

동성 커플의 이인종 결합 비율이 상대적으로 높은 이유는 동성 욕구와 이인종 욕구가 신기하게도 양립 가능하기 때문이 아니다. 동성애자인 인터뷰 대상자 대부분은 동성애가 자신들의 개인적인 정체성의 핵심 부분이라고 느꼈던 반면, 이인종 커플 인터뷰 대상자 대부분은 다른 인종 파트너를 찾는 것은 개인적인 취향일 뿐만 아니라 우연이라고 믿었다. 이인종성향은 동성 커플에게서도 많이 나타나는데, 동성애와 이인종성향이 본질적으로 같은 현상이라서가 아니라 (그것들은 같지 않다) 대개 동성애자가 정체성을 '드러내는' 것을 막으려 하는 사회 통제 메커니즘이

다른 인종을 배우자로 선택하려는 사람들을 막으려는 메커니즘과 비슷하기 때문이다.

미국 동성애자 권리운동은 시민권 운동에서 자극받았고, 동성애자 활동가들은 그들의 합법적·정치적 권리 요구를 시민권 요구의 일환으로 구체적으로 정식화하고 있다.[49] 그래서 시민권 운동으로부터 시작된 광범위한 문화적·정치적 변화에 의해, 동성애자를 바라보는 미국 대중의 사고방식이 일부분 자유화된 것은 당연한 일이다.[50] 최근인 2003년 미국 대법원은 합의 하의 동성 성관계도 금지한 주의 법을 폐기했고, 이것이 유명한 로렌스 대 텍사스 주 판결이다. 로렌스 대 텍사스 주 판결에서 대법관들의 다수 의견과, 이 재판에 제출된 역사가들의 법정 소견서는 모두 1967년에 이인종 결혼을 금지한 주법을 폐기한 러빙 대 버지니아 주 대법원 판례를 분명하게 언급한다.[51] 법원은 두 사건 모두에서 서로 합의한 성인은 그들의 관계가 지역 규범과 가치에 위배되는지와 상관없이 사적 권리를 가질 수 있다고 판결했다.

책의 개요

이 책은 자료 출처도 다르고, 분석 방법도 다양하며, 여러 관점을 소개하고 있기 때문에 독자에게 목차와 관련된 안내를 해야 할 것 같다. 2장에서는 미국 식민지 시대부터 시작된 미국 가족의 역사를 살펴보고, 특히 부모가 자녀들의 배우자 선택에 개입해 통제해온 형태가 어떻게 변화되는지를 중점적으로 살펴볼 것이다.

3장에서는 인구조사 데이터를 분석하면서 자립기의 확산을 서술하려 한다. 이 작업은 20세기를 포괄하는 인구조사 데이터를 분석했고, 약간의 변수들에 대해서는 19세기까지 성실히 거슬러 올라가 조사했다. 4장에서 나는 미국 동성 결합과 이인종 결합의 확산에 대해 기술했고, 관습을 거스르는 이 결합들의 수가 1960년대 이후 급속히 증가했음을 보여줄 것이다. 관습을 거스르는 결합들의 확산 시기는 잠재적 원인인 자립기와 밀접한 관련이 있다.

5장에서는 비전통적 결합은 자립기의 직접적인 결과물이라고 주장하기 위해 최근의 인구조사 데이터를 사용했다. 출생지에서 멀리 떨어져 도시에 살며, 고등교육을 받고, 늦게 결혼할수록 비전통적 결합을 선호한다는 것을 보여줄 것이다. 커플이 비전통적일수록 태어난 곳에서 더 멀리 떨어져 사는 특징이 있다.

1990년과 2000년 사이, 비전통적 커플은 과거 그들을 기피했던 지역, 예컨대 교외나 시골, 미국 남부와 중서부 지역 등에서도 나타나기 시작했다. 대안적 커플과 전통적 커플의 지리적 이동성 차이는 예전보다 줄어들었으며, 이는 미국 가족이 비전통적 커플을 받아들이기 시작했다는 것을 의미한다. 미국 중서부 지역의 동성 커플과 이인종 커플은 어릴 적 자랐던 지역사회로부터 도망쳐야 할 압박을 더 이상 받지 않는다.

미국이 전통적 가족의 규범에 대한 도전을 좀 더 관용적으로 받아들이기 시작했다면, 이 증가된 관용의 근원을 알아보는 것은 당연하다. 6장은 미국에서 부모의 양육 방식이 역사적으로 어떻게 변화되어 왔는지를 볼 것이다. 1960년 이후 새롭게 등장한 관대하고 비폭력적인 자녀 양육 방식은 확실히 자녀의 인생에 큰 영향을 주었다.[52] 관용적인 분위기에서 자라 자립기를 겪으면서 어른이 된 성인들이 이전 제도에서 양육된 성인에 비해 더 관용적이 되리라고 예상하는 것은 합당하다. 7장에서는 1960년대 이후 성인이 된 미국인은 나이와 교육, 도시 거주 같은 요소들을 고려한 후에도 동성애자 권리에 충분한 호의를 갖고 있다는 것을 GSS 데이터를 통해 확인할 것이다.

1960년대 중반 이후, 미국 대법원은 합헌적으로 보호되는 사생활권의 정의를 반복적으로 확장해 왔고, 여기에는 산아 제한 권리와 낙태 권리, 이성애자가 이인종 결혼을 할 권리, 그리고 최근에는 동성 커플이 동의하에 성관계를 맺을 권리까지 포함되었지만, 정작 헌법 자체에는 이런 권리들에 대한 아무런 언급이 없다.[53] 새로 보장된 사생활권이 헌법에서 기원한 것이 아니라면, 이 권리는 어디에서 유래했는가? 이 질문에 대한 답은 8장에서 얻으려 한다.

9장에서는 역사적이며 인구 통계학적인 관점에서 동성 결혼에 대한 의문을 살펴보았다. 약간의 계측을 통해, 과거의 가족 제도는 상대적으로 변화가 없었던 반면, 1960년대 이후 미국 가족의 변화는 대부분의 관찰자들이 인식했던 것보다 훨씬 더 극적이었다고 주장하고 싶다. 1960년대 이후 가족 제도의 극적 변화는 보수적인 정치적 반동을 불러일으킨다. 하지만 불과 두 세대 전만 해도 동성 결혼의 합법화를 단순히 기이하고 현실성 없는 것이라고 여겼던 것처럼, 1960년대 이후의 극적 변화들은 더 장기적인 변화를 위한 디딤돌이 되고 있다.

2장

가족 통치 제도

최근 두 세대 동안의 가족의 급속한 변화를 이해하려면, 과거의 가족 구조가 얼마나 안정적이었는지를 알아야 한다. 가족 구조는 어떻게 세대에서 세대로 이어지면서 효과적으로 보존될 수 있었을까? 후속 세대가 어른이 되어 23살쯤마다 한 번씩 결혼했다고 가정했을 때, 과거 미국 사회는 젊은이들로 하여금 앞 세대가 사회의 기본 틀로 여기는 것을 보존하는 방식으로 결혼하고 가족을 꾸리게 만들었는데, 어떻게 그럴 수 있었을까?

사회 변화를 설명하기에 앞서, 역사에서는 안정과 관성이 더 일반적이라는 사실을 이해할 필요가 있다. 사회이론가인 내 입장에서 사회 안정은 사회 변화보다 더 문제적인 측면이 있다. 혁명의 원인은 항상 있지만 실제 사회는 아주 드물게 바뀐다. 사회가 활동적explosive이지 않고 안정되는inert 이유는 부모가 새 세대의 개인들을 자신들이 만든 사회 규범에 맞추어 정성 들여서 사회화시키기 때문이다. 부모가 주도하는 자녀의 사회화는 세대가 바뀌어도 사회가 계속 안정되도록 만든다. 자녀는 부모의 사랑과 경제적 지원이 없으면 살아갈 수 없으므로 부모에게 의지해 같이 살면서 부모 세대의 사회에 길들여진다.

예전엔 아버지가 딸의 손을 잡고 결혼식장에 들어가 본인이 적절하다고 인정한 젊은 남성에게 딸의 손을 건넸고 이는 세대 이행의 상징이었다. 과거에 딸은 새신랑에게서 그녀를 경제적으로 지원해 주겠다는 동의를 받는 대신 지참금과 함께 남편에게 '인도되었다.'giving away '인도되었다'는 것에서 핵심은 젊은 여성이 처음부터 아버지의 소유물이었다는 것이다. 즉, 아버지가 딸을 준 것이다. 요즘도 가끔 결혼식장에서 아버지가 딸의 손을 잡고 들어가기도 하지만, 딸을 '인도하는' 행위는 지금 형식만 남았을 뿐이다.

부모와 살다가 배우자와 사는 이 시기는 인생의 과도기로 여겨졌다. 하지만 부모가 이끄는 가족에서 살든지 아니면 결혼해서 배우자와 아이들과 살든지, 사람들은 항상 가족의 일부분이었다. 미국 식민지 시대의 말로 하자면, 사람들은 거의 항상 '가족 통치 제도'family government 아래 있었다.[1] 가족 통치 제도는 사회 규범을 재차 강조하고 존중하도록 만들었다.

적어도 식민지 시대 일부 주에서는 독신의 미혼 남성은 특별한 허가 없이 그 지역에서 합법적으로 살 수 없었다.[2] 식민지 지도자들은 가족 통치 제도의 영향력을 잘 알았고 가족 밖에서는 사회적 통제가 이루어지지 않을까봐 두려워했으므로, 모든 사람에게 그 제도를 강요하려고 했다. 식민지 시대 부모는 자녀의 배우자감을 공식적으로 인정하는 최종 권한을 가졌을 뿐만 아니라, 가정의 체벌 관습과 지역사회 내 가정들의 상호 의존으로 인해 부모와 지역사회 주민들은 젊은이들의 사회생활을 철저히 감시할 수 있었다.

1960년대 이후로 세대 간 관계가 근본적으로 달라졌다고 주장하려면, 먼저 과거의 세대 간 관계를 기술하고 과거의 가족 구조가 어떻게 젊은이들의 배우자 선택에 영향을 주었는지를 설명해야 한다고 생각한다. 여기서는 4세기에 걸친 미국 가족의 역사를 속속들이 파헤치기 보다는 역사적 검토에 초점을 맞췄다. 이번 장에서는 미국의 부모들이 자녀의 배우자 선택을 통제하고 강요하기 위해서 역사적으로 어떤 방식들을 선택해 왔는지를 논의하려 한다.

부모와 이웃은 젊은이의 배우자 선택에 항상 영향을 주고 있다.[3] 흔히 낭만적 사랑과 개인의 선호가 미국에서 배우자 선택의 유일한 기준[4]이라고 믿지만, 이는 다른 배우자감의 접근을 아예 차단한 구조적 통제를 깨닫지 못하게 만든다. 이 구조적 통제는 과거에 더 심했을 뿐만 아니라, 우리 생활 깊숙이 내제되어 있기 때문에 우리가 이 통제와 대립 관계에 있지 않는 이상 그 실체를 알아보지 못한다. 배우자 선택을 통제하는 구조적 압력은 사회적·법적·인구학적이며, 이 압력은 수백만 명이 사는 거대한 사회 공간에서 수십 명의 배우자감이 있는 작은 공간을 만들어 낸다.

사회적·인구학적 구조 통제가 배우자 선택에 개입하는 예로, 인종별 거주지 분리와 여러 세대의 공동 거주, 노동시장의 배타성, 빠른 초혼 연령을 들 수 있다. 인종별 거주지 분리는 인종 간 사회적 노출을 크게 줄이므로 이인종 결합에 대한 구조적 통제이기도 하다. 부모와 함께 사는 젊은이들은 그들의 구애와 배우자 선택 행동에 대한 부모의 철저한 감시와 단속에 직면하므로, 세대의 공동 거주 역시 비전통적 결합을 감소시킨다. 2차 세계대전까지 여성은 정규직 노동시장에 접근할 기회가 충분치 않았고, 살기 위해서는 남성의 경제적 지원에 의존해야 했다. 스스로 먹고 살 수 없었던 여성은 다른 가능한 결합들보다 이성애자 결혼을 선택해야 했으며, 과거에는 오늘날보다 더 빨리 결혼했다. 1950년대의 이른 결혼이란 배우자가, 고등학교 때의 애인, 즉 청소년기에 살았던, 이미 인종별로 분리된 거주지 내의 이웃일 가능성이 높다는 의미였다.

역사적으로 부모가 자녀의 결혼에 개입하는 방식은 두 가지 범주로 나뉜다. 첫째는 이인종 결혼을 금하는 법처럼 이인종 결혼을 막으려고 직접적으로 확실하게 개입하는 것이다. 둘째는 간접적이긴 하지만 사회와 경제, 제도 곳곳에 스며든 통제를 통해 젊은이가 자신의 짝을 찾을 공간 자체를 한정하는 것이다. 간접적인 부모 통제의 한 예로, 2차 세계대전 이후 미국에서 건축 붐과 함께 나타난 교외화와 그에 따른 거주지 분리가 유행처럼 번졌던 것을 들 수 있다. 이것은 백인 청소년을 도시 중심부의 인종 다양성과 성정체성 다양성으로부터 멀어지게 했다. 부모의 통제가 작용하였을 때는 거의 언제나 동인종 이성애자 결혼이 증가했다.

식민지 미국과 19세기 초반의 미국

청교도들이 개척해 미국 식민지의 대부분을 차지했던 뉴잉글랜드 지역에서는, 자녀가 결혼할 때 부모가 자녀를 넘겨주는 것을 넘어서 부모가, 결혼을 승낙할 최종적인 법적 권한을 가졌다. 자녀의 배우자를 선택하는 부모의 법적 권한은 종종 관대하게 넘기기도 했지만, 부모와 지역사회 구성원들은 배우자감이 부적합하다 싶으면 거부권을 행사할 수 있었다.[5]

젊은 커플은 결혼 전에 부모의 승낙이 필요했을 뿐만 아니라 이웃들에게 그들의 결혼 의사를 알리기 위해 교회나 마을 광장에 결혼 안내문을 공고해야 했다. 안내문은 보통 세 번에 걸쳐 공고했고, 안내문을 읽은 사람은 그 결혼에 반대할 수 있었다. 지역 주민은 사사로운 감정이나 변덕으로 결혼에 반대할 수 있었지만, 결혼과 출산은 지역 공동체에도 결국 필요했기 때문에 실제로 거부한 예는 적었다. 하지만, 결혼 공고는 이중 결혼이나 조혼早婚, 그 외 그들의 법과 관습에 어긋난 결혼을 줄이는 효과가 있었다.[6]

델라웨어 강 유역에 정착한 퀘이커교도의 가족 통치 제도는 잉글랜드 청교도의 가족 통치 제도에 비해 권위적이거나 가부장적이지 않았다. 퀘이커교도가 다른 식민지 지역의 관습과 다르게 자녀도 거의 예속하지 않았고, 여성도 전도사가 될 수 있었던 이유는 이들이 가정생활에 있어 동시대인들과 다른 시각을 갖고 있었기 때문이었다.[7] 그러나 퀘이커교도가 가족 구성원을 평등하게 대했다는 점에서 높은 점수를 받을 수 있겠으나, 자녀의 배우자 선택 문제에 있어선 오히려 청교도 가정보다도 더 엄격한 기준을 가지고 있었다. 퀘이커교도는 퀘이커교도가 아닌 사람과의 결혼을 '잡종 결혼'mongrel marriage으로 여겨 엄격하게 금지했다.[8] 퀘이커교도 커플이 결혼을 하기 위해서는 양가 부모의 승낙은 물론이고 소속 교구의 허락도 받아야 했다. 퀘이커교도는 결혼을 엄격히 공동으로 통제했기 때문에 일부 젊은이들이 퀘이커교를 떠나도록 만들었고, 그로 인해 공동체에 남아 있는 많은 젊은이들이 결혼을 늦게 해야 했다. 늦은 결혼과 이탈 이주로 퀘이커교도는 다른 종교 식민지 집단과 비교해 출생률과 인구 증가율이 낮았다.[9]

버지니아 주에 정착한 영국 성공회의 상류계층은 결혼 전 공고 제도와, 교회가 젊은이들의 결혼을 승인했던 영국 결혼법과 결혼풍습을 그대로 식민지에 들여왔다.[10] 튼실한 농장을 가진 가족에게, 자녀의 결혼은 단순히 경제적인 이유에서도 매우 중요했다. 부모는 아들과 사위에게 재산을 물려주었는데, 아들과 사위 중에 방탕하고 게으른 한 녀석이 물려준 유산을 쉽게 탕진할 수도 있었다. 상류층처럼 땅을 소유하지 못한 대부분의 버지니아 백인들은 잃을 재산이 없기 때문에 자녀의 배우자 선택에 깊이 관여하지 않았다. 버지니아 주도 매사추세츠 주처럼 혼전 관계와 불륜을 법으로 금했지만, 남부 지방의 도덕성은 실제로 청교도 가정이 많았던 뉴잉글랜드보다 훨씬 융통성이 많았다고 여겨진다. 저지른 죄가 비공식적이고 경미하다면 버지니아 신사의 명예가 실추되었다고 보지 않았다.[11]

식민지 시대의 결혼은 서로 다른 여러 기관에서 인정받았으며, 때로는 결혼을 인정하는 기관을 두고 혼선이 빚어지기도 한다. 변방에 위치한 식민지 지역에는 공식적 정부 기관의 영향력이 미치지 못했다. 영국 성공회는 교회에서 이루어진 결혼만 인정했고, 교회가 인정하지 않은 비공식 결합은 혼외 간음이나 간통과 같다고 보았다. 하지만 미국 학자들은, '관습법'common law으로 알려진 영국의 전통이, 비공식 결혼을 교회가 인정한 결혼과 동등하게 취급하는 것이라고 해석했다.[12] 식민지 시대 미국은 영국 성공회교도와 네덜란드 칼뱅주의자, 청교도주의자, 퀘이커교도 등 다양한 종교와 다양한 이주민들로 이뤄진 서양 장기판 같았다. 그리고 이들은 각자의 종교 규율과 관습에 따라 결혼하고 가정을 꾸렸다. 식민지 시대에는 단일한 공식적 법치 기관의 권위가 약했기 때문에 지역마다 각기 다른 규율이 집행되었다.

식민지 중에서 어떤 지역들은 거리가 멀어 행정 기관이나 종교 단체의 조직력이 그곳까지 미치지 못했다. 어떤 사람들은 일부러 마을이나 교회의 공식적인 관리가 미치지 못한다는 것을 노리고 변방 식민지 지역에 자리 잡기도 했다. 유럽과 미국에 설립된 교회에서 그들 자신도 추방된 자들이었던 설교자와 목사들은 변방 식민지역을 순회했다. 설교자들은 그들이 변방 지역에서 발견한 비공식 이혼과 결혼을 도덕적 대죄로 간주해 주민들을 비난했다. 시골 지역사회는 종교의 권위로 내리 누르는 것에 저항하는 데 아주 능숙해졌다. 순회 설교자를 위선자라며 공공연하게 반감을 보이는 사람도 있었다. 결국 설교자들은 식민지 주민들의 불경스런 악행에 격분했다.[13]

1753년 영국에서는 〈하드윅 경 결혼법〉을 제정했고, 이 법에 따라 부모의 동의하에 결혼 공고를 하고 교회의 승인을 받은 결혼만 정식 결혼으로 인정했다.[14] 결혼과 가족에 대한 미국 식민지 법은 영국 법의 영향을 직접적으로 받았지만, 법은 법일 뿐이었고 실제로는 그대로 지켜지지 않았다. 메릴랜드 주의 한 영국 성공회 성직자는 이를 안타까워했다. "교구 장부에 등록되지 않은 결혼도 인정한다면, 사람들의 도덕적 수준은 계속 떨어질 것이다."[15]

젊은이들이 결혼 공고 없이 교회 밖에서 결혼할 때에도 부모의 승낙만큼은 현실적으로 꼭 필요했다. 왜냐하면 부모가 땅을 소유했고 따라서 부모가 식민지 경제를 움직였기 때문이다. 자녀에 대한 부모의 통제는 식민지 사회에 근본적이었다. 아들은 아버지의 일을 배우거나 가족 농장을 물려받아야 했고 딸은 부모님이 줄 결혼 지참금이 필요했으므로, 부모 승낙이 없는 결혼은 불가능하진 않더라도 무척 어려운 일이었다.[16] 젊은이들은 가족이 운영하는 농장이나 사업에서 나오는 돈이 없으면 혼자 살 수 없었고, 그래서 대부분은 결혼할 때까지 부모와 살았다. 집을 멀리 떠난 어린 아이나 청소년들은 대개 고용인이나 수습생으로 다른 가족의 집에 들어갔고, 대부분 이런 경우 아이들이 번 돈은 몽땅 부모가 받았다.[17]

퀘이커교도를 제외하면, 자녀를 다른 집의 고용인으로 보내거나 자신도 다른 집 아이를 고용인으로 받아 자기 자녀와 함께 키우는 일은 식민지 가정에서는 다반사였다. 자녀가 직업 훈련을 제대로 받도록, 그리고 게으르고 방종한 어린 시절을 보내지 않도록 부유한 가정에서도 자녀를 다른 가정에 고용인으로 보냈으며, 특히 뉴잉글랜드 청교도 가정은 게으름과 방종을 아주 경멸했다.[18] 식민지 시대 아이와 청소년은 누구나 한번쯤 다른 가정에서 노예처럼 일해야 했다.[19] 부모가 자녀를 엄격히 통제한 식민지 시대의 가정은 생산력을 가진 경제의 기본 단위였고, 모든 사람이 자신의 본분에 충실했다. 현대에 이상화된 감성적인 어린 시절은 식민지 시대에 존재하지 않았다.[20]

식민지 초기 뉴잉글랜드 주와 버지니아 주에 살았던 주민 대부분은 가난했다. 집이라고 해봐야 큰 방 하나가 전부였고, 그 안에 벽난로와 굴뚝이 있었으며, 잠자는 곳과 먹는 곳을 분리하기 위해 칸막이 정도가 있었을 것이다. 18세기 경제 호황 때는 좀 더 공을 들여 집을 짓는 가족들도 있었지만, 워낙 자녀를 많이 낳아 개인에게 돌아가는 공간은 부유한 귀족들을 제외하고 모두 작았다. 집에서는 가족들이 서로 딱 붙어 있었

고, 또 마을에서는 가정들이 오밀조밀 모여 있다 보니 식민지 시대엔 서로가 서로를 간섭했다.[21]

식민지 시대엔 마을과 마을이 서로 멀리 떨어져 있었고, 도로도 잘 정비되어 있지 않았으며, 또 겨울은 매우 추워서 젊은이들은 부모가 있는 집에서 친구들과 어울렸고 부모는 자녀의 사회생활을 철저히 감시하고 통제했다. 동침식bundling이라는 미국 식민지 시대 풍습을 예로 들어보자. 동침식이란 남성 구혼자가, 여성이 부모와 같이 사는 집을 방문했던 구혼 의식이다. 함께 이야기를 나누다가 시간이 지나면 여성의 부모는 그들의 침대로 자러 가고, 젊은 남녀는 여성의 침대에서 함께 밤을 보냈는데 그들 사이에는 나무 판을 세우기도 했다. 나무판이 무너지고 옷이 벗겨지면, 젊은 커플은 약혼을 하게 되었는데, 여성이 임신을 하는 경우에만 약혼이 강제되는 경우도 있었다.[22] 식민지 시대에 혼전 성관계는 불법이었지만 그래도 이런 일은 비일비재했던 것 같다.[23] 동침식의 진짜 목적은 딸을 둔 부모가 남성 구혼자를 잘 알기 위해 그를 집에 들인 것이었고, 딸이 임신하게 되면 아이를 낳기 한참 전에 얼른 남성 구혼자와 결혼시켜서 딸의 평판이 나빠지지 않게 하려는 것이었다. 동침식이 함축하는 것은, 젊은 여성은 부모가 허락한 남성 구혼자만을 만나야 한다는 것이다.

특히 동침식은 집이 가난하다 보니 방이 한두 개뿐이어서 손님이나 여행자가 오면 할 수 없이 침대를 나눠 쓰던 뉴잉글랜드 농부들에게서 흔했다. 18세기 후반의 설교자들은 죄를 부추기는 동침식을 행하지 말라고 설교했고, 가정들도 동침식이나 기타 혼전 간음을 떠올리게 하는 행위들이 가정의 명예를 실추시킨다고 생각하게 되었다. 종교 지도자들과 상류층의 동침식에 대한 종교적·도덕적 비난에도 불구하고 작은 집에 사는 사람들은 동침식을 현실적으로 그만둘 수가 없었다.[24]

매사추세츠 주 식민지 지도자들은 그들이 '가족 통치 제도'라 부른 통제 수단이 그들이 원하는 사회 체계를 위해 꼭 필요하다는 것을 알았다. 그래서 식민지에서는 성인 미혼자가 혼자 사는 것은 불법이었다. 독립한 성인은 사회 질서를 어지럽힐 수 있다는 공포가 매우 커서 독신 남성은 특별한 경우를 제외하고는 결혼을 강요받거나, 예전 가족과 함께 이주하라고 요구받았고, 아예 감옥에 갇히거나 다른 식민지로 떠나야 했다.[25] 코네티컷 주 하트퍼드에서는 독신 남성에게 일주일에 이십 실링씩 세금을 거뒀다.[26] 결혼하고도 떨어져 사는 부부 역시 의무 불이행 혐의로 기소되었다.[27]

식민지 시대에는 주 정부와 지역 정부의 힘이 매우 약해서 젊은이들을 교육하고 먹이고 입힐 수 없었기 때문에, 가족 통치 제도는 매우 중요했다. 아이들 대부분은 학교에 가지 않았고, 대신 아버지가 읽고 쓰는 법을 가르쳤으며 성서와 교리문답도 알려주었다. 부모는 자녀뿐만 아니라 자신의 가정에 들어와 일을 시작한 일고여덟 살 먹은 아이들에게도 실생활에 필요한 직업 교육을 시킬 책임이 있었다.[28] 즉 식민지 가족은 사회 통제와 경제 생산, 교육을 위한 중심 기관이었다. 식민지 사회가 모든 개인은 가족의 구성원이라고 주장한 것은 당연한 일이었다.

식민지 시대의 가족 통치 제도는 매우 중요했기 때문에 가족들이 가지고 있는 저마다의 엉뚱한 생각들을 그냥 둘 수 없었다. 17세기 후반 매사추세츠 주 식민지에서는 각 가정을 감시했을 뿐만 아니라, 아버지들이 자녀에게 읽는 법을 가르치는지, 훈육을 충분히 엄격하게 하는지, 안식일은 지키고 있는지, 자녀에게 술을 멀리하라 가르치고 버릇없는 행동은 이웃 주민에게 폐를 끼친다고 교육하는지 등을 확인하기 위해 십호十戶 감독관tithingman이라는 가정도덕 감시자를 지역사회에 보냈다.[29] 십호 감독관은 지역 의회가 직접 선발했으며 각각 열두 가구 정도를 감시했다.

비자발적 노역은 식민지 시대의 흔한 사회 구제책이었다. 가정이 아이를 제대로 먹이거나 입히지 못하면 다른 가정으로 멀리 보내 맡겨야 했다. 또한 젊은 여성이 임신을 했는데 아이 아빠를 알 수 없다면, 여성은 벌금을 내거나 매질을 당한 후 다른 가정에 고용인으로 들어가 전보다 철저히 감시를 받았다. 비자발적 노역의 목적은, 가족 통치 제도가 잘 작동되지 않는 가족으로부터 어린 자녀를 빼내 젊은이들을 더 엄격하게 다스리고 감시하는 가족에게 보내어 가족 통치 제도를 복구하는 것이었다.[30]

식민지 시대 지도자들은 가족 통치 제도가 유지되기를 원했고, 만약 가족들이 갈라지게 되면 이 제도도 무너질 수 있었기 때문에 이혼은 금지되거나 권장되지 않았다. 외로운 남성이 유혹과 죄에 빠지지 않도록 하기 위해 유럽에 아내가 있는 남성은 아내를 불러오라는 지시를 받았다. 배우자와 사별했을 때에도 일반적으로 재혼을 서둘렀는데, 그렇게 해야 미혼 상태의 성인 두 명에 대한 가족 통치 제도가 복원될 수 있었기 때문이다. 어떤 사람들은 배우자의 장례식이 끝나자마자 재혼하여 장례식 때 먹고 남은 음식을 바로 결혼식에 다시 내놓기도 했는데, 이 역시 지탄받을 일이 아니었다.[31]

신생 독립국과 빅토리아 시대

영국으로부터 미국이 독립하자, 영국이 그동안 식민지인들의 개척을 막았던 서부 지역, 특히 미국 원주민들의 땅이 개방되었다.[32] 미국의 서부 개척은 젊은이들이 부모로부터 지참금이나 유산을 기다리는 대신, 일찍 결혼할지 서쪽으로 떠날지 선택하게 만들었다. 서쪽으로의 확장이 시작되자 자녀에 대한 부모의 통제는 약화되었다. 19세기 초 미국 젊은이들의 독립생활은 미국 종교 지도자들에게 경각심을 일으켰고, 알렉시스 드 토크빌처럼 미국인의 생활을 관찰하던 자들을 놀라게 했다. 비록 단편적인 증거에 기반하고 있지만, 이 기간 젊은이들의 독립생활이 동거와 사실혼의 비율을 증가시켜 다양한 형태의 결합을 낳았다고 보고된다.[33]

알렉시스 드 토크빌은 1831년부터 1832년까지 아홉 달 동안 미국을 둘러보며 미국 민주국가의 독립적이고 자치적인 정신에 깊은 감명을 받았다.[34] 미국인의 삶에 대한 토크빌의 견해가 현대 미국 독자들에게 반향을 불러일으킨 이유는 앤드루 잭슨이 대통령이었던 1830년대 미국의 삶과 1960년대 이후 미국의 삶이 흥미롭게도 비슷하기 때문이다.[35] 1830년대 미국 도시에서는 혼란과 동요, 폭동이 끊이지 않았으며, 자원 소방대는 화재를 끄는 만큼 방화도 많이 일으켰다. 이들이 방화를 할 수 있었던 이유는, 사실 자원 소방대뿐만 아니라 공무원들도 거리의 불량배들을 모아 만들었기 때문이다.[36] 그때도 지금처럼 굉장히 다양한 가족형태가 존재했고, 전통적이고 보수적인 가치를 지키는 사람들과 종교 지도자들은 아연실색했다. 결혼 후 6개월 이내 첫 아이를 출산한 비율을 근거로 혼전 성관계를 추산해 보면, 그 비율은 18세기에 증가하다가 미국 독립혁명 시기에 정점을 이루고 19세기에 감소한다. 20세기에 다시 상승하기 전까지 그 비율은 낮게 유지되었다.[37] 1960년대처럼 19세기 초반 미국의 대학가는 폭동과 소요가 끊이지 않았다.[38] 1820년대 브라운 대학교 학생들은 "거의 매일 대통령 관저에 돌을 던졌다."[39]

19세기 초 미국의 사회적 동요를 바라보는 한 관점에 따르면, '공화주의 정신'이, 좀 더 구체적으로 말해서 영국 왕이라는 완고한 가부장적 권위를 전복하려는 정신이 신생 미국에서 가족 통치 제도의 권력을 약화시켰다.[40] 식민지의 가족 통치 제도에서는 백인 아버지가, 자녀와 고용인에게 군림했고, 남편으로서 아내 위에 군림했으며, 이는 명백히 가장의 권위, 혹자는 군주의 권위라고 말하는 것에 의존했다.[41] 미국 혁명을 꾸미는 수식어가 군주제를 강력하게 반대하는 용어들이었기에, 혁명이 일어난 후에는 부모가 성인이 된 자녀를 통제하는 일이 예전처럼 정당성을 가지기 힘들었다.[42]

19세기 초반의 역사가 남긴 교훈을 오늘날에 적용했을 때 우리는 자못 심각해진다. 초기미국 연방 공화국의 독립 정신은 그다지 오래가지 않았다. 부모와 시민 대표들은 젊은 세대에 대한 그들의 권위가 약해지는 것을 두려워했고, 사회적 공백을 메우고 가족의 행실을 규제하기 위해 주와 지방 정부 기관을 설립했다. 시 지도자들은 거리 불량배 같았던 자원 소방대원들을 보다 질서정연하고 믿음직한 전문 소방관들로 대체했다. 대학교들도 좀 더 관료체계가 잡히고 정비되자 학생들의 폭동은 거의 사라졌다. 19세기 동안, 종교 지도자들과 가정 개혁가들은 강력해진

주 정부의 힘을 이용해 비공식 결혼을 주변화하고, 커플들이 지방 법원에 가서 결혼 증명서를 발급받도록 했다. 지방 법원에서 결혼을 공식적으로 인정받지 못한 커플들은 그들의 결합을 법적으로 인정받을 수 없었다. 즉, 결혼이 공식적으로 인정되지 못하면 배우자와 자녀가 유산 상속 등 법적 권리를 가질 수 없었던 것이다.[43]

19세기 후반에 부모와 사회 개혁가, 교회 지도자들은 성매매와 동성애, 산아 제한, '외설'을 근절하려고 모였다.[44] 금주운동과 〈기독교여자청년회〉YWCA, 〈기독교청년회〉YMCA, 기타 종교적 색채의 시민단체들은 도시에 있는 타락한 영혼들을 군에 입대시키기 위해 정력적으로 활동했고, 군에 갈 수 없는 사람은 비난하고 고립시켰다. 〈미국의학협회〉AMA는 종교 단체와 손을 잡고 19세기 후반 미국에서 처음으로 낙태를 불법화했다.[45]

1870년대 초, 앤서니 컴스톡이라는 젊은 양복 중개인은 〈YMCA〉 뉴욕 지부와 손잡고 선정적인 팸플릿과 신문광고, 책을 근절하기 위해 싸웠다. 컴스톡은 외설물이 판치고 다녀도 구속조차 못하는 법의 무능력에 실망하여, 더 강력한 법률 제정을 위해 워싱턴의 의회에서 로비 활동을 벌였다. 1873년 의회는 〈컴스톡 법안〉을 통과시켰고, 새로운 법안을 집행하기 위해 앤서니 컴스톡을 우편물 감독관으로 임명했다. 그 후 40년 동안 컴스톡은 〈YMCA〉와 〈J. P. 모건〉 같은 주요한 뉴욕 기업가들의 후원으로 신문과 출판사, 도박장, 나이트클럽, 예술인들(대표적으로 〈뉴욕예술학생연맹〉의 누드화 광고), 전위극, 매춘부, 산아 제한 지지자들, 페미니스트, 자유사상가 모두를 퇴치하는 종교 운동을 이끌었다. 음란물로 예상되는 출판물이 나온다는 정보를 입수하면 컴스톡은 보통 가명으로 그 음란물을 주문했다. 주문한 물건을 받고 나서 우편물 감독관이라는 자신의 지위로 그것이 음란물임을 공표한 뒤, 지역 경찰을 대동하고 출판사로 쳐들어가 출판인은 체포하고 쌓여 있는 음란물은 모두 폐기 처분했다. 음란물임을 입증할 검찰 측 증인은 대체로 컴스톡뿐이었지만, 그에게 호의적인 판사들과 강력해진 연방법은 피고인들을 대부분 유죄로 인정하여 몇 년씩 감옥에서 썩게 만들었고, 그들의 직업과 생계 수단을 망쳐버렸다. 컴스톡은 자신이 고발한 피고인 중 최소 열다섯 명이 판결과 재판으로 체면을 잃고 파산하느니 차라리 자살을 택했다며 자랑했다.[46] 뉴욕에서 막강한 경제력을 가진 최상류층 사람들은 급격하게 늘어난 이주민들과 노동계급처럼 다루기 힘든 계층을 억압하는 데 〈컴스톡 법안〉이 탁월하다고 보았기 때문에, 악덕과 외설을 겨냥한 컴스톡 운동을 지지했다.[47]

19세기의 여성들

19세기 초반, 새로운 미공화국에서 사회적 자유와 영토의 자유가 급속하게 확장되었지만, 새로 생긴 자유는, 투표권을 가졌을 뿐만 아니라 법적 자유가 새로운 헌법에 보장된 백인 남성들로 한정되었다. 백인 여성은 1920년 수정헌법 제19조[48]가 통과될 때까지 투표권을 얻지 못했고 게다가 재산권과 기본권도 여전히 없었다. 결혼을 하면 여성의 재산은 그녀와 아이들의 법적 보호자인 남편에게 귀속되었다. 이런 성별 종속 관계를 영국 관습법에서는 남편 보호 하의 유부녀coverture라고 했다.[49] 여성은 하인으로, 일꾼으로, 아내로 가정에 순종하고, 엄마로서 아이를 많이 낳으라고 교육받고 양육되었다. 백인 여성은 가정 내에서 상당히 도덕적이고 설득력 있는 권위를 가졌고, 그래서 그들은 19세기 내내 그들의 권리를 정치·사회적 권리로까지 확장하고자 했다.[50]

마운트 홀요크 대학은 미국에서 여성을 위해 지은 최초의 대학이며 1837년에 세워졌다. 몇 십 년 후, 바사 대학(1861년), 스미스 대학(1871년), 웰즐리 대학(1870년), 래드클리프 대학(1879년), 브린모어 대학(1885년), 그리고 버나드 대학(1889년)이 젊은 여성들의 입학을 허가하기 시작했다.[51] 오벌린 대학(1833년)은 미국 최초의 남녀공학으로 1852년 안티오키 대학이 생기기 전까지 유일한 남녀공학이었다. 코넬 대학과 미시간 대학은 원래 남학생만 다니다가 남북 전쟁 이후 여학생도 조금씩 다닐 수 있게 되었다. 여자 대학교가 설립되고 기존의 남자 대학이 여학생 입학을 허가하면서, 숫자는 얼마 안 되지만 백인 여성들도 수준 높은 교육을 받을 수 있게 되었다. 전통적인 보수주의자들은 여성의 고등교육을 못마땅해 했고, "머리를 자꾸 사용하면 모성으로 가야 할 에너지가 고갈된다"고 주장했다.[52]

대학 교육을 받은 여성들은 새로운 여성 운동의 중핵이 되었고, 이들은 19세기 미국 여성에게는 기회가 제한되어 있다고 문제를 제기했다. 이 시기 부모를 떠나 대학에 다닌 젊은 여성들은 대학에서 만난 여성들과 낭만적 우정을 쌓았다. 역사가들은 낭만적인 우정에 성관계가 있었는지 확인하기가 쉽지 않았는데, 부분적으로 그 이유는 19세기 미국인의 성생활과 연애에 대한 인식이 지금과 달랐기 때문이다.[53] 몇몇 여성들은 성적 감정을 편지에 명확히 적어 주고받았지만, 대부분의 미국 여성들은 다른 여성과 낭만적 우정을 쌓고 편지를 주고받으면서도 수줍은 감정을 우회적으로 표현했다. 당시에는 프로이트나 유럽의 성 연구자가 등장하기 전이라 '동성애자'나 '레즈비언'이라는 용어를 사용하지 않았고 알지도 못했다.[54] 과거엔 여성들이 성적으로 수동적인 존재라 여겨졌으므로, 빅토리아 시대에 여성 사이의 성적 교감을 우려하는 미국 남성이나 여성들은 거의 없었다. 19세기 여성 성생활은 릴리언 페이더먼이 이름붙인 것처럼 '순결의 장막'에 가려져 보이지 않았다.[55] 19세기 후반에 인간 성생활을 좀 더 자세히 관찰하는 연구가 진행되자, 미국인들은 동성애를 더 잘 알게 되었고 두려워하기 시작했다.[56]

19세기 미국 여성은 집을 나와 직장을 구하긴 했으나 같은 직장의 남성에 비해 턱없이 적은 임금을 받아 무척 실망했다. 이 당시 고용주는 여성 노동자를 아동 노동자와 같은 부류로 취급했으며 월급도 여성 노동자에게 직접 주지 않고 남편에게 주었다. 혼자 힘으로 먹고 살 수 없었던 여성은 성공한 남편을 만난 후 과부가 되거나 막대한 유산을 상속받는 경우를 제외하면, 남성과의 결혼만이 경제적으로 살아남기 위한 유일한 방법이었다. 일부 여성은 다른 도시로 이사 가 머리도 자르고 바지도 입는 등 남장을 하고 편법으로 직장을 구하기도 했지만 이 방법은 금세 탄로나서 쫓겨나기 쉬웠다.[57]

역사학자인 캐럴 스미스-로젠버그는 헬레나와 몰리라는 두 여성 이야기를 들려주었다. 두 여성은 뉴욕의 쿠퍼 유니언 기관에서 디자인을 공부하는 학생들로 1868년에 만났다.[58] 헬레나와 몰리가 주고받은 편지를 보면 두 사람은 아주 격정적인 친구 관계로 아마 연인 사이였던 것 같다. 둘은 졸업 후에도 같이 살기로 했지만, 몰리의 부모가 반대했고 몰리는 부모의 뜻을 거스를 수 없어 둘은 멀리 떨어지게 되었다.[59] 대학을 졸업하고 2년도 채 지나지 않아 안타깝게도 몰리와 헬레나 모두 각각 다른 남성과 결혼했다. 남성과의 결혼은 몰리와 헬레나의 부모를 안심시켰고, 이는 당시 젊은 여성에게는 거의 피하기 힘든 결과였다. 몇몇 여성은, 결혼해서 아이를 낳는 일 말고 할 수 있는 다른 대안을 찾고자 대학에 다녔지만, 남성과 결혼하는 일 외에 현실적인 대안은 사실상 거의 없었다.

19세기 여성은 부모나 남편의 경제적 뒷받침 없이 자립적으로 살기 힘들었다. 아주 적은 수의 독립적인 여성들이 다른 여성들과 살았는데, 이를 헨리 제임스의 소설 「보스턴 사람들」에서 이름을 따와 '보스턴 결혼'Boston marriages이라 했다.[60] 미국 사회가 아직 동성애를 이해하거나 경계하지 않았기 때문에, 보스턴 결혼을 한 여성들은 자신들의 본질을 신중하게 감출 수 있었다.

흑인 가족과 19세기 이인종 관계

미국 남북 전쟁 전, 굉장히 많은 흑인 노예가 사회권이나 시민권도 없이 하루 종일 고된 노동으로 신음했다. 노예는 존경스런 주인의 합법 재산이었기 때문에 사람들은 노예 사이의 결혼을 합법이라고 인식하지 않았고, 노예 결혼이 합법이었다면 그들 사이엔 법적 의무들이 생길 것이며 이는 모든 노예를 통제했던 주인의 권위와 모순되었을 것이다. 게다가 계약 시 노예는 당사자 자격이 없었고, 대부분 자녀에게 물려 줄 재산도 없었다. 남부 지역 대규모 농장에서 일부 주인들이 노예의 결혼과 결합 등을 장부에 적기도 했지만, 평상시 노예 결혼이 실제로 어떻게 이루어졌는지 알기란 어렵다.[61]

모든 노예들에 대한 주인의 단독 소유를 강조하고 또 노예 사이의 결합을 법적으로 무용지물로 만들기 위해 때때로 주인들은 노예 커플 중 한 명이나 두 명 모두를 따로따로 경매로 넘겨 이들을 갈라놓았다. 노예 커플을 따로 파는 것에 대한 논란이 가끔 있었지만, 이런 식의 노예 매매는 그럼에도 계속되었다.[62]

노예는 백인 주인의 물리적·성적 학대나 가난, 또는 노예 경매장에서 이뤄지는 가족의 분리로부터 자녀를 거의 지켜낼 수 없었다. 때로는 노예 자녀가, 주인에게 두들겨 맞거나 채찍질 당하거나 또는 모욕당하는 부모의 모습을 고스란히 지켜봐야 했다.[63] 따라서 노예 부모는 출산이 기쁨이자 동시에 슬픔이었다.[64] 노예는 부모로서 자녀를 보호하지 못했고 자녀에게 물려줄 것이라곤 노예의 비참한 삶뿐이었으며, 남편으로서 아내를 지킬 수 있는 방법이나 법적 권리를 갖지 못했고, 노예 커플은 항상 함께 살자는 약속을 할 수 없었기 때문에, 노예 가족은 껍데기만 남아 부서지기 쉬웠다. 그렇다고 노예가 사랑도 하지 않고 일상적인 가족도 꾸리지 않았다는 게 아니다. 노예들도 사랑을 나누고 가정을 꾸렸다. 하지만 노예제도 자체가 가족이라면 당연히 수반되는, 평생을 함께하자는 언약을 지키기 못하게 했다.

20세기 내내 미국에서 흑인의 결혼율은 백인과 비교해서 낮았고, 이혼율은 높았다. 어떤 학자들은 흑인 가족이 비참했던 노예 제도의 영향에서 완전히 벗어나지 못했기 때문에 흑인의 결혼 비율이 계속 낮은 것이라고 주장한다.[65] 차별이 만연했던 노예의 경험이 노예 제도가 폐지된 후에도 흑인에게 몇 대에 걸쳐 영향을 주었다는 것에는 의심할 여지가 없지만, 역사에서 원인과 결과를 확실히 증명하는 것은 어렵기 때문에 학자들은 노예 제도가 20세기의 흑인 가족에게 장기적으로 미친 영향을 논의 중이다.[66]

노예 제도에서 공공연한 비밀 중 하나는 노예 주인과 여성 노예 사이에서 일어난 성관계였고, 이는 착취적인 성관계와 합의한 성관계 둘 다에 해당된다.[67] 많은 여성 노예가 주인의 아이를 출산했지만, 토마스 제퍼슨 같은 유명한 인사를 포함해서 대부분의 노예 주인들은 아이를 거부했기 때문에, 그들은 혼혈 자녀를 책임지지 않았으며 아이는 엄마를 따라 노예가 되었다.[68] 제퍼슨 반대자들은 그의 수많은 노예 중 한 명인 샐리 헤밍스가 낳은 아이들의 아버지가 바로 토마스 제퍼슨이라며 제퍼슨을 공격했다. 제퍼슨은 이러한 혐의들을 부인했다. 제퍼슨은 미국 〈독립 선언서〉의 기초위원이었고, 미국의 3대 대통령이었으며, 신생 국가의 주요 정치인 및 철학자 중 한 명이었기 때문에 도덕적 신망이 매우 두터워 이런 공격에 쉽게 무너지지 않았다. 제퍼슨이 죽은 후 170년 동안, 역사가들은 제퍼슨과 샐리 헤밍스와의 관계를 대개 무시했다.[69]

1998년, DNA 감식을 통해 토마스 제퍼슨의 전기 작가들과 성인聖人 전기 작가들이 오랫동안 묵살했던 소문, 즉 제퍼슨이 샐리 헤밍스 아이들의 아버지였다는 소문이 사실로 드러났다.[70] 토마스 제퍼슨과 샐리 헤밍스의 경우가 특히 흥미로운 이유는 제퍼슨이 수백 명의 노예를 포함해서 대규모 농장 사업을 아주 꼼꼼하게 기록했고, 수많은 개인 편지들도 후대를 위해 산더미처럼 모아뒀기 때문이다. 제퍼슨 기록 보관소엔 어마어마한 양의 개인 기록들이 있지만, 30년 간 있었던 제퍼슨과 샐리 헤밍스의 친밀한 관계와 그들의 일곱 명 아이들에 대해선 어떤 힌트도 없었다. 노예 소유자들이 작성한 공식 기록에는 노예의 실제 삶이 전혀 보이지 않았다. DNA 테스트를 통해 결정적인 증거가 나오기 전까지, 제퍼슨의 전기 작가들은 제퍼슨을 그들의 선조로 주장하는 헤밍스 가족의 구술 전승보다 공식적인 자료를 훨씬 더 선호했는데, 이 공식적인 자료에는 제퍼슨과 헤밍스의 친밀한 관계가 전혀 언급되지 않았다. 샐리 헤밍스의 사례를 통해 학자들이 노예의 삶을 이해할 때 근본적인 어려움이 존재한다는 것을 알 수 있다.[71] 노예 주인과 노예제 지지자들은 노예를 공포와 협박의 두려움 속에 살도록 하면서 동시에 그들에게 문맹을 강요했다. 그래서 이 노예 주인들은, 노예 자신들의 이야기를 글로 쓸 수 있는 소수를 제외한 대부분의 노예들이, 그들의 주인들에게만 밝은 미래인 이 '이상한 제도'에 이의를 제기하지 못하도록 했다.[72] 노예제도가 폐지되고 70년이 흐른 후, 연방 정부 산하의 공공사업 진흥국에서는 이전에 노예의 삶을 살았던 사람들 중 아직 살아 있는 흑인들을 대상으로 인터뷰를 진행했다. 과거 노예였던 인터뷰 대상자 대부분은 백인에게 억울한 감정도 많이 있었고, 백인을 믿지 못했으며, 백인을 가식적으로 대하는 데 익숙했기 때문에 그들은 자신들의 이야기를 정확하게 이야기할 수 없었다.[73]

제퍼슨의 방대한 양의 개인 편지 중에 샐리 헤밍스에 대한 이야기는 전혀 없었지만, 아프리카인에 대한 이야기는 제법 많았다. 편지에서 제퍼슨은 아프리카인은 본래 정신이 열등하고, 외모가 예쁘지 않으므로 흑인과의 인종 혼합은 미국에 처참한 결과를 가져다 줄 것이라고 썼으며, 당시 백인 친구들 대다수가 이 의견에 동의했다.[74] 백인 여성은 외모가 매우 훌륭한 반면 흑인 여성은 전혀 매력이 없기 때문에, 백인 여성을 빼앗기 위해 노예 반란이 일어날 것이라고 제퍼슨은 주장했다. 제퍼슨은 자신의 농장엔 수백 명의 노예를 두고 위선적으로 개인의 자유를 지지했을 뿐만 아니라, 지인들에겐 아프리카인들을 이렇게 표현해 놓고 개인행동은 다르게 했던 확실히 모순적인 사람이었다.

남북 전쟁 전 남부 지역의 인종적 도덕관을 보면, 백인이 흑인 노예와의 관계를 그럴듯하게 부인하는 한, 즉 인종 간 성관계가 현대의 동성애자 연구 관련 문헌에 나오는 표현처럼 '벽장 속에' 있는 한, 사람들은 인종 간 성관계에 관대한 편이었다. 노예 해방이 일어나기 전 북부에서 자유 흑인은 소수였으며, 이들 중 일부는 이들을 남부 노예로 되팔려던 납치와 폭력, 폭동의 위험에 시달렸다.[75] 노예 해방 전에는 백인과 흑인이 드러내 놓고 결혼하는 일은 남부든 북부든 보기 힘들었다. 백인과 흑인의 결혼은 그 수가 매우 적었고, 미국 남북 전쟁 전에 흑인 및 흑인의 신체 그리고 흑인의 성관계에 대한 사회의 통제는 무척 심했기 때문에 사람들은 이인종 커플을 위협적으로 받아들이지 않고 기이한 변칙쯤으로 여겨 관용을 베풀기도 했다.[76] 남북 전쟁이 끝난 후, 미국 수정헌법 제13조와 14조, 15조가 통과[77]되면서 노예가 해방되어 흑인을 사회적으로 통제했던 주요한 법적 방어막이 사라졌다. 남북 전쟁 후 재건 시대 동안, 남부의 주들은 '잡혼 반대법들'antimiscegenation laws로 알려진 이인종 결혼 금지법들을 통과시키려 했으나, 주의 공화당원 판사들이 잡혼 반대법이 수정헌법 제14조에 나온 동등한 보호 조항과 모순된다고 해석하면서 남부 주들의 법안 통과 시도를 저지했다. 재건 시대가 끝난 후 백인 민주당원들이 남부 지방을 다시 접수하자, 과거에 남부에서 국가 연합으로 뭉쳤었던 주들과 변방에 있는 주, 그리고 서부의 주들이 결집하면서 잡혼 반대법들이 제정되었다. 그리고 1967년에 러빙 대 버지니아 주 판결에서 미국 대법원이 잡혼 반대법들은 위헌이라고 선언할 때까지 이 법은 사실상 대부분의 주에서 유지되었다.[78]

남북 전쟁의 영향으로 산업혁명이 뉴욕과 필라델피아 주에서 시작해 남쪽과 서쪽으로 퍼져나갔다. 수백만 명의 미국 가족이 농사를 그만두고 공장에서 일을 하기 위해 급성장하는 도시로 몰려갔다. 19세기 후반, 정치적으로 진보적인 사람이든 보수적인 사람이든 모두, 새로운 산업 경제와 도시화가 전통적으로 내려온 결혼과 출산의 가족 제도를 완전히 뒤엎을 것이라고 예견했다.[79] 20세기 첫 몇 십 년 동안의 하드 데이터hard data [80]가 없었기 때문에 미국과 유럽의 학자들은 산업혁명이 실제로 가족을 완전히 바꿔놓았다고 믿었다.[81] 데이터 분석기술과 더불어 가족에 대한 역사적 데이터의 재발견 혹은 창조는 역사 변화가 어떻게 가족에게 영향을 미치는지 연구한 몇 가지 이론들을 뒤집는다.[82] 다음 장에서 이

주제로 다시 돌아올 것이다.

20세기 초반

20세기가 막 시작했을 때, 미국에서 백인의 구애는 요즘 데이트라고 알려진 의식보다 식민지 시대부터 있었던 동침식이 더 일반적이었다. 1900년이 지나서야 '데이트'dating란 용어가 미국식 영어의 한 부분이 되었다.[83] 20세기 초반 중산층 가정의 구애 의식은 '호출식'calling이었다. 젊은 여성은 남성 구혼자에게 부모님과 사는 자신의 집으로 오라며 초대했다. 젊은 남성은 약속된 시간에 여성을 '호출하러' 갔고, 만약 첫 방문이라면 여성의 어머니가 두 남녀와 같은 방에 머무르면서 함께 이야기를 나누는 게 보통이었다. 동침식은 남성 구혼자와 밤을 보내는 것이었지만, 호출식은 남성이 해지기 한참 전에 여성의 집에서 우아하게 퇴장하면서 끝나기 때문에 호출식은 동침식보다 더 정숙했다.[84]

호출식도 부모가 젊은이들을 더 감시하기 위해 만들어진 구애 의식이었다. 젊은이들은 당연하게도 짙게 드리워진 부모의 감시에 짜증이 났다. 20세기 초반에 있었던 경제와 기술의 변화는 젊은이들에게 다른 선택권을 주기 시작했다. 자동차와 도로, 전화기가 생기면서 여행하고 연락하는 데 들어가는 비용이 절감되자 데이트라는 의식이 생겼다. 젊은 여성은 남성이, 부모님이 계신 응접실 안으로 들어오는 것보다 둘이 밖으로 나가는 것을 기대하기 시작했다. 미국에서 데이트의 확산 과정을 역사적으로 살펴본 베스 베일리는 1920년대의 대중 문학을 이용해서 데이트 문화를 설명했는데, 그 당시 젊은 여성들은 자신의 호출에 응한 남성 구혼자에게 집 밖에서 데이트하고 싶다는 것을 암시하기 위해 문 앞에서 '모자를 쓰고' 만났다고 한다.[85]

음란한 생각을 가진 미국인들을 처단해 빅토리아 시대가 영원하길 꿈꾸는 데 자신의 일생을 바친 코네티컷의 상인, 앤서니 컴스톡이 1915년 세상을 떠났다. 『사회주의자 요구』와 마가릿 생어가 발간하는 잡지 『여성 반란자』에 생어가 피임을 선동했다고 그녀를 기소하고 위협을 줬던 건 바로 〈컴스톡 법안〉이었다. 생어는 미국에서 재판을 받지 않으려고 영국으로 피신했는데, 1915년에 미국으로 다시 돌아와 재판을 열어달라고 요구했다. 그녀가 미국에 없는 동안 그녀의 남편이 음란죄로 재판을 받고 유죄를 선고받아 감옥에 30일 동안 구금되었다.[86] 마거릿 생어에 대한 고소는 결국 취하되었지만, 그녀는 이보다 훨씬 뒤에 산아 제한 진료소를 열었다는 이유로 기소되어 감옥에 갇혔다. 앤서니 컴스톡의 사망과 마거릿 생어의 명성은 1920년대를 성적으로 자유로운 분위기로 만드는 데 크게 기여했다.[87]

1920년에는 미국 수정헌법 제19조가 승인되어 미국 여성도 마침내 투표권을 갖게 되었다. 그 뒤로 15년 후, 여성 투표권자와 활동가들은, 성별 종속을 법률상 정당하다고 인정하고 유부녀의 신분coverture을 강요했던 주의 조직 기관 대부분을 해체했다.[88]

대공황과 2차 세계대전

1930년대, 대공황과 2차 세계대전이 연달아 일어나면서 젊은 자녀에 대한 부모의 통제권이 약화되었다. 대공황 시기에는 많은 남성들이 실직이나 실업 상태였기 때문에 여성과 아이들이 밖으로 나가서 일자리를 얻어야 했다. 가족들이 먹고 살기 위해 모두 직업 전선으로 뛰어들자 아내와 아이들에 대한 아버지 가장의 권위가 약해졌다.[89] 대공황을 겪으며 국가에서 처음으로 퇴직 보험을 제공한다는 〈사회보장법〉이 1935년에 통과되자, 자녀가 부모의 노후까지 책임져야 할 필요성이 줄어들었다.[90]

사회보장 및 공공복지 프로그램이란 주州가 한때 가족만이 담당했던 역할에 꾸준히 개입한 부분을 좀 더 일반적으로 표현한 것이다. 젊은이를 교육하고, 노인과 병자를 돌보는 일은 그 옛날 가족의 역할이었고, 이런 일이 좋든 싫든 간에 세대들을 서로 묶어 주었다. 20세기에 들어와 정부, 그리고 그보다는 적지만 연금과 직업 훈련 프로그램을 가진 대기업은 가족에게서 이런 핵심적인 기능들을 가져갔다.

대공황이나 2차 세계대전처럼 사회적인 대혼란을 겪으면 반드시 기존의 체제는 예측할 수 없는 방식으로 훼손된다. 동성애 역사를 연구하는 학자들은 미국이 국가 차원에서 동성애자를 자각한 것은 바로 2차 세계대전이라는 점을 강조한다.[91] 2차 세계대전 동안 한 세대의 남성 전부와 많은 여성들이 부모와 살던 집에서 나왔고, 이들은 부모의 감시가 미치지 못하는 새로운 공공시설로 갔다. 미군은 전쟁 중 동성애 활동을 억제하려고 부단히 노력했다. 그러나 군 관료의 노력에도 불구하고 부모의 감시 부재와 군대 내 성별 격리로 인해 공동체적 동성애 의식이라는 씨앗이 성장할 수 있는 비옥한 토지가 만들어졌다.[92] 가정에서는, 젊은 남성 한 세대가 전쟁터로 떠나자 집에 남아 있던 젊은 여성들은 독립적으로 사회 활동도 하고 일도 했으며, 성생활 및 성역할 규범도 과거보다 쉽게 어길 수 있었다.[93] 미국 군대가 동성애자를 차별하는 정책을 계속 유지해야 한다고 주장하는 사람들이 동성애자들의 군복무 역사를 부인할 뿐만 아니라, 전쟁 중 군대가 미국 동성애자들의 자각을 촉진하는 데 특별한 역할을 했다는 것을 부인하는 것은 모순 중의 모순이다.[94]

베스 베일리는 캔자스 주의 평범하고 조용한 로렌스 지역을 연구했는데, 이 연구는 2차 세계대전이 미국에 가져온 몇 가지 변화를 살펴볼 수 있는 좋은 예가 된다.[95] 첫째, 수천 명의 일꾼을 고용할 수 있는 군수품 공장이 그 지역에 도입되었다. 마을 연장자들은 수천 명의 미혼 남성(그리고 이후엔 여성)이 초래할 사회 혼란의 가능성을 심각하게 걱정했다. 연장자들은 공장이 로렌스에 들어와야 할 명분에 대해 논쟁했지만, 결국 경제발전의 요구와 애국심 앞에 무릎을 꿇었다. 많은 외지인들이 로렌스로 들어오자 젊은이들의 사회적·성적 행동을 제한하는 규칙과 규율을 강요했던 마을 지도자들과 로렌스 부모들의 권위는 손상되었다. 공장 노동자들은 로렌스 어른들의 '가족 통치 제도' 대상이 아니었기 때문이다. 둘째, 2차 세계대전으로 인해 라디오 및 그 뒤에 나온 텔레비전 같은 전국 방송매체의 영향력이 증가되었으며 방송매체는 대중 소비문화를 촉진했다.[96] 로렌스 젊은이들은 멀리 떨어진 지역, 더 나아가 전 세계의 소식까지도 전국 방송매체를 통해 직접 전해 들었다. 과거에 로렌스 같은 시골 지역에서는 부모의 편협한 양육 태도가 반대나 의문 없이 우세했으나, 대중매체에서 흘러나온 메시지는 부모들의 이러한 양육 기반을 약화시켰다.[97]

2차 세계대전 이후의 거주지 분리와 교외화 현상

미국에서 거주지 분리residential segregation의 역사는, 다른 어떤 것보다도, 자녀가 다른 인종과 사회적으로 친하게 지내는 것을 막으려 했던 백인 부모의 역사이다.[98] 군나르 뮈르달은 그의 기념비적인 세기-절단 분석 방법mid-century analysis [99]을 통해 미국에서 벌어진 주거 분리와 차별을 연구했고, 그는 이인종 사회 교류, 이인종 데이트, 그리고 특히 이인종 결혼을 방지하는 것이 거주지 분리제도 뒤에 숨은 주요 원동력이라고 주장했다.[100] 에모리 보가더스는 20세기 중반에 사회적 거리에 대한 연구를 수행했는데, 거기에서 최고의 금기 사항은 이인종 결혼이었다.[101]

1940년대와 1950년대 시카고에 살았던 백인 이민자 가족들은 모두 흑인과 기꺼이 일하려 했지만, 흑인과 함께 살 생각은 없었다. 오히려 일터에서는 인종보다 성별로 구분이 되었으며, 백인 남성은 공장에 흑인 남성이 있어도 보통은 크게 신경 쓰지 않았다. 하지만 백인은 흑인 가족이 이웃으로 오려는 모습만 봐도 위기를 느꼈다. 트럼블 파크와 시세로, 잉글우드, 파크 마노 같은 지역에 살았던 백인 노동계급은 겁도 없이 백인 이웃이 되려 했던 흑인에 맞서 폭동을 일으켰다. 흑인을 이웃으로 둔 백인 거주자가 두려워한 것은 무엇이었을까? 흑인이 이웃으로 있다는 것은 그 지역의 학교에 흑인 아이들이 다닌다는 것을 의미했고, 이는 백인 부모들에게 자녀들이 흑인 아이들과 친구가 되어 데이트도 하고 성관계를 맺어 결혼을 할 거라는 망상을 심어주었다. 아놀드 허쉬는 그의 저서에서, 시카고에 자리 잡은 동유럽 이민자들이 미국에서 백인과 같은 급이 되기 위해 필사적으로 노력했다고 썼다.[102] '백인과 같은 급'이 되고자 하는 그들의 요구는 근거가 미약했고, 그들은 흑인, 혹은 적은 수라고 할지라도 흑인과 이인종 결혼을 한 사람들이 이웃으로 와서 그들 자신의 지위가 그토록 열망하던 백인이 아니라 소수 인종으로 내려갈까봐 두려워했다. 백인 거주지에 살고 있는 시카고 주민들은 사회에서 흑인과 섞였을 때의 위험을 알았기 때문에, 그들과 이웃이 되려 했던 흑인 가족들에 맞서 벽돌이나 방망이, 그리고 뭐든 무기가 될 만한 것들을 들고 싸웠다.

거주지 분리를 지켜내기 위해 지역별로 일어났던 폭력이 많이 있었지만, 지역에서 폭동을 일으킨 사람들은 막강한 권력을 갖고 있지도 않았고 또 그들 힘만으로 거주지 분리를 지켜낼 만큼 그 수가 많지도 않았다. 미국 도시에 있는 슬럼가ghetto의 벽을 보존하고 강화하기 위해서는 공공정책이 실제로 뒷받침되어야 했다. 1930년대에 미국 연방 정부가 설립한 주택소유자대부공사는 후에 '레드라이닝'redlining이라 부른 정책을 만들었고, 이는 흑인이나 인종이 섞인 지역에 사는 사람들에게 대출금을 주지 않는 정책이었다. 백인들이 행사한 폭력과 부동산 중개인들 간의 결탁으로 흑인들은 새로운 교외 지역에서 쫓겨났다. 2차 세계대전 이후, 연방주택관리청도 미국 역사에서 주택을 소유하려는 사람들이 최고로 많이 확산되었을 시기에 레드라이닝 정책을 채택했다. 연방주택관리청에서는 집을 수리하는 것보다 아예 집을 새로 짓는 것을 선호했기 때문에 독점적인 신흥 부유 백인들은 소수 인종들이 많이 모여 있는 쇠락한 도시 중심부를 벗어나 그 주변을 둘러싸고 있는 교외로 서서히 빠져 나갔다. 연방 보조금을 받는 고속도로는 교통도, 그리고 자본금도, 도시를 떠나 교외로 흘러가게 했다.[103]

인종별로 이웃들이 분리되자 젊은이들은 확실히 다른 인종의 배우자감을 만나기 힘들었다. 젊은이들이 인종별 거주지 안에 머무르는 한, 배우자감의 범위가 한정되어 있다는 것을 알아차리기 힘들었을 것이다. 1950년대 베이비 붐 세대가 주로 했던 것처럼 젊은이들은 고등학교를 졸업하자마자 결혼을 했기 때문에,[104] 인종별 거주지 분리는 동인종 이성 결혼을 촉진시키고 다른 형태의 결합을 막는 데 효과적인 제도였다.

1940년대와 1950년대 가족 및 결혼을 연구한 역사학자들의 흥미로운 조사 중 하나는 미국 도시에서 일어났던 배우자 선택이 거주지와 가까운 곳에서 만들어지고 형성되는 방식에 관한 것이었다. 주요 사회학 학술지들에 실린 연구들은, 두 사람이 멀리 떨어져 살수록 그 둘이 결혼할 가능성이 급격히 낮아진다는 것을 여러 차례 보여 주었다.[105] 대표적인 예로, 혼전 동거의 빈도는 낮았음에도, 결혼 증명서를 발급 받은 사람들 중 30%는 서로 다섯 블록 정도의 거리 내에 살았다. 1932년에 보사드는 "큐피드에게는 날개가 있겠지만, 분명 오랜 비행에는 적합하지 않을 것이다"라고 했다.[106] 미국 사회의 교외화와 사회적으로 고립된 이전 시대의 농업 공동체들의 예상된 쇠퇴에도 불구하고, 사회학자 대부분은, 이러한 결과가 나왔다는 것은 사람들이 공동체와 이웃을 여전히 중요하게 여긴다는 것을 증명한다며 환호했다. 하지만 사회학자 루비 조리브스 케네디는 결혼 증명서를 신청한 커플의 결혼 전 거주지 근접성은 또한 인종별 거주지 분리의 선을 더욱 뚜렷하게 만드는 기능을 했고, 이는 계속해서 백인은 백인끼리 흑인은 흑인끼리 사귀도록 만들었다는 점에 주목했다.[107]

1950년대의 대규모 건축 붐은 본래 백인들이 도시 중심에서 물러 나와 교외로 몰려든 교외 주택 붐이었다.[108] 교외 거주자들은 인종별 이질성뿐만 아니라 성적 정체성의 다양성도 도시에 남겨두고 떠났는데, 이것들은 경찰의 노력에도 불구하고 도시에서 조용히 번창했다.[109] 미국에서 동성애자 해방 운동의 정치적 선조들은 1950년대에 형성되었다.[110] 동성애자의 정치적 이슈와 성별 이슈에 맞춘 조직화는 그때 이루어졌으며, 이런 현상은 항상 근본적으로 도시에서 일어난다.[111] 교외화의 결과로 가족은, 성정체성에 어느 정도 개방적이며 문화적으로도 거친 도시 중심부에서 물러나와 부모가 자녀에게 사회적으로 지배적인 성과 성별 역할의 주도권을 쉽게 강요할 수 있는 환경으로 갔다.[112]

자립기는 거주지 분리가 젊은이의 결혼 선택에 가했던 통제를 서서히 느슨하게 만들기 시작했다. 살던 동네를 떠나 대학에 간 젊은이들은 새로운 종류의 인종적 사회화와 성적 실험이 일어날 수 있는 잠재적으로 새로운 사회적 맥락을 접했다. 당연히 인종별 거주 분리와 동성애를 반대하는 규범들이 대학과 일터, 도시에도 있지만, 젊은이들은 자립기를 통해 자신들의 사회적 환경을 더 많이 통제할 수 있게 되었다.

결론

이 책에서 나는 가족 구조와 자립기에 기반을 둔 사회 변화에 대해 간단한 이론을 제시할 것이다. 내가 이론에 양적으로 접근한 것은 새로운 시도이지만 이론 자체가 새로운 것은 아니다. 가족을 연구하는 역사가들, 특히 동성애자의 삶과, 문화, 정치를 연구하는 역사가들은 현대의 비전통적 결합의 확산과 과거에는 이런 결합들이 비가시적이었던 것에 대해 나와 유사한 설명을 제시한다.[113]

알랑 베르베는 2차 세계대전 중에 있었던 미군 내 동성애의 놀라운 역사를 밝혔는데, 이를 살펴보자.[114] 2차 세계대전에 미군은 공식적으로 동성애자를 참전시키지 않았고, 동성애자로 밝혀진 군인은 불명예 제대를 시켰지만, 그래도 몇 가지 이유에서 군 복무는 동성애자의 권리 및 자각에 분수령이 되었다고 베르베는 주장했다. 첫째, 동성애자라는 것을 확인해서 차단할 수 있는 간단하고 실용적이며 유용한 방법이 없었다. 둘째, 군대는 때때로 동성애자를 식별하고 학대하는 데 열성적이었지만 당시엔 군인이 절실히 필요했기 때문에 이런 일은 대부분 2순위로 격하되어 있었다. 그리고 가장 중요한 셋째, 젊은 남성과 여성들은 전쟁이 나자 집과 가족으로부터 멀리 떨어졌고, 그래서 부모의 감시도 멀어졌다. "가족의 압박과 이웃의 감시로부터 많은 신병들이 벗어났을 때, 그들은 군 복무가 그들에게 '커밍아웃'할 기회를 주었다는 것을 알고 놀랐다.…… 2차 세계대전 중 있었던 대규모 인원 동원은 동성애자인 남성과 여성이 그들 스스로도 그리고 서로에 대해서도 정체성을 깨닫지 못하게 했던 평화 시기의 사회적 통제를 완화시켰다."[115]

르네 로마노에 따르면, 비록 범위가 작았지만 2차 세계대전은 흑인과 백인의 이인종 결혼에도 유사한 효과를 가져다주었다고 한다. 미국 흑인 군인들이 유럽에서 군복무를 하던 중에 유럽 여성과 만났고, 미국 사회 제도에서는 불가능했을 관계를 형성할 수 있었다. 미국 도시들에 존재했던 이인종 사회 그룹들은 전쟁 후 '클럽 인터내셔널'이라고 불렸는데, 이는 이인종 결혼이 가능했던 해외 군복무의 영향과 관련이 있었다.[116] 물론 미군은 이런 이인종 결합을 막으려 애썼다. 사람들은 보통 군대를 새롭고 관습을 거스르는 관계가 번창하도록 허락하는 사회적으로 열린 기관이라고 생각하지 않는다. 2차 세계대전 중 있었던 동성애자 문화에 대한 문헌들이 주는 한 가지 핵심적인 통찰은, 부모의 통제가 공동 거주를 통해서 조정되었고 또 젊은이들이 자랐던 지역사회와 아주 가깝게 두는 것을 통해 조정되었다는 것이다. 미군이 얼마나 동성애를 탄압하려 애썼는지와 상관없이, 규모가 크고 익명으로 된 군대 관료제는 젊은이들이 떠나면서 두고 온 부모와 공동체가 성공한 것만큼 사회 통제와 감시에 절대로 성공할 수 없었다.

2차 세계대전 이후 미국 국내 사회에서는 젊은이들이 지리적 이동성과 자립의 기회들을 훨씬 더 많이 얻게 되었으며, 이는 전쟁 중 소수의 젊은이들이 임시로 얻었던 것들이었다. 1963년 윌리엄 J. 구드는 가족의 변화를 다음과 같이 표현했다.

물론 젊은이들의 자립이 더 확대된 것은 모든 서방 국가들에서도 보고

되고 있다. 이 자유의 결과로, 결혼하는 젊은이들은 과거에 비해 가족의 사교 범위 밖에 있는 사람을 만나게 되었다. 이들이 댄스파티에서 만났을 때의 상황은 예전과 다르다. 두 세대 전에도 젊은 커플은 댄스파티에서 곧잘 만났겠지만, 부모들은 자녀를 그곳에 데려다 주고 파티가 끝난 후 데려오기 위해 그곳에서 기다렸다.[117]

3장

자립기

1960년대 이후 미국 가족을 연구하는 학문에 끊임없이 등장하는 것은 변화이다. 이혼의 확산과 초혼의 회피 혹은 초혼 연기延期의 확산, 그리고 혼외 동거의 확산은 아마도 하나로 통합된 핵가족 체제를 더 다원적이고 다양한 가족 구조로 바꾼 변화들 중 세 가지일 뿐이다.[1] 두 세대 전만 해도 이인종 결합과 동성 결합은 거의 보이지 않았지만, 지금은 미국인 중 상당한 비율을 차지할 만큼 상당히 보편화되었다.

미국 학자들은 지난 40년 간 가족에게 일어난 변화의 중요성을 확실히 알고 있다. 하지만 학자와 대중은 가족 내 큰 변화가 항상 자신들이 태어나기도 전에 일어났다고 생각하는 것 같다. 개인의 관점에서 보면 가족은 항상 변화하는 것처럼 보인다. 시간을 거슬러 올라가 보면, 1960년대 이전에 1950년대에는 베이비 붐이 일어났고, 1930년대에는 2차 세계대전과 대공황이라는 큰 혼란이 있었으며, 활기가 넘쳤던 멋진 1920년대가 있었다. 더 거슬러 올라 가면, 1차 세계대전과 20세기 초반의 거대한 이민자의 물결, 19세기 후반에는 도시화와 산업화, 그리고 미국 남북 전쟁도 있었다. 내가 여기서 생략한 다른 사건들도 포함해서 이 모든 시대들은 다 나름의 이유를 갖고 가족 형태를 근본적으로 다시 만들면서 그들 시대에 맞게 그렸다.

예를 들어 아서 칼훈은 그가 쓴 획기적이면서 냉정한 미국 가족의 역사(마지막 권이 1919년에 출판되었다) 말미에 산업혁명이 미국 가족의 삶을 송두리째 바꿨다고 주장했다. 칼훈은 19세기 후반과 20세기 초반의 산업화와 도시화의 변화에 깊은 인상을 받았고, 미국에서 결혼과 자본주의, 매춘이 모두 조만간 사라질 것이라고 내다봤다.[2] 그 이후의 역사는 칼훈의 예상대로 흘러가지 않았다.

칼훈은 마음껏 사용할 수 있는, 미국 가족에 대한 어떤 인구 통계학적 데이터도 갖고 있지 못했다. 그가 살았던 시대에는 학자나 대중이나 기본 데이터를 분석하는 대신에 칼훈처럼 가족에게 일어난 산업화의 효과를 과장해서 받아들였다. 미국 가족에게 일어난 산업혁명의 효과에 대한 칼훈의 오해는, 역사적으로 일관된 인구학적 데이터를 이용할 수 없을 때 시간 흐름에 따른 가족의 변화를 평가하는 것에는 어려움이 내재해 있음을 보여 주는 한 예이다.

산업혁명은 역사적 변화와 가족에 대해 논의할 때 유용한 시작점이다. 1960년대 이전에 활동했던 학자들은 역사를 산업혁명 이전과 이후로 나누었다. 칼 맑스와 프리드리히 엥겔스의 광범위한 분석은 산업화의 확산과 부르주아 계급의 성장을 역사적 변화의 결정적인 지렛목으로 만들었다.[3] 맑스와 에밀 뒤르켐, 막스 베버, 프레드릭 르 쁠레, 윌리엄 아이작 토머스 같은 사회학 창시자들은 19세기 후반과 20세기 초반에 활동했는데, 이들 주변에서 일어나는 산업화와 도시화를 보며 이런 변화가 사회에 미친 영향에 그들의 지성이 끌리는 것은 당연했다.[4] 도시화와 산업혁명이 사회학을 낳았다 해도 절대 과언은 아니다. 맑스주의자뿐만 아니라 맑스주의자가 아닌 사람들도 모두 똑같이 머릿속으로 산업혁명이 가족의 삶과 관습을 모조리 바꾸어 놓을 것이라고 생각했다.

이번 장에서는 1960년대 이후에 일어난 가족 변화의 기록과 미국 산업혁명 기간(대략 1850년에서 1920년 사이)에 있었던 가족 변화의 기록을 비교할 것이다. 사회학 창시자들은 산업혁명의 강력한 힘을 예상했지만, 가족 삶family life에 나타난 변화의 속도는 많은 관측자들이 예상했던 것보다 산업혁명 기간에 속도가 그다지 빠르지 않았다. 산업혁명기에 가족제도가 예상보다 더 안정적이었던 이유는 당시에는 자립기가 존재하지 않았기 때문이다.

산업혁명의 영향력에 대한 수정주의 학문의 첫 번째 흐름은 1960년대에 나타났다. 행정 교구 기록에서 가족에 관한 데이터를 복원한 1965년 피터 라슬렛의 『우리가 잃어버린 세상』이라는 책은 멀리 거슬러 올라가 16세기의 유럽에서 초혼 연령이 20대였다는 것을 보여 주었으며, 같은 해 존 하지날John Hajnal이 쓴 영향력 있는 논문은 라슬렛의 조사 결과를 되풀이했다.[5] 라슬렛은 그 다음 책에서 산업혁명 이전의 가족은 비록 가족 수는 많았지만 부모와 많은 자녀로 이루어진 핵가족이었으며, 산업혁명 이전의 확대가족, 혹은 르 쁠레가 이름 붙인 '직계 가족'stem family은 한 지붕 밑에서 함께 산 적이 거의 없었다고 주장했다.[6] 게다가, 라슬렛은 영국의 산업혁명 이전의 주민들은 의외로 자주 이동했다는 것을 알아냈다.[7] 라슬렛의 연구는 유럽에서 산업혁명이, 이전의 가정보다 가족 구조에 영향을 덜 미쳤다는 것을 보여 주었다. 이는 산업혁명이 가족 구조에 영향을 주었던 방식에 대한 이전의 가정들, 즉 현대 사회학의 근간으로까지 거슬러 올라가는 가정들에서 거품을 뺐다.[8]

라슬렛과 동료 학자들은 산업화로 인한 가족 변화를 회의적으로 보았지만, 우리는 19세기 후반과 20세기 초반 미국에서 있었던 산업혁명이 가족 삶의 형태에 중요한 영향을 많이 주었다는 것을 안다.[9] 사망률, 특히 영유아 사망률이 감소했다. 미국 태생 여성의 출산은 백 년 이상 꾸준히 감소했고, 산업혁명 기간에도 계속해서 감소했다. 출산이 감소하자 가족 구성원의 수도 줄었다. 산업혁명기 미국의 이혼율은 20세기가 끝날 때까지도 계속 증가했다.[10] 19세기 후반 공공 교육 의무화 도입도 혁명적이었다.[11] 자급 농업에 종사하는 미국인 비율은 급격히 떨어졌고, 수백만 명의 미국인들이 공장에 일자리를 알아보러 도시로 이주했다. 뒤에서 이런 변화 몇 가지를 자세히 다뤘고, 부록의 〈표 A.1〉과 〈표 A.2〉에서는 이런 변화를 모두 수량화했다. 산업화가 미국 가족에 끼친 중요한 변화를 고려해 볼 때, 아서 칼훈 같은 20세기 초반의 미국 학자들이 산업혁명은 미국 가족과 관련된 모든 것들을 변화시켰다고 상상한 것도 무리는 아니다.

산업화로 인한 현실적인 변화에도 불구하고, 미국 가족 구조에서 몇몇 핵심적인 것들이 19세기 후반에도 변하지 않고 확고하게 남아 있었다. 이인종 결혼을 합법이라고 인정한 주에서조차 이인종 결혼은 보기 힘들었다. 동성 결합은 알려지지도 않았고 또한 보이지도 않았다. 초혼 연령은 미국에서 산업혁명 동안 바뀌지 않았다. 미혼 젊은이들은 여전히 부모와 함께 살거나 수습생 신분으로 대리 부모들과 살았다. 요컨대 젊은이들에 대한 가족 통치 제도는 산업혁명기에도 유지되었다. 가족 수와 사망률 그리고 출산의 감소, 공공 교육 도입, 도시화 등 산업혁명 동안 가족 삶은 많이 변했지만, 가족 제도는 고스란히 유지되어 이성애자 동인종 결혼을 촉진시켰고 다른 가족 형태는 모두 인정하지 않았다.

산업화로 인해 경제와 사회가 변화하는 중에도 젊은이들에 대한 가족 통치 제도는 여전히 남아 있었기 때문에, 가족 제도는 관습을 거스르는 결합들을 제외시키면서 어떻게든 유지되었다. 산업혁명 동안 미국 가족 구성원의 수와 사는 곳, 일하는 방식도 바뀌었지만, 이들이 형성하는 낭만적인 결합의 종류들은 변함이 없었다. 보수적 사회 비평가였던 앤서니 컴스톡과 자유주의 학자였던 아서 칼훈 모두 산업혁명이 미국 가족 삶의 전체적인 구조를 바꿔놓을 거라 예상했지만,[12] 두 사람 모두 가족 통치 제도가 남아서 전통적인 사회질서를 재생산하고 강화할 거라는 것을 알지는 못했다.

미국에서 산업혁명을 겪은 사람들은 새롭게 얻은 자유와 사회적 선택권이 그들에게 유용하다고 느낀 것 같다. 19세기 미국 여성들이 쓴 여러 일기장을 참고해서 그들의 구애 활동과 결혼에 대해 알아본 엘렌 로스만의 연구는 당시 여성들이 그들의 배우자를 선택할 때 부모의 간섭과 방해를 전혀 받지 않는다고 느꼈다는 것을 보여 주었다.[13] 하지만 다음 장에 나올 인구조사 데이터에서는 산업혁명 동안 이인종 결합이나 혼외 동거 같은 비전통적 결합이 실제로는 거의 존재하지 않았다는 것을 보여 준다. 산업혁명기의 젊은이들은 자신들의 배우자 선택에 외부 개입이 없다고 자각했던 것 같은데, 실제로 인구조사에서 드러난 배우자 선택의 양식에서는 비전통적 결합을 제외하기 위해 강력한 사회 통제가 어딘가에 분명히 있다는 것을 보여 준다. 가족 통치 제도는 공공연하다기보다 포착하기 어려운 방식으로 젊은이들의 배우자 선택을 제한했다. 부모나 부모 대리인과의 삶은 필연적으로 젊은이들이 접근할 수 있는 사회그룹을 형성하고 강요했다. 세대 간 공동 거주에 의해 형성된 사회적 세계 안에서, 19세기 후반의 젊은이들 특히 로스만이 연구한 일기장에 나오는 잘 사는 백인 여성들은 배우자 선택에 있어서 무제한의 자유를 가졌을 것이다. 사람들은 언제나 그들 앞에 놓인 즉각적인 선택들을 가장 의식한다. 사람들은 그들이 한 번도 만난 적 없는 사람과 낭만적인 결합을 할 수 없다는 것을 덜 자각하는 것 같다. 가족 통치 제도의 사회적 영향이나 가족 통치 제도가 부재한 자립기를 종종 간과하는 이유는 사람들이 그것을 직접적으로 느끼지 못하기 때문이다. 가족 구조에서 일어난 변화의 충격을 온전하게 평가하기 위해서는 개인적·가정적 수준에서 역사적으로 일관된 인구학적 데이터가 필요하다.

미국이 영국보다 백 년 늦게 산업화되었다는 사실은 조사자들에게 아주 절묘한 기회를 준다. 미국의 산업혁명은 최근에 일어났기 때문에 전국적 대표성을 지닌 인구 설문조사가 실시된 시기 안에 포함되었다. 최근 몇 년 동안에 조사자들은 개별 차원으로 작성된 19세기의 미국 인구조사 데이터에 접근할 수 있게 되었다. 영국과 유럽의 산업화 과정 동안의 가족 구조를 살펴본 라슬렛의 책은 질이 서로 다르며 일관성도 없고 서로 많이 다른, 지방의 문서들에 의존해야 했지만, 산업화 시기의 미국 가족에 대해서는 현대 인구조사 데이터와 일치하는, 그리고 전국적 대표성을 지닌, 역사적 인구조사 데이터를 사용하여 연구할 수 있다. 라슬렛의 자료는 종종 가정 내 가족 관계를 명확하게 명시하지 않았지만,[14] 미국 인구조사 데이터는 가정의 각 구성원 간의 관계를 명확하게 그리는 가정household 설문조사이다. 미국 인구조사가 가진 전국적 대표성과 역사적 일관성은 산업혁명부터 현재까지의 가족 구조를 전례 없이 세세하고 확실하게 비교할 수 있도록 한다.

인구 통계 자료

이번 장에서는 자립기의 확산을, 그리고 다음 장과 그 다음 장에서는 자립기의 영향을 수량화하기 위해서 마이크로데이터 제공시스템(이하 IPUMS)[15]의 미국 인구조사 마이크로데이터 파일을 주로 사용했다. 인구조사 데이터는 강점과 약점 둘 다를 가지고 있다. 인구조사 데이터로 가득한 다음 절로 넘어가기 전에, 데이터 출처에 대한 내 선택이 분석에 어떠한 영향을 미치는지 독자들도 생각할 수 있도록 미국 인구조사의 몇 가지 특성을 검토하려 한다.

IPUMS를 통해 사용 가능한 인구조사 파일은 1850년부터 2000년까지 10년마다 조사되었으나, 1890년과 1930년은 조사에서 빠졌다.[16] 이 책에 나오는 몇 가지 질문들은 초기 인구조사에서 사람들에게 요구되지 않았기 때문에, 내가 제시하는 데이터의 시대 범위는 그 질문에 따라 달라질 것이다. 인구조사 파일의 대부분은 1-in-100 파일이며, 이것은 미국 인구의 1%에 대한 개인 기록들을 이용 가능하다는 의미이다. 1980년과 1990년, 2000년에는 가중치를 적용한 5% 표본을 사용했다. 5% 표본이란 데이터가 미국 인구의 5%, 또는 20명마다 한 명 꼴에 해당하는 개인 기록을 포함하고 있다는 의미이다.[17]

미국 인구조사의 공개 기록들은 방대한 표본의 크기를 포함해서 많은 이점을 가지고 있다. 1850년에서 1910년 사이의 표본은 각각 10만 명에서 100만 명 사이의 개인 기록들이고, 1920년에서 1960년에는 각각 100만 명에서 200만 명 사이의 개인 기록들, 그리고 1970년에는 약 200

만 명 정도였다. 1980년에서 2000년 사이의 인구조사 마이크로데이터 표본은 각각 1천만 명이 넘는 개인 기록들이다. 사용 가능한 인구조사 데이터의 누적된 총합은 4천만 명이 넘는다.

방대한 표본의 크기와 함께 미국 인구조사 마이크로데이터는 전국적 대표성을 지닌다. 즉 미국 인구조사 파일은 전체 사회로서 남성과 여성, 젊은 사람부터 나이 든 사람까지, 의사부터 관리인까지, 백인에서 자유 흑인(노예는 제외)까지, 결혼한 사람과 이혼한 사람 그리고 동거인들의 비율을 동일하게 포함해야 한다. 물론 가정들을 실제로 대표하는 표본을 얻는 것도 힘들지만, 빈민이나 불법 체류 이민자, 노숙자처럼 항상 접근하기 힘든 모집단들도 있다.

미국 인구조사 데이터는 완벽하지 않다. 인구조사들 간에 변수들을 측정하고 코드화하는 방식들이 일치하지 않는다. 대도시 지역의 지명들이 인구조사에 따라 달라지기도 한다. 기본적인 인구조사 방법도 설문조사자가 각 가정을 방문해 인터뷰하는 방식에서 1960년에 응답자가 직접 보고하는 방식으로 바뀌었지만, 이것이 데이터의 질에 영향을 주지는 않았을 거라 생각한다.[18] 동성 동거를 다룬 데이터는 1990년과 2000년 간에 온전히 비교하는 것이 쉽지 않은데, 이 문제는 다음 장과 그 다음 장에서 논의할 것이다.[19] 인종과 민족에게 일어나는 변화들은 해가 갈수록 다양해졌다. 미국 인구조사도 한계와 모순은 있지만, 그래도 어떤 설문조사보다도 시간 흐름에 따른 다양한 지역의 기본적 인구 변화를 거의 정확하게 설명해낸다.[20]

산업혁명

미국은 영국보다 한 세기 늦게 산업화되었고 그 후의 과정도 균일하지 않았다. 뉴욕 주와 필라델피아 주는 19세기 중반경 산업 중심지였지만, 서부 지역과 남부 주들에서는 몇 십 년이 지나도록 중공업 산업이 발달하지 못했다.[21] 남북 전쟁으로 남부와 북부 모두 산업화가 촉진되었다. 북부에서는 산업이 발전하였고 그 산업을 통해 전쟁에서 승리할 수 있었지만, 남부에서는 전쟁이 끝난 후에야 대규모 농장을 경영했던 귀족제와 노예제 등 산업화를 방해했던 주요 요소들이 사라졌다.

19세기, 인구가 많이 몰려 있는 도시에서 산업 경제가 발전했다. 도시에서는 대양항로로 접근하기 쉬웠고, 인구밀도가 충분해 공장에 임금 노동자들을 공급할 수 있었기 때문이다. 그래서 산업화의 역사는 곧 도시 성장의 역사이며 동시에 자급 농업 쇠락의 역사이기도 하다. 19세기 중반까지도 미국은 여전히 전반적으로는 산업혁명이 시작되지 않은 농업 국가였다. 〈도표 3.1〉을 보자. 1850년에는 미국인 중 8%만이 도시 생활을 했고, 6%가 교외 생활을 했다. (당시 교외란 단어는 아직 알려지지도 않았었다.) 1850년에는 극소수의 미국인이 도시 안팎에서 살았고, 대부분(58%)은 농업 가족이었는데, 농업 가족이란 가정에서 최소 한 명이 전업 농부라는 의미이다. 1850년에서 1920년까지, 외국 이주민들과 시골 출신 미국인들로 도시 중심부는 점점 팽창했다. 1850년에서 150년이 지난 2000년까지, 미국인의 농가 비율은 58%에서 1%로 떨어졌지만 대신 도시와 교외 거주자를 합한 비율은 인구의 14%에서 70%로 증가했다.[22]

〈도표 3.1〉 농업의 쇠락과 도시 생활의 확산

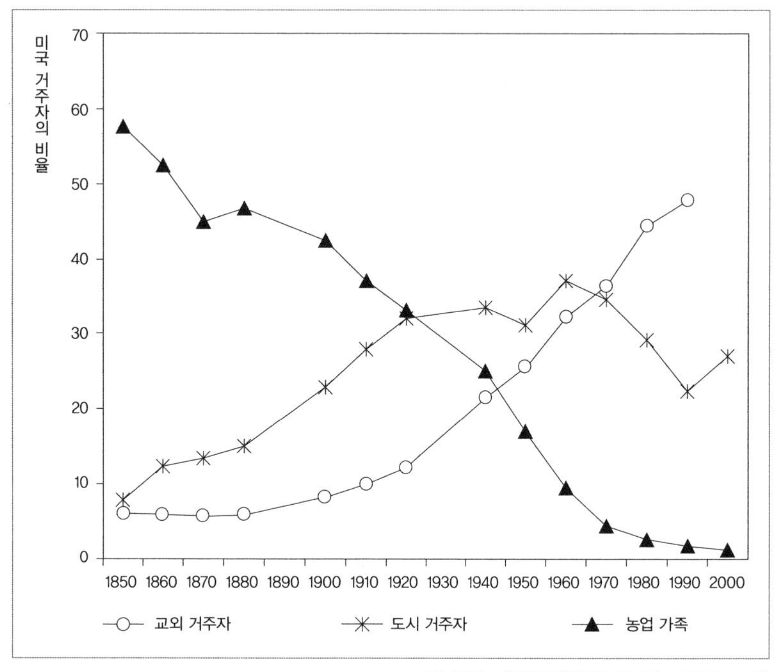

출처 : IPUMS, 가중치를 적용한 인구조사 마이크로데이터, 1% 파일

2000년 교외 거주자의 비율이 없는 이유는 데이터가 너무 많이 없기 때문이다. 1850년과 1860년 데이터에서 노예는 제외했다.

19세기 후반에서 20세기 초반, 사람들로 붐비는 미국 도시들은 무질서하고 비위생적이었다.[23] 도시로 온 젊은이 중 일부는 원하는 직업을 찾을 수 없었고 또 집을 구할 여력도 안 되었기 때문에, 살기 위해서 매춘을 하거나 범죄를 저질렀다.[24] 앤서니 컴스톡 같은 공중도덕의 수호자들에게 20세기 초반 미국 도시는 성병의 근원지이자 젊음이 좀 먹는 곳, 부패하고 냉담한 익명의 공간, 전통적인 가족의 가치가 짓밟히고 파괴되는 곳이었다.[25]

20세기가 시작되자 진보적인 사회 평론가와 보수적인 사회 평론가 모두 전통적인 가족은 사라졌다고 선언했다.[26] 전문가들은 절망하고 도덕성 개혁 운동가들은 격분했지만, 신기하게도 미국 산업혁명은 가족에게 약간만 영향을 미쳤다. (적어도 아래에서 그리고 다음 장에서 논의한 몇몇 측정들에 따르면 그러하다.) 초혼 연령은 변함없이 유지되었다. 미혼 젊은이 대부분도 계속 부모와 살았다. 이인종 결혼은 여전히 희귀했고, 대부분의 동성애자들은 벽장 안에 꼭꼭 숨어 있었다.

산업 도시에서의 가족 삶

19세기 후반 뉴햄프셔 주의 맨체스터에 위치한 아모스케이그 직물공장은 세계에서 가장 큰 직물공장이었다. 이 공장은 노동자들뿐만 아니라 노동자들의 가족들까지도 보살폈고, 이것은 산업혁명기에 가족 통치 제도가 어떻게 사라지지 않고 유지될 수 있었는지 파악하는 데 도움이 된다. 타마라 하레벤에 따르면, 아모스케이그 직물공장은 노동자를 모집하면서 선택적으로 가족들도 전부 맨체스터로 이사오게끔 했다.[27] 가족 전부를 오라고 한 것은 그 편이 공장에도 이익이 되었기 때문이다. 우선 가족을 전부 모으면, 각 가정에 있는 어린 아이들은 손위 형제들이 직물공장에서 일하는 것을 보면서 사회화되기 때문에 공장 입장에서는 미래의 노동력을 미리 확보할 수 있었다. 아이들은 종종 부모 옆에서 일을 돕기도 했고, 공장이 아이들을 직접 수습생으로 삼기도 했다. 아이들이 손위 형제들로부터 직물공장의 어려운 전문 기술을 익히고, 내재하는 위험을 피하는 방법이나 까다로운 공장 감독관에게 잘 보이는 방법을 간접적으로 배우는 것은 아주 흔한 일이었다. 예전에 가족 대부분이 익혔던 자급 농업의 노동과, 산업 노동은 근본적으로 다른 종류의 노동이었기 때문에, 새로운 노동자의 신규모집을 성공적으로 하기 위해 공장에서 가족의 사회화는 매우 중요했다.

아모스케이그 직물공장에서는 특히 프랑스계 캐나다인 가족들을 모집했다. 이들은 아이를 많이 낳았기 때문에 맨체스터로 이주하면서 더 많은 아이들, 즉 더 많은 미래의 직물 노동자들을 데려왔다. 낮에는 직물공장에서 일하고 밤에는 공장 기숙사에서 지냈던 독신 여성인 '직공 아가씨들'의 존재에 대해서도 하레벤은 알려주었다. 공장은 이 여성들에게 그 당시 요구되었던 사회 통제 같은 것들을 제시했다. 즉 여성 노동자에게 술을 마시지 못하게 했으며, 모든 여성은 저녁 10시까지 공장 기숙사 방에 혼자 들어오게 했다. 공장은 신규모집을 할 때에, 가족이 아이들을 취급했던 가부장적인 방식으로 노동자들을 대하겠다는 내용을 매우 노골적으로 광고했다. 맨체스터의 직물 공장에 대한 하라벤의 분석을 보면, 가족이 해체되기는 커녕, 오히려 산업화가 가족 통치 제도에 의지하고 그것을 강화시킨 방식을 보여 준다.

산업혁명을 통해 19세기 후반의 가족은 확실히 새로운 도전을 경험했다. 산업화는 노동일의 리듬과 작업의무를 꽤 극적으로 변화시켰다.[28] 산업화로 인해 집과 일터는 분리되었다.[29] 산업혁명 막바지에는 공장 규모가 더욱 커졌고, 강제적인 학교 수업과 아동노동 보호법들 때문에 아이들이 공장에서 일을 못하게 되자 직장으로 인해 가족들은 서로 떨어져 지내게 되었다.[30] 하지만 공장 노동시간 동안에만 가족 구성원들이 떨어져 있었고, 일이 끝나면 가족들은 모두 집으로 돌아와 함께 먹고 잤다. 미국 인구조사 같은 가정 설문 데이터를 통해 가족 내 사회 구조가 산업혁명기에도 전혀 바뀌지 않고 남아 있었다는 것을 볼 수 있다.

인구 통계학으로 본 자립기의 근원

1960년대 이후, 젊은이들이 결혼 전까지 홀로 생활하는 기간이 점점 늘어나기 시작했다. 〈도표 3.2〉는 1880년부터 2000년까지, 최소 한 명의 부모와 생활하는 미국 태생[31] 독신 남성과 여성을 백분율로 나타낸 것이다. 1880년부터 미국 산업혁명이 거의 끝나가는 1940년까지 부모와 사는 독신 젊은이들의 비율은 증가했다. 이 비율의 증가 원인으로 노인의 늘어난 수명도 한몫했다. 1900년에 20대를 보낸 젊은이들은 1875년쯤에 태어났고, 그들의 부모는 1850년쯤에 태어났을 것이다. 미국에서 1850년에 태어난 사람이 자녀를 낳고 오랫동안 살았다면 60세까지, 또는 1910년 정도까지 살았을 것이다. 1850년에 태어난 많은 사람들은 1875년쯤에 아이를 낳고 1900년쯤에는 사망할 것이다.[32]

20세기 초반, 기대 수명이 증가하자 모시고 살아야 할 부모가 늘었고, 때문에 부모와 사는 미혼 젊은이들도 더욱 늘었다. 자녀가 부모와 사는 것은 전혀 이상한 일이 아니었고, 다른 선택사항도 현실적으로 별로

〈도표 3.2〉 부모와 사는 젊은이의 감소, 1880년~2000년

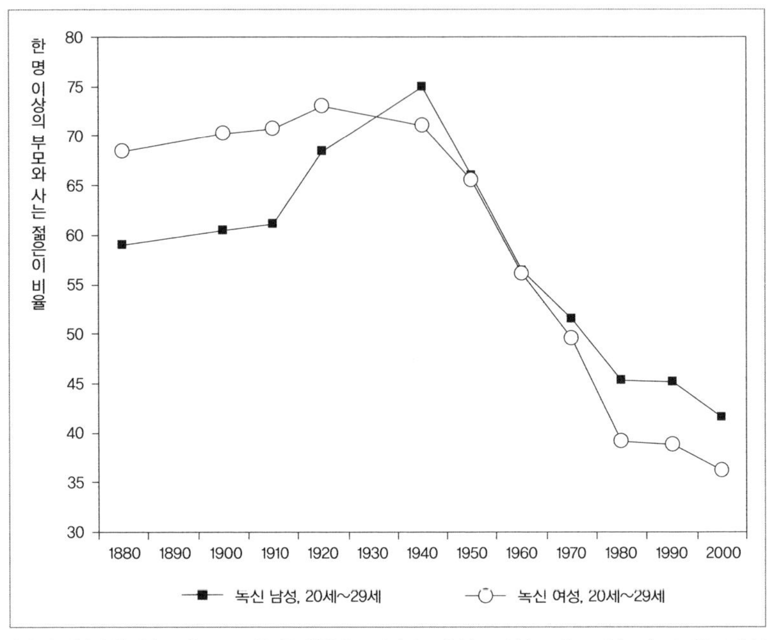

출처 : 미국 태생 개인을 대상으로 한 IPUMS, 가중치를 적용한 인구조사 마이크로데이터. 1880년과 1990년~1920년, 그리고 1940년~1970년에는 1% 표본이고, 1980년~2000년에는 5% 표본이다.

없었다. 1950년까지는 부모의 죽음이 부모와 함께 사는 젊은이들의 역량에 가장 중요한 제한이 되었다.[33]

1880년에 부모와 살았던 독신 여성은 68%였고 독신 남성은 59%였지만, 가족의 통제를 받았던 자녀의 비율은 실제로 더 높았다. 왜냐하면 결혼을 하지 않고 부모와 떨어져 살았던 많은 젊은이들은 친척과 살았거나, 다른 가정에 수습생으로 들어갔거나, 그도 아니면 기숙생이나 하숙생으로 다른 형태의 가족과 살았기 때문이다.[34] 기숙생이나 하숙생을 들인 가족은 일종의 대리 가족으로 젊은이들을 감시하는 게 그들의 임무였다. 다른 가정의 자녀를 수습생으로 둔 부모들도 보통 자신의 자녀

에게 하는 것처럼 수습생으로 들어온 젊은이들을 엄격하게 감시하고 통제했다.[35]

과거엔 수습생이나 하숙생, 기숙생 같은 가정 내 제도가 널리 퍼져 있었지만, 산업혁명이 끝날 무렵엔 이런 일이 급격히 줄어들었다.[36] 과거 가족 통치 제도는 다양한 방식으로 젊은이들을 통제했기 때문에, 부모와 사는 독신 젊은이들의 비율이 감소했다고 해서 그것이 곧 시간이 지나면서 가족 통치 제도가 약화되었다는 것을 의미하지는 않는다. 보다 낫고 보다 일관된 측정 기준은 자신의 가정을 꾸리는 젊은 독신자 비율이다. 결국, 이것은 식민지 지도자들이 그토록 막기 위해 애썼던 자립적인 생활 방식의 한 종류였다.[37]

〈도표 3.3〉을 보자. 젊은 독신자 세대주의 비율은 1880년에 5%를 넘지 않았고, 1880년에서 1920년까지는 오히려 약간 감소했다. 이 비율은 1950년부터 증가하기 시작해서 2000년에는 남성은 28%, 여성은 36%까지 올라갔다.

요컨대 19세기 후반에 일어났던 산업혁명은 가족 통치 제도의 끈을 끊지 않았다. 19세기 후반 도시에서의 삶은 가족에게 새로운 기회도 많이 주었지만, 부모와 자녀가 한 집에서 계속 살면서 가족이나 대리 가족들이 공동으로 젊은이를 감시했기 때문에 젊은이들은 예전 방식, 즉 부모나 부모 대리자들이 지켜보는 가운데 배우자를 선택했던 방식을 유지했다.

세대 간 공동 거주라는 오래된 관습은 20세기 중반부터 바뀌기 시작했다. 1950년 이후, 부모의 수명이 점점 길어져 그만큼 더 많은 자녀들

〈도표 3.3〉 젊은 남성과 여성의 독신 세대주 비율, 1880년~2000년

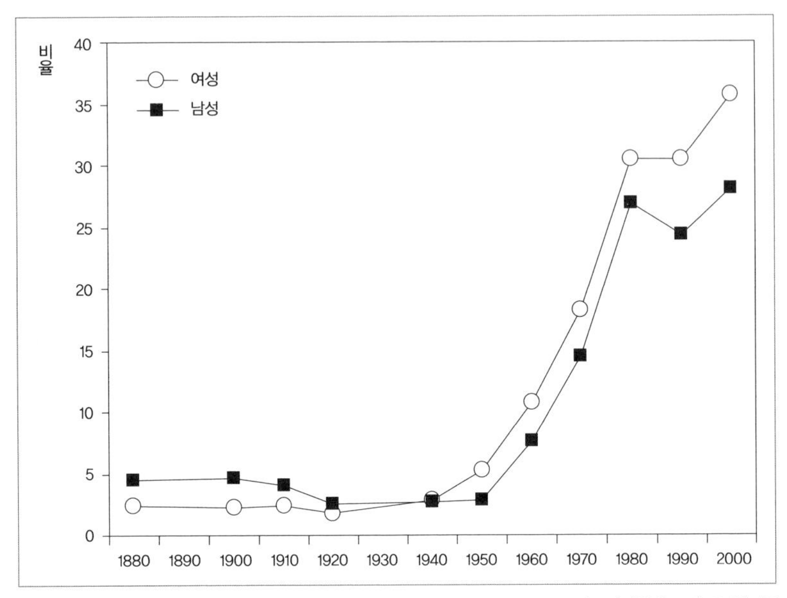

출처 : IPUMS, 가중치를 적용한 인구조사 마이크로데이터. 1880년, 1900년~1920년, 그리고 1940년~2000년. 소사 대상사는 20세~29세의 미국 태생이며 결혼 경험이 없다.

이 부모와 함께 살았음에도 불구하고, 부모와 사는 자녀수는 줄어들기 시작했다. 1880년에서 1940년까지, 부모와 떨어져 사는 젊은 독신자 세대주의 비율은 5%도 되지 않았다. 20세기가 끝날 무렵엔 젊은 독신자 세대주의 비율이 삼분의 일이나 되었다. 현대 독신 젊은이들이 독립된 거주지에서 산다는 것은 감시와 공동 거주를 기반으로 한 가족 통치 제도라는 낡은 제도가 확실히 뒤바뀌었음을 나타낸다.[38]

인구조사 분석이 모두 그렇듯이, 도표에 찍힌 데이터는 조사할 당시의 순간적인 상태를 연속적으로 보여줄 뿐이다. 부모와 떨어진 자녀는 언제든 부모에게로 되돌아 갈 수 있었다. 사실 자녀는 부모에게서 완전히

독립하기 전까지 몇 번이고 부모의 집으로 되돌아가곤 했다. 인구조사에는 이렇게 역행할 수 있는 사건들도 기록되기 때문에 개인 인생의 역사를 추론하기 힘들다.[39] 예를 들어 젊은이들이 결혼하기 전까지 몇 년 동안이나 혼자 개인적인 시간을 보냈는지 알 수 없다. 하지만 인구조사 데이터는 인구조사를 했던 그 시기의 일반적인 가족 구조를 볼 수 있게 해준다. 가족 구조에 대한 자료는 시간이 지나도 매우 일관적이며, 미국 인구조사는 전국적 대표성을 지닌 가정household 설문조사이기 때문에, 인구조사 때마다 변화된 가족 구조를 살펴보면 시간이 흐르면서 미국 가족 구조가 근본적으로 어떻게 변했는지를 알 수 있다.

1880년에서 1940년까지, 미국에서 교외화와 산업화라는 놀라운 변화들이 있었지만, 인구 통계학으로 본 젊은이들의 삶은 놀라울 정도로 변함이 없었다. 〈표 3.1〉을 보면, 1880년에서 1940년 사이에 미국 태생 젊은 여성 중에서 부모와 사는 독신 여성(두 번째 범주)이나 결혼한 여성(세 번째 범주)의 비율은 거의 변함이 없었고, 이 둘을 합하면 거의 90%에 이른다.

부모와 떨어져 사는 독신 여성의 비율은 1880년에 12.6%였고, 20세기 중반까지 비슷한 수준을 보이거나 약간 떨어지기도 했다. 자녀가 부모와 떨어져 생활하는 데 산업혁명은 어떤 영향도 미치지 않았다. 혼자 사는 젊은 여성의 비율은 1950년 8.5%로 낮은 수치를 기록했으나 그 뒤로 계속 증가하기 시작했다. 2000년에는 혼자 살면서 자신의 20대를 온전히 누리는 젊은 여성이 39%에 달했다. 남성도 여성과 비슷한 변화를 보인다. 미국에서 젊은이들 사이에 주거 독립과 거주지 독립 현상이 증가한 것

〈표 3.1〉 미국 태생 여성(20세~29세)의 가족 구조를 통해 살펴본 자립기의 확산

	부모와 떨어져 사는 독신 여성 (%)	부모와 함께 사는 독신 여성 (%)	기혼 여성 (%)	총합
1880	12.6	27.3	60.1	100
1890				
1900	12.8	30.0	57.3	100
1910	12.0	29.1	59.0	100
1920	10.4	28.1	61.5	100
1930				
1940	10.7	26.5	62.8	100
1950	8.5	16.1	75.3	100
1960	9.7	12.4	77.9	100
1970	15.0	14.7	70.3	100
1980	26.8	17.2	56.1	100
1990	32.6	20.7	46.7	100
2000	39.3	21.1	39.6	100

출처 : IPUMS, 가중치를 적용한 인구조사 마이크로데이터 (1880년, 1900년~1920년, 1940년~2000년)

은, 부모와 사는 미혼 자녀가 감소하는 추세(〈도표3.2〉) 및 베이비 붐 이후 경향인 늦은 결혼 연령과 늘어난 이혼율의 결과이다.[40]

〈도표 3.2〉와 〈도표 3.3〉, 그리고 〈표 3.1〉은 자립기가 미국 가족 삶에 새로운 바람을 불어넣었다는 사실을 입증하고 있다. 결혼 전에 자신의 삶을 살았던 젊은이들이 항상 조금씩은 있어 왔지만, 1960년 이후로 자립기는 점점 미국 젊은이들의 일상이 되기 시작했다. 1960년대에 자립기는 젊은이들에게 더 많은 영향을 주었다. 미국에서 자립기의 영향력이 성장하던 시기와 사회적 격변 및 변화가 많이 일어났던 시기는 딱 맞물렸으며, 이 시기 젊은이들은 시민권과 여성권, 동성애자 권리, 반문화, 1960년대 반전 운동, 성 혁명, 각양각색의 결합과 가족 등 비판자로서의 역할

을 충분히 해냈다.

특히 최근 들어 학자들은 자립기를 주목하고 있지만, 여러 가지 이유로 자립기가 사회에 끼친 영향은 여전히 과소평가되고 있다.[41] 첫째, 자립기는 그 자체가 상대적으로 새로운 현상이다. 둘째, 가족의 구조를 오랫동안 비교 분석하는 데 필요한 역사적인 인구조사 데이터가 최근에야 전산화되어 사용 가능하게 되었다. 셋째, 자립기는 인생의 단계 중간중간에 걸쳐진 시기이다. 출생과 고등학교 졸업, 결혼, 이혼, 죽음 같은 인생의 단계와 다르게 자립기는 공식적인 기록을 남기지 않는다.

자립기의 확산은 역설적으로, 젊은이들이 과거보다 부모와 함께 살 가능성이 더 많다는 대중적·문화적 인식도 함께 가져왔다. 1950년대 이후로 혼자 사는 젊은이의 확률이 꾸준히 증가하고 있는 게 사실인데도 대중 매체들은 부모와 다시 함께 살게 되는 자녀들에 대한 기사를 잔뜩 쓰고 있다.[42] 〈표 3.1〉처럼 결혼한 젊은이와 독신 젊은이를 합친 비율을 분모로 하면, 1960년에서 2000년 사이 부모와 사는 젊은이들의 비율이 높아진 것으로 드러난다.[43] 이런 관점에서 문제는 이 관점이, 매우 다른 두 인구집단, 즉 결혼한 집단과 결혼하지 않은 집단을 동일시했다는 것이다. 미국에서 결혼한 자녀는 거의 대부분 부모와 떨어져 살지만, 미혼 자녀는 가끔 부모와 살기도 한다. 1960년대 이후 초혼 연령이 점점 늦어지면서(뒤에 나오는 〈도표 3.6〉 참고), 어떤 연령대든 결혼한 젊은이의 비율은 점점 감소해 왔다.

오해의 여지가 있지만, 대중매체가 '부메랑 효과'라고 부르는 현상, 다시 말해 젊은이들이 부모가 있는 집으로 되돌아가는 것처럼 보이는 경향은 젊은이들이 실제로 연애하는 기간을 계속 늘이면서 결혼을 뒤로 미루기 때문이다.[44] 미국에서 결혼한 자녀는 대부분 부모와 떨어져 살려고 하기 때문에 결혼이 뒤로 미뤄지면서 부모와 사는 젊은이들의 비율이 증가한다. 하지만 누군가 미혼 젊은이들만 조사한다면(앞에 나온 〈도표 3.2〉 참고), 확실히 부모와 사는 자녀의 비율은 꾸준히 감소하고 있고 2000년 인구조사에서는 최저치를 기록했다.

상상이기는 하지만, 젊은 여성의 전형적인 삶을 그려보자. 이 여성은 18세에 대학을 가기 위해 집을 떠나고, 22세에 대학을 졸업한 후 부모의 집으로 돌아오며, 24세에 다시 부모의 집을 떠나는데, 아마도 이번엔 부모의 집에서 멀리 떨어진 곳으로 가서 할 것이고, 27세엔 자신의 가정을 꾸리기 시작한다. 젊은 여성이 대학을 졸업한 후 집으로 와서 보낸 2년이라는 시간이 그녀나 그녀의 부모에게는 가장 두드러진 시간이겠지만, 오히려 그녀가 대학을 다니면서 혼자 살았던 기간이나 20대 후반에 독립하여 자신만의 시간을 보낸 기간이 1960년대 이전에 살았던 그녀의 선조들과 그녀를 가장 구별 짓게 만드는 성인 초기의 기간들일 것이다. 프란시스 골드샤이더와 캘빈 골드샤이더는 대중의 인식과 실제 인구통계 사이의 괴리를 설명한다. 과거엔 부모와 사는 것이 일반적인 규범이었기 때문에 아무도 이 기간에 주목하지 않았다는 것이다.[45] 자립기는 오랫동안 내려온 규범을 뒤집고 있어서 지금은 자녀가 결국 어느 정도 독립할 거라는 것을 부모나 자녀 모두 예상하고 있다. 부모와 사는 것이 과거에 비해 흔치 않은 행동이기 때문에 젊은 독신 자녀가 되돌아와 부모와 사는 게 더 잘 인식된다는 것은 역설적이다.

20세기 후반 혼자 사는 독신 남성과 여성은 부모의 감시를 벗어나 자유롭게 사람들을 만나고 데이트도 하며 이것저것 시험 삼아 해보지만, 이런 방식들은 1900년에는 거의 알려지지 않았을 것이다. 자립해 사는 젊은이들 중 일부는 그들의 부모에게 경제적으로 기대기도 한다. 대학생들은 대개의 경우 자신들이 등록금을 내지 않고 그들의 부모가 등록금을 낸다.[46] 부모들은 대부분 자녀의 고등교육에 필요한 비용을 지불하고, 또 일부 대학생들은 학교를 다니면서 여전히 부모와 함께 살기도 하지만, 그럼에도 불구하고 대학은 졸업 후 사회적 독립과 경제적 독립을 위한 길을 닦을 수 있는 곳이다. 대학은 젊은이들에게 노동시장에서 필요한 기술을 교육해 주고, 이 기술은 가족이 운영하는 사업이나 상업이 아닌 곳에서 젊은이들이 일하는 것을 가능하게 한다. 1940년만 해도 미국 태생 남성과 여성이 대학에서 그들의 이십대를 보낸 비율이 12%를 겨우 넘었다. 1960년에는 이 비율이 젊은 남성은 27%, 젊은 여성은 20%였고, 2000년에는 젊은 남성이 54%, 젊은 여성이 63%를 기록했다(〈도표 3.4〉).[47]

대학생활 자체도 시간이 지나면서 바뀌고 있다. 단과대학college이든 종합대학university이든, 선생과 교직원들은 부모의 역할을 대신하고 있으며, 이것의 법적 용어는 부모 지위권in loco parentis이다. 학생을 다루기 위해 만든 대학 정책도 참 흥미롭다. 왜냐하면 대학 정책은 대학생들이 학교를 다니고 있는 동안 그들이 가진 자유와 여력이 얼마나 되는지에 대한 사회 규범을 반영할 뿐만 아니라, 대학의 성문율은 자녀를 대학에 보낼 수 있었던 중산층 가족의 불문율과 관습을 반영하도록 만들어졌기

〈도표 3.4〉 대학에 진학한 미국 태생 젊은이의 비율, 1940년~2000년

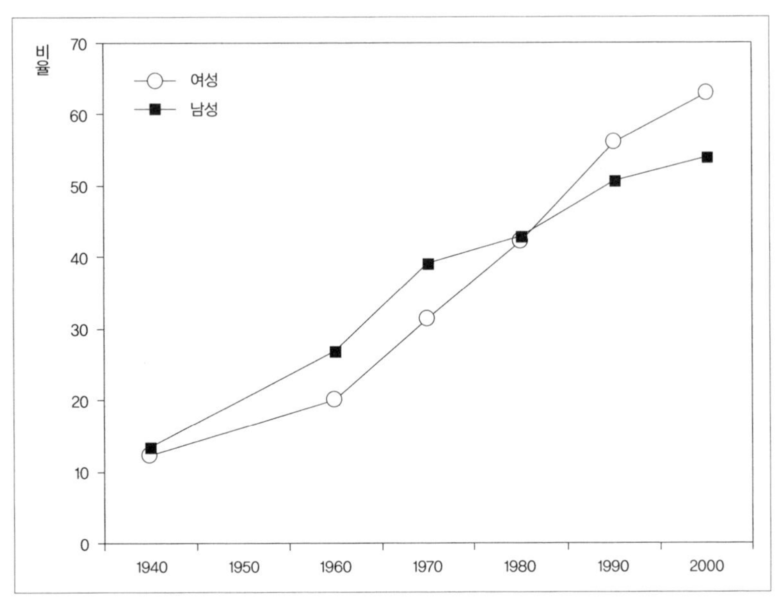

출처 : IPUMS, 가중치를 적용한 인구조사 마이크로데이터, 1940년과 1960년~2000년. 모두 20세~29세로 미국 태생이다.

때문이다.

19세기 초반, 학생의 행실에 대한 미국 대학의 시선은 가부장적이고 권위적이었다. 대학 안내서에는 매일 참석해야 하는 예배 시간에 필요한 적절한 행동 등의 세부 규칙이 방대하고 꼼꼼하게 적혀 있었다. 학생들은 입학하기 전까지 상세한 규칙들로 가득한 대학 안내서를 일일이 손으로 필사해야 했다.[48] 당시 대학을 다니던 학생들은(모두 남자였다) 학교를 그만두려 해도 엄격한 제한이 있었다.[49]

20세기 초반, 복종을 강조했던 독재적 고등교육은 도덕적인 교육 형식으로 대체되었고, 도덕적인 교육에는 좀 더 많은 설득과 좀 더 적은 협

박이 필요했다. 단과대학 및 종합대학에서는 남학생뿐만 아니라 여학생도 받기 시작했지만, 여전히 대학에서는 남학생과 여학생이 엄격히 구분되었다. 남성과 여성 간 관계를 감독하기 위해, 기숙사 통행금지 시간과 입실 시간 확인, 그리고 여성 보호자chaperone 제도를 포함하는 정교하게 다듬은 규칙들이 효율적으로 사용되었다.[50] 배우자감에 대한 대학생들의 접근을 통제하려 했던 것으로 봐서, 대학은 그 시대 백인 중산층 사회의 규범과 기준을 그대로 적용하고 있었다.

20세기를 지나며 대학 내 존재했던 기숙사 통행금지 시간이나 여성 보호자 제도가 서서히 사라졌는데, 마침 이 시기는 대학 밖에서도 이런 규율들이 사라질 때였다. 1970년대엔 남녀공용 대학 기숙사가 흔했고, 통행금지 시간은 과거에나 있었던 일이 되었으며, 대학 캠퍼스는 성생활과 사회생활을 실험해보는 중요한 공간이 되었다.[51] 점점 대학 교육이 필수로 되자, 젊은이들은 부모로부터 더 독립하기 시작했고 대학 캠퍼스 생활은 부모와 사회의 통제로부터 더욱 더 독립적이 되었다.

단과대학의 교육 과정과 종합대학의 행동 규범이 미국의 문화 전쟁이 일어나는 싸움터에서 핵심이라는 것은 그리 놀랍지도 않다.[52] 보수주의 엘리트 부모들은 아이비리그에 만연해 있는 페미니즘과 다문화주의, 맑스주의 학문, 애국심 결여에 대해 비난을 하면서도 그들의 자녀를 바로 이런 아이비리그 대학들에 계속 보내고 있다.[53] 미국 경제가 탈공업화되면서 대학 교육, 그리고 가급적이면 질이 높은 대학 교육은 좋은 직장과 직업을 구하기 위한 필수 조건이다. 대학 경력은 매우 중요해서 무시할 수 없기 때문에 보수 엘리트 가족들은 자녀를 대학에 보내는 것을 피할 수 없고, 그렇다고 아이비리그 대신 대학 교육의 우선 순위가 자신들의 사회적·문화적 신념과 일치하는 작은 보수적 기독교 대학에 보내자니 사회에서 출세할 수 있는 자녀의 능력에 방해가 될까봐 그럴 수도 없다. 명문대는 자녀를 위해 보수적 부모와 진보적 부모 모두가 원하는 가치 있는 무언가를 제공한다. 대학과 대학이 주는 교육 수료증을 포기할 수 없게 되자, 보수적 부모와 진보적 부모는 교육 과정의 체계와 캠퍼스 행동 규칙을 둘러싸게 대학에서 첨예하게 싸우게 된다.

1960년대 초반, 캘리포니아 대학교 버클리 캠퍼스에서는 샌프란시스코와 오클랜드, 버클리에 존재하는 인종차별에 반대하기 위해 학생들이 조직되었다. 수백 명의 버클리 학생들은 인종차별 정책을 시행했던 샌프란시스코 호텔을 상대로 연달아 연좌농성을 벌이다 체포되었고, 마침내 호텔이 흑인을 모든 직급에서 고용하는 데 동의하도록 만들었다. 지역 기업가나 정치인, 보수 시민들은 학생들이 얼마나 잘 조직되었는지 그리고 대학 관리자들이 학생들을 얼마나 통제하지 못하고 있는지 알고는 두려워했다.[54]

캘리포니아 주의 엘리트 계층은 학생 시위에 대한 대응으로, 버클리에서 학생들이 "캠퍼스 밖 이슈"에 대해 정치적인 대화를 주고받지 못하게 차단하라며 학교 행정처에 압력을 넣었다. 기업가들은 대학이 "지역사회를 습격하는 활동의 기반"이 되고 있다며 볼멘소리를 했다.[55] 대학 경영인들은 학내 이슈와 "캠퍼스 밖" 이슈의 구분이 지켜지지 않는다고 판명되자, 아예 학내에서 모든 종류의 정치적 활동을 못하게 막으려 했다. 학생들은 새로운 규정에 반대하며 속속 모여들었고, 이른바 버클리 '자유 언론 운동'이 시작되었다. 마침내 버클리 대학 교수들도 학생들을 도와주었고, 학생들은 예전처럼 교내에서 인쇄물을 뿌리는 자신들의 권리를 되찾는 데 성공했다.

1960년대 후반, 버클리대 학생들은, 베트남 전쟁을 반대하는 시위에 참여한 학생들을 잡아가는 경찰들과 점점 격렬하게 싸웠으며, 그 다음엔 아예 오클랜드에 있는 군대 징집 센터의 문을 닫기 위해 경찰과 맞붙었다. 학생들이 보여준 자유와 의지는 누가 보더라도 파괴적이었기 때문에 지역 유지와 보수주의자들은 격분했다. 로널드 레이건은 지역사회가, 미친 듯이 날뛰는 대학생들에게 두려움을 갖자 이 두려움을 더 부추기며 선동했고, "혼란스런 버클리"를 반대하는 사람들에게서 일정 정도 힘을 얻어 캘리포니아 주지사로 당선되었다.[56] 버클리대 학생들이 대학 주차장을 점거하고, 포장된 도로를 떼어내 잔디를 심은 다음, 그곳을 '시민공원'이라 이름을 붙이자, 주지사로 당선된 로널드는 버클리 대학 교수들과 공청회를 열어 학생들이 대학의 재산을 마음대로 사용하도록 만들면 어떻게 하느냐며 몹시 꾸짖었다. 버클리 교수들과 레이건 주지사는 세대간 사회적 통제의 적절한 정도에 대해 서로 다른 관점을 갖고 있었다. 교사들 중 한 명이 화가 난 레이건 주지사에게 이렇게 설명했다. "대학이 대다수 학생들의 욕구를 함부로 다룰 수 있었던 시대는 지났습니다."[57]

1960년대 이후 미국의 문화적 논쟁이 양극화된 것은 대학생들이 보여준 급진 정책들과, 학생들의 과잉된 급진주의를 인식하고 이에 반대한 보수적 반발에 근원을 두고 있다. 자립기가 결국 학생들의 급진주의를 촉진시켰다. 캘리포니아 대학의 관리직원들은 학생들을 얼마나 통제할 수 있는지 혹은 얼마나 통제해야 하는지에 대해 자신이 없어졌다. 대학의 불안정성은 부모와 자녀 관계에서 일어난 광범위한 사회적 변화를 반영했다.[58]

산업혁명이 일어났어도, 미국에서 19세기 후반과 20세기 초반에 기혼 여성이 공식적인 노동력으로 포함된 경우는 극히 드물었다. 전해오는 말에 의하면 19세기 후반에는 가족 구성원 모두가 공장에서 힘들게 일했다고는 하지만, 데이터는 전혀 다른 패턴을 보여 준다. 20세기 중반까지 남편과 아버지, 그리고 고용주들은 그들의 노력으로 기혼 여성들이 집에서 아이들과 계속 있도록 하는 데 성공했다. 1880년에 결혼한 여성 중 임금 노동자는 겨우 6%밖에 안 되었다. 노동시장에서 기혼 여성의 비율은 서서히 올라갔고, 그래서 1940년에는 기혼 여성의 13%가 노동 인구였다. 1940년 이후, 일하는 기혼 여성의 비율은 급격하고도 꾸준하게 늘어갔다. 2000년에는 기혼 여성의 66%가 노동력으로 포함되었다(〈도표 3.5〉).

산업혁명 시기에 미혼의 젊은 여성들은 거의 항상 부모나 부모 대리자들과 살았고, 가끔 공장에서 일하기도 했다. 이 여성들은 결혼하기 전까지 몇 년 동안 공장에서 일하면서 아주 잠깐 독립을 경험했다. 1909년 뉴욕에서 있었던 블라우스 공장 여공들의 대규모 파업 시위는 공장 소유자들을 당혹하게 하고 남성 노동조합원들을 놀라게 했다. 그러면서 여성 노동자들은 그들의 정치적·조직적 힘을 몇 번이나 과시했다.[59]

한때 남성들만 고용되었던 공장에 장기 고용된 여성들의 능력은 경제적 안정과, 이성애자 커플과 레즈비언 커플의 자립(다시 말해, 적어도

〈도표 3.5〉 경제 활동 인구 중 기혼 여성의 비율

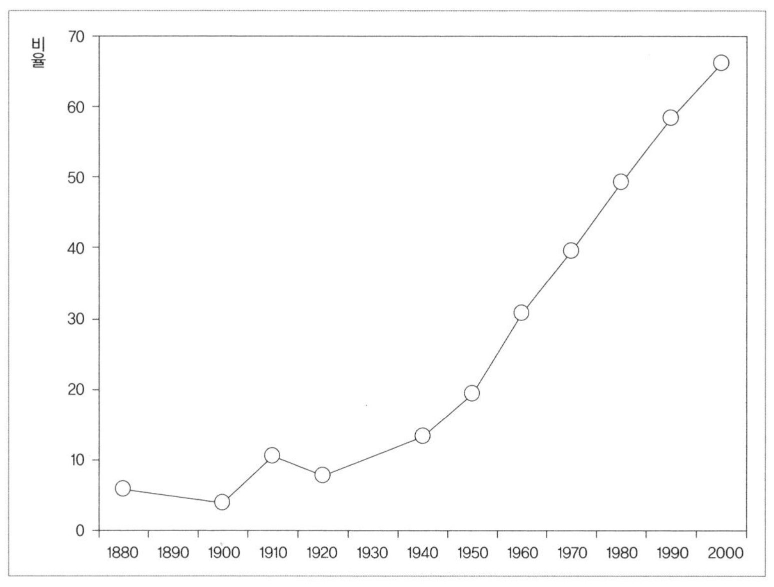

출처: IPUMS, 가중치를 적용한 인구조사 마이크로데이터, 1880년, 1900년~1920년, 1940년~2000년. 나이 및 출생지와 상관없이 기혼 여성은 모두 포함했다.

한 명의 여성 파트너는 포함한 커플들)을 증가시켰다. 물론 과거의 여성들도 일을 했다. 식민지 시대와 19세기의 젊은 여성은 다른 가정에 고용되어 일하기도 했다.[60] 19세기와 20세기 초반에 성인 여성은 교사나 간호사로 일할 수 있었지만, 결혼을 하면 남편과 고용인이 직장을 그만 다니도록 했다. 19세기 후반, 몇몇 주에서는 결혼한 여성 노동자의 월급은 남편에게만 줄 수 있었다.[61] 과거 여성들은 스스로 선택할 수 있는 직업이 별로 없었기 때문에, 결혼 생활에 대한 현실적인 대안은 거의 없었다. 결혼을 자유롭게 선택할 수 없고 결혼의 덫에 갇혀 있다는 생각은 페미니즘 저자들의 첫 번째 물결이 표출한 핵심적인 항의였다.[62]

〈도표 3.6〉은 1880년에서 2000년까지 미국에서 태어난 사람들의

초혼 연령 중앙값이다. 초혼 연령 중앙값이란 그 연령의 인구 집단에서 결혼한 사람과 결혼하지 않은 사람의 수가 정확히 반반인 연령이다. 역사적으로 초혼이 세대를 계승한다는 의미가 강했었다면 요즘 결혼한 젊은이들에게는 초혼이 자립기의 종말이라는 의미가 강하기 때문에, 초혼 연령은 재혼 연령보다 자립기와 훨씬 밀접한 연관이 있다. 첫 번째 결혼을 한 후 사람들은 이혼을 하거나 별거를 하거나 미망인이 될 수 있지만, 결코 "결혼한 적 없음"의 상태로 되돌아 갈 수는 없다. 결혼을 안 하고 있다가 첫 결혼을 했다는 것은 되돌릴 수 없는 상황으로의 이행을 의미했다.[63]

미국 태생 여성의 초혼 연령 중앙값은 1880년에서 1940년까지 22세 정도로 산업혁명이 끝나갈 때까지 거의 변화가 없다가, 2차 세계대전 이후 베이비 붐 기간에 20세까지 떨어졌다. 그러다가 1960년에서 2000년까지 여성의 초혼 연령은 급격히 높아지기 시작했고, 그 수치는 10년마다 1년 이상씩 상승해서 2000년에는 25.5세까지 올랐다. 남성도 비슷한 패턴을 보인다. 남성은 1900년 26.1세였던 초혼 연령의 중앙값이 서서히 감소해서 1940년에는 25세까지 내려갔고, 전쟁 후 베이비 붐 기간 동안 급격히 감소한 이후 1960년 이후 다시 상승했다.[64]

2차 세계대전 이후의 베이비 붐의 원인과 영향은 집중적으로 연구되고 있다.[65] 남성의 경우 2000년 초혼 연령이 27세로 역사상 전례 없이 높지만, 그렇게 놀랄 만큼 높은 것은 아니다. 1960년 이후 남성의 초혼 연령 패턴은 단순히 전쟁 전 상황으로 되돌아 간 것이라고 볼 수도 있다. 이런 관점에서는, 베이비 붐 기간만 예외이기 때문에 이 부분에 대한 설명이

〈도표 3.6〉 초혼 연령의 중앙값, 미국 태생 남성과 여성, 1880년~2000년

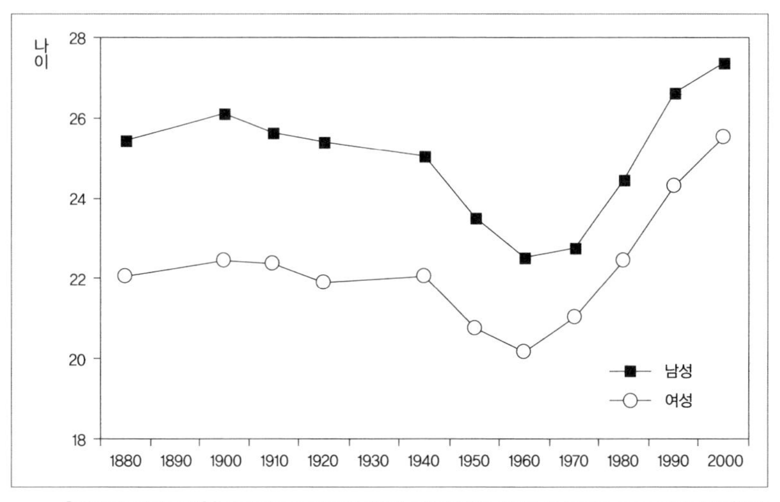

출처: IPUMS, 가중치를 적용한 인구조사 마이크로데이터. 1880년, 1900년~1920년, 1940년~2000년. 미국 태생 남성과 여성만 포함했다.

필요하다.

하지만 미국 여성의 경우 2000년 초혼의 연령이 25.5세로, 이전 세대와 비교해서 결혼이 굉장히 뒤로 미뤄졌음을 알 수 있다. 단편적으로 남아 있는 지방 기록들을 보면 미국 식민지 시대와 영국 산업혁명 전에 살았던 여성들은 대략 22세에 처음으로 결혼했다.[66] 미국에서 여성의 초혼 연령은 2차 세계대전 이후 베이비 붐 기간에 급격히 낮아졌다가 1960년 이후에 빠르게 올라간다. 최근 50년 동안의 여성 초혼 연령 변화는 1880년에서 1940년까지 거의 변함이 없었던 초혼 연령과 비교해서 상당히 인상 깊다.

미혼 자녀가 부모와 살았던 과거에 자녀가 결혼을 늦게 한다는 것은 그만큼 자녀가 부모에게 의존하고 있다는 표현이었다. 양가 부모가 인정

하는 커플이 있다 해도, 식민지 시대엔 가지고 있는 자산이 없으면 결혼을 할 수 없었다. 주된 자산은 땅이었고, 매사추세츠 주 애머스트와 같은 도시에서는 부모가 이미 활용할 수 있는 모든 땅을 경작하고 있었다는 게 문제였다. 젊은 커플이 부동산 소유권을 얻으려면 부모가 이들에게 이 소유권을 넘겨야만 했고, 이는 부모가 생계 수단을 포기한다는 것을 의미했기 때문에 많은 부모들이 땅을 넘겨주는 것을 꺼려하거나 넘겨줄 수 없었다. 식민지 시대의 늦은 결혼은 자녀의 운명을 좌우할 수 있는 아버지의 가부장적 통제를 나타낸다.[67]

1960년 이후의 사회에서 늦은 초혼 연령은 독립하는 젊은이들이 늘어나면서 생긴 결과다. 독신 젊은이들이 더 이상 부모와 살지 않기 때문에, 늦은 초혼 연령은 자립기를 연장한다. 현대의 젊은 남성과 여성은 약간의 교육도 받았고 노동시장에서 필요한 보통의 기술들도 갖고 있기 때문에 스스로 살아갈 수 있으며 살기 위해 결혼할 필요가 없다. 세대 간 관계가 근본적으로 변하고 있기 때문에, 1960년대 이후 나타난 늦은 결혼은 과거에 늦은 결혼이 의미했던 바와 정확히 반대의 의미를 갖는다.

식민지 시대 델라웨어 지역의 퀘이커 정착지에서 부유한 부모들은 자녀의 나이가 어려도 땅을 물려줄 수 있었기 때문에 자녀들을 일찍 결혼시켰다. 부모가 땅을 넉넉히 가지고 있지 못했다면, 자녀는 스스로 재산을 모아 결혼을 해야 했기 때문에, 또래 부유한 집 아이들보다 6년에서 7년 정도 늦게 결혼을 했다.[68] 1960년대 이후의 세계에서는, 결혼 연령과 사회 계급 사이의 관계가 역전된다. 가난한 사람들, 특히 가난한 백인은 일찍 결혼을 하고, 반면 잘 사는 사람들은 대학이나 대학원 교육을 위해 그리고 확실한 직업을 갖기 위해 결혼을 미룬다. 2000년 인구조사에서 미국 태생 백인 여성의 경우, 초혼 연령의 중앙값이 대학 이상의 교육을 받은 여성은 26.5세였던 것과 비교해서 고등학교 이하의 교육을 받은 여성은 22.7세였다.[69]

고등교육은 젊은이들이 열망할 수 있는 직업의 종류를 다양하게 만들고 있지만, 직업의 다양화는 젊은이들이 선택한 직업에서 성공할 수 있는지를 예측하기 어렵다는 것을 의미한다. 과거 소도시에 살았던 젊은이들은 근면함과 땅의 소유권 등 핵심적인 조건들을 갖춘 도시 내 젊은이와 결혼했지만, 현재 배우자를 찾는 과정은 좀 더 복잡하다. 오늘날의 젊은이들은 다양한 지역 출신의 사람들이 모이는 도시나 대학 같은 곳에서 미래의 배우자를 만나기 때문에, 배우자감에 대한 정보를 모으기가 어렵다. 아직 정착할 준비가 안 된 젊은이들이 의도적으로 자립기를 늘이는 것도 있지만 1960년대 이후 젊은이들이 결혼을 미루는 이유는 현대에 들어와 만날 수 있는 배우자감은 더 많아졌지만 서로에 대해선 잘 알지 못하기 때문에 좀 더 오랫동안 탐색할 시간이 필요하기 때문이다.[70]

미국 산업혁명 당시의 학자들과 산업혁명을 체험한 사람들의 보고에 의존하는 최근 학자들 대부분은, 미국 가족 삶에서 낡은 가부장적 가족 제도 전부가 처음으로 변하기 시작한 것은 산업혁명이었다고 주장한다.[71] 이 시각에서는 1960년대 이후 가족 삶의 변화는 한 세기 이상 된 가족 변화의 연장선상에 있을 뿐이다. 하지만 인구조사 데이터는 가족 통치 제도 쇠퇴와 같이 1960년대 이후 가족 변화의 대부분이 19세기 후반까지 거슬러 올라가지 않고 오히려 완전히 새로운 현상이라는 것을 증명하고 있다. 나는 인구조사 데이터를 역사적으로 분석해서 19세기 후반 산업혁명 동안 사망률과 출생률의 변화, 그리고 교외화가 있었지만, 독신 젊은이에 대한 가족 통치 제도는 계속 남아 있었다고 주장한다. 만약 우리가 세대 간의 공동 거주나 젊은 독신자 세대주의 비율, 초혼의 연령, 결혼한 여성의 노동력 참여를 조사한다면, 산업혁명이 남긴 어떠한 영향도 발견하기 힘들 것이다. 현대로 넘어오는 첫 번째 역사적 이행이었던 산업혁명이 (약간의 계측을 근거로) 가족 구조에 미미한 영향을 주었을 뿐이라는 점을 감안하면, 자립기의 확산을 포함하여 1960년대 이후 가족에게 일어난 급속한 변화는 더욱 놀라운 것이다.

4장

대안 결합의 확산

면접 대상자였던 데브라(면접 대상자 이름은 모두 가명이며, 비밀 유지를 위해 신원을 확인할 수 있는 특성은 알리지 않았다[1])는 1970년대에 백인 가톨릭 집안에서 태어나 교외에서 살았던 여성이다. 어린 시절 데브라는 자신이 남성보다 여성에게 더 끌린다는 것을 알았지만, 대학에 갈 때까지 이것이 다른 친구들과 자신의 다른 점이라는 데 확신이 서지 않았다. "언니들은 학창 시절에 규칙을 아주 잘 지키는 모범생이었어요. 언니들은 하지 말라고 하면 하지 않았지만, 저는 항상 하지 말라는 짓만 골라 했지요. 머리도 밀고, 담배도 피고, 주말에는 몰래 도시로 놀러갔어요. 엄마는 주일학교에서 제 담당 교사였는데, 저는 정말 싫었어요. 저는 어릴 때부터 종교에 의문이 많았답니다." 데브라가 대학을 다닐 때, 친한 친구 두 명이 자신들은 동성애자라고 이야기했다. 비로소 데브라는 자신도 동성애자라는 것을 인식하기 시작했고, 친구들이 동성애자임을 떳떳이 밝히는 모습을 보며 데브라는 처음으로 동성애자로서의 삶을 사는 자신의 모습을 머릿속으로 그렸다. 대학 졸업 후, 데브라는 세계 여행을 다니던 중 잠시 한국에 머무르면서 학생들에게 영어를 가르쳤다.

데브라가 1950년대 여성들처럼 대학에 가지 않고 고등학교를 졸업하자마자 결혼을 했다면, 데브라는 자신이 레즈비언이란 것을 절대 자각하지 못했을 것이다. 1960년대 이후 많은 젊은이들, 특히 젊은 여성들은 대학도 가고 결혼도 늦게 하면서, 정착하기 전까지 몇 년 동안 사회 경험을 쌓았다. 1960년 이전까진 미혼 젊은 여성이 경제적으로 독립을 하거나 혼자 여행할 수 있는 사회적 자유를 갖는 것은 흔치 않은 일이었다. 데브라 세대에서는 해외로 여행하는 게 특이한 일도 아니었고, 그녀의 부모도 한국에서 일하겠다는 데브라의 결정에 전혀 이의를 제기하지 않았다.

데브라 가족이 살고 있는 곳과 한국은 지리적 거리뿐만 아니라 사회적 거리도 상당히 있었기 때문에, 데브라는 자신의 동성애가 어떤 잠재적인 압력에 대한 반항심에서 나온 것이 아니라는 것을 쉽게 확인할 수 있었다. 데브라는 한국에서 행복했지만, 이제는 부모님께 말씀드려야겠다고 결심했다. 그래서 미국으로 돌아갔다.

> 저는 부모님께 말씀드리기 위해 미국 집으로 갔습니다. 하지만 계속 말을 꺼내지 못했고, 기회만 엿보고 있었습니다. 열흘간의 휴가 동안 계속 기다리면서 힘들어 하다가 결국 마지막 날 저녁에 아빠에게만 이야기했습니다. 아빠는 자신이 엄마에게 이야기하는 게 좋겠다고 하셔서 엄마에게는 말도 꺼내지 않고 한국으로 갔습니다. 엄마는 분명 소리 지르며 신경질을 부렸을 테지요. "도대체 왜. 우리가 뭘 잘못했다고 이러는 거야?" 그 장면을 보지 않아 정말 다행이었지요.
>
> 하지만 2년 후, 저는 엄마와 전화로 많은 이야기를 나누었습니다. 겉으로는 별 문제가 없었습니다. 왜냐하면 엄마는 그것에 대해 이야기하기를 원하지 않았기 때문이었죠. "그래, 레즈비언으로 사는 것은 어때?" 엄마는 지금까지도 그랬지만, 앞으로도 절대로 이렇게 물어볼 것 같지 않아요. 음, 엄마는 이 문제를 절대로 꺼내지 않지만, 지금은 이것이 제 인생이라고 받아들였어요. 하지만 저도 엄마와 이 문제에 대해 절대 이야기하지 않아요.

수진은 한국인들이 듣는 데브라의 영어 수업 학생이었고, 데브라의 세계 여행에 대해 함께 이야기를 나눈 학생이었다. 그들은 수업이 끝난 후에도 몇 시간씩 이야기를 나누었고, 학교에서 멀리 떨어진 곳에서 만나 박물관에 가기도 했다. 한 번은 데브라가 박물관 견학을 취소하자 수진은 데브라가 예상했던 것보다 훨씬 더 많이 화를 냈다. 화를 내는 수진을 보며 데브라는 그들의 관계가 보통의 사람들 사이에서 형성되는 관계 이상이라는 것을 알아차렸다. 데브라는 처음부터 수진에게 끌렸지만, 그럴 리 없다며 그 감정을 애써 억눌러 왔었다. 다음 번 만남에서, 데브라는 수진에게 자신이 동성애자임을 밝혔고, 수진은 놀라며 약간 불안해했다. 둘은 한 마디도 안하며 어색하게 몇 주를 보냈다. 그 다음 둘이 만났을 때, 데브라는 수진에게 다시 친구로 남았으면 좋겠다고, 난처하게 만들어서 미안하다고, 둘이 다시 노력하면 예전으로 돌아갈 수 있다며 상황을 다시 그전으로 돌리기 위해 애썼다. 하지만 수진은 이것을 원하지 않았다. 이제 수진은 연인 관계를 원했다.

수진은 한국의 공공 의료 분야에서 중책을 맡고 있었다. 그녀는 계속 승진했고, 스스로도 직업에 도전의식을 갖고 있었으며, 직장에서 그녀의 진취성에 대한 보상도 받고 있었다. 데브라는 한국에 살며 학생들을 가르쳤고, 두 사람은 매우 신중하고 조용한 연애를 했다. 한국에서 영어를 가르치는 데 지친 데브라는 결국 캘리포니아로 되돌아갔으면 했다. 데브라는 수진도 함께 가기를 원했다. 수진도 데브라와 함께하길 바랐지만, 수진의 부모님은 수진이 그 좋은 직장도 그만두고 자신들 곁을 떠나는 것에 대해 아주 못마땅해 하셨다. 부모의 반대에도 불구하고, 수진은 책임지고 있던 직장을 그만두고 부모 곁을 떠나 데브라와 함께 캘리포니아로 와서 학생신분으로 모든 것을 처음부터 다시 시작했다. 수진은 자신이 동성애자라는 것을 부모님이 모르실 것이라고 믿고 있다. 수진은 데브라와의 관계를 부모님께 비밀로 했는데, 부모님이 아시는 날엔 "두 분 모두 심장 마비로 돌아가실" 것이라고 생각한다.

수진은 간호사가 되기 위해 교육을 받았고, 집안에서 막내이기 때문에 부모님은 수진이 한국에 머물면서 나이 든 자신들을 돌봤으면 하고 기대했다. 그리고 수진 본인도 부모님을 모시고 싶어 한다. 수진은 어른을 공경해야 한다는 한국 전통 사상을 무척 소중하게 여긴다. 미국에서 태어난 내 인터뷰 대상자 중 수진처럼 생각하는 사람은 아무도 없었다. 수진은 한국으로 돌아가 부모님을 돌보는 것을 고려하고 있었고, 데브라도 수진과 함께 가려 하지만, 데브라는 한국에서 자신의 동성애를 다시 숨기며 살 수 있을지 확신할 수 없었다. 수진은 한국에서 자신이 살았던 작은 동네 근처에 게이 나이트클럽이 한 개 이상 있는데, 그 클럽은 화려하고 현란하며 수진의 관점에서는 '이상한' 곳이라고 기억한다. 그래서 그들이 한국으로 돌아간다면, 수진은 부모님과 살 테고 데브라는 아마도 서울에서 지낼 것이다.

데브라가 한국으로 가서 일하지 않았다면, 데브라와 수진은 만나지 못했을 것이다. 수진은 한국에서 데브라와 살 수 없을 테지만, 캘리포니아에서는 부모님께 데브라와의 관계를 알리지 않고 함께 살고 있다. 몇 세대 전만 해도 불가능했을 관계였는데 데브라와 수진은 독립적으로 살면서 직장도 얻었고, 또한 결혼을 미루면서 관계를 형성하고 있었다.

이인종 결합과 동성 결합의 확산

〈도표 4.1〉은 미국 비전통적 커플의 다양한 형태와 수를 시간의 흐름에 따라 보여 주고 있다. 〈도표 4.1〉에서 핵심은 1960년대를 기점으로 비전통적 커플의 수가 급격히 증가했다는 점이다. 동성 결합과 이인종 결합이 증가하는 동시에 젊은이들은 자립기를 통해 더욱 많은 자유를 얻고 있다. 시간 흐름에 따른 동성 결합의 동향은 두 번의 인구조사를 통해서만 알 수 있지만, 백인-흑인, 아시아인-백인의 결혼 동향은 19세기까지 확장되어 있다. 백인-흑인의 결혼과 아시아인-백인의 결혼 동향은 19세기 후반 산업혁명 동안 유의미한 증가가 없다는 것을 보여 준다. 왜냐하면, 이와 반대되는 주장도 있지만, 이 기간 동안의 교외화와 산업화가 자녀에 대한 부모의 통제를 근본적으로 약화시키지 못했기 때문이다.

이성애자 동거 커플의 수는 1990년에 310만 명, 2000년에는 460만 명을 기록했지만 〈도표 4.1〉에 넣지 않은 이유는 이들의 수가 굉장히 많아 다른 대안 결합의 수가 너무 적게 느껴졌기 때문이다. 하지만 1990년에서 2000년까지 이성애자 동거의 증가는 〈도표 4.1〉에 나온 다른 형태의 비전통적 커플의 가파른 증가와 비슷한 상승선을 그렸다.

히스패닉과 비히스패닉 백인의 결혼은 1970년 52만 7천에서 2000년 140만으로 증가했다. 1965년 미국 이민 개혁법 여파로 많은 히스패닉 인구가 미국으로 유입된 것이 부분적인 원인이지만, 주된 원인은 히스패닉 사람들이 백인에 동화되어 백인과 결혼하려는 경향이 증가했기 때문이다.[2]

20세기 동안, 백인-흑인의 결혼은 전부 합해서 5만 명이 넘지 않았

〈도표 4.1〉 이인종 결혼과 동성 결합의 성장, 1880년~2000년

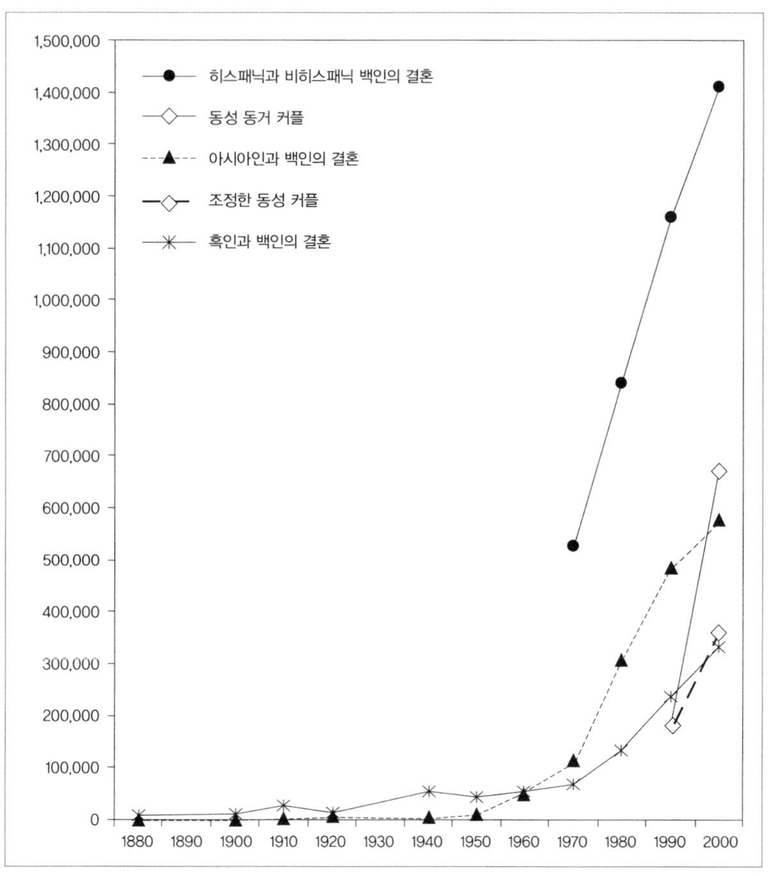

출처: IPUMS, 가중치를 적용한 인구조사 마이크로데이터, 1880년, 1900년-1920년, 1940년-2000년. 나이와 출생지는 고려하지 않았고, 결혼한 사람은 모두 포함했다. 1970년 인구조사에서 처음으로 히스패닉 민족을 인정했다. 2000년 동성 커플의 조정한 총합은 동성 커플이면서 결혼도 했다고 응답한 경우를 제외한 것이다.

다. 백인-흑인의 결혼은 1970년대부터 증가하기 시작해서 2000년에는 34만 5천 명까지 늘어났다. 아직까지도 대부분의 백인은 백인과 결혼하고, 대부분의 흑인은 흑인과 결혼하려 하기 때문에 백인과 흑인의 결혼은 크게 늘지 않고 있다.[3] 백인-아시아인의 결혼 증가에 많은 관심이 가는 이

유는 미국 내 아시아인의 인구가 상대적으로 여전히 적은데다 미국 태생 아시아계 미국인의 최근 결혼 중 거의 절반이 아시아인이 아닌 백인 미국인과의 결혼이기 때문이다. 미국에서 1960년 이전까지 백인과 아시아인 결혼 커플은 무시해도 좋을 만큼 적은 수였다가 2000년 57만 9천 몇까지 늘었다. 히스패닉과 비히스패닉 백인의 결혼과 마찬가지로 아시아인-백인의 이인종 결혼이 증가한 주된 원인은 1965년 이민법이 바뀌고 난 후 미국 내 아시아인의 공동체 사회가 성장했기 때문이다.[4] 하지만 아시아인-백인 그리고 히스패닉과 비히스패닉 백인의 이인종 결혼은 둘 다 소수 집단 인구의 성장 하나만으로 설명할 수 있는 것보다 훨씬 빠르게 성장하고 있다.[5] 부록 〈표 A.3〉부터 〈표 A.5〉는 백분율percentage(한 그룹의 인구 크기를 통제)과 오즈비odds ratio(두 그룹의 인구 크기를 통제)를 통해 이인종 결혼에 대한 시각을 추가해서 보여 준다.

동거 커플들, 즉 인구조사 설문지에 '결혼 안 한 파트너'라고 응답한 커플들은 1990년 인구조사에서 처음으로 일반적인 룸메이트와 구분되었다.[6] 인구조사에서 포착된 동성 동거 커플의 인구는 전형적으로 묘사되는 동성 커플의 인구와 약간 다른데, 그 이유는 역사적으로 도시에서의 동성애자의 삶은 동성 파트너와 살고 있지 않은 사람들, 오히려 술집이나 공원, 목욕탕에서 파트너를 우연히 만나곤 하는 많은 사람들을 포함하기 때문이다.[7] 인구조사에서 포착된 동성 동거 인구는 파트너와 함께 살며 '커밍아웃'한 동성애자 인구만 포함하고 있다.

가중치를 적용한 인구조사 마이크로데이터에 등록된 동성 동거 커플은 1990년 17만 4천 쌍에서 2000년 67만 쌍으로 껑충 뛰었다.[8] 인구조사국이 1990년과 2000년 사이에 동성 동거에 대한 인구조사국의 자체 정의를 확장했기 때문에, 10년 동안 동성 동거가 거의 4배에 가깝게 증가했다는 데이터에는 다분히 오해의 여지가 있다.[9] 만약 인구조사국이 1990년과 동일한 정의로 2000년을 다시 계산한다면, 그 수치는 4배까지는 아니고 대략 2배 정도 증가한다.

인구조사국은 각각의 개인들이 적어 보낸 인구조사 답변을 보고 그 답변이 모순되거나 불가능하다고 판단되면 항상 자신들이 직접 조정했다. 과거 미국에서는 동성 결혼이 불가능했기 때문에, 인구조사국에서는 동성 '결혼' 커플로 표기된 답변은 그것을 기입한 개인들이 실수로 잘못 적은 것이라고 여겼다. 인구조사국은 잘못 기입되었다고 생각한 답변을 바로 잡기 위해, 2000년 이전까지 '결혼'했다고 표기한 모든 동성 커플의 기록에서 한 쪽 파트너의 성별을 바꾸거나, 파트너와의 관계를 결혼이 아닌 다른 것으로 바꿨다.

1990년 인구조사에서, 17만 4천 동성 커플은 인구조사지에 새롭게 등장한 '파트너' 관계를 선택했지만, 자신들의 관계를 '결혼'이라고 표기한 동성 커플은 여전히 거의 대부분 이성애자 결혼 커플로 재분류되었다. 2000년 인구조사에서 인구조사국은 동성 간의 정당한 관계를 '결혼'이라 받아들이는 것을 거부함으로써 그들이 가진 이전 전통을 따랐고, 또 이런 결정에 〈연방결혼보호법〉(1996)[10]도 한 이유가 되었다. 하지만 2000년에 인구조사국은 동성 '결혼' 커플을 이성 커플로 바꾸거나 형제자매 사이로 재분류하는 대신에 모든 동성 '결혼' 커플을 '결혼 안 한 파트너' 관계로 바꾸면서 이전의 전통을 깼다. 요컨대 인구조사국이 인구조사지에 스스로 '결혼'했다고 표기한 동성 커플을, 예전에 인구조사국이 가정했던 정책처럼 기입한 사람들이 실수로 잘못 표기했다고 더 이상 간주하지 않고, 그것이 그들의 관계를 좀 더 정확하게 표현한 것이라고 받아들이기로 결정한 것이다. 2000년 동성 커플의 수는 스스로 '결혼'이라고 기록하거나 '파트너'라고 기록한 커플을 모두 포함했기 때문에 1990년의 동성 커플의 수와 비교해서 그 수가 더 크고 더 현실적이었다.[11] 비록 1990년과 2000년 사이에 있었던 인구조사에서 동성 커플의 수 계산을 이전 계산법과 완벽하게 일치시키는 것은 불가능하지만, 불일치를 완화시키는 것은 가능하다. 이후에 나오는 모든 인구조사 도표와 표에서 나는 2000년 동성 커플의 수를 항상 두 가지로 구분해서 기록할 것이다. 하나는 조정하지 않은 값으로 동성 커플의 수를 더 정확하게 측정한 값이고, 다른 하나는 조정한 값으로 스스로 동성 '결혼'이라 기록한 것을 제외하고 오직 '파트너'라고 기록한 것만 포함했기 때문에 1990년의 데이터 측정 기준에 보다 근접한 값이다.[12]

미국에서 게이와 레즈비언 연구는 이들 표본을 충분히 확보한 전국적 대표성을 지닌 데이터가 부족했기 때문에 활발히 이루어지지 못하고 있었다. 1990년과 2000년 인구조사는 이들에 대한 데이터 부족을 해결하는 데 많은 도움을 주고 있다. 1990년과 2000년 미국 인구조사의 5%(1-in-20) 표본 파일에서 가중치를 적용하지 않은 동성 커플의 수는 각각 8천 쌍과 3만 2천 쌍(개인으로 계산하면 이 수의 2배가 됨)이며, 이 데이터가 포함하는 동성 커플 표본의 숫자는 전국적 대표성을 지닌 다른 어떤 데이터보다 두 자릿수 이상 많다.

인구조사국이 동성 커플을 인정하는 과정에서 나왔던 절차상의 모순은 확실하게 해명될 수 없지만 이 문제를 제쳐 두더라도 미국에서 동성 커플의 수가 증가하고 있다는 증거는 확실하다. 스스로 동성 커플이라고 응답한 사람들이 증가한 요인은 두 가지로 볼 수 있다. 하나는 실제로 동성 커플의 수가 증가한 것이고, 또 하나는 자신들을 '드러내고' 또 그들의 관계를 정확하게 커플이라고 기록하는 동성애자 커플들의 의지가 증가한 것이다. 인구조사에서 자신들의 관계를 정확하게 기록하는 동성 커플의 의지 증가(두 번째 요인)와 실제 동성 동거의 증가(첫 번째 요인)는 그 힘이 상호 보완적이기 때문에 둘을 구분할 필요가 없다. 1990년에서 2000년까지의 데이터를 통해 미국에서 자신을 '드러낸' 동성애자 인구가 아주 놀라울 정도로 늘어났음을 알 수 있다.[13]

관습을 거스르는 인구 집단이나 비전통적 인구 집단의 뚜렷한 성장은 몇 가지 이유에서 결정적으로 중요하다. 관습을 안 따르고 문제 행동을 하는 것이 '비정상적'이라는 지배 이데올로기는 사회적 또는 성적인 관습에 대한 도전을 어느 정도 성공적으로 억압한다.[14] 이인종 결합이나 동성 결합처럼 관습을 거스르는 결합이 '비정상적'이라는 지배 이데올로기는 이들의 인구 집단 크기가 증가하자 신뢰가 떨어지고 있다. 스스로 이인종 파트너나 동성 파트너에게 끌린다고 느끼는 사람들은 알고 있는 누군가가 자신과 같은 길을 가서 성공했거나 잘 견뎌내고 있을 때 그들의 욕구에 더 충실하려는 경향이 있다. 동성애자의 인구 크기는 특히 논쟁의 중심에 있는데, 그 이유는 신뢰성이 높은 데이터를 얻기가 매우 힘들기 때문이다. 동성애자 인구 크기에 대한 신뢰성 높은 데이터가 부족한 것은 결코 우연이 아니다. 이것은 억압적인 사회 체제의 산물로 이 사회 체제는 동성애자들이 자신을 드러내지 못하도록 했고, 동성애자들과 동성 커플이 서로에게도 그리고 더 넓은 인구 집단에게도 보이지 않도록 했다.[15]

내가 인터뷰 했던 동성 커플 대부분은 사촌이나 이모, 삼촌 중에 성장과정을 전혀 들어본 적이 없는 이들이 있다고 말했고, 또 몇몇의 경우에는 그들이 죽었다고 전해 듣기도 했다고 한다. 그러나 내 인터뷰 대상자들이 성장해서 혼자 사는 성인이 되어 오랫동안 잊고 지냈던 그 친척을 우연히 만나면, 그 친척은 죽지 않았고 동성 파트너와 함께 아주 건강하게 잘 살고 있었다고 한다. 모든 가족은 그 가족만의 일상적인 역사를 갖고 있다. 종종 가족들은 그들의 일상적인 역사에서 성공해서 잘 살고 있는 규범적인 개인들은 대부분 축하해주지만, 그 외의 다른 사람들은 지우거나 감춘다. 마치 미국 인구조사가 1990년 이전에 동성 커플에 대한 어떤 암시도 지웠던 것처럼 말이다.

미국 동성애자 인구 측정의 어려움

알프레드 킨제이 박사가 동성애자를 연구하는 학자들 사이에서 그토록 숭배 받는 이유 중 하나는 동성애자 인구, 특히 남성 게이 인구에 대한 킨제이의 추정치가 이전 추정치보다 월등히 많기 때문이다.[16] 킨제이는 1940년대 후반에 미국 백인 성인 남성의 10%는 성인이 된 후 적어도 3년 이상 동성애적 성향이 강하고, 백인 성인 남성 4%는 시종일관 동성애적 성향만 보인다고 추정했다. 킨제이에 따르면, 살면서 한 번 이상 다른 남성과 성관계를 맺은 남성의 비율은 37%로 상당히 높았다.[17] 킨제이의 객관적이고 이성적인 용어 사용과 더불어 그가 추정한 높은 동성애자 수는 동성애가 사람들이 생각하는 것보다 훨씬 일반적 행위라는 여론을 형성하도록 했고, 당연하게도 동성애는 완벽하게 '비정상적'이라는 이전의 지배적인 생각을 약화시켰다.

킨제이의 조사 결과는, 그때도 그랬지만 지금도 여전히 논쟁의 여지가 많다.[18] 킨제이의 표본은 무작위로 뽑힌 사람들이 아니라 다뤄지고 있는 주제와 이해관계가 있는 협조적인 사람들로 편의에 의해 뽑힌 표본에 더 가까웠다. 라우만과 그의 동료들은 킨제이의 지인 네트워크가 주로 도시에 사는 동성애자들에 편중되었기 때문에, 킨제이의 조사 방법 자체가 동성애자 인구 집단을 과하게 추정할 수밖에 없었다고 주장한다.[19] 1992년 미국에서 라우만과 동료들이 그들이 만든 성경험 설문지를 가지고 전국적으로 무작위로 뽑은 표본에게 실제로 테스트해 보니, 동성 성경험을 한 사람의 수가 킨제이가 찾아낸 것보다 훨씬 적었다. 라우만은 최근 1년 동안 동성 애인과 관계를 맺은 여성은 1.3%, 남성은 2.7%뿐이었으며, 지금까지 동성과 성경험을 한 사람이 남성은 10% 미만, 여성은 5% 미만이라는 조사 결과를 얻었다.[20]

라우만과 동료들이 얻은 성인 동성애 비율은 45년 전 킨제이가 찾아낸 것보다 훨씬 낮았다. 소규모 군대처럼 전문적인 훈련을 받은 인터뷰 진행자가 이끄는 라우만의 자료 수집 방식은 보다 현대적이고 과학적인 반면, 킨제이의 방식은 아무래도 개인적이고 비과학적이었다. 미국에서 1940년대 후반에서 1990년 초반까지 성인의 동성애가 감소한 것 같지는 않다. 왜냐하면 박학한 역사가들과 데이터가 모두 시간이 지나면서 동성애 커플의 수가 증가하고 있다고 주장하기 때문이다.[21] 그러면 이제 문제는 라우만과 킨제이의 서로 다른 조사 결과 사이에서 판결을 내리는 게 가능한가이다.

라우만의 연구가 전국적 대표성을 지닌 표본을 무작위로 뽑았다는 점은 장점이지만, 인터뷰 진행자가 갖고 있는 전문적인 지위와 함께 이 연구 방식이 갖고 있는 비인간적인 속성은 동성애처럼 사회적으로 오명을 받는 행동을 하는 사람들의 수가 확실히 적게 측정되도록 한다. 사실, 사람들로부터 손가락질을 받는 사람들의 수는 거의 언제나 실제보다 적게 측정된다. 사회적 낙인에 대한 본능적 공포로 인해 보고를 회피하게 되는 것이다. 설문조사에 앞서 같은 해에 라우만의 표본으로 뽑힌 여성들은 이성애자 파트너 수를 남성들이 기록한 것보다 대체로 적게 기록했다. 만약 표본으로 뽑힌 사람들이 진정 전국적 대표성을 지닌다면, 남성이 보고한 이성애자 파트너의 총합과 여성이 보고한 이성애자 파트너의 총합은 거의 같아야만 한다. 왜냐하면 모든 커플의 결합은 각각 남성과 여성의 총합에 정확히 하나씩을 더할 것이기 때문이다.[22] 보고된 이성애자 파트너의 수가 불일치하는 것은 거의 전적으로 자기 보고self-report가 갖는 편향 때문이며 이는 매우 근본적인 문제이다. 라우만을 강력하게 비판하는 비평가들뿐만 아니라 라우만과 공동 집필자들도, 사회 규범상 남성의 성생활은 비록 난잡하더라도 여성에 비해 좀 더 호의적으로 여기

기 때문에 여성은 이성애자 파트너 수를 적게 보고하고 남성은 더 많이 보고한다는 데에 동의한다.[23]

이성애자 파트너의 수를 측정할 때 성과 관련된 이중 잣대가 자기 보고 양식의 데이터를 왜곡되게 만든다면, 강력한 사회적 제재를 받고 있는 동성애 활동에 대한 신뢰성 높은 데이터를 얻는 게 얼마나 어려운지 쉽게 예상할 수 있다. 동성 커플을 측정하는 미국 인구조사 데이터든 인간 성행동을 자세히 알아보는 설문조사 데이터든 상관없이, 응답자 본인이 자신에 대해 보고를 하는 자기 보고서에 의존하는 사회과학 데이터는 사회적으로 금기시하는 주제를 논의할 경우엔 항상 취약하다. 응답자 자기 보고의 한계에도 불구하고, 많은 경우에 이는 우리가 가질 수 있는 데이터의 유일한 출처가 된다. 사회과학자의 과제는 신뢰성 높은 데이터를 얻기가 정말로 어려운 질문에, 축소되거나 적게 측정되지 않는 응답을 얻도록 노력해서 가장 유용한 데이터를 모으고 사용하는 것이다.

내가 인터뷰했던 많은 동성애자 커플들은 그들과 아주 가까운 사람들이 아닌 이상 굳이 자신의 성정체성이나 애인의 성별을 낯선 사람들에게 밝히려 하지 않았다. 내가 인터뷰한 다른 동성애자들 대부분은 집주인이나 동료, 이웃, 또는 그들을 잘 모르는 지인들에게 그들의 성적 지향에 대해 잘 이야기하지 않는다. 내가 인터뷰했던 미국 태생 동성애자들은 모두 수진이 그녀의 부모님께 했던 것에 비하면 그들 부모님께 솔직히 이야기하는 편이었지만, 일부는 명쾌하게 이야기하지 않고 다만 부모님이 그들이 동성애자일 것이라고 눈치를 챌 정도로만 이야기했다. 미국에서 동성애자들은 과거에 비해 더 이상 고립되거나 만나기 힘든 존재가 아니지만, 스스로 벽을 쌓고 들어 앉아 '자신을 드러내지 않은 동성애자'도 여전히 존재한다.[24] 내 면담 대상자들은 오랫동안 사귄 동성 애인과 동거하고 있으며, 동성애를 비교적 잘 받아들이는 지역인 샌프란시스코 베이에 거주하고 있고, 전에 한 번도 만난 적 없었던 나에게 자신들의 이야기를 들려주겠다며 자원한 사람들이다. 이 때문에 내 면담 대상자들이 보통 동성애자들에 비해 훨씬 솔직하고 열린 태도를 보여 주지만, 그런 그들도 인터뷰 내용을 비공개로 해달라고 한 것은 아직도 드러내지 않은 동성애자가 많이 있음을 암시하고 있다. 이성애자가 주류인 사회는 여전히 동성애자 사회의 일부만 볼 수 있거나 혹은 일부만 보기를 원한다. 데브라는 자신이 항상 사회 경계선에 도전했다고 이야기한다. 그런 데브라도 친구와 가족, 친한 동료에게는 자신이 동성애자라고 밝히지만, 낯선 사람들에게는 적극적으로 자신에 대해 알리지 않는다.[25]

> 아직도 다른 사람에게 말하고 싶지 않을 때가 있어요. 그래서 수진을 룸메이트라고 소개하지요…… 그러길 원하진 않지만, 가끔 그래야 될 것 같은 때가 있어요…… 몇 주 전, 샌프란시스코에 아파트를 구하러 다닐 때가 바로 그런 경우지요. 여기 샌프란시스코에서도 저는 수진을 룸메이트라고 소개해야 할 것 같았어요. 난 정말 그렇게 소개하고 싶지 않았는데. 아마도 저 자신을 완전히 다 드러낼 준비가 아직 안 되었나 봐요. 아파트 주인아주머니께서 이렇게 이야기하셨죠. "하지만 여기엔 침대가 하나밖에 없어요." 저도 알아요. 저는 선생님이에요. 저도 산수 정도는 할 수 있답니다.

1990년과 2000년 실시한 인구조사에서 동성 커플의 수가 급격히 증가할 수 있었던 하나의 이유는 자신의 존재를 드러내지 않았던 많은 동성애자들이 기꺼이 인구조사에서 자신의 정체성을 밝혔기 때문이다. 숨어 있는 모든 동성 커플들이 자신을 드러낸다면, 동성 커플의 수가 더 눈에 띄게 급격히 증가할 것이다. 인터뷰 조사 결과 드러내지 않은 동성 커플이 아직 많이 있기 때문에, 앞으로 자신을 '드러내는' 동성 커플 수가 급격히 증가할 거라 예상할 수 있다.[26]

가중치를 적용한 인구조사 마이크로데이터에 따르면 2000년에 미국에는 결혼 커플이 총 5천 622만 쌍, 동거 커플은 총 524만 쌍이 있었다. 동거 커플 중 동성 커플은 67만 쌍이었다. 2000년 미국 인구조사에서 함께 거주하는 커플의 수, 즉 결혼한 커플과 동거하는 커플을 모두 합한 수는 6천 1백만 쌍으로 이 중 1.1%가 동성 커플이었다. 2000년 인구조사 당시 파트너와 동거하지 않고 있었던 동성 커플도 많이 있었고, 냉담한 연방 정부에 자신들을 명확하게 선언하지 못한 동성 커플도 당연히 일부 있었기 때문에, 1.1%라는 수치는 실제 동성 커플 인구보다 적게 나타났을 것이다. 또 이 수치는 동성과 가끔 혹은 자주 성관계를 맺는 인구의 아주 일부분이었을 것이다.

이성애자 동거

동성 동거와 함께 이성 동거의 확산은 1960년대 이후 배우자 형성의 융통성을 측정할 수 있는 또 다른 척도였다. 미국에서 19세기 종교지도자와 사회 개혁가들은 이성애자 동거 커플, 또는 내연 관계common law unions라고 알려진 커플의 합법적 권리를 제한하기 위해 오랫동안 싸웠고 마침내 성공했다.[27] 간음과 간통 금지법처럼 결혼이 아닌 성관계를 금지하는 법률과, 공인된 주의 공식적인 결혼 승인은 함께 짝을 이루어 이성애자 동거를 법으로 인정하지 않았다.

1990년 이전까지 미국 인구조사국은 결혼 안 한 파트너와 룸메이트를 구분하지 않았다. 당연히 '파트너'와 '룸메이트'는 다른 의미를 갖고 있다. 대부분의 경우 룸메이트는 항상 동성 룸메이트를 의미하고 있다. 과거 사람들은 다른 성별의 룸메이트나 기숙사 친구는 도리에 어긋난다고 여겨 눈살을 찌푸렸다. 결혼도 안 한 상태에서 이성과 함께 살다 보면 성적인 접근 가능성도 당연히 높아질 것이고, 이는 결국 이성애자 결혼이 갖는 특권적 지위에 이의를 제기하도록 만들었다. 19세기 사람들은 같은 성별의 룸메이트는 부적절한 관계라고 생각하지 않았는데, 그 이유는 부분적으로 19세기와 20세기 초반 미국인들은 동성애에 대해 순진했기 때문이다.[28]

1990년 이전의 인구조사 데이터를 사용할 때 이성애자 공동 거주와 동거를 역사적으로 일관되게 비교하기 위해서는, 꼭 '파트너'와 '룸메이트'를 모두 포함해야 하지만 이것은 또 그렇게 문제가 되지 않는다. 왜냐하면 과거 미국 사회는 결혼도 안 한 남녀가 함께 사는 것에 대해 충분히 의심스러워했기 때문에 이성애자 '파트너'와 '룸메이트' 모두 희귀한 일이었다.[29]

〈도표 4.2〉 젊은 여성과 동거하는 젊은 남성 세대주의 비율, 1880년~2000년

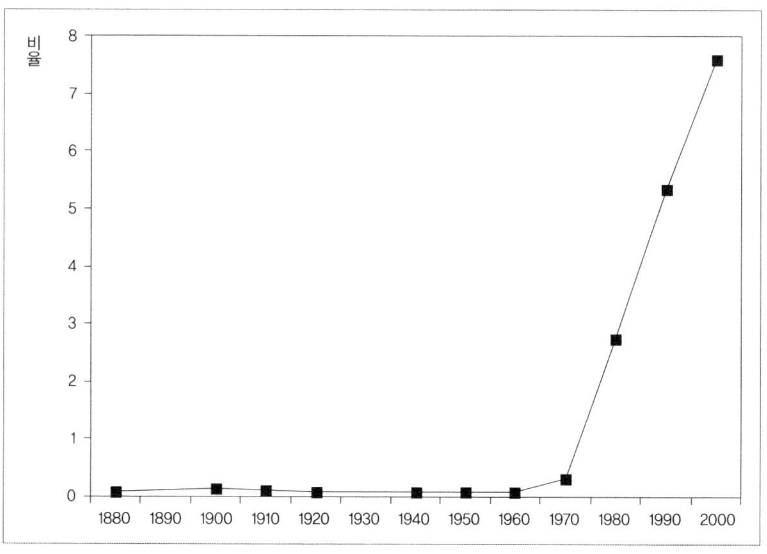

출처: IPUMS, 가중치를 적용한 인구조사 마이크로데이터. 1880년, 1900년~1920년, 1940년~2000년. 남성 세대주(공통된 특징을 가진 인구집단)는 20세~39세이며, 미국 태생이고, 공동 숙소에서 살지 않았다. 남성 세대주가 가족이 아닌 비슷한 연령대의 여성과 살고, 파트너 둘 다 미혼으로 부모와 살지 않을 경우 이들을 이성 동거자로 판단해서 선택했다. 인구조사 범주에는 친구와 하숙인, 기숙생, 룸메이트, 파트너가 있다.

1880년에서 1960년까지, 20세에서 39세까지의 미국 태생 남성 세대주가 젊은 여성과 동거하는 비율은 변함없이 0.1%, 즉 천 명당 한 명 꼴이었다. 하지만 1960년대 이후 새로운 흐름이 생겼다. 젊은 남성이 여성과 결혼하지 않고 동거하는 비율이 꾸준히 올라 2000년에는 7.9%를 기록했다(〈도표 4.2〉). 이성 동거의 시대별 흐름이 두 구간으로 나뉘는 것에 주목하자. 1880년에서 1970년까지의 첫 번째 구간은 이성 동거 비율이 계속 낮았다. 1970년 이후로 이성 동거 비율이 급격히 증가해 거의 직선형으로 쭉 뻗었고, 이전과는 완전히 다른 상황이 나타났다.

대안 결합과 그 영향권

"통계학은 운명이다." 이 말은 인구 통계학자들이 좋아하는 문구 중 하나이다. 인구 크기와 인구 분포가 어느 정도는 사회생활의 많은 부분을 결정한다는 의미이다. 사회 체제는 관습을 따르지 않는 결합을 배제하고 엄격히 통제하면서 이런 결합들이 사람들 눈에 띄지 않게 하고 또 이러한 커플들의 수를 계속 낮게 유지하도록 애쓴다. 1960년 이전까지 대놓고 관습을 거스르는 결합의 수는 사회적 낙인, 부모의 압력, 법률의 힘에 의해 적은 수로만 유지되었고, 이 적은 수는 실제 관습을 거부하고 살고 있는 사람이나 그렇게 살려고 하는 사람들을 고립시켜서 이들에게 불리한 낙인을 더욱 강화시켰다. 1960년대 이후, 빠르게 변하는 사회와 대안 결합의 확산, 성적 자유는 서로를 강화시켰다. 사회가 가진 사고방식도 훨씬 완화되어 미국 사회는 동성 결합과 이인종 결합을 훨씬 더 허용하는 시각으로 바라보고 있으며, 그 결과 관습을 거스르는 결합의 수가 증가하고 있다. 동성 결합과 이인종 결합이 증가한다는 것은 이들의 결합이 사람들 눈에 더 많이 띈다는 의미이고, 더 나아가 관습을 따르지 않는 결합을 반대했던 사회 장벽을 서서히 약화시키고 있다는 뜻이다.

가벼운 대인관계는 필요하지만, 그것이 친구나 측근, 혹은 연인 관계가 되기 위한 충분조건은 아니다. 모든 종류의 대인 관계 접촉이 꼭 믿음과 신뢰를 촉진시키는 것은 아니다. 경제적으로 전도유망한 거주자들(이들은 거의 대부분 백인 주민들이다)과 가난한 흑인 지역 이웃들 사이에 존재하는 긴장감을 『스트리트 와이즈』의 저자 일라이자 앤더슨이 잘 묘사했다.[30] 백인과 흑인이 길거리나 공공장소에서 오고 가며 매일 마주칠 때 처음엔 서로에게 약간의 의혹과 불쾌감 정도만 있었지만, 점점 인종 간 불신이 구체화되고 강화되자 나중엔 적대적이고 공격적인 행동도 서슴지 않게 된다.

사람들이 만나서 우정도 쌓고 연애도 할 수 있지만 때론 충돌과 불협화음이 나타나기도 한다. 학교가 억지로 통합한다고 해서 인종의 장벽이 저절로 무너지지는 않는다. 아칸소 주에 있는 백인 전용 고등학교인 리틀록 센트럴 고등학교는 주정부와 수천 명의 백인들의 항의에도 불구하고 1957년 9명의 흑인 학생을 입학시켰다. 센트럴 고등학교의 인종 통합 정책은 이에 반대했던 백인 집단을 더욱 화나게 만들었고, 흑인 학생들이 학교 건물의 계단을 오를 때 찍힌 유명한 사진들은 그 흑인 학생들이 적대적인 군중 앞에서 얼마나 겁에 질렸었는지를 보여 준다.[31]

보통 경계가 명확한 인종의 선을 넘어 학생들이 서로 화합하도록 만들기 위해서, 교육학자들은 교실에서 여러 인종으로 구성된 학생 팀을 짜서 똑같이 책임을 지고 함께 수업 준비를 해오도록 하는 전략을 사용하고 있다.[32] 이런 연구가 나온 배경에는 개인들의 만남 그 자체는 충분하지 않지만, 신뢰와 협력을 바탕으로 한 개인 간 만남은 인종의 벽을 깰 수 있다는 생각이 있기 때문이다. 신뢰와 협력을 바탕으로 한 관계는 넓은 사회보다 교실 같은 실험 공간에서 더 쉽게 만들어지고 시행될 수 있다.

마크 트웨인의 『허클베리 핀』은 19세기 미국 소설 중 가장 사랑받고 널리 읽힌 책으로 인종 간의 우정과 사회적 만남에 대한 흥미로운 시각을 보여 준다.[33] 소설 속에서 헉과 짐이라는 두 명의 젊은이는 서로 알고 지내는 정도의 사이였지만, 주변 상황으로 인해 둘 다 집을 나와 함께 미시시피 강에서 뗏목을 타고 도망 다니면서 친한 친구가 된다. 뗏목 안에서 둘이 우정을 쌓을 수 있었던 이유는 일반적으로 어른 중심인 사회와 가족으로부터 바로 완벽하게 차단되었기 때문이다. 나중에 헉은 친한 친구가 된 짐과, 짐을 다시 잡아서 노예로 보내려는, 즉 자신이 충성해야 하는 백인 사회 사이에서 도덕적인 갈등을 한다. 결국 헉은 그의 친구 짐을 보호하고 헉의 가족이 받아들인 인종 질서를 거부하기로 결심한다. 헉과 짐은 그들 가족의 영향력, 즉 '가족 통치 제도'가 미치지 못하는 곳에 떨어져 있었고, 또 강이 준 위험과 시련은 헉과 짐이 살아남기 위해 서로 신뢰하고 협력하도록 했기 때문에 헉은 짐과 친구가 될 수 있었다.

대안 결합 커플은 그들을 개인적으로 충분히 잘 아는 친한 친구나 친척들에게 가장 많은 영향을 주며, 이 친척이나 친구들은 대안 결합 커플과의 관계를 통해 과거 그들이 갖고 있었던 선입견을 재평가하게 된다. 대안 결합이 전체 결합 중에서 상대적으로 낮은 비율을 차지하고 있다는 것을 감안했을 때, 미국인의 가까운 친구 모임과 친척 모임에 동성 커플이나 이인종 커플이 적어도 한 커플 이상 있을 확률은 얼마나 될까? 그 답은 질문에 나오는 커플의 유형이 사회에 얼만큼 확산되어 있는지, 그리고 친척이나 친한 친구의 사회적 모임이 얼마나 큰지에 달려 있다. 특정 유형의 커플이 사회에 널리 퍼져 있을수록 그리고 사회생활 범위social circle의 크기가 클수록 미국인이 그들의 사회생활 범위 내에서 그 유형의 커플을 한 쌍 이상 만날 기회는 높아질 것이라고 생각된다.

〈표 4.1〉은 2000년 인구조사를 바탕으로 다양한 유형의 커플이 가진 인구 집단 크기를 보여 준다. 6천 140만 쌍 중, 결혼하지 않고 동거하는 커플, 즉 자신들의 관계를 '파트너'라고 규정하고 함께 거주하는 커플은 520만 쌍이며, 결혼한 커플은 5천 620만 쌍을 차지한다. 2000년 미국에서 이인종 커플은 435만 쌍이며, 이 이인종 커플에는 백인-흑인 커플 그리고 히스패닉-비히스패닉 커플, 아시아인-백인 커플, 북미 원주민-백인 커플, 다인종인-백인, 그리고 그 외에도 다양한 이인종 커플이 포함되었다. 백인과 흑인의 이인종 커플은 48만 4천 쌍이었고, 이 중 34만 5천 쌍이 결혼을 했다.

〈표 4.1〉에서 마지막 두 열은 무작위로 뽑은 다섯 커플이나 열 커플 중에 지정된 종류의 비전통적 커플이 한 쌍 이상 있을 확률을 계산한 값이다.[34] 이렇게 이론적으로 비전통적 커플(동성이나 이인종, 혹은 이성애자 동거 커플)에 노출될 확률을 계산했을 때 한 가지 중요한 가정을 하게 된다. 그것은 어떤 커플이 비전통적일 가능성은 이미 그 사회생활 범위에 속한 다른 커플들로부터 독립적이라는 것인데 이러한 가정은 친구 모임보다는 (왜냐하면, 예를 들어 동성애자들은 친구들도 주로 동성애자이기 때문이다) 오히려 혈통관계가 있는 친척 모임에 보다 합당한 가정일 수 있을 것이다.[35]

나는 이 방법으로 2000년 인구조사를 했을 당시 자신의 사회생활 범위에 동성 결합이나 이인종 결합, 이성애자 동거 결합이 적어도 한 쌍은 있는 미국인들의 비율을 계산할 수 있었다. 우리가 임의로 어떤 사람

〈표 4.1〉 비전통적 커플의 출현율과 비전통적 커플을 만날 확률, 2000년

커플 유형	커플의 수	출현율 (%)	다섯 커플이 모인 집단에서 각 비전통적 커플이 적어도 한 쌍은 있을 확률	열 커플이 모인 집단에서 각 비전통적 커플이 적어도 한 쌍은 있을 확률
커플의 총합	61,457,141	100.0%		
동거 커플	5,235,799	8.5	36%	59%
결혼 커플	56,221,342	91.5	100	100
이인종 커플의 총합	4,352,771	7.1	31	52
이인종 동거 커플	711,884	1.2	6	11
이인종 결혼 커플	3,640,887	5.9	26	46
흑인–백인 커플의 총합	484,832	0.8	4	8
흑인–백인의 동거 커플	139,180	0.2	1	2
흑인–백인의 결혼 커플	345,652	0.6	3	5
동성 동거 커플	669,984	1.1	5	10
이성애자 동거 커플	4,565,815	7.4	32	54

출처:IPUMS, 가중치를 적용한 5% 표본 마이크로데이터, 2000년. 모든 인종과 모든 연령을 포함하며, 출생지는 고려하지 않았다. 이인종 커플은 다음 네 개의 그룹에 속한 사람이 네 그룹 가운데 다른 그룹에 속한 사람과 사귀는 커플을 말한다. (1) 비히스패닉 백인 (2) 비히스패닉 흑인 (3) 히스패닉 (4) 아시아인, 북미 원주민, 다인종인, 그 외.
N 커플의 그룹에 각 유형의 커플이 적어도 한 쌍은 있을 확률은 $p = 1 - (1 - r)^N$ 이다. 여기서 N 은 그 그룹에 있는 커플의 수이며, r은 출현율이다.

의 모임 구성원을 열 쌍이라고 했을 때, 미국인의 10%는 그들의 모임에 동성 커플이 있으며, 54%는 이성 동거 커플이 있고, 52%는 어떤 형태든 이인종 커플이 있으며, 8%는 백인과 흑인 커플이 있었다.

〈표 4.1〉에서 이성 동거 커플의 비율이 전체 커플의 7.4%에 불과했다고 해도, 미국인들이 서로 다른 사람들로 구성된 열 쌍의 커플로 이루어진 사회생활 범위를 가지고 있다고 가정한다면 전체 미국인의 절반 이상이 이성 동거를 하는 사람과 친밀한 관계를 맺고 있다. 주변에 동거하는 사람들이 있을 확률이 높다는 것은 이성애자 동거가 예전에 갖고 있었던 낙인을 왜 그리 많이 벗었는지 설명하는 데 도움을 준다. 부분적으로 이인종 범주는 히스패닉-비히스패닉 백인 커플을 상당히 많이 포

함하고 있기 때문에 이인종 커플은 미국 소수민족과 밀접한 관련이 있다. 흑인-백인 커플은 미국에서 가장 많이 낙인찍히고 박해받고 있는 이인종 커플이기 때문에, 이들은 수가 적고 이들을 만날 수 있는 미국인의 비율은 낮은 편이다(대략 8%). 동성 동거 커플은 어느 때든 미국인의 약 10%정도가 만나고 있다. 사회적 네트워크가 시간이 지나며 바뀐다고 가정했을 때, 일생 동안 가까운 지인 중에 동성 동거 커플이 있을 확률은 대체로 10%가 넘을 것이다. 우리가 (어느 정도는 선택을 하고 또 어느 정도는 생물학적으로 서로 얽혀서) 살고 있는 사회적 연결망은 조밀하기 때문에 작은 소수자 그룹이라도 그 영향력이 크다.

내가 이번 절에서 사용하고 있는 사회적 연결의 간단한 모델은 비전통적 커플과 직접적인 친분 맺기가 얼마나 급속히 사회로 확산되는가도 암시하고 있다. 만약 비전통적 커플의 출현율이 0%라면, 그럼 당연하게도 비전통적 커플과 가까운 사회적 관계를 맺고 있는 사람들의 비율도 0%가 된다. 하지만 만약 2000년 동성 커플의 예처럼 비전통적 커플의 출현율이 거의 1%라면, 그러면 미국인의 10%는 그들의 친구와 친척 10쌍의 범위 내에 비전통적 커플이 한 쌍은 있을 것이다. 즉, 비전통적 결합의 출현율이 0%에서 1%까지 증가한다면, 비전통적 결합과 직접적으로 친해질 기회는 0%에서 10%까지 증가한다는 뜻이다. 비전통적 결합의 출현율이 낮아도 비전통적 커플인 친구나 가족이 그렇게 빠른 속도로 확산될 수 있는 이유는 비전통적 커플이 속한 친구 모임 구성원과 친척 모임의 구성원이 서로 잘 겹치지 않기 때문이다. 비전통적 결합의 출현율이 낮아도, 새로운 비전통적 결합이 하나 생기기만 하면 전에 한 번도 이런 비전통적 커플을 만나본 적 없는 친구와 친척들이 비전통적 커플과 직접적으로 만날 확률이 훨씬 올라가는 것이다. 비전통적 결합의 출현율이 높아질수록, 사회생활 범위에 속한 누군가가 다른 모임에서 이미 다른 비전통적 결합 커플을 알고 있을 확률도 점점 올라간다. 그러나 출현율이 최고점에 올랐을 때, 반대로 그 출현율의 증가는 비전통적 커플을 직접 만날 확률을 전혀 증가시키지 않는다. 이성애자 동인종 결혼 커플은 2000년 전체 커플 중 91.5%를 차지했고, 이는 미국인 100%가 그들의 사회생활 범위에 적어도 이런 커플이 한 쌍은 있다는 것을 의미한다. 이성 동인종 결혼의 증가는 미국인의 이성 동인종 결혼 커플에 대한 노출에 아무런 영향을 주지 않는다. 왜냐하면 거의 모든 사람들이 이미 이성 동인종 결혼 커플을 봐왔기 때문이다.

여기서 알게 되는 사실은, 새롭거나 관습을 따르지 않는 가족의 형태와 사회가 급속하게 만나는 것은 그 새로운 형태의 가족이 사회에 처음 나타나기 시작할 때라는 것이다. 그래서 사회 변화의 첫 번째 징후는, 항상 극도의 고통을 동반한 싸움이 되는 것 같다. 일단 새로운 가족이 눈에 보이는 근거지를 얻기만 하면, 그 새로운 형태에 대한 직접적인 사회적 노출(그리고 그 결과 그 새로운 형태의 잠재적 수용은)은 빠르게 확산된다.

1960년대 이후 대안 결합은 급격히 확산되어 왔다. 신뢰성이 높고 전국적 대표성을 지닌 데이터가 사용 가능하지 않기 때문에 1990년 이전에 자신을 공개한 동성애자 동거 커플의 수가 정확히 얼마라고 이야기할 수는 없지만, 역사학자들을 통해 우리는 미국에서 1960년대 이전에 자신을 공개한 동성애자 동거 커플의 수가 상대적으로 적었을 것이라고 추측할 수 있다.[36] 이성애자 동거와 흑인과 백인의 결혼, 그리고 아시아인과 백인의 결혼에 대한 인구조사 기록은 19세기까지 있기 때문에, 이들이 보여주는 시간에 따른 동향은 과거 미국에서 관습을 거스르는 결합의 존재에 대해 알려주는 아주 훌륭한 안내서이다. 이인종 결혼의 수와 이성애자 동거의 비율은 1960년 이후 역사에서 전례를 찾아볼 수 없는 방식으로 성장하고 있다. 나는 1960년 이후 관습을 거스르는 결합의 전례없는 성장은 그와 마찬가지로 전례가 없는 가족 구조의 변화, 특히 자립기의 확산으로부터 부분적으로 기인한다고 제안한다. 자립기의 확산과 더불어 동시에 발생했던 대안 결합의 확산은 이 둘 간의 인과관계를 결정지을 확실한 증거는 아니지만 둘의 관계를 암시하는 증거가 된다. 다음 장에서 이 관계를 좀 더 자세히 설명할 것이다.

5장

대안 결합과 자립기

1950년대에 태어난 베로니카는 백인 여성으로 뉴욕 시에서 80km 정도 떨어진 도시에 살았다. 그곳은 미국에서 흔히 볼 수 있는 백인 중심의 보수적인 지역이었다. 베로니카는 흑인을 볼 기회가 없었기 때문에 엄마를 돌봐주러 집에 왔던 흑인 간호사를 아주 생생하게 기억하고 있었다.

제가 일곱 살 정도였을 거예요. 아직도 생생히 기억이 나요. 지금 생각해 보면 참 우스운 일인데, 저는 화장실 변기에 앉아 있었고, 아빠는 옆에서 면도를 하고 계셨죠. 그때 제가 아빠에게 흑인 간호사는 엉덩이도 검으냐고 물어봤답니다(웃음). 아빠는 거의 기절할 뻔했고, 귀를 의심하셨죠. 아빠는 저에게 저 분은 흑인이기 때문에 온몸이 다 검다고 알려주셨지요. 그리고 저희는 간호사를 근처 마을로 운전해서 데려다 줘야 했고, 그곳엔 저희 동네보다 흑인이 훨씬 많았습니다. 간호사는 자신의 집 앞까지 저희가 가지 못하도록 했기 때문에 만남의 장소를 정해두었습니다. 그래서 아빠가 운전을 해서 만남의 장소로 갔고, 언덕에서 남자 한 명이 걸어왔습니다. 저는 간호사에게 물어봤습니다. "아줌마, 아줌마 아빠예요?" 저희 아빠는 또 당황하셨죠. 다행히 간호사의 오빠였고, 그냥 엉뚱한 흑인이 아니었습니다. 이때 저는 처음으로 흑인 문화, 인종이 섞인 문화를 접했답니다. 하지만 제가 자란 곳엔 전부 백인뿐이었기 때문에 다른 인종은 만날 수 없었습니다.

1950년대 초반에 태어난 칼은 흑인으로 디트로이트 도심 지역에서 자랐다. 칼의 아버지는 건물 관리인이었고, 어머니는 가정부로 당시 이런 직업군은 거의 흑인이 도맡아했다. 칼의 부모님은 칼과 그의 형제들이 입학할 수 있는 공립학교를 찾았다. 이 학교는 처음 시작할 때에는 백인이 대부분이었으나, 나중에는 흑인이 대부분을 차지하게 되었다. 고등학교를 마치고 칼은 공군에 자원했으며, 칼은 여기서 대학 등록금을 마련할 수 있었다. 군대를 제대하고 난 후, 1970년대 후반에 칼은 동해안 지역의 큰 도시에서 레스토랑 매니저가 되었다. 칼은 다음과 같이 기억한다.

> 초등학교 시절은 무척 좋았습니다. 아직도 선명하게 기억하고 있는데, 제 인생에서 가장 멋진 시절이었습니다. 그때 그 선생님들을 지금까지도 기억하고 있고, 그 분들은 제게 많은 영향을 주었습니다. 저희 부모님은 항상 저희에게 열심히 공부하라고 하셨죠. 제 누이는 주립 대학을 졸업했고, 제 형제들 모두 대학까지 나왔지요. 음…… 제가 고등학생이었을 땐 긴장감 같은 게 있었는데, 고등학생이라는 이유 때문이기도 했고, 또 그 시기에 시민권을 얻기 위한 폭동이나 그런 종류의 시위가 많이 있어서 긴장감이 감돌았죠.
> [1960년대 디트로이트를 휩쓸었던 대규모 흑인 인권 시위에 대해 물어보았다.] 글쎄요. 시위는 주로 도심지에서 일어났었고, 기억나는 게 별로 없는데…… 그때 뭐가 논쟁이 되었었는지는 잘 기억이 나지 않습니다. 형은 저에게 많은 영향을 주었고, 좀 급진적인 쪽에 속한 사람이었습니다. 저는 마음속에 떠오르는 어떤 이미지로 어느 정도 제 의견을 형성했습니다. 인종차별에 대한 저의 가장 큰 반응은 인종차별을 절대 이해할 수

없다는 겁니다. 이것은 제게 논리적인 것이 아니었어요. 인종차별이라는 사안 전체에 대한 제 느낌은 이랬습니다. 저는 절대 이해할 수 없었어요. 그건 이치에 맞지 않았습니다.

세 세대 전만 해도, 칼과 베로니카는 절대 만날 수 없었을 것이다. 칼의 부모는 자녀를 위해 인종 통합 공립학교를 찾았지만, 베로니카의 부모는 분리주의 정책이 가장 엄격한) 지역사회를 선택했고 그래서 그들은 분리주의 정책이 가장 엄격한 학교 시스템을 찾을 수 있었다. 시민권 증진 시대 이후, 미국에서 흑인은 보통 인종 통합을 선택했지만, 백인은 일반적으로 인종 통합을 거부했다.[1] 1940년대에 젊은이들은 거의 대학을 가지 않았다. 하지만 1970년대쯤에는 사회적으로 보수적인 집안이라도 딸을 대학에 보냈다. 베로니카의 가족은 베로니카에게 간호학을 공부시키기 위해 동해안 근처 도시에 있는 가톨릭 사립대학에 보냈다. 이 대학은 보수적 집안의 백인 자녀들만 입학할 수 있었다. 베로니카는 공과금을 내기 위해 아르바이트 자리를 알아보았다. 마침 칼의 레스토랑에서 직원을 구하고 있었기 때문에 베로니카는 그곳에서 아르바이트를 시작했고, 나중엔 레스토랑에서 가장 유능한 직원이 되었다. 칼과 베로니카는 종종 모든 직원들이 집에 가고 난 후 레스토랑 문을 닫고 둘만의 시간을 보냈다. 둘은 사랑에 빠졌고, 칼이 베로니카에게 청혼을 했다.

베로니카는 칼에게 청혼을 받아들일 수 없다고 했다. 부모님이 절대 허락하지 않을 거라는 사실을 알았기 때문이었다. 그러자 칼은 캘리포니아로 이사를 가면서 베로니카에게 기다리겠다고 했다. 베로니카는 다른 사람을 만나 사귀기도 했지만, 칼을 가장 사랑한다는 것을 깨달았다. 결국 칼과 함께 있기 위해 캘리포니아로 떠났다. 베로니카는 다음과 같이 이야기했다.

> 저는 캘리포니아로 와서 칼과 함께 살기 시작했고(웃음), 전화기를 두 대 놨지요. 그래서 그중 한 대의 전화가 울리면 저희는 엄마한테서 온 전화라는 것을 알았습니다. 칼은 꽤 오랫동안 참았다가 결국 이야기했죠. "더 이상은 안 돼. 나를 사랑한다면 부모님께 이야기해야지. 이젠 당신이 나설 차례야." 저는 말하겠다고 약속해 놓고, 임신할 때까지 아무 말도 못했답니다. 정말 한심하죠. 칼은 이제 직접 가서 이야기해야 한다고 했죠. 그러나 저는 제가 부모님께 시간을 드리면 그들도 저를 이해해 주실 것이라고 생각했습니다. 저는 인종에 대한 편견이 없었기 때문에, 진심으로 편견이 없었기 때문에, 제 부모님도 편견이 없을 것이라고 생각했습니다. 왜냐하면 부모님이 편견이 있었다면 저도 아마 편견이 있었을 테니까요. 이것이 저의 이론적 근거였습니다.
>
> 칼이 비행기 표를 끊어 주었고, 저는 부모님께 임신 소식과 결혼 소식을 알리기 위해 비행기에 올랐습니다. 엄마는 이렇게 말했습니다. "잘됐구나. 하지만 애들만큼은 낳지 않았으면 좋겠네. 그건 아이에게 온당하지 않잖아." 저는 입을 꽉 다물고 아무 말도 하지 않았습니다. 엄마는 동생을 보며 말했습니다. "흑인 매형이 생긴다니 기분이 어때?" 열두 살 먹은 불쌍한 남동생은 큰 눈에 눈물을 가득 머금고 무슨 말을 해야 할지 몰라 하며 그 자리에 그대로 앉아 있었습니다. 그런 남동생을 보니 저도 기

분이 좋지 않았죠.

저는 저희 가족이 더 이상 이 문제로 논의할 게 없다고 생각했어요. 하지만 캘리포니아로 돌아오자 부모님은 전화로 지금 네가 실수하는 거다, 엄마는 신경쇠약에 걸렸다, 이 모든 잘못이 전부 네 탓이라고 했답니다. 아빠는 총을 들고 여기까지 와서 칼을 먼저 쏘고 다음에 저를 쏠 것이라고 하셨죠. 그 뒤 아빠가 감옥에 갇히면 모든 사람들이 행복해질 거라나요. 아빠가 흥분하시자 엄마도 덩달아 흥분하셨습니다. 아니, 엄마가 더 흥분하셨던 것 같네요. 하지만 그러는 사이에 저와 칼은 결혼을 했습니다. 저희는 타호 호수에서 결혼식을 올렸는데, 부모님은 오시지 않았습니다. 언니가 오기는 했는데, 언니는 매사 어중간한 태도를 취하는 편이었죠. 하지만 결혼식은 멋졌답니다. 제 생각에 한 25명 정도가 참석했던 것 같네요.

몇 년이 흐르고 칼과 베로니카는 아이 셋을 낳았다. 또 몇 해가 지나고 베로니카의 어머니가 캘리포니아에 있는 딸과 가족을 보러 왔고, 그 뒤 아버지도 왔다 갔다. 이제 모든 사람들이 진심으로 베로니카 가족을 축복해 주었다. 칼과 베로니카는 베로니카의 부모님 댁에 방문할 수 있게 되었는데, 칼은 결혼 후 20년 만에 처음으로 장인 댁에 발을 들여놓는 것이었다.

칼과 베로니카의 이야기는 근본적으로 현대에서 벌어진 이야기로 50

년 전엔 일어날 수 없었다. 베로니카가 부모님과 함께 있는 동안엔 남성과 만나서 데이트할 수 없었을 것이다. 베로니카가 칼을 만났을 때 부모님과 살고 있었다면, 둘의 만남이 불가능하다는 것을 베로니카도 알았을 것이다. 그리고 베로니카가 칼과 어떤 식으로든 연결되었다면, 베로니카의 부모는 둘의 관계를 진작 눈치 채고 결혼을 막기 위해 꽤 강경한 태도를 보였을 것이다. 2차 세계대전 이전까지 대학을 다닐 수 있는 여성은 거의 없었고 대부분은 집에서 있었다.

베로니카는 간호학 자격증이 있었기 때문에 미국 어느 곳이든 직장을 구해 혼자 살아갈 수 있다는 자신감이 있었다. 칼 역시 대학 학사 학위가 있었고 군대도 갔다 왔다. 노동시장에서 필요한 유용한 기술과 교육은 칼과 베로니카에게 그들이 하고자 한다면 스스로 살아갈 수 있겠다는 자신감을 심어주었다. 하지만 칼은, 자신이 고등교육도 받았고 기술도 있었지만, 베로니카의 부모님이 근처에 계신 한 베로니카와 결혼할 수 없다는 것을 잘 알고 있었다. 때문에 칼은 미시시피 강 서쪽으로는 아는 사람이 한 명도 없었음에도 캘리포니아로 떠났다. 칼과 베로니카가 일단 부모님이 계신 곳에서 수천 킬로미터 떨어진 캘리포니아에 살게 되자 가족 내 힘의 관계는 달라졌다. 실제 물리적 거리는 인간 사이에 존재하는 관계에서 그 중요성과 영향력을 조정하고 중재했다. 베로니카의 아버지가 그 둘을 죽이겠다고 위협했을 때조차, 그 협박의 강도는 매우 컸지만 아버지가 사는 곳과 베로니카와 칼이 사는 곳은 굉장히 멀어 실현 가능성이 낮았기 때문에 이 둘이 받은 정신적인 충격은 크지 않았다.

지리적 이동성

비전통적 커플에게 지리적 이동성은 매우 중요하다. 부모와 친척들은 비전통적이고 관습을 거부하는 커플들을 받아들이려 하지 않는다. 그리고 바로 이러한 이유로 인해 이러한 커플들은 비전통적이 되고 관습을 거부하게 된 것이다. 자립기의 시대에 젊은이들은 부모의 감시에서 멀리 벗어나 미래의 배우자를 만날 뿐만 아니라, 교육을 약간이라도 받았거나 노동시장에서 필요한 기술을 습득한 젊은이들은 집안에서 반대가 심할 경우 집에서 멀리 떨어진 곳으로 갈 수 있는 선택권도 있다.

〈표 5.1〉은 미국 태생 젊은 커플들의 여러 유형에 따른 지리적 이동성을 보여 준다. 지리적 이동성이 있는 커플이란, 한 쪽 혹은 양쪽 파트너 모두 자신이 태어난 주와 다른 주에서 살고 있는 것을 뜻한다. 1990년에 동인종 결혼 커플의 이동성이 48.1%로 나왔는데, 동인종 결혼 커플 중 절반이 조금 넘는 수(100% - 48.1% = 51.9%)의 양쪽 배우자 모두가 자신이 태어난 주에서 계속 살고 있다는 것을 의미한다. 2000년에는 동인종 결혼 커플의 이동성이 46.6%에 불과하며, 1990년에 비해 약간 감소했다. 미국 젊은이들이 이동할 수 있는 기회가 훨씬 많아졌음에도 불구하고 2000년의 지리적 이동성이 감소했다는 것은, 자신들이 자라난 곳에서 살고자 하는 '고착성 증가'increasing rootedness현상의 증거라 볼 수 있다.[2]

나는 한 사람이 태어난 곳으로서 주state를 사용했으며, 그의 가족의 뿌리가 있는 곳, 그리고 확대가족이 사는 곳의 의미를 대신하여 주state를 사용했다. 주 간의 이동성은 (인구조사에서 추출할 수 있는 가장 유용한

〈표 5.1〉 젊은 커플의 유형에 따른 지리적 이동성, 1990년~2000년

커플 유형	1990		2000	
	이동한 커플의 비율	(1)과 비교한 오즈비	이동한 커플의 비율	(1)과 비교한 오즈비
(1) 이성, 동인종, 결혼	48.1		46.6	
(2) 이성, 동인종, 동거	50.7	1.11***	46.9	1.01
(3) 이성, 이인종, 결혼, 동거	59.1	1.56***	58.4	1.61***
(4) 동성, 동거	67.5	2.24***	51.7	1.23***
(5) 동성, 이인종, 동거	74.4	3.13***	64.1	2.05***

* p 〈 .05 ** p 〈 .01 *** p 〈 .001, 양측 검정

출처: IPUMS, 가중치를 적용한 1990년과 2000년 5% 마이크로데이터

커플은 모두 미국 태생으로 20세~29세이다. 지리적으로 이동한 커플은 한쪽 파트너나 양쪽 파트너 모두 자신이 태어난 주와 다른 주에서 살고 있다. 2000년 동성 커플의 조정한(동성 커플이면서 결혼도 했다고 응답한 경우를 제외함) 추정치 : 전체 동성 커플의 지리적 이동성은 55.9%, 이인종 동성 커플의 지리적 이동성은 71.7%이다.

데이타이지만) 가족과 출신 지역으로부터의 거리를 측정하기에는 엉성하다. 출생과 커플 형성 사이에 다양한 지리적 이동성이 일어날 수 있는데, 이 시기에 가족이 모두 다른 주로 이사를 갈 수도 있고 실제로 그러기도 한다. 게다가 주와 주 사이의 지리적 이동성은 주 내에서 일어나는 이동성, 예를 들어 비전통적 커플에게서 많이 나타나는 방식으로 같은 주에 있지만 시골이나 교외에서 도시 안으로 들어가는 이동성은 잡아낼 수 없다.

인구조사는 종적인 조사라기보다 횡적인 조사이기 때문에 개인이 배우자를 만나기 전에 가족과 함께 살았는지를 밝히는 것은 불가능하다. 젊은이들이 결혼을 하거나 동거를 하기 시작하면, 대략 99%의 커플들이 부모와 떨어져 살기 때문에 '부모와 사는 것'이 커플 유형별 차이점으로 작용하지 않는다. 부모가 사는 세계를 받아들이고 공유한 커플은

부모와 가까이 살고, 부모의 가치에 반대하고 그것을 거스르는 결합을 하는 커플은 될 수 있는 한 멀리 떨어져 살려고 한다.

지리적 이동성이 비전통적 결합의 중요한 촉매제라면, 전통적 동인종 결혼 커플보다 비전통적 커플의 지리적 이동성이 클 것이라고 예상할 수 있다. 더욱이 관습이나 전통과 거리가 먼 커플일수록 부모로부터 더 멀리 이동할 것이다. 〈표 5.1〉은 비전통적 커플과 지리적 이동성과의 관계에 대한 가설을 강력하게 뒷받침해 주는 증거이다.

1990년, 이성 동인종 동거 커플은 이성 동인종 결혼 커플보다 지리적 이동성이 크다(동거는 50.7%이고, 결혼은 48.1%). 하지만 2000년에는 이성 동인종 동거 커플은 이성 동인종 결혼 커플보다 이동성이 아주 조금 높을 뿐이다(동거는 46.9%, 결혼은 46.6%). 이렇게 이성 동인종 커플 중 결혼한 커플과 동거하는 커플의 지리적 이동성 차이가 좁혀졌다는 것은 동거가 갖고 있었던 사회적 오명이 많이 사라졌다는 증거다.[3] 낯선 사람들은 커플이 결혼을 했는지 안했는지를 식별할 수 없기 때문에 동거는 비전통적 결합 중에서도 사람의 이목을 끄는 결합이 아니다.

나는 퍼센트로 비교할 때, 대조를 위해 오즈비odds ratio도 사용한다.[4] 오즈비는 전통적 커플인 이성 동인종 결혼 커플의 이동성 비율을 기준으로 각 그룹의 이동성 비율을 비교한 값이다. 만약 오즈비가 1과 가까운 숫자라면, 그 그룹의 지리적 이동성은 통계상 전통적 커플의 지리적 이동성과 비슷하다는 뜻이다. 오즈비가 1보다 클수록, 그 커플의 지리적 이동성이 같은 해 실시한 인구조사에서 전통적 커플의 지리적 이동성보다 크다는 것을 의미한다. 〈표 5.1〉을 보면, 1990년과 2000년에 비전통적 커플의 지리적 이동성은 모두 이성 동인종 결혼 커플보다 크다(즉, 오즈비가 확실히 1보다 크다). 다만 2000년 이성 동인종 동거 커플만이 예외라는 것을 알 수 있다(오즈비는 1.01).

인구조사 데이터는 머리가 어지러울 정도로 많은 종류의 인종과 민족, 혈통이라는 범주들을 보여 준다. 사실상 나는 인구조사국의 인종과 히스패닉 범주를 다음의 4가지로 축약했다. (1) 비히스패닉 백인 (2) 비히스패닉 흑인 (3) 히스패닉 (4) 아시아인과 그 외 다른 인종 모두. 커플의 인종이 4가지 광범위한 분류에 따라 서로 다른 분류에 속하면 이인종 커플로 구분했다.[5] 나는 '인종'을 넓은 의미로 해석해 전통적으로 사용하는 인종 분류(백인, 흑인, 아시아인)뿐만 아니라 '히스패닉'이라는 민족의 범주도 함께 포함했다. 히스패닉-비히스패닉 백인 커플이 (내가 정의한 범주에 따라) 이인종커플 중 가장 많은 수를 차지했고, 그 뒤로 아시아인-백인 커플 그리고 백인-흑인 커플이 있었다. 1990년에 이성 이인종 커플은 동인종 결혼 커플에 비해 지리적 이동성의 오즈비가 1.56배 높았다.[6]

동성 동거 커플(67.5%)의 지리적 이동성은 1990년에는 이성 이인종 커플보다 높지만 2000년에는 반대로 낮은 반면, 동성 이인종 커플은 1990년과 2000년 모두 지리적 이동성이 가장 높다(각각 74.4%, 64.1%).[7] 전통적 가정의 규범과 먼 커플일수록, 그들의 가족들은 그들을 철저하게 거부하거나 적대적으로 대하려 하고, 그럴수록 커플들은 그곳에서 멀리 떨어진 곳으로 이주하고 싶어한다.

1990년에 동성 커플의 지리적 이동성은 평균 67.5%로 이성 동인종 결혼 커플에 비해 오즈비가 2배 이상 높다. 1990년과 2000년 사이에 동성 커플의 지리적 이동성은 그 값이 급격히 떨어졌다. 2000년 전체 표본을 사용하든 조정한 표본을 사용하든 마찬가지이다. 2000년 동성 커플의 이동성은 이성 동인종 결혼 커플의 지리적 이동성에 비해 아주 조금 높을 뿐이다. 1990년과 2000년의 동성 커플 표본을 비교했을 때, 지리적 이동성이 상대적으로 급격히 떨어지는 패턴은 그들의 부모와 확대가족이 동성애자 커플을 받아들이는 경향이 빠르게 늘어난 것과 일치한다.

1990년과 2000년의 서로 다른 결합 유형들은 지리적 독립성의 정도에 따라 순위가 매겨질 수 있으며, 그렇기 때문에 결합 형태 및 인종에 있어서 주류인 규범들과의 비타협, 이성애와의 비타협을 암시하는 정도에 따라서도 그것들 간에 순위를 매길 수 있다. 〈표 5.1〉에서 이성 동인종 동거 커플은 1990년에 사회 규범에 다소 반항적인 듯하지만, 2000년에 들어와서 지리적 이동성이라는 측면에서 보면 체제 순응적이 되기 시작했다. 이인종 결합은 1990년이나 2000년 모두 적당하게 비타협적이었다. 동성 커플은 1990년에 지리적으로 가장 독립적이지만, 2000년에는 전통적 결혼 커플보다 약간 더 지리적으로 독립적이었다. 이인종성향이라는 오명뿐만 아니라 동성애라는 오명까지 갖고 있는 이인종 동성 커플은 1990년과 2000년 모두 지리적 이동성이 가장 컸다.

커플 형성 과정은 지리적으로 움직이기 전에 일어날 수도 있고, 움직인 후에 일어날 수도 있다. 지리적 이동성의 순서가 앞이든 뒤든 상관없이 커플 형성 과정은 자립기의 확산과 일치했고, 내가 이인종 커플 및 동성 커플을 심도 있게 인터뷰할 때에도 이 두 가지 패턴이 모두 있었다. 이번 장 첫머리에서 묘사했던 칼과 베로니카 커플은 베로니카가 혼자 살고 있을 때 만났지만, 베로니카의 부모님과는 멀리 떨어지지 않은 곳에서 생활하고 있었다. 칼은 베로니카가 그녀의 부모의 영향에서 벗어나 멀리 떨어져 살기를 권유하기 위해 먼저 캘리포니아로 이사를 갔다.

때때로 이주자는 지리적으로 움직인 다음에 미래의 파트너를 만나기도 한다. 이와 같은 진행은, 지리적 이동성이 자립기에 내재한다는 생각과 일치한다. 그리고 집에서 멀리 떠나는 일이 젊은이들을 새로운 사회상황 및 새로운 잠재적 파트너와 만나게 한다는 생각과도 통한다. 젊은이들이 집에서 멀리 떨어져 생활하게 되면, 부모에게 그들의 관계를 드러내기 직전까지 둘의 관계를 충분히 발전시킬 수 있다.

아니면, 이동하기 전에 그들의 가정이 속한 주에서 미래의 파트너를 만났던 응답자들도 있었다. 이러한 순서에서는, 만약 그들의 파트너 선택에 대해 부모나 가족들이 찬성하지 않거나 제재를 한다면, 자립기는 커플들이 의지할 수 있는 잠재적 표현 수단이자 가능성이다. 젊은이들이 집과 가까운 곳에서 파트너를 만날 때, 집에서 멀리 떠나 새 삶을 살아갈 수 있는 능력은 이전에는 이용 가능성이 크지 않았지만 지금은 아주 중요한 선택권이 되었다. 젊은이들이 멀리 떠날 수 있다는 것을 알기 때문에 부모의 권위와 통제는 약화되었다. 근대 이전, 출신 가족 및 지역사회로부터의 추방은 곧 조직된 사회로부터의 추방이었기 때문에[8], 젊은이들에게 외적인 선택지가 없어 부모의 권위는 높았다.

결합의 형성 과정은 사건이 아니라 과정이다. 커플들의 의견이 서로 다를 수는 있지만, 두 사람이 처음 만난 순간을 정확히 규정하는 것은 가능하다. 결혼 날짜나 두 사람이 처음으로 함께 이사를 간 날은 확실히 밝히는 게 쉬운 편이다. 두 사람이 커플이 된 정확한 순간을 규정하는 게 훨씬 더 어렵다. 사랑이라는 게 때때로 깨졌다가, 몇 년이 지난 후 다시 시작하기도 한다. 집에서 멀리 떠나는 것도 다시 돌아올 수 있다는 점에서 사랑과 비슷하다. 어떤 젊은이들은 대학을 다니기 위해 집에서 떨어져 생활하다가 돌아와 집에서 부모님과 몇 년을 산 후 다시 집을 떠나 멀리 가기도 한다.

지리적 이동성이나 커플 형성 과정처럼 가역적이거나 무정형적 과정은 합리적이고 논리적인 순서로 끼워 맞추기가 어렵다.[9] 미국 인구조사처럼 횡적 자료는 특히나 가역적 사건의 순서를 구분하는 데 적당하지 않다. 인구조사 데이터에는 커플이 언제 어떻게 처음 만났는지에 대한 정보가 없다. 내 이론은 자립기와 비전통적 결합의 확산을 밀접히 연결시키지만, 인구조사 데이터가 명확하지 않기 때문에 사건의 정확한 순서까지는 분명하게 밝힐 수 없다.

이인종 결혼의 지리적 이동성

〈표 5.1〉은 관습에서 많이 벗어난 커플일수록 지리적 이동성도 커진다는 것을 보여 주었고, 미국에서 이인종성향과 동성애에 대한 금기가 누그러지고 있고 비전통적 커플과 관련 있는 지리적 이동성이 시간이 흐르면서 줄어들고 있다는 것을 보여 준다. 〈도표 5.1〉은 이 분석을 여러 방법으로 확장했다. 〈표 5.1〉은 모든 이인종 커플을 하나의 그룹으로 묶었

〈도표 5.1〉 인종별로 알아본 기혼 커플의 지리적 이동성, 1970년~2000년

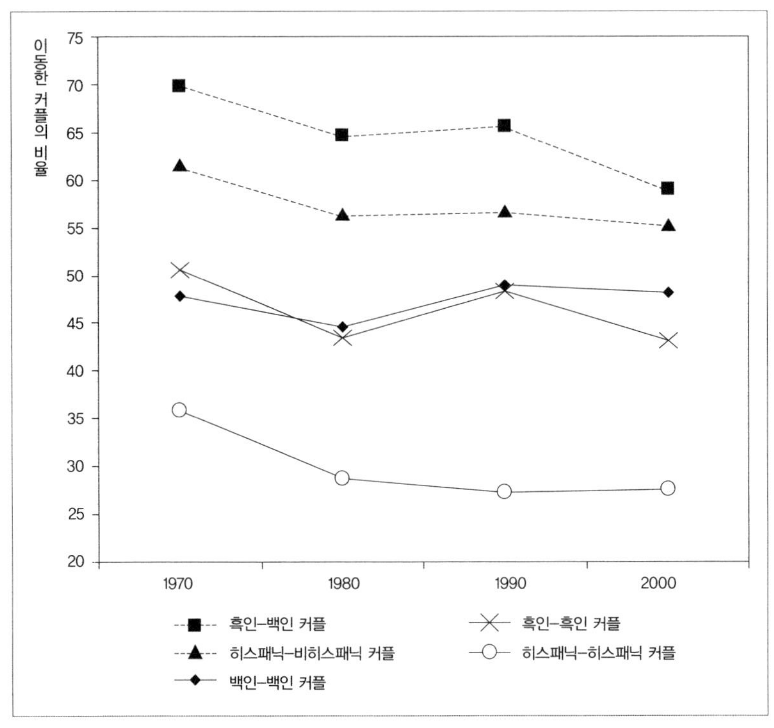

출처: IPUMS 1970년 1% 마이크로데이터, 1980년~2000년 가중치를 적용한 5% 마이크로데이터. 여기서 백인과 흑인은 히스패닉을 제외한 백인과 흑인이다. 모두 미국 태생으로 20세~29세이다.

다. 이것은 약간 문제가 있다. 미국 사회에서 백인-흑인 결합은 언제나 가장 논쟁적인 커플이지만, 히스패닉-비히스패닉 백인의 결합처럼 다른 유형의 이인종 결합은 이보다 훨씬 덜 비난받고 있다.[10] 정말로 지리적 이동성이 사회 금기의 상징이자 금기에 대한 대응이라면, 우리는 이인종 커플 중에서도 백인-흑인 커플의 지리적 이동성이 가장 클 것이라고 예상할 수 있다.

〈도표 5.1〉은 1970년에서 2000년까지 백인-흑인, 히스패닉-비히스패

닉 그리고 세 가지 유형의 동인종 결혼 커플의 지리적 이동성을 퍼센트로 나타냈다. 이인종 커플은 네 개의 인구조사 모두에서 동인종 커플보다 지리적 이동성이 더 컸다.[11] 동인종 커플 중 백인 커플과 흑인 커플은 지리적 이동성이 거의 비슷하게 그려졌지만, 히스패닉 커플은 커플 중에서 지리적 이동성이 가장 낮았다. 히스패닉은 미국의 몇몇 주(캘리포니아, 텍사스, 플로리다, 일리노이, 뉴욕)에 몰려 있기 때문에 히스패닉 커플이 자신과 배우자가 태어난 주에서 더 눌러 살려고 하는 행동은 그리 놀라운 일도 아니다. 2000년, 젊은 히스패닉 커플의 지리적 이동성은 오직 27.5%인 반면, 젊은 히스패닉-비히스패닉 커플의 지리적 이동성은 55.2%에 달한다.

흑인-백인 결혼 커플은 네 개의 인구조사 모두에서 커플 중 가장 지리적 이동성이 컸다. 2000년 젊은 흑인-백인 커플의 지리적 이동성은 58.9%였다. 흑인-백인 커플의 높은 지리적 이동성은 커플이 거스른 사회 금기의 강도와 지리적 이동성이 관련 있다는 가설과 일치한다. 즉, 흑인-백인 커플이 히스패닉-비히스패닉 커플보다 지리적 이동성이 더 높은 이유는 아마도 흑인-백인 커플이 관습에서 더 벗어난 인종 커플이기 때문일 것이다.

비전통적 결합과 도시

도시는 사회, 인종, 민족, 성이라는 부문 문화가 발달한 곳으로 미국 학자들은 그 중요성을 항상 인지하고 있다.[12] 다양한 인종과 진보적 예술가, 보헤미안, 동성애자, 관음증 환자, 이민자, 홍등가, 무질서, 정치적 부패, 범죄, 그리고 사회 통제력의 부재처럼 도시가 의미하고 있는 모든 것들로부터 후퇴하면서 1950년대의 교외에 대한 환상이 만들어졌다.

잘 모르는 낯선 사람들이 잠시 머물다 가는 근대 도시와 정반대로 근대 이전의 시골 공동체는 이웃의 일들을 서로 잘 알고 있었고, 상호 의존적이며 우호적인 공동망을 통해 강력한 사회 통제 시스템을 갖고 있었다.[13] 물론 비평가들이 이야기하는 것처럼 근대 도시가 그렇게 무질서하거나 다양하지도 않고, 근대 이전의 공동체도 역사적으로 만들어진 사회 통념처럼 서로 교감하는 공동체적 삶을 살지도 않았지만, 그 차이는 너무 커서 무시할 수 없었다.

피터 래슬릿처럼 근대 이전의 삶에 대한 사회 통념과 추측을 비판해온 학자들조차도 근대 도시와 근대 이전의 공동체 사이에 존재하는 생활방식과 계층구조의 방대한 차이를 인정한다.[14] 19세기 후반, 미국에서 도시화가 빠르게 일어났을 때, 당시 종교 지도자들과 사회 개혁가들은 도시화가 젊은이들의 성도덕을 위협할 것이라고 생각했다. 1873년 〈컴스톡 법안〉 제정부터 금주 운동까지, 사회 개혁가들은 열광적으로 일했고 어느 정도 성공도 거둬 법과 조직 개혁을 통해 새로운 시스템을 만들었다. 이는 도시 젊은이들의 행동을 사회적으로 다시 통제하려는 시도였다.[15]

〈표 5.2〉는 젊은 미국 태생 커플들의 각기 다른 결합 유형에 따른 도시화를 보여 준다. 1990년에는 '전통적' 형태인 젊은 이성애자 동인종 결

〈표 5.2〉 젊은 커플의 유형별로 알아본 도시 거주 비율, 1990년~2000년

	1990		2000	
커플 유형	도시 거주 비율	(1)과 비교한 도시 거주 오즈비	도시 거주 비율	(1)과 비교한 도시 거주 오즈비
(1) 이성, 동인종, 결혼	17.9		19.0	
(2) 이성, 동인종, 동거	30.7	2.03***	29.8	1.81***
(3) 이성, 이인종, 결혼, 동거	30.7	2.03***	26.8	1.56***
(4) 동성, 동거	56.6	5.97***	37.3	2.54***
(5) 동성, 이인종, 동거	#	#	54.0	5.01***

*** p 〈 .001, 양측 검정.
출처: IPUMS 1990년 1% 대도시 표본, 2000년 5% 표본 인구조사

주: 커플은 모두 20세~29세의 미국 태생 개인이다. 표본이 도시에 살고 있는지 확실하지 않은 경우(이런 경우는 1990년보다 2000년에 더 많다)에는 데이터에서 제외했다. 2000년 동성 커플의 조정한 추정치: 도시 거주 = 43.7%. 불충분한 데이터는 #으로 표시했다.

혼 커플 중에서 17.9%만 도시 지역에 살았다. 백인 이성애자 결혼 커플은 도시화 비율이 더 낮았지만, 백인이라도 이성 동거 커플이나 동성 동거 커플처럼 비전통적 결합과 도시 거주의 관계는 다른 커플과 같았다(부록 〈표 A.6〉 참고). 1990년 이성 동인종 동거 커플의 도시 거주 비율은 30.7%였다. 1990년 이성 이인종 커플의 도시 거주 비율도 30.7%였다. 1990년 동성 커플의 도시화 비율은 56.6%로 단연코 도시에서 살 가능성이 가장 높은 커플 유형이었다. 동성애와 이인종성향이라는 두 개의 낙인이 찍힌 이인종 동성 커플은 2000년에 도시에서 가장 많이 살 것 같은 커플의 유형이었다.[16] 동성 커플의 도시화는 역사 및 민족지학 문헌에 종종 소개되었지만, 1990년과 2000년의 미국 인구조사 이전에는 그에 대해 구체적인 증거가 거의 없었다.[17]

동인종 결혼 커플은 도시에서 살다가 떠났거나 도시에서 멀리 떨어

진 곳에 계속 살았던 그들 부모의 거주 패턴을 되풀이하는 것 같다. 동성 결합과 이인종 결합을 한 젊은이들에게 도시는 다양성과 공동성, 상호 지원의 근원이다. 가족에게서 대부분 거부당하는 동성 커플들에게 공동성과 상호 지원의 필요성은 매우 크다.[18]

1990년과 2000년 사이에 이인종 커플과 동성 커플의 도시화가 상대적으로 감소했다. 이인종 커플의 경우, 오즈비가 1990년 2.03에서 2000년 1.56으로 감소폭이 많지 않았다. 그러나 동성 커플의 경우 2000년 전체 표본을 사용한 경우든 조정한 표본을 사용한 경우든 1990년에서 2000년 사이에 일어난 도시 집중화의 상대적인 감소는 훨씬 더 극적으로 나타난다. 그러나 미국 인구조사에서 1990년과 2000년의 동성 데이터를 비교할 때에는 주의가 필요하다.

미국에서 동성애자 삶의 지형도는 도시의 지형도이지만, 정확하게 말해서 몇몇 주요 도시에 강하게 집중되어 있는 도시 지형도이다. 미국에서 동성애자들에게 문화적 메카로 가장 잘 알려진 곳, 특히 게이 남성들에게 잘 알려진 곳은 뉴욕의 그리니치와 샌프란시스코의 카스트로, 로스앤젤레스의 웨스트 할리우드, 시카고의 보이스 타운이다. 스톤월 사건이나 현대 동성애자 권리 운동이 있기도 한참 전이었던 1950년대, 동성애자 권리 옹호는 초기 동성애자 조직에 의해 몇몇 주요 도시에서 조용히 그리고 조심스럽게 시작되었다. 해리 헤이는 1951년 로스앤젤레스에서 〈메타친 협회〉라는 동성애자 단체를 창설했다. 1955년 샌프란시스코에서는 여성 그룹에 의해 〈빌리티스의 딸들〉Daughters of Bilitis이 결성되었다.[19]

1970년대까지 뉴욕과 샌프란시스코 같은 곳에서도 지역 경찰은 정기적으로 동성애자를 집요하게 괴롭혔다.[20] 게이 바에서 춤을 추거나 공원에서 성으로 호객행위를 한 사람들이 기소되는 일은 거의 없었지만, 그들은 그들이 한 행위에 대한 폭로의 위협과 굴욕감에 자주 시달려야 했다. 뉴욕과 샌프란시스코에서도 1970년대 후반까지 술집에서 동성애자에게 술을 판매하는 것은 불법이었지만, 게이 바는 그래도 확대되었고 그중에서도 마피아들이 운영했던 게이 바들은 경찰에게 뇌물을 주었기 때문에 번성할 수 있었다.[21] 〈메타친 협회〉와 〈빌리티스의 딸들〉은 그들의 지부가 있었던 주요 도시에서도 동성애자 회원들을 모집하기 힘들었다. 주요 도시가 아닌 곳에서 살았던 동성애자들은 사회에서 고립되어 있었기 때문에 동성애에 눈뜬 젊은이들은 도시로 갈 수 있는 방법을 찾을 수만 있다면 무엇이든지 했다.

하비 밀크는 1950년대 롱아일랜드 교외에서 자랐다. 그는 후에 자신이 동성애자임을 공개하고 당선된 최초의 샌프란시스코 시의원이 되었고, 미국 전체를 통틀어서도 최초의 동성애자 시의원이었다. 하비 밀크는 어렸을 때부터 자신이 남들과 다르다는 것을 알고 있었고, 스스로 찾을 수 있는, 뉴욕으로 갈 수 있는 모든 기회를 찾아 다녔다. 그가 메트로폴리탄 오페라 극장 근처를 헤매고 다닐 때, 한 나이 든 동성애자와 젊은 동성애자 활동가를 만났고, 센트럴 파크에서 처음으로 남성과 성관계를 맺었다. 하비 밀크가 젊은 시절 뉴욕에서 지낼 때, 그는 부모의 참견과 통제에서 벗어나 있었다. 하비 밀크는 금융증권 회사에서 고용주와 직장 동료들에게는 자신의 성정체성을 숨기면서 일했지만, 그는 동성애자 애인도 사귀고 동성애자 친구들과 교제하면서 자신만의 사회생활도 꾸려

〈표 5.3〉 동성 커플의 수로 순위를 매긴 미국 10대 대도시 지역, 2000년

순위	대도시 지역	동성 동거 커플의 수
1	뉴욕	47,603
2	로스앤젤레스	34,829
3	샌프란시스코	23,185
4	시카고	20,293
5	워싱턴 D.C	13,363
6	애틀랜타	13,356
7	댈러스	12,912
8	보스턴	12,475
9	필라델피아	12,052
10	휴스턴	11,210
	(a) 10대 대도시에 거주하는 동성 커플 전체 수	201,278
	(b) 미국에 거주하는 동성 커플 전체 수	669,984
	(a/b) 미국 전체 동성 커플 중 10대 대도시에 거주하는 동성 커플의 비율	30.0%

출처 : IPUMS, 가중치를 적용한 5% 마이크로데이터. 2000년.

주 : 나이와 출신 국가를 구별하지 않고 모든 동성 동거 커플을 포함했다. 대도시 지역에는 도시뿐만 아니라 주변의 교외까지도 포함했다.

나갈 수 있었다.[22]

〈표 5.3〉은 2000년 인구조사에서 나타난, 출생지나 나이와 상관없이 동성 동거 커플이 많이 거주하는 주요 대도시 지역(도시와 주변의 교외도 포함)을 보여 준다. 내가 여기서 나이와 출신 국가를 구별하지 않고 모든 동성 커플을 포함한 이유는, 그렇지 않을 경우 대도시 지역에 가중치를 적용하지 않은 수치가 가중치를 적용한 수치의 20분의 1 정도로 그 수치가 매우 낮아 신뢰성이 높은 순위를 매기기 어렵기 때문이다. 대도시 지역의 목록은 몇 가지 점에서 특별한 게 보이지 않는다. 뉴욕과 로스앤젤레스, 시카고는 미국에서 크기로 3위에 드는 대도시 지역들이고, 이 대

〈표 5.4〉 커플 유형별 대도시 집중도, 1990년~2000년

	1990		2000	
커플 유형	각 그룹의 10대 대도시 지역 거주 비율	(1)과 비교한 대도시 집중도 오즈비	각 그룹의 10대 대도시 지역 거주 비율	(1)과 비교한 대도시 집중도 오즈비
(1) 이성, 동인종, 결혼	22.9		23.1	
(2) 이성, 동인종, 동거	25.4	1.14***	22.7	0.98***
(3) 이성, 이인종, 결혼, 동거	33.6	1.70***	30.1	1.44***
(4) 동성, 동거	42.2	2.45***	30.0	1.43***
(5) 동성, 이인종, 동거	60.4	5.11***	40.3	2.25***

*** $p < .001$, 양측 검정.

출처: IPUMS 1990년 가중치를 적용한 1% 대도시 표본, 2000년 가중치를 적용한 5% 표본 인구조사.

주: 커플은 나이와 출신 국가를 구별하지 않은 모든 개인을 포함했다. 인구가 가장 많은 대도시 지역의 10대 목록은 그룹 및 해마다 달랐지만, 그 목록은 비슷했다. 대도시 지역에 대한 정의는 인구조사에 따라서도 달랐다. 대도시 지역은 도시와 주변의 교외까지도 포함했다. 2000년 동성 커플의 대도시 집중도 조정한 추정치: 33.9%, 동성 이인종 커플: 44.1%.

도시 지역들은 또한 결혼한 커플과 이성 동거 커플 그리고 그 밖에 다른 형태의 커플들의 순위에서도 상위에 속하기 때문이다. 샌프란시스코 베이 지역은 이성 동거 커플에 비해 동성 동거 커플의 집중도가 높은 대도시 지역이다.

〈표 5.4〉는 1990년과 2000년 출신 국가와 나이에 상관없이 서로 다른 커플들의 대도시 집중도를 비교했다. 〈표 5.3〉에 나온 것처럼, 2000년 동성 커플의 대도시 집중도는 30%였다. 동인종 결혼 커플의 대도시 집중도는 낮다. 2000년 전통적 결혼 커플의 23.1%가 미국 10대 대도시 지역에서 살고 있었다(1990년은 22.9%). 10대 대도시 지역의 목록은 그룹들 사이에 차이가 별로 없었다. 주요한 차이는 비전통적 커플들이 이런 대도시 지역에서 좀 더 높은 집중도를 보인다는 것이다. 1990년에는 동성 커

플의 42.2%가 10대 대도시 지역에서 살았다. 1990년과 2000년 사이에 동성 커플의 대도시 집중도는 급격히 떨어졌다(2000년 조정한 데이터도 1990년과 비교해 보면 그 수치가 떨어졌다). 동성 커플의 대도시 집중도가 하락하는 것과 이인종 커플의 대도시 집중도가 소폭 하락한 것은 지리적 이동성과 도시 집중도의 조사 결과와 일치한다. 비전통적 커플, 그 중에서도 동성 커플은 소도시와 작은 마을, 교외 지역, 시골로 다시 들어가 빠르게 자리를 잡고 있다. 대도시에 살고 있는 동성 커플들은 수십 년간 자신을 드러내고 있는 반면에 교외와 시골에 살고 있는 동성애자들은 이제 막 자신을 드러내기 시작했다. 동성 커플들은 아직까지도 주요 대도시 지역과 도시 지역에 많이 살고 있지만, 동성 커플과 전통적 이성애자 결혼 커플의 지리적 차이와 거주지의 차이는 조용히 그리고 빠르게 사라지고 있다.

지리적 이동성과 대안 결합의 다변량 시험

나는 비전통적 커플의 지리적 이동성이 가족과의 사회적 거리 및 금기의 영향을 반영한다고 가정한다. 동성 커플과 이인종 커플이 보여 준 높은 도시화 비율은 다음과 같은 대체 가설을 제안한다. 즉, 〈표 5.1〉에서 관찰한 것처럼 비전통적 결합의 확연한 지리적 이동성이 가족의 반대에 밀려서라기보다는 뉴욕이나 로스앤젤레스, 시카고, 샌프란시스코와 같은 큰 도시의 중심부에 끌려서 생겼을 수도 있다는 것이다. 다시 말해서, 가장 크고 세계적인 미국 도시들이 가진 다양성과 매력 때문에 이인종 커플이나 동성 커플의 지리적 이동성이 전통적 커플에 비해 더 클 수 있다는 것이다.

또는 비전통적 커플의 지리적 이동성 이론을 보편적으로 적용해 볼 수 있다. 지리적 이동성에 대한 보편적 이론에서는 이인종 커플과 동성 커플은, 사는 곳과는 상관없이, 전통적인 동인종 결혼 커플보다 지리적 이동성이 더 크다는 것을 의미한다. 비전통적 커플에게 원래 가족과의 거리 그 자체만 중요하다면, 이들은 목적지와 상관없이 이동해야 한다.

지리적 이동성이 가족의 비난에 떠밀려서인지 아니면 도시에 끌려서 생긴 것인지, 이 두 요소 간의 상대적인 영향력을 테스트할 수 있는 방법이 여러 개 있다. 그중 한 가지 방법은 도시와 시골 그리고 교외 지역으로 이동한 전통적 커플과 비전통적 커플의 상대적인 지리적 이동성을 각각 비교해 보는 것이다. 나는 부록 〈표 A.7〉에서 이인종 커플과 동성 커플은 그들이 도시에서 사는지, 교외에서 사는지, 또는 시골에서 사는지와 상관없이 전통적인 이성 동인종 결혼 커플보다 지리적 이동성이 더 크다는 것을 보여 주었다. 이 결과는 비전통적 커플의 높은 지리적 이동성은 가족의 반대가 이들을 밀어냈을 뿐만 아니라 동시에 이들도 도시에 끌렸다는 가설을 뒷받침한다.

서로 다른 목적지를 향한 지리적 이동성을 각기 따로 분석하는 것도 유용하지만, 현대 사회과학에서는 지리적 이동성과 비전통적 결합의 상호작용 같이 주요 상호작용을 다변량 회귀분석을 사용해 테스트하는 것을 더 선호하며, 이때 다변량 회귀분석은 도시 거주와 교육, 연령

〈표 5.5〉 로지스틱 회귀분석 방법을 통해 알아본 파트너가 있는 남성의 동성 결합과 각각의 지리적 이동성

	모델 1	모델 2	모델 3	모델 4
지리적 이동성 × 동성 결합의 오즈비	1.32***	1.37***	1.27***	1.28***
추가 통제 요인				
교육	네	네	네	네
나이	아니오	네	네	네
주요 대도시에 거주하는 동성애자 비율 (Pct gay)	아니오	아니오	네	네
도시 거주	아니오	아니오	아니오	네
자유도(df)	8	15	16	17
모델 카이 스퀘어 값의 변화 (Δ −2LL)		2,512	4,220	3,820

* p 〈 .05 ** p 〈 .01 *** p 〈 .001, 양측 검정.
출처: IPUMS, 가중치를 적용한 5% 인구조사 마이크로데이터, 2000년. 가중치를 적용하지 않은 *N*은 2,706,642. 지리적 이동성이 있는 남성들은 그들이 태어난 주와 다른 주에서 살고 있다.

주: 동성 동거 커플에게 영향을 미치는 지리적 이동성의 조정한 오즈비(결혼과 동거가 이중으로 기록된 경우는 제외)는 1.59(모델 1), 1.71(모델 2), 1.58(모델 3), 1.60(모델 4)이며, 모두 통계적으로 유의미하다. 나이와 교육은 범주 변인이었으며, 각 범주 변인 안에는 9개의 카테고리가 있다. 'Pct gay'란 응답자의 대도시 지역에 있는 동성 결합을 한 성인의 비율(percentage)이다.

같은 많은 혼동 변인을 동시에 감안한다. 〈표 5.5〉는 네 개의 다변량 회귀분석 모델의 결과를 나타낸다.

이 회귀분석에서 종속 변수는 파트너가 있는 남성의 지리적 이동성으로 2000년 인구조사에서 자료를 얻었다. 주요 상호작용은 이성 커플과 비교한 동성 커플의 지리적 이동성 오즈비이다. 그 결과, 〈표 5.5〉에 나온 모델의 오즈비는 모두 1이상 나왔고, 오즈비가 1보다 크면 클수록 동성 결합을 하고 있는 남성들이 이성 결합을 하고 있는 남성들보다 지리적 이동성이 훨씬 더 크다는 것을 의미한다. 오즈비가 네 개의 모델에서 모두 1보다 현저하게 크다는 것은 결국, 동성 결합 남성들이 이성 결합 남성들보다 상당히 지리적으로 더 이동했다는 것을 의미한다.

모델 1은 표본 남성들의 교육만 통제했다. 모델 2는 남성의 나이를 더해서 통제했다. 모델 3과 모델 4는 각각 응답자의 지방 대도시 지역에 있는 동성 커플의 존재와 도시 거주를 통제했다. 비전통적 커플은 도시를 특별히 애호하고 있으며, 도시가 갖고 있는 성정체성의 다양성은 동성 커플의 지리적 이동성이 특별히 크도록 만든 이유 중 하나이다. 잠재적 동성 파트너의 노출과 도시 거주의 통제는 주요 오즈비를 1.37(모델 2)에서 1.28(모델 4)로 줄인다. 각 모델에서 나타나는 주요 오즈비가 비슷한 것은 지리적 이동성과 동성 결합 간의 연관성은 교육과 나이, 다른 동성애자들과의 노출, 도시 거주라는 강력한 영향들에서 크게 독립적이라는 것을 나타낸다. 요컨대 나이와 교육 같은 개인적인 특성과 목적지 지역사회의 특성들은 동성 결합과 지리적 이동성의 연관성에 대해 결코 전부가 아니라 일부만을 설명해 준다.[23]

〈표 5.5〉는 지리적 이동성과 동성 결합 간의 강한 연관성을 논증한다. 부록 〈표 A.8〉은 이 모델들을 좀 더 자세히 보여 주고 있으며, 부록 〈표 A.9〉는, 서로 다른 비전통적 결합들에 대한, 이러한 타입의 다변량 시험의 다양함을 보여주는데, 그 결과는 모두 동일하다. 교육과 나이, 대도시 구성 요소, 도시 거주를 고려했을 때조차, 지리적 이동성과 대안 결합의 연관성은 여전히 강했으며 통계적으로도 유의미했다. 대안 결합과 지리적 이동성의 관계가 강하다robust는 〈표 5.5〉의 기본 결과는 백인 여성, 흑인 남성과 여성, 그리고 동성 커플을 포함해서 다른 부분 모집단에서도 같았다.[24]

비전통적 결합과 이민

〈표 5.1〉과 〈표 5.2〉, 〈표 5.5〉는 오직 미국 태생만 포함했다. 왜냐하면 미국에서 태어난 사람은 지리적으로 움직이거나 머무르거나 할 수 있지만, 이민자는 당연히 모두 이동한 사람들이기 때문이다. 미국 인구조사에서는 이민자들이 양육되었던 사회적 맥락을 전혀 알려주지 않지만, 국제 이민자의 지리적 이동성은 그들을 중요한 시험 사례로 만든다. 국제 이민자들은 언어는 말할 것도 없고 사회 규칙도, 성관계의 규범도 다른 나라에서 새로운 삶을 시작하기 위해 가족과 젊은 시절 쌓아왔던 모든 사회관계를 버리고 떠나온 진정한 이주자들이다.

전염병 연구가들은 인간의 이주 경로가 성적으로 전염되는 질병들의 주된 매개 경로라고 알려준다. 이민자들은 가난하고 신체가 허약한 경향이 있고, 가족을 남겨두고 떠나왔으며, 그들이 태어난 공동체에 남아 있었다면 하지 않았거나 할 수 없었던 방식으로 성적·사회적 실험을 자유롭게 하기 때문에, 국제 이민은 HIV 같은 질병의 요인이 된다.[25] 국제 이민은 지리적 이동성이 강한 형태이며, 이는 공동체와 가족이 가진 사회적 통제력을 약화시키기 때문에 관습을 거스르는 성적 경험과 비전통적 결합의 증가로 이어진다.

미국 사회는 지금까지도 동성애자를 적대시하고 있고, 미국 이민법은 종래 동성애를 정신질환으로 간주해(이 정책은 1990년까지 존속했다[26]) 동성애자인 이민자를 쫓아내려 고심해 왔지만, 미국으로 오는 이민자 대부분은 라틴아메리카나 아시아 지역에서 오고 있으며 이곳은 동성애를 미국보다도 더 받아들이지 못하는 곳일 수 있다.[27] 절대 전부 다는 아니지만, 많은 동성애자 이민자들이, 그들이 자란 공동체 사회에서 사는 것보다 미국에서 좀 더 편안하고 안전하게 생활하고 있다. 필리핀에서 게이 남성은 눈에 띄기만 하면 온갖 괴롭힘과 학대를 받는다. 같은 필리핀 게이 남성이라도 미국 뉴욕에서는 어떻게 자신을 표현할지, 어떻게 동성애자가 될지, 또는 어떤 파트너를 만날 수 있는지에 대해서 더 많은 선택권이 있다.[28] 마틴 마나란산은 "많은 필리핀 게이 남성들이 가까이 사는 가족의 감시 하에서는 절대 할 수 없을 일을 미국 뉴욕에서는 다 할 수 있다"[29]라고 썼다. 미국 동성애자가 가족의 반대와 반동성애 선입견을 피해 작은 마을에서 샌프란시스코나 뉴욕, 로스앤젤레스 같은 큰 도시로 이동했던 것처럼, 아시아나 라틴아메리카에 살고 있는 젊은 동성애자는 (집에서의 압박을 피할 수 있고) 자신의 마음이 특별히 끌리는 미국으로의 이민을 특히 매력적으로 느낄 수 있다.[30]

국제 이민은 젊은 이민자와 그가 두고 온 가족 사이의 경제 관계도 바꾼다. 젊은 게이와 레즈비언은 그들의 출신 지역에서 동성의 파트너와 짝을 선택하는 것이 그들을 경제적으로 살아남기 힘들게 하고, 이것은 부모에게 경제적·사회적으로 무거운 짐을 지운다는 것을 잘 알고 있다. 미국에서는 아무리 하찮은 직업을 가진 이민자라도 아시아나 라틴아메리카에 있는 가족에게 충분한 돈을 보낼 수 있을 만큼은 번다. 부모는 미국에 있는 자녀에게 경제적으로 의존하게 되고, 이런 경제적 의존과 지리적으로 먼 거리라는 효과적인 사회의 매개 수단은 가족의 반대와 전통적 사회 제재를 감소시킨다.[31]

〈표 5.6〉 출생지에 따른 젊은 동거인들의 동성애 비율, 1990년~2000년

	1990		2000	
커플 유형	게이 비율	(1)과 비교한 동성애 오즈비	게이 비율	(1)과 비교한 동성애 오즈비
(1) 둘 다 미국 태생	2.73		4.82	
(2) 한 쪽은 이민자, 다른 쪽은 미국 태생	3.29	1.21***	6.32	1.33***
(3) 둘 다 이민자	3.93	1.46***	8.48	1.83***

* $p < .05$ ** $p < .01$ *** $p < .001$, 양측 검정.

출처: IPUMS, 가중치를 적용한 5% 마이크로데이터, 1990년과 2000년. 동거 커플의 나이는 20세~29세

주: 2000년 동성애자 비율의 조정한 수치(동성 커플이면서 결혼도 했다고 응답한 경우 제외) : 둘 다 미국 태생 커플(3.02%), 이민자와 토박이가 섞인 커플(3.82%), 둘 다 이민자 커플(3.64%).

〈표 5.6〉은 1990년과 2000년 출생지에 따른 동성 동거 커플의 비율을 보여 준다. 1990년과 2000년 모두, 둘 다 미국 태생인 커플이 동성애자일 가능성이 가장 낮았고, 둘 다 이민자인 경우가 가장 높았으며, 이민자와 토박이가 섞인 커플은 중간이었다. 지리적 이동성과 사회 통제의 가설에서 예상했던 것처럼, 아시아와 라틴아메리카에서의 동성애자 성생활은 동성애자들에게 미국으로 이민 가야 할 또 다른 이유를 주기 때문에 이민은 동성애와 관련이 있다.[32]

국제적인 이주와 국제적인 지리적 이동성은 둘 다 비전통적 결합의 수를 증가시키는 경향이 있다. 하지만 흥미롭게도 한 가지 다른 점이 있다. 각 주별 이동성과 비전통적 커플의 연관성이 1990년에서 2000년 사이에 급격히 줄었다(〈표 5.1〉 참고). 그와 동시에 동성애 때문에 미국을 선택해서 온 이주는 증가한 것처럼 보이며, 만약 2000년 조정한 수치를 참고한다면 변동이 별로 없는 것처럼 보인다. 〈표 5.6〉을 보면, 1990년에 둘 다 이민자들로 구성된 동거인들의 동성애자 오즈비는 둘 다 미국 태생인

커플에 비해 1.46배 높지만, 2000년에는 1.83배로 더 높아졌다.

이 차이는 서로 다른 지역에서 동성애자의 상대적 인정에 대한 흥미로운 점을 드러낸다. 미국에서 동성 커플은 지리적으로 덜 이동하고 있으며, 동성애자들이 대도시에서 교외와 시골 마을로 들어가는 변화는 동성애자에 대한 관용이 사회로 확산되는 것과 일치한다. 미국에서 동성애에 대한 관용이 증가한다는 가설이(이 주제는 7장에서 다시 다룰 것이다) 국제 이주자들에게는 반대 효과로 나타난다. 비록 증거가 이 지점에서 혼재되어 있지만, 라틴아메리카 및 아시아와 미국 간의 관용의 차이, 즉 동성애자에 대한 사회적 관용의 차이는 예전에 비해 오늘날 더 커진 것 같고, 그 결과 동성애 때문에 선택적으로 하는 이주가 증가할 것이라고 예상된다.

이민과 이인종 결합으로 넘어오면, 이 그림은 완전히 달라진다. 성별은 어느 사회에서나 당연하게 일관된 범주이지만, 인종은 그렇지 않다. 미국은 멕시코 사람과 중국 사람을 각각 한 인종으로 구분하는 인종 분류 체계를 갖고 있다. 하지만 멕시코와 중국 사회 내에는, 또 각 사회 내적으로는 인종별 차이가 존재한다. 그 차이를 그 사회의 구성원들은 잘 알지만, 미국에서는 차이를 잘 구별하지 못한다.[33] 게다가, 남성과 여성의 성별 균형은 대부분의 사회에서 대략 비슷하게 맞춰지지만, 인종 분포는 인종을 어떻게 정의하더라도 나라마다 걷잡을 수 없이 변동한다.

1965년 이후, 미국으로의 이민 대부분은 라틴아메리카와 아시아로부터이고,[34] 또 아시아인과 히스패닉을, 미국에서 수적으로 우세한 비히스패닉 백인 원주민 인구로부터 독립된 인종으로 (혹은 히스패닉의 경우

〈표 5.7〉 젊은 커플의 출생지에 따른 이인종성향 비율, 1990년~2000년

	1990		2000	
커플 유형	이인종 결합 비율	(1)과 비교한 이인종성향의 오즈비	이인종 결합 비율	(1)과 비교한 이인종성향의 오즈비
(1) 둘 다 미국 태생	6.3		10.3	
(2) 한 쪽은 이민자, 다른 쪽은 미국 태생	28.2	5.86***	30.3	3.80***
(3) 둘 다 이민자	2.9	0.44***	3.1	0.28***

* $p < .05$ ** $p < .01$ *** $p < .001$, 양측 검정.
출처: IPUMS, 가중치를 적용한 5% 마이크로데이터, 1990년과 2000년. 동거 커플과 기혼 커플의 나이는 20세~29세

주: 이인종 커플은 다른 인종의 파트너를 만나고 있으며, 인종은 다음과 같이 네 개의 카테고리로 규정한다. 비히스패닉 백인, 비히스패닉 흑인, 히스패닉, 비히스패닉 아시아인과 다른 모든 인종(2000년 다인종으로 인정된 인종도 포함).

독립된 민족ethnic 집단으로) 정의하는 게 최근 미국의 관례이다. 때문에 인종을 어떻게 정의하는가에 따라서, 미국 토박이와 이주자의 결합에서 내가 이인종성이라고 정의한 결합의 비율이 높아질 것이다. 〈표 5.7〉은 1990년 미국 젊은 커플 중에서 이주자와 토박이가 섞인 커플의 28.2%가 이인종 결합이었고, 2000년에는 30.3%로 약간 올랐음을 보여 준다. 미국 태생으로만 이루어진 커플의 이인종성향은 그 수치가 매우 낮아 1990년에는 6.3%였고, 2000년에는 10.3%였다.

미국 태생 젊은이들이 자립기에 아시아나 아프리카, 라틴아메리카로 여행을 가거나 근무하러 갔을 때, 그들은 미국 인구 집단과 다른 인종의 인구 집단을 접했다. 과거 외국으로 나갈 수 있는 미국인은 남성 군인인 경우가 많았고, 이들의 외국에서의 경험들은 현지 여성과의 결혼을 막았던 군대 지배층의 영향을 받았다. 군대의 공식적인 불승인에도 불구하고 외국에 주둔했던 많은 미국 군인들은 현지 아내와 함께 미국으로 돌아

왔으며, 이들의 결혼은 대부분 이인종 결혼이었다.[35] 세계 여행이 보편화된 요즘 시대엔 젊은 미국인 남성과 여성들은 미국 군대의 압박을 받지 않고 해외로 여행을 더 가려 하고, 이런 해외여행은 이인종 결합으로 자주 이어지며 이 커플이 미국으로 돌아오면 미국 인구조사에 포착된다.

미국 사회에서 형성된 인종 분류 체계는 다른 국민이 내부적으로 사용하는 인종 구분을 따르지 않는다. 중국과 일본, 한국, 필리핀처럼 아시아 국가의 문화는 사용하는 언어도 다르고, 종교도 다르며, 이들 간에 전쟁의 역사와 식민지 관계들이 얽혀 있는데, 미국은 이 차이점들을 잘 모르기 때문에 이 다양한 국민 정체성을 범민족적으로 하나로 아울러 '아시아인'이라는 정체성을 준다.[36] 예를 들어 다양한 인종으로 이루어진 중국인을 하나의 인종으로 잘못 분류한 것처럼, 우리의 인종 분류법이 가진 국가적인 근시안의 결과로, 둘 다 이민자로 이루어진 이민자 커플은 가장 낮은 이인종성향 비율을 갖게 된다.

대부분의 라틴아메리카와 아시아 국가들에서 전통적 가부장제도가 미국에 비해 더 많은 영향력을 갖고 있기 때문에, 이런 이주 지역에서 미국으로의 이민은 사회적 해방의 성격을 가질 수 있다.[37] 남편과 함께 미국으로 이주한 여성 이민자는 가족 내 성별 역할을 재조정하기 위해서 미국의 다른 사회적 분위기를 사용할 수도 있다.[38] 이민은 이민자들이 이인종 결합이나 동성 결합을 형성할 수 있는 기회를 증가시키며, 이민자들이 살았던 곳에 존재했던 전통적인 규범들을 어길 수 있는 기회를 증가시킨다. 하지만 미국으로의 이민이 반드시 사회적 자유로 가는 길이라는 뜻은 아니다. 해마다 수천 명의 여성과 아이들이 매춘을 위해 미국으로 인신매매되고, 다른 수만 명의 이민자들은 미국에서 극심한 가난을 겪으며 이로 인해 사회적 선택권도 심하게 제한받는다.[39] 남편과 이민온 여성 중 몇몇은 언어도 통하지 않고 사회적으로도 고립되어 고국에 있었을 때보다 남편에게 더 의존하고 있다.[40] (특히 경제적으로 빈곤한 이주자에게 현존하는) 이민의 여러 위험성들에도 불구하고, 이민은 비전통적 결합과 관련이 있는데, 그 이유는 일반적인 지리적 이동성처럼 이민이 이주자들을 그들의 부모와 확대가족의 사회적 통제로부터 자유롭게 해주기 때문이다.

비전통적 결합과 교육

고등교육을 받은 사람에게 비전통적 결합이 더 흔하다는 가정에는 각양각색의 이론적 이유들이 있다. 첫째, 밀턴 고든 교수는 지성인은 그들의 역사적이고 지역적인 인종 정체성과 덜 연결되어 있기 때문에 인종에 얽매이지 않아 비전통적 결혼을 좀 더 쉽게 할 수 있다고 주장했다.[41] 둘째, 태도attitude에 대한 연구에서는 사회 계급이 높은 백인일수록 흑인에 적대적인 의견이나 감정을 적게 가지고 있다는 조사 결과가 계속해서 나오고 있다.[42] 셋째, 대학 교육을 통해 학생들은 기술을 배워 직업을 구할 수 있으며, 직업이 있는 젊은이들은 부모에게서 쉽게 독립할 수 있다. 넷째, 대학에 입학하는 것 자체로 대부분은 부모와 떨어져 지내게 되기 때문에 부모의 감시가 줄어든다. 다섯째, 고등교육을 통해 집단 간의 지역적 구분을 무너뜨리는 인본주의와 보편주의 정신이 촉진될 수 있다. 여섯째, 몇몇 대학 캠퍼스에 있는 동성애 관련 과목들은 동성애자 학생들이 '커밍아웃'할 가능성을 증가시킬 수 있다.

하지만 반대로 대학 교육이 비전통적 결합을 억압할 수 있다는 근거도 있다. 첫째, 어떤 학자들은 고등교육이 진보에 대한 진실한 믿음보다는 특권의식과 관습에 대한 순응을 촉진한다고 주장하고 있다.[43] 이 관점에 따르면 대학을 다닌 사람들이 진보적인 것처럼 보이는 것은 단지 신기루일 뿐이다. 왜냐하면, 대학 교육을 받은 사람들은 인종 문제처럼 민감한 문제에 어떻게 답변을 해야 하는지 잘 알고 있으므로 다소 가식적으로 대답하기 때문이다. 둘째, 소수자들은 대학에서 민족과 인종에 대해 공부하여 민족주의 성향을 키우게 되고, 이것은 이인종 데이트를 그만두게 했을 것이다. 셋째, 흑인과 히스패닉은 백인과 아시아인에 비해 대학을 다니는 비율이 낮기 때문에, 고등교육은 이러한 인종들과의 만남을 감소시키고, 그래서 특정한 종류의 이인종 결합 기회를 줄인다.

〈표 5.8〉은 1990년과 2000년 젊은 커플에서 배우자나 파트너 중 적어도 한 명이 대학 교육을 받은 비율을 커플 유형별로 보여 주고 있다. 젊은 이성애자 동인종 결혼 커플에서 배우자나 파트너 중 최소 한 명이 대학 교육을 받았을 비율은 1990년에 61.7%였고, 2000년에는 사회적으로 고등교육이 더욱 일반화되었기 때문에 최소 한 명의 배우자가 대학 교육을 조금이라도 받았을 비율은 66.2%였다.

젊은 이성애자 동인종 동거 커플은 전통적인 동인종 결혼 커플보다 교육 정도가 약간 낮았고, 그 비율은 1990년에는 57.3%, 2000년에는

〈표 5.8〉 커플 유형별로 알아본 젊은 커플의 대학 교육 정도, 1990년~2000년

	1990		2000	
커플 유형	커플 중 적어도 한 명의 파트너가 대학 교육을 받은 비율	(1)과 비교한 대학 교육의 오즈비	커플 중 적어도 한 명의 파트너가 대학 교육을 받은 비율	(1)과 비교한 대학 교육의 오즈비
(1) 이성, 동인종, 결혼	61.7		66.2	
(2) 이성, 동인종, 동거	57.3	0.84***	64.3	0.92***
(3) 이성, 이인종, 결혼, 동거	64.3	1.12***	71.8	1.30***
(4) 동성, 동거	78.3	2.25***	69.0	1.14***
(5) 동성, 이인종, 동거	88.7	4.88***	81.6	2.26***

* p 〈 .05 ** p 〈 .01 *** p 〈 .001, 양측 검정
출처: IPUMS 5% 인구조사 마이크로데이터, 1990년~2000년

주: 커플은 20세~29세의 세대주나 남편이 있으며, 부인이나 파트너의 나이는 고려하지 않았고, 파트너나 배우자의 인종과 출신 국가도 따지지 않고 모두 포함했다. 2000년 조정한 동성 커플(동성 커플이면서 결혼도 했다고 응답한 경우를 제외)의 대학 교육 추정치: 모든 동성 커플은 73.8%, 이인종 동성 커플은 82.8%였다.

64.3%였으며, 오즈비는 1보다 약간 낮았다. 이성 동인종 동거 커플은 대학에 덜 가려 하는데, 그 이유는 동거가 결혼의 전조이기 때문에 대학 입학 전에 동거를 했을 수고 있고, 또 동거가 결혼을 대체할 만큼 경제적으로 충분히 튼튼하지 않기 때문이다.

젊은 이인종 커플은 전통적인 동인종 결혼 커플에 비해 대학 입학 수준이 약간 높다.[44] 1990년에도, 동성 커플 가운데 한 명은 대학 교육을 받는 편이었지만, 2000년쯤에는 이성애자 커플과 동성애자 커플의 교육 차이는 상당히 좁혀졌다. 관습을 가장 많이 거스르는 커플 유형인 이인종 동성 동거 커플은 또한 단연코 1990년과 2000년 가장 교육을 많이 받은 커플이었다.[45]

인터뷰 대상자 중 한 명이었던 브렛의 이야기를 들어보자. 브렛은

1970년대 후반에서 1980년대 초반에 미국 조지아 주의 시골 지역에서 자란 백인 동성애자이다. 브렛의 할아버지는 백인우월주의를 내세우는 극우 비밀 결사 단체KKK의 단원이었다. 브렛은 사춘기가 시작되면서 남성에게 매력을 느낀다는 것을 알았지만, 자신이 살고 있던 작은 마을에서는 동성애자로 사는 게 불가능하다는 것도 알았다. 브렛은 다음과 같이 말한다. "제가 자란 곳에서의 문화는 일반적으로 동성애자가 되는 것은 정말 잘못된 거라는 암시를 많이 주었습니다." 브렛의 어머니는 가정주부였고, 대학에서 공부를 하고 싶어 했으나 끝내 공부를 할 수는 없었다. 브렛이 십대 초반일 때 부모님은 이혼을 하셨고, 어머니는 브렛을 대학에 보내기 위해 열심히 돈을 벌기 시작하셨다. 브렛은 18세가 되었을 때 애틀랜타로 가서 대학 공부를 시작했고, 그의 인생은 바뀌었다.

> 저는 집에서 떠날 준비가 다 되었습니다. 저에게 이것은 자유였습니다. 이것은 혁명이었습니다. 엄마가 저를 대학에 보내고 싶어 하셨던 것은 제게 행운이었습니다. 엄마는 저를 대학에 보내기 위해 많은 희생을 하셨습니다. 저는 여름마다 파트타임 일을 했고 학기 중에도 일을 조금 했지만 대부분의 경우 그럴 필요가 없었어요. 엄마는 저를 대학에 보냈지만, 남동생들은 보내지 않았습니다. 또 그렇게 할 수도 없었습니다. 엄마는 저만 대학에 보내셨어요. 하지만 제게 대학가는 일은…… 그건 자유였습니다. 그건 제 인생을 완전히 바꿔 놓았습니다.
>
> 그러니까 시골 환경과 대조적으로 그건 도시 환경이었습니다. 고립된 시골 대 열광적인 도시. 그건 엄청나게 그리고 근본적으로 달랐습니다. 그

건 완전한 변화였습니다. 저는 16살 때부터 운전을 할 수 있었기 때문에, 고등학교 시절 친구들과 어울려 애틀랜타로 가서 심야 영화도 보며 놀았습니다. 음, 애틀랜타까지는 한 시간 거리였고, 우리가 한 것은 이게 다예요. 할 수 있는 한 빨리 도시에서 살고 싶었습니다. 그리고 대학에 입학한 후 시내에 있는 기숙사에서 살았고, 도시에 살고 있는 것 같은 느낌이 들었습니다. 그러니까 완벽한 자유를 얻은 거죠. 동생들을 돌볼 필요도 없었습니다. 처음엔 외롭기도 했습니다. 저는 완전한 자유를 얻었습니다. 제가 하고 싶은 것을 선택할 수 있었고, 이런 생활을 전적으로 사랑했습니다.

질문 : 당신이 자란 곳에서는 없었지만 대학에는 있었던 것이 무엇이었을까요?

인간다움. 도시 문화. 음…… 18세 이상이면 술을 마실 수 있기 때문에 저는 술집에도 갈 수 있었습니다. 음, 그리고 제 학급 친구들. 저희 반에는 미국 전역에서 온 친구들로 가득했습니다. 전국에서 온 친구들! 저는 유대인도 만났고 가톨릭 신자도 만났습니다. 저희는 서로 다른 문화와 종교에 대해 이야기 나누었습니다. 저는 시애틀에서 온 친구도 만났고, 시카고에서 온 친구도 만났답니다[시카고 억양으로 말했다].
1980년대에 제가 다녔던 단과대학과 종합대학들에는 게이[46] 문화가 확실히 있었습니다. 그리고 그 문화는 꽤 열려 있었습니다. 대학 내에 매우 화려하게 꾸민 학생들이 있었습니다. 저는 재네들 진짜 정신 나갔다고 생각했습니다. 그 애들은 정말 과장되게 하고 다녔거든요. 그리고 그건 제가 동성애자 공동체를 만날 수 있는 기회이기도 했습니다. 술집마다 자신들의 작은 파벌이 형성되어 있었습니다. 저는 동성애자 문화 안에 있는 다양한 작은 문화들을 배웠습니다. 거기엔 가죽과 디스코, 부잣집 녀석들, 그리고 …… 그런데 로큰롤은 없었어요. 로큰롤을 들으려면 딴 곳으로 가야했죠. 하지만 동성애자들은 그런 곳에도 있었답니다. 게이 문화는 좀 더 많이 섞여 있었고, 그리고 그건 전체가 다 새로운 모험이었습니다. 저의 동성애 성향과 다른 게이들에 대해 배웠습니다.

지리적 이동성의 경우에는, 1990년에서 2000년까지 '드러낸' 동성 커플의 인구가 증가하면서 동성 커플의 윤곽은 동인종 결혼 커플과 좀 더 비슷해지고 있다. 1990년에서 2000년까지 젊은 동성 커플의 평균 교육 정도는 감소한 반면, 동인종 결혼 커플의 평균 교육 정도는 증가했다. 이 두 경향의 결과로, 전통적 이성애자 동인종 결혼 커플과 동성 커플의 교육 차이는 2000년 좁혀졌다.[47] 하지만 그 차이는 여전히 통계적으로는 유의미하다. 이런 추세에 대해서 또 다른 설명을 하자면, 미국 사회가 동성애자에 대한 관용을 좀 더 베풀기 시작하자 과거엔 경제적으로 더 탄탄한 동성 커플들만 '드러낼' 자신감이 있었지만 중산층이나 노동계급인 동성 커플도 점점 더 '드러낼' 수 있게 되었다는 것이다.

동성 커플과 이인종성향

자립기의 두 가지 결과물인 동성 결합과 이인종 결합을 다루면서, 대개 따로 분리해서 분석하는 이 두 종류의 결합은 가족과 사회의 변화라는 같은 구조에서 나온 것이라고 나는 분명히 주장한다. 이것은 개인이 동성애를 경험한 것과 비슷한 방식으로 이인종 결합을 경험했다거나 동성애와 이인종의 욕구가 서로 관련이 있다는 의미는 아니다. 바깥 사회와 마찬가지로 동성애자 공동체 사회에서도 인종차별은 영향력이 강할 수 있다. 예를 들어, 미국에서 동성애자 권리에 대한 관용은 백인 사회보다 히스패닉이나 흑인 사회에서 더 낮게 나타난다.[48]

뉴욕 주 버펄로에 있는 레즈비언 공동체에 대한 민족지적 연구에서, 케네디와 데이비스는 레즈비언이 일반 버펄로 사회에 비해 이인종 결합에 훨씬 관대하고 이인종 결합 비율도 더 높다고 주장했다.[49] 케네디와 데이비스는 레즈비언이 기꺼이 다른 인종과 데이트하려는 것은 동성애라는 규범을 깨고 나서도 살아남은 경험에서 나온 것이라고 이야기했다. 데이비스와 케네디의 관점에서 보면, 동성애자가 되는 것은 레즈비언을 버펄로 사회에서 외부인으로 만들었고, 사회 외부인이 되는 것은 그들이 인종의 경계를 넘어서 데이트하는 것을 덜 싫어하도록 만들었다는 것이다. 하지만 내가 인터뷰를 한 대상자들 중 인종적으로 백인이 아닌 동성애자 몇몇은 동성애자 공동체 내부의 인종차별도 바깥 사회의 인종차별을 그대로 반영한다며 불만을 토로했다. 백인 남편을 둔 흑인 게이 남성 한 명은 평등한 결혼 생활을 촉진하기 위한 정치 집회엔 거의 백인들만 참여하고, 이 운동을 다각화하려는 노력을 하지 않는다며 못마땅해 했다. 그는 한 집회에 참가했고 모인 사람들을 살펴본 후 발언을 했다. "실례합니다만, 이곳은 매우 창백해 보이네요. …… 그건 티 나게 차별적으로 행동한다는 게 아니라 매우 '고결한 척' 할 수 있다는 것을 의미합니다. 그리고 저는 주위에 있는 분들을 한 번 보라고 이야기하고 싶습니다. 여성은 어디에 있나요? 아시아인은 어디에 있지요? 성전환자들은 어디에 있습니까?"

동성애자가 되어서 인종에 대한 개인적인 시각에 영향을 받은 것은 아닐지라도, 동성 결합에서 이인종 결합 비율이 더 높은 데에는 몇 가지 구조적인 이유가 있다. 동성 결합과 이인종 결합은 둘 다 지리적 이동성과 도시 거주와 연관되어 있다. 이인종 결합을 억압하는 지역사회의 규범과 가족의 압박이 동성 결합에 대한 억압들과 동일하지는 않겠지만, 둘 다 멀리 떠난다는 같은 방식에 의해 극복된다. 집을 떠나 대학을 가고, 그다음 도시로 이주하는 것은 관습을 거스르는 모든 형태의 결합들이 전통적인 가족의 장벽을 파기하도록 만들었다. 동성 결합과 이인종 결합은 서로 관련이 있을 텐데, 그 이유는 두 형태가 모두 비전통적 결합으로 자립기와 관련이 있기 때문이다. 자립기는 개인적인 배우자 선호를 바꾸는 것이 아니라 젊은이들이 노출되는 잠재적인 배우자 집단을 바꾸는 것이다. 자립기의 자유를 즐기는 젊은이들은 부모가 인정하지 않는 파트너와 결혼할 수 있다. 이인종성향과 동성애 사이에는 욕구라는 연관성보다는 구조적인 기회라는 연관성이 있다.

〈표 5.9〉는 각 그룹에서 이인종 결합을 하고 있는 커플의 비율을 보

〈표 5.9〉 젊은 커플의 커플 유형별 이인종 결합 비율, 1990년~2000년

커플 유형	1990		2000	
	이인종 결합 비율	(1)과 비교한 이인종성향 오즈비	이인종 결합 비율	(1)과 비교한 이인종성향 오즈비
(1) 이성, 결혼	5.68		9.06	
(2) 이성, 동거	9.64	1.77***	14.02	1.64***
(3) 동성, 동거	14.52	2.82***	12.41	1.42***

* $p < .05$ ** $p < .01$ *** $p < .001$, 양측 검정.
출처: IPUMS, 가중치를 적용한 5% 마이크로데이터, 1990년과 2000년

주: 모든 커플은 미국 태생 개인으로 구성되었으며 20세~29세이다. 이인종 커플은 서로 다른 인종의 파트너와 만나고 있고, 인종 구분은 다음의 4가지 범주로 구분했다. 비히스패닉 백인, 비히스패닉 흑인, 히스패닉, 비히스패닉 아시아인과 다른 모든 인종(2000년 다인종으로 인정된 인종도 포함). 모든 이성애자 커플의 이인종성향 비율(범주 (1)과 (2)의 가중치를 적용한 평균): 1990년 6.21%, 2000년 10.19%. 2000년 조정한 동성 커플(동성 커플이면서 결혼도 했다고 응답한 경우를 제외)의 추정치: 14.25%.

여 준다. 1990년, 이성 동거 커플은 9.64%, 동성 커플은 14.52%가 이인종 결합 한 것과 비교해서 이성 결혼 커플 중 5.68%가 이인종 결합을 했다. 1990년 이인종성향의 오즈비는 이성 결혼 커플보다 동성 커플이 2.82배 높았다. 오즈비는 대칭적이기 때문에, 이는 1990년 동성 커플이 되려는 오즈비는 동인종 커플보다 이인종 커플이 2.82배 높다는 의미이다. 이인종성향과 동성 커플의 연관성은 두 종류의 비전통적 결합이 자립기라는 공통된 뿌리를 갖고 있다는 주장을 뒷받침한다.

1990년에서 2000년 사이, 젊은 이성 커플의 이인종성향은 급격히 증가했고, 동성 커플의 이인종성향은 14.52%에서 12.41%로(조정한 동성 커플의 표본은 크게 떨어지지 않았다) 감소해서 동성 커플과 이성 커플의 이인종성향 차이는 1990년보다 2000년에 많이 낮아졌다. 우리가 이성 동거를 결혼 전에 실험을 하는 기간으로 생각한다면, 가족의 압력과

사회의 규범은 결혼하려는 이인종 커플의 비율을 낮추기 위해 방해를 할 것이라는 점이 이해가 된다. 이성애자 동거가 이성애자 결혼 커플보다 도시 집중도도 훨씬 높고 지리적 이동성도 훨씬 큰 대안적 종류의 결합이라고 우리가 생각한다면, 당연히 이성 동거 커플은 이성 결혼 커플과 비교해서 더 이인종 결합을 하려 할 것이다.[50]

결혼 연령과 이인종 결합

2장에서 나는 젊은이들의 자립이 확장되고 부모의 통제가 감소한 것은 초혼 연령이 증가한 것과 관련이 있다고 이야기했다. 유감스럽게도, 1990년과 2000년 인구조사에서는 초혼 연령이나 결혼 횟수에 대한 질문이 빠졌다. 결혼 연령과 비전통적 결합과의 관계를 확인하기 위해서는 1980년 인구조사로 돌아가야 한다. 왜냐하면 1980년 인구조사는 결혼했거나 결혼한 적이 있는 모든 사람의 초혼 연령을 기록했기 때문이다.[51] 인종적 태도racial attitude의 사회적 분위기 변화라는 변수를 통제하기 위해, 1980년 인구조사를 할 그 당시에 막 결혼을 했던 미국 태생 남성과 여성, 즉 1970년대 처음으로 결혼을 한 커플을 조사했다. 두 가지 대안 가설이 가능하다.

한 가지 가설은, 만약 부모의 통제가 전통적인 동인종 결혼을 촉진시키는 핵심 요인이고 또 젊은이들이 집에서 멀리 떠나 대학 과정에서 더 많은 시간을 보내면서 부모의 통제가 약화되었다면, 초혼의 연령이 늦을

〈도표 5.2〉 1970년대 처음 결혼한 미국 태생의 남성과 여성의 연령대별 이인종 결혼 비율

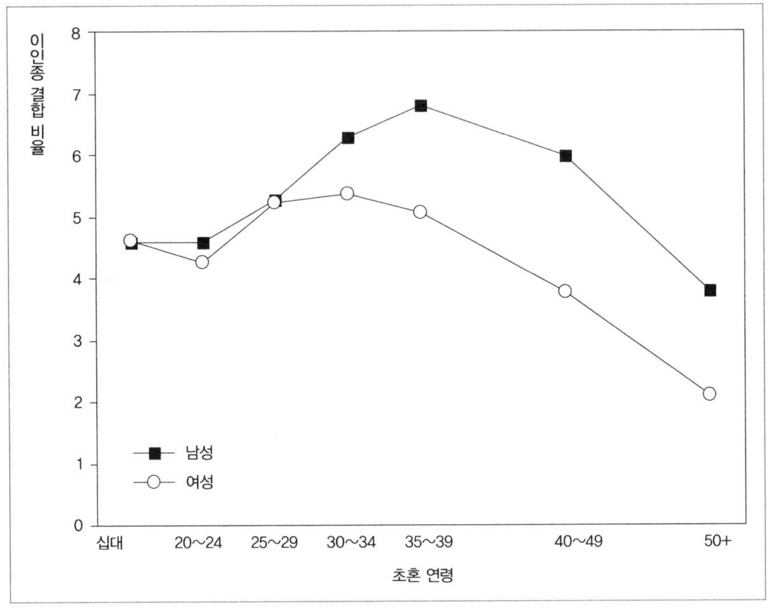

출처: IPUMS 5% 인구조사 마이크로데이터. 1980년. 이인종 결혼이란 다음의 4가지 인종 그룹 간의 결혼이다. 비히스패닉 백인, 비히스패닉 흑인, 히스패닉, 아시아인과 다른 모든 인종.

수록 틀림없이 이인종 결혼 비율이 높을 거라는 것이다.

다른 한편 미국인의 태도들에 대한 연구는 앞의 가설과 반대되는 가설을 제기한다. 인종적 태도에 대한 연구는 인종에 대한 관용과 나이는 오히려 반비례 관계에 있다고 설명한다.[52] 나이가 많은 사람일수록, 즉 일찍 태어난 출생 코호트일수록 소수자들을 위한 시민권을 잘 받아들이지 못하는 경향이 있다. 인종적 태도를 개별적으로 조사한 문헌에서는 가장 젊은 사람들이 틀림없이 이인종 결합을 가장 많이 형성할 것이라고 제안한다.

〈도표 5.2〉는 1970년대에 초혼을 한 미국 태생 남성과 여성의 이인

종 결혼 비율을 보여 준다. 앞에서와 같이 이인종 결혼이란 비히스패닉 백인, 비히스패닉 흑인, 히스패닉, 그리고 비히스패닉 아시아인과 그 외의 인종 그룹 간의 결혼을 의미한다. 패턴을 보면 남성과 여성 모두 젊어서 결혼한 커플들의 이인종성향 비율이 상대적으로 낮음을 볼 수 있다. 만약 남편이나 아내가 십대에 결혼했거나 20세~24세에 결혼을 했다면, 이인종 결혼의 비율은 4.5%정도 밖에 되지 않는다. 그러나 20대 후반에서 30대 후반까지의 이인종성향 비율은 상당히 높았다. 여성의 경우, 이인종성향 확률은 초혼 연령이 30대 초반일 때 5.4%로 가장 높았다. 남성의 경우, 이인종성향의 비율은 초혼 연령이 30대 후반일 때 6.8%로 가장 높았다.

1970년대에는 미국 태생 여성의 초혼 중위 연령은 대략 22세였고, 남성의 중위 연령은 대략 24세였다(3장, 〈도표 3.6〉 참고). 초혼 중위 연령보다 더 늦은 나이에 초혼을 하는 사람일수록 어느 정도까지는 대체로 이인종 결혼을 할 가능성이 더 높았다. 40대나 50대에 처음 결혼을 하는 사람들은 수도 적고, 이인종 결혼의 비율도 급격히 떨어졌다. 〈도표 5.2〉에 나타난 그래프는 거꾸로 뒤집힌 U자 형태로 이인종 결혼과 연령에 대한 두 가지 가설이 모두 조금씩 맞다고 이야기한다. 초혼의 연령대가 증가할수록 이인종 결혼을 하려는 가능성이 더 높았다는 것은 결혼의 연령이 늦을수록 부모의 통제가 감소한다는 이론을 뒷받침한다.[53]

특정 연령(30대 중반)에 이르러 젊은이들은 그 어느 때보다도 부모와 가족으로부터 독립적이다. 성인기 후반이 지나고 나서부터는, 나이가 들어도 특정 연령(30대 중반)에 이르러 젊은이들은 그 어느 때보다도 부모와 가족으로부터 독립적이다.[54] 가장 나이 들어 결혼한 코호트의 이인종 결혼 비율이 낮은 것은 일찍 태어난 코호트(이번 사례에서는 시민권 운동 이전에 성인이 된 코호트)일수록 이인종 결합에 덜 열려 있을 거라는 가설을 뒷받침한다.

인종적 태도에 대한 조사들에 의하면 젊은이들이 인종 문제에 가장 진보적이라 하더라도, 〈도표 5.2〉에서 보이는 것처럼 가장 젊은 나이에 결혼한 커플에서 이인종 결합의 비율이 가장 높게 나오지 않았다. 결혼한 젊은 커플이 상대적으로 이인종 결합을 덜 하려는 이유는 이들의 결혼이 개인적인 취향이나 선호이기보다도 어떤 상관관계의 결과이기 때문이다. 또한 결혼은 어떤 개인이 만날 수 있는 배우자감들의 다양성과, 특정 유형의 배우자를 선택하라는 가족의 절대적이거나 노골적인 압력, 그리고 가족의 압력으로부터 독립하려는 젊은이의 의지와 능력의 결과이기도 하다. 다시 말해서, 개인의 배우자 선택에는 가족과 공동체가 깊이 관여하고 있다.

태도의 변화만으로는 이인종 결합과 동성 결합의 확산을 설명하는데 있어 두 가지 이유에서 충분하지 않다. 첫째, 태도의 근원을 여전히 설명해야만 한다. 둘째, 인종과 동성애에 대한 태도 조사는 이러한 태도들이 근본적으로 개개인으로부터 왔다는 것을 보여 준다. 그라노베타는 독립적인 개인 행위자들 간에 이루어지는 상호 교환은 각각의 개인 행위자들이 속한, 역사적이며 예상 가능한 네트워크 연계와 규범의 망을 고려하지 않고서는 이해될 수 없다고 주장한다.[55] 그라노베타의 '사회관계' 주장은 전형적인 사회학 논쟁인데, 그 이유는 심지어 두 사람 사이에서만 나타나는 상호작용이라도 사회적 상황이 중요하다고 주장하기 때문이다. 배우자 선택은 종종 두 파트너만의 간단한 동의로 이루어지기도 하지만, 모든 연구에서 파트너들 뒤에 숨은 사회구조와 사회적 상황의 강력한 영향력을 일찌감치 나타낸다. 아이들도 그들의 가족에 의해서 일차적으로 인종과 동성애에 대해 사회화되며, 부모에 의해 선택된 사회적·물리적 환경 안에 들어가 있다. 배우자 선택은 개인적인 선호와 태도뿐만 아니라 노출과 기회에 따라 결정된다.[56]

배우자는 가능성이 있거나 적합한 후보자들이 있는 공간에서 나온다.[57] 사회학자에게 가장 흥미로운 질문은 개인들이 적합한 후보자들 중에서 그들의 배우자를 선택하는 방법이 아니다. 이처럼 명백하게 미리 제시된 여러 개의 답 중에서 하나를 선택하는 것은 잡지의 상담 칼럼이나 인기 드라마에 많이 있다. 이보다 훨씬 더 흥미로운 질문은, 이 나라의 인구 심지어 전 세계의 어마어마한 인구 중에서, 어떤 개인에게 적합한 배우자감들이 있는 곳은, 마치 마법을 부린 듯 어떻게 그 개인 주변에 몰려 있냐는 것이다.

우리가 배우자 선택을 생각할 때, 우리는 보통 적합한 후보자들이 있는 협소한 공간에서 어떻게 배우자가 선택되는가를 생각한다. 적합한 후보자들은 친구와 친구의 친구, 대학 동료, 이웃, 학교 친구, 교회 성가대 사람들, 직장 동료들을 포함하고 있으며, 다시 말해서 이 사람들은 사랑에 빠질 만큼 충분히 잘 알고 지내는 사람들이다. 어느 때고 배우자로 적합한 사람들은 12명에서 많으면 무려 100명 정도가 될 것이다. 현대 생활과 자립기가 젊은이들에게 적합한 후보자들이 있는 협소한 공간에서 꽤 자유롭게 그들의 배우자를 선택할 수 있는 기회를 주기 때문에, 학자들과 작가들은 현대에 배우자 선택에 있어 유일한 기준은 사랑과 적합성이라는 잘못된 가정을 하고 있다.[58] 사실, 수십 명의 적합한 후보에서 한 명의 배우자를 걸러내는 필터보다, 그보다 앞서서 서로 다른 인종이 섞인 수백만 명의 인구 집단에서 수십 명의 적합한 동인종 후보군을 걸러내는 눈에 보이지 않는 필터가 훨씬 더 선택적이다. 이렇게 더 선택적이며 눈에 보이지 않는 필터를 다른 말로 사회 구조라 하며, 이는 순서상 제일 첫 번째로 작동해서 일반 대중으로부터 적합한 후보자들의 공간을 창조한다. 이 첫 번째 필터는, 인종차별과 성별 역할 기대, 경제적 계급과 지역, 종교, 나이, 출신 국가, 그 밖에 우리의 삶에 영향을 미치지만 그것의 실제 영향은 종종 우리 눈에 보이지 않는, 여러 다른 사회 구조적인 영향력들의 효과에 해당한다

결론

자립기는 인생 과정 중에서 다른 시기들에 비하여 새로운 시기이고, 이 시기는 젊은이들이 만드는 로맨틱한 결합들을 다양하게 함으로써 사회 구조를 재구성하고 있다. 과거에 인정되고 받아들여진 미국인 커플들은 언제나 동인종 이성애자 커플이었지만, 20세기 후반에 이인종 커플과 동성 커플은 가시적이고 중요한 소수 집단이 되고 있다.

사회와 부모의 통제가 배우자 선택의 제한 요인이라는 생각은 많은

개별적인 사회과학 문헌에서 빠르게 번져나가고 있지만, 이를 실증적으로 테스트하거나 정량화하는 경우는 거의 드물다.[59] 동성 결합에 대한 보고서들은 사회와 부모 통제 이론에 가장 집중하고 있지만, 이 집중은 양적이라기보다는 역사적이고 민족지적이다.[60] 이인종 결합에 대한 문헌 그리고 성과 가족의 역사에 대한 문헌들에서는 배우자 선택에 개입하는 부모의 통제에 관한 역사적인 논의가 있다.[61] 미국 식민지 시대의 가족에 대한 문헌은 중심 주제로서 부모와 사회 통제라는 문제를 다루지만, 이러한 연구들은 그 자녀들의 배우자들에 대한 정보가 담긴 간단한 데이터도 갖고 있지 않다.[62] 사회 통제라는 구조는 현대 가족보다 식민지 가족에서 훨씬 더 강했기 때문에 식민지 시대의 결혼 선택에 대한, 사용 가능한 좋은 데이터가 있다 하더라도 이인종 결합이나 동성 결합의 수가 많지 않았을 것이고, 설령 있다하더라도 이들 결합을 거의 기록하지 않았을 것이다. 내 분석은 사회 통제와 가족 통제 그리고 비전통적 결합에 관해 오랜 기간 논의되었던 이론들과 고찰들에 대해 양적이고 실증적인 근거의 단초를 제공한다.

엘리자베스 보트는 1950년대 런던 근처에서 나이가 어린 아이들을 키우는 20명의 가족들을 연구했다.[63] 보트의 연구에서 '전통적' 커플은 남편이 나가서 일하고, 아내는 집에 남아서 아이들을 돌보거나, 집안을 청소하며, 음식을 준비했다. 비전통적 커플은 전통적 커플에 비해 남녀가 좀 더 평등했고, 성별 역할에도 더 많은 변화를 가져왔다. 비전통적 커플은 거의 항상 그들이 자랐던 지역과 지리적으로 멀리 떨어져 있었으며, 그들이 젊었을 때 맺었던 사회적 네트워크와 확대가족과의 접촉은 거의 하지 않는다는 것을 보트는 발견했다. 전통적 커플은 그들이 자랐던 지역 근처에 터를 잡고, 그곳에서 가족과 친구들로 이루어진 밀접한 사회적 네트워크 안에서 사는 경향이 있었다. 밀접한 사회적 네트워크는 전통적 규범을 강화했고, 커플들이 그들에게 요구되는 것들로부터 벗어나는 게 무척 힘들도록 만들었다. 보트의 연구는 집약적이었지만 그녀의 표본은 수가 적었고, 그녀는 다음 연구에서 자신의 결론을 양적으로 테스트해 보면 좋겠다는 바람을 표현했다.

내 목적은 거대한 표본 크기와 미국 인구조사가 실시되었던 역사적 기간을 사용해서 이전에 전국적 대표성을 지닌 대규모 표본으로 테스트해 보지 못한 이론들을 실증적으로 테스트하고, 가족이론에 대한 다른 견해와 관점들을 함께 그려보는 것이다. 이인종 결합과 동성 결합은 다른 이론적 틀을 제시하는 서로 다른 학자들에 의해 따로따로 연구되고 있다. 하지만 이인종 결합과 동성 결합 둘 다 과거에 사회 구조가 효과적으로 억압했던 비전통적인 종류의 가족이다. 이인종 결합과 동성 결합은 자립기라는 공통된 뿌리를 공유하고 있다. 동성 결합의 이인종 결합 비율이 높고, 이인종 결합의 동성 결합 비율이 높은 이유가 바로 이 때문이다. 과거에 동성애자가 자신을 '드러내는' 것을 막았던 사회적 통제와 부모의 통제는 사람들에게 다른 인종의 배우자를 선택하는 것을 막았던 사회 구조와 부모의 통제와 근본적으로 같은 종류의 것이었다. 자립기를 경험하고, 혼자 생활하며, 여행도 다니고, 스스로 먹고 살 수 있으며, 결혼을 뒤로 미루고, 고등교육을 받을 수 있는 사람들은 다른 종류의 잠재적인 배우자를 더 많이 만날 수 있으며, 부모가 반대해도 스스로 배우자를 선택할 수 있는 능력을 갖춘 사람들이다.

지리적 이동성이 크고 자립적인 젊은이들일수록 비전통적인 결합을 할 가능성이 높다. 동인종 이성애자 결혼 커플은 지리적으로 가장 적게 이동한다. 이성애자 동거 커플은 동인종 결혼 커플보다 지리적으로 조금 더 멀리 이동한다. 이인종 커플은 동인종 커플보다 지리적으로 조금 더 멀리 이동한다. 동성 커플은 지리적으로 조금 더 이동하고, 이인종 동성 커플은 지리적으로 가장 멀리 이동한다. 미국 토박이들과 비교했을 때, 이민자들이 동성과 더 관계를 맺으려 한다.

비전통적 커플은 크고 국제적인 미국 도시의 중심부로 끌리기는 하지만, 지리적 이동성은 단지 거대한 도시가 가진 매력 때문만은 아니다. 비전통적 커플이 지리적으로 이동하는 부분적인 이유는 이들이 부모와 확대가족의 불승인으로부터 멀리 이동하는 까닭도 있다. 요컨대 여기엔 '밀어내는' 영향도 크다. 시골 지역에 정착한 비전통적 커플이라도 그들이 태어난 주로부터는 멀리 떠나왔을 가능성이 크다. 지리적 이동성과 비전통적 결합의 연계는 강건하다. 다변량 테스트를 통해 지리적 이동성과 비전통적 결합의 연관성은 나이와 교육, 도시 거주 여부, 잠재적인 비전통적 파트너에 대한 노출을 통제했을 때조차 통계적으로 유의미하고 강하게 남아 있음을 알 수 있다.

지리적 이동성과 관습을 거스르는 결합의 강한 상호관계의 증거는 커플 형성에 기초가 되고, 그래서 사회 재생산의 근원이 되는 힘에 대한 해결의 실마리를 제공한다. 부모는 그들의 어린 자녀를 사회화시킬 직접적인 책임이 있을 뿐만 아니라, 그들은 이차적인 사회화 과정이 일어나는 학교와 이웃을 선택하는 역할도 한다. 만약 누군가 사회적 규범과 전통이 세대에서 세대로 어떻게 재생산되는지 알고 싶다면, '가족'에서 출발해야 할 것이다. 사회 재생산의 순환 패턴에서 과도기의 핵심적인 순간은 바로 젊은이들이 그들의 가족을 막 꾸릴 때이다. 과거에 이 과도기적인 순간은 법률과 관습 그리고 부모의 직접적인 중재에 의해 조심스럽게 통제되었다. 자립의 시기가 존재하는 시대에 부모는 자녀의 배우자 선택에 영향을 미쳤던 그들의 능력을 많이 잃고 있다. 부모 통제의 감소는 동성결합이나 이인종 결합처럼 과거 절대로 허락하지 않았던 결합의 종류가 성장하도록 이끌고 있다.

동성 결합과 이인종 결합이 과거에 금지되었었다고 하지만, 이것이 과거에 동성애나 이인종 성관계조차 없었다는 것을 의미하는 것은 아니다. 오히려 반대로, 성생활에 대한 인간의 표현은 사회적 규범과 가치에 반하는 방법을 항상 찾고 있다. 하지만 과거에 이인종 커플과 동성 커플 또는 파트너들은 인정받지 못했고 보이지 않는 곳에 숨어 있었다. 노예주인이 그들의 노예와 성적인 관계를 맺고 나서 그들의 혼혈 자손을 인정하지 않았고, 옛날 남부 지역에서는 혼혈 혹은 인종 정체성이 확실하지 않은 아이들을 절대로 '백인'으로 여기지 않게 하기 위해서 '한 방울의 법칙'[64]에 기초한 법률과 사회 체제를 만들었다.[65] 이와 비슷하게 과거 대부분의 성인 동성애 성행위는 결혼한 사람들이 몰래 관계를 맺거나, 결혼을 안 한 사람들이 조용히 그리고 조심스럽게 관계를 맺는 식으로 이루어졌다. 다시 말해서, 대부분의 성인 동성애 성행위는 우리가 요즘에 완곡하게 부르는 '벽장' 안에서 이루어졌다. 행동을 제약하는 사회적 오명이 관습을 거스르는 사람들이 숨을 만큼 강하게 밀어붙이는 한 그 성관계는 사회 질서에 그렇게 위협이 되지 않는다.

1990년과 2000년 사이, 미국에서 동성 커플의 지리적 이동성과 도시화는 그 데이터가 커플 유형에 따라 조금씩 다르게 나타나기는 하지만 전체적으로 급격히 감소하고 있는 것으로 나타난다. 같은 시기에 이성 동거 커플의 지리적 이동성과 도시 집중도도 줄어들었다. 1970년에서 2000년까지, 이인종 커플의 지리적 이동성 역시 줄어들었다. 시간이 흐르면서 관습을 거스르는 커플들의 도시 집중도 감소와 지리적 이동성의 감소 패턴은 동거와 이인종성향 그리고 동성애에 반대하는 사회적 낙인의 강도가 미국에서 감소하고 있음을 보여 준다. 비전통적 커플의 수가 증가하는 것뿐만 아니라 미국 가족들도 비전통적 배우자를 선택한 자녀를 덜 부인하고, 덜 무시하고, 덜 내쫓는 쪽으로 기울어진 것 같다. 미국 가족, 더 나아가 미국 사회는 더 다양해졌을 뿐만 아니라 더 관대해지기 시작하는 것처럼 보인다. 만약 미국 사회가 정말로 관습에 대한 위반에 더 관대해지고 있는 거라면, 그 이유를 묻는 것은 당연한 일이다.

6장

아동기

자립기의 확산은 새롭게 나타난 다양한 가족과 결합 들을 자연스럽게 설명할 수 있다. 왜냐하면 젊은이들이 독립적으로 살고 집에서 멀리 떠나 여행을 다니며 그들의 자유를 누릴 때 배우자 선택이 종종 일어나기 때문이다. 미국에서 비전통적 결합의 확산은 분명히 중요하지만, 여전히 로맨틱한 결합의 어마어마한 비중을 차지하는 것은 동인종 이성애자 결혼이라는 전통적 형태이다. 대부분 대안 결합에 속하지 않는 일반 대중에게 자립기는 어떤 영향을 줄까? 이번 장에서, 나는 부모와 자녀 관계에서 일어난 자립기의 영향을 살펴보면서 자립기에 대한 논의를 확장시킬 것이다.

가족은 크기가 작은 사회이다. 여기에는 부모가 이끄는 사람이고 자녀는 따르는 사람이라는 규칙이 있다. 가족이라는 작고 개인적인 사회의 경험은 자녀가 성인이 되어 넓은 사회에서 살아가도록 하기 위한 최초의 가장 영향력 있는 준비이다. 이것은 아동기의 사회화가 반드시 잘 작동하리라는 것을 의미하지는 않는다. 왜냐하면 부모는 자녀를 최고의 어른으로 만드는 데 필요한 기술과 신념을 결정하느라 쉽지 않은 시간을 보내며, 또한 부모가 자녀에게 요구되는 기술을 가르치는 방법, 적절한 신념을 서서히 주입시키는 방법을 반드시 잘 아는 것도 아니다. 부모는 그들의 역할이 부분적으로 자녀의 미래를 준비하는 것이라는 점을 늘 생각하고 있으며, 그래서 부모에 의한 자녀의 사회화는 대개 기능적인 목적을 갖기 위해 유도된다.

부모는 아이가 성인이 되어 마주치게 될 현실에 맞춰 효과적인 아동기 사회화 과정을 설계하기 때문에, 아동기 사회화의 변화는 일반적으로 성인들 세계의 변화를 동반한다. 물론 시대의 흐름에 따라 변화하는 양육 방식을 비교하거나, 같은 시간과 같은 장소이지만 사회 계급에 따라 달라지는 양육 방식을 비교하거나, 혹은 문화마다 달라지는 양육 방식을 비교하는 것은 쉬운 일이 아니다. 그러나 아이들을 사회화시키는 방식과 아이들의 사회화가 시간이 흐르면서 변하는 방식은 사회의 본성과 사회가 변하는 방식에 대해 우리에게 많은 것을 가르쳐준다.[1]

개인 인생 과정에서 아동기는 사춘기보다 앞서고, 사춘기는 성인기보다 앞선다. 한 개인의 아동기 경험은 성인이 되었을 때 그 개인의 견해에 영향을 준다. 가족이나 사회적인 수준에서, 세대 간 영향력의 방향은 서로 다르다. 전반적으로 부모와 성인의 사회는 아이들이 그들의 삶을 부모의 목표에 따르도록 만든다. 성인기의 사회 변화는 일반적으로 아동기의 사회변화보다 먼저 일어난다. 왜냐하면 아동기는 성인에 의해 관리되고 조직되기 때문이다. 젊은이들이 부모에게서 더 자립적으로 되고 있기 때문에 육아 방식 또한 자녀가 자립기를 잘 준비하도록 변화하고 있다. 학자들은 시간 흐름에 따른 육아 전술의 일반적인 동향, 즉 가부장적이고 권위주의적인 양육 방식에서 좀 더 관대하고 관용적인 양육 방식으로의 변화를 설명하고 있다.[2] 나는 자립기가 부모가 자녀를 더 관용적이고 관대하게 기르도록 영향을 미치며, 그 이유는 부모의 양육 목표가 자녀를 자립적인 성인으로 만드는 쪽으로 변화했다는 가설을 세운다.[3]

미국에서 부모-자녀 관계는 자립기가 생기기 시작하는 1960년 초반 정도에 흥미로운 방식으로 변화하기 시작했다. 예를 들어, 현대에 아동학대에 대해 관심을 갖고 각성하기 시작한 것은 1962년 C. 헨리 켐프가

『미국의학협회 저널』에 쓴 유명한 논문에서부터 시작되었다.[4] 켐프와 동료들은 전에는 설명할 수 없었던 아동기의 광범위한 상처들이 실제로 부모와 보호자들의 체벌에 기인한다는 것을 증명하려 했다. 켐프는 의사들이, 아이들에게 그러한 상처를 입힌 사람이 부모라는 것을 추측할 수 없었기 때문에 그 상처의 원인을 확실히 밝힐 수 없었다고 생각했다. 켐프의 중대한 논문 이후에, 부모에 의한 잠재적 학대로부터 아이들을 보호하고 가족에 개입하기 위해서 (1973년 〈미국 아동 학대 방지와 치료 방안법〉 같은) 법률이 제정되었고, (아동 학대와 방임 방지를 위한 국립 센터 같은) 관청이 만들어졌다.[5]

식민지 시대의 아동 양육

현대 학자들은 일반적으로 산업혁명 이전의 가족이 권위주의적이고 가부장적인 생산 단위이며, 이 당시 가족은 현대 커플들의 이상이라 할 수 있는 우정, 애정, 사랑 등을 위한 공간이 존재하지 않는 단위라고 보았다.[6] 게다가 현대 이전엔 미성년 노동이나 유아 살해가 흔한 일이었고, 요즘이라면 아동 학대에 해당할 체벌도 일반적이었을 것이다.[7] 청교도인은 호된 체벌에 특별한 재주를 갖고 있었다고 알려져 있는데, 그중 몇 가지만 소개하자면, 이들은 아이들을 끈으로 꽁꽁 묶어 공처럼 만든 다음 발로 찼다. 또 아이들에게 그들을 찌를 뾰족한 막대기를 차고 다니게 함으로써 그들이 막대기를 볼 때마다 자신이 한 나쁜 짓을 잊지 않게끔 했으

며, 나이 든 아이에게는 그냥 채찍을 휘둘렀다.[8]

뉴잉글랜드에서 가장 영향력 있는 청교도인 중 한 명이었던 코튼 매더는 부모들이 자녀들에게 회초리나 채찍으로 체벌하는 행위를 격려하기 위해 성서의 하나인 『잠언』에서 몇 구절을 인용해서 자신의 주장을 뒷받침했다. 하지만 그도 자녀는 화가 났을 때 때리는 것이 아니라 마음을 가라앉힌 후 힘든 과업을 위한 헌신과 신념을 가지고 때려야 한다고 역설했다.

> 그렇습니다. 당신을 위한 구절이 있을 것입니다. 하나님의 말씀을 생각해 봅시다. 잠언 13장 24절에서 매를 아끼는 이는 자식을 미워하는 자이며, 자식을 사랑하는 이는 벌로 자식을 다스리라고 하셨습니다. 또 말씀하셨습니다. 잠언 19장 18절에서 아직 희망이 있을 때 자식을 벌하라, 그러나 죽일 생각까지는 품지 말라고 하셨고, 잠언 23장 13절에서는 아이를 훈육하는 데에 주저하지 마라, 매로 때려도 죽지는 않는다, 아이를 매로 때리는 것은 그의 목숨을 저승에서 구해 내는 일이라고 하셨습니다. 하지만 체벌을 해야 할 때에도 이것만은 기억하십시오. 절대 격노해서 때리면 안 됩니다. 화가 가라앉을 때까지 기다리십시오. 그리고 당신이 하나님에 대한 순수한 복종을 위해 그리고 자녀의 참된 회개를 위해 자녀들을 이렇게 대한다는 것을 나쁜 짓을 한 당신의 자녀들이 똑똑히 보도록 하십시오.[9]

청교도 신학에서는 아이들이 본래 악마 같고 순종적이지 않기 때문에 엄한 처벌이 필요하다고 주장했다.[10] "당신의 자녀들은 영혼에 치명적인 죄의 상처를 가지고 태어납니다.…… 당신 자녀 마음속에는 타락한 천성이 있으며, 그것이 모든 사악함과 혼란의 원천입니다."[11]

코튼 매더처럼 식민지 시대의 부모에게는 체벌과 엄함이 부모의 양육 역할의 한 부분이었다. 식민지 시대 부모들은 자녀가 어렸을 때부터 윗사람을 존경하고, 윗사람에게 복종하도록 철저하게 교육시켰다. 식민지 시대에는, 오늘날에도 마찬가지지만, 자녀를 아주 잔혹하게 다루고 학대하는 부모가 있었다. 하지만 대부분의 식민지 시대 부모에게 자녀를 체벌하는 것은 규범적이었을 뿐만 아니라 자녀의 안녕을 위한 부모의 관심의 직접적인 결과였고, 가족 구성원 모두 그렇게 이해했다.[12]

델라웨어 계곡에 살았던 식민지 시대의 퀘이커 교도들은 청교도인들보다는 체벌이 덜 필요하다고 보았다. 뉴잉글랜드의 청교도인들이나 버지니아의 영국 성공회교도와는 달리, 퀘이커 교도는 자녀를 다른 집에 수습생으로 보내지 않았고 대신 부모가 자녀를 키우는 방식을 계속 지키기로 했다. 북미 최초의 평화주의자이며 노예 반대자였던 퀘이커 교도는 당시 보기 힘들었던 평등주의자들이었고, 가정생활도 관대하게 이끌었다. 조지 키스는 17세기 후반에 퀘이커 교도들도 자녀들에게 더 엄격한 훈육을 가해야 한다고 요구함으로써 미국 퀘이커 교도 사이에 분란을 일으켰으나, 심한 훈육과 엄격함에 대한 키스의 요구는 결국 델라웨어 계곡에 살았던 퀘이커교의 지도자들에 의해 거부되었다. 하지만 자녀 양육에 관용적인 시각을 가졌던 퀘이커 교도들은 '신체적인 처벌'이 간간이 들어가는 엄한 훈육이 일반적이었던 사회 관습에서 거의 유일한 예외였

고, 엄격한 훈육은 북미 지역에 있었던 대부분의 영국 식민지에서는 관습이었다.[13]

19세기의 자녀 양육

19세기 후반, 금주 활동가들과 페미니스트들은 아동 학대 예방을 위한 최초의 단체들을 만들어서 가족 개혁을 이끌었다. 상류층 여성 자원자들이volunteers 이끌었던 아동 학대 방지 단체들은 공공기관이나 법원이 나서기 전에 잠시 아동 학대에 대한 논쟁을 이끌었다.[14] 하지만 자원자들로 이루어진 여성 개혁가들은 미국 사회가 아이들을 다루는 방식을 근본적으로 바꿀 제도적 권력을 갖고 있지 않았다.

> 1874년, 뉴욕에 살았던 메리 엘렌이라는 소녀가 양아버지에 의해 잔인하게 폭행당했고, 이 사건은 '최초로 기록된' 아동 학대 사건으로 종종 인용된다. 메리 엘렌은 집에서 나와 다른 곳으로 옮겨졌으며, 동물 학대 방지를 위한 미국 단체가 소송을 준비했다. (이 당시의 법은 이처럼 아이들보다 동물을 보호하기 위한 공식적인 방법을 훨씬 다양하게 가지고 있었다.)[15]

19세기 후반, 미국의 유명 인사였던 G. 스탠리 홀과 L. 에밋 홀트는 당시 자녀 양육 문제에 있어서 서로 완전히 다른 견해를 분명히 보여 주었다.[16] 홀트는 첨단 과학적 양육법을 조언하는 소아과 의사이자 전통주의자였다. 홀트는 우유 속의 박테리아로 인해 아이들이 아프지 않도록 우유 공급 관리에 새로운 가이드라인을 도입하기도 했다. 그는 명령과 훈육, 통제를 중요하게 생각한 사람 중 하나였다. 심리학자인 G. 스탠리 홀도 어느 정도의 훈육과 명령은 필요하다고 생각했지만, 아이의 예측할 수 없는 열정을 따뜻하게 감싸 안아야 한다는 아동관을 가지고 있었다. 홀은 사춘기란 본래부터 거칠고 불확실한 인생의 시기라는 생각을 책으로 썼고 그 책은 폭넓게 인정받고 있다.[17]

20세기 초반의 자녀양육

양육 지침서의 표준은 정부가 발행한 '유아 돌봄'으로, 이 지침서는 1914년에 미국 노동부 산하 아동 부서에서 처음으로 발간했으며 L. 에밋 홀트의 영향을 많이 받았다.[18] 『유아 돌봄』은 12판을 찍어 5천만 부 이상 배포되었다. 『유아 돌봄』 첫 번째 판에서는 유아와 놀아주는 행동은 아이를 망칠 수 있는 방임적 행동이기 때문에 "부모가 아기와 놀면 안 된다는 것은 힘든 규칙이지만, 이것은 의심할 여지없이 안전한 방법이다"라고 간단히 조언했다.[19]

현대 심리학자들은 아기들과 놀아주는 것이 해로울 수 있다는 발상에 놀란다. 아동심리학의 애착학파attachment school는 엄마의 지속적인 육아 참여가 아이들이 앞으로 살아가는 데 필요한 자신감과 안도감을 형성한다고 본다.[20] 현대의 아동 발달과 심리학에서도 잘 양육된 아이들이 더 안정된 어른으로 성장하고 아무리 많은 애정도 아이에게는 결코 많은 게 아니라는 생각을 지지한다.[21]

아이들은 악마 같은 사상에 고취되어 있고 아이들이 자라서 성공한 성인이 되려면 이를 극복해야 한다는 18세기 칼뱅파의 사상을 『유아 돌봄』 초기 판은 그대로 가져왔다. 아이들의 엄지손가락 빠는 버릇과 자위행위는 못된 장난으로 여겨졌으며, 제멋대로 구는 행동을 막기 위해 아이들의 팔을 묶거나 셔츠의 소매를 핀으로 고정시키도록 했다.[22] 『유아 돌봄』 초판에서 자위행위에 대한 경고는 특히 극단적이었다. "자위행위는 해로운 습관으로서 반드시 뿌리 뽑아야 한다. …… 아이들은 때때로 부도덕한 보모에게서 배운 습관 때문에 평생 동안 만신창이로 살며, 엄마들은 이런 악에 맞서 아이들을 엄격하게 지도하는 일을 잘 하지 못한다."[23]

한 살 미만의 아이들에게 직접적인 체벌은 적당하지 않았기 때문에 유아의 타고난 고의적 사악함은 엄격한 규칙적 패턴에 의해 극복되어야만 했다. 『유아 돌봄』은 젖을 먹이고 낮잠을 재울 때 정해진 시간을 정확히 지키는 것을 옹호했다. 배변 훈련은 아이가 태어나고 한 달 안에 시작해야 했다.[24] 이른 배변 훈련과 규칙적인 스케줄이 나온 근본적인 이유는 엄마가 혼자서 음식을 준비하고 집안일을 할 뿐만 아니라 육아도 전적으로 책임져야 했기 때문이라고 간주된다. 돈도 빠듯하고 집도 좁으며 아이 돌볼 시간도 부족했을 것이다. 『유아 돌봄』 초판은 낡은 식탁보나 나무 바구니 같은 유용한 재료를 가지고 기저귀나 아이들 침구 용품을 만드는 방법 등을 하나하나 차근히 설명하는 내용으로 가득했다.[25] 20세기 초반 미국에서 초과 근무를 하는 노동계급의 엄마에게 아이들의 규칙적인 스케줄과 부모에 대한 복종은 가족의 행복을 위해 꼭 필요했다.

1940년 이후의 자녀양육

1946년에 출간된 벤자민 스팍 박사의 『유아와 육아의 상식』[26]은 정부 양육 지침서인 『유아 돌봄』에서 제시했던 엄격하게 통제하는 전통적 방식의 조언을 신랄하게 비판했다.[27] 스팍 박사는 또한 그의 책 초판에서부터 체벌을 좋지 않게 보았고, 출판을 거듭할수록 아이를 때리는 행위는 아이에게 해롭다고 더 분명히 말했다.[28] 몇 세대 전만 해도 사람들은 자녀에게 체벌하는 행동을 당연하게 생각했고 심지어 주변 사람들에게 권장하기도 했던 반면, 오늘날 백인 중산층의 윤리는 신체적 처벌을 강하게 거부하고 있다. 스팍 박사의 『유아와 육아』는 7번째 판에서 이미 5천만 부 이상 팔렸으며, 2차 세계대전 이후 단연코 가장 영향력 있는 육아 지침서가 되었다. 스팍 박사는 2차 세계대전 이후 가장 많이 팔리는 육아 지침서를 쓴 것 외에도 정치적인 자유사상가였고, 베트남 전쟁도 거침없이 비판했으며, 핵무기 확산 방지 운동의 초창기 지도자였고, 소수 정당의 대통령 후보이기도 했다.[29]

『유아와 육아』에서 급진적인 것은, 혹은 보수주의자들이 급진적이라고 인식한 것은 가족 내 비폭력과 용인, 관용이라는 책의 메시지였다. 보수주의자들은 엄밀하게 말해서 부모에게 부과된 책임을 내려놓고 자녀에게 체벌도 하지 않는 관대한 양육은 외부의 권위에 잘 복종하지 않는 젊은이를 만들어낼 것이라고 이해했다.[30] 보수주의자들이 스팍의 자녀 양육 조언이 갖는 정치적, 반전통적인 효과에 대해 더 많은 증거를 찾고자 했다면, 1960년대 스팍 박사가 끊임없이 노골적으로 보여준 정치적 행동주의는 보수주의자들에게 그런 증거로 여겨졌다. 1960년대 후반, 청년 문화가 대담하고 새로운 방식으로 성인 사회에 도전하자, 자유주의자와 보수주의자 모두 똑같이 거리에 만연한 이 혼란이 "모두 스팍 박사의 잘못" 때문이 아닐까 의구심을 가졌다.[31]

스팍 박사는, 배변 훈련을 할 때 아이들이 어려서 이해력이 부족하거나 원치 않을 때 강요하지 말고 아이들이 배변 훈련을 받아들일 준비가 될 때까지 부모가 기다리라고 조언했다. 스팍의 지침서는 어린 아이들의 독립 정신과, 아이들의 본성을 억제할 때 나오는 무의식적인 반항을 이해할 것을 항상 강조했다.[32] 스팍은 두 살배기 아이들은 내장 운동이 그들 고유의 창조행위라고 느끼며, 부모가 어디서 어떻게 변을 볼지 통제하는 것을 원하지 않는다고 주장했다. 스팍 박사의 관점에서, 부모의 통제를 따르게 하기 위해서 어린 아이들에게 강제로 시키는 것은 아이들의 독립심과 자아 존중감에 잠재적으로 상처를 주고, 대개 성공적인 배변 훈련에 역효과가 난다. 스팍 박사는 부모들에게, 어린 아이들의 자위행위에 대해서도, 이것은 완벽하게 자연스러운 것이니 부모가 방해해선 안 된다고 조언했다.[33]

1946년에 출간된 스팍 박사의 『유아와 육아』 초판에서 동성애에 대한 언급은 없었다. 스팍의 책 초판에 동성애에 대한 언급이 없었던 것은 킨제이 이전과 스톤월 이전에 동성애를 가렸던 침묵의 한 흔적이다. 비록 후에 스팍 박사가 진보적 지도자로 명성을 날렸어도, 스팍의 성별 역할에 대한 관점은 1960년대 내지는 1970년대 정도를 따라잡았을 뿐이었다.[34] 1998년에 나온 『유아와 육아』 가장 최신판에 와서야 스팍 박사는 그의 관대하고 관용적인 관점을 동성애자에게도 적용했고, 성별 또는 성적 정체성이 전통적인 모습과 일치할 수 없는 자녀들을 두려워하거나 억압하기보다 지지해 주라고 부모들에게 경고했다.

> 게이와 레즈비언이 요즘 우리 대중문화에 자주 보이지만…… 많은 사람들은 아직도 동성애에 대해 지나친 공포를 가지고 있다. 이를 동성애공포증homophobia이라 부른다. 동성애공포증의 가장 흔한 유형은 이성애자들이 동성애자들을 보고 자신들도 게이가 될 수 있다는 공포를 품는 것이다.[35]

스팍 박사는 부모들에게 아들이 인형을 가지고 놀거나 딸이 남자아이들과 운동을 즐긴다고 해서 너무 걱정하지 말라고 주의를 주었다.

> 엄마가 자신의 여성다움이나 남성의 이목을 끌 성적 매력에 지나치게 신경 쓰면 딸의 여성적인 발달을 너무 많이 강조할 수 있다. 엄마가 딸에게 인형과 주방기구 장난감만 쥐어주고, 항상 주름장식이 많은 귀여운 드레스만 입힌다면, 엄마는 딸에게 왜곡된 여성성을 심어주고 있는 것이다.[36]

스팍 박사는 자녀들이 부모에게 순종하도록 만드는 것보다는, 부모가 자녀들에게 어떤 경계선 안에서 자신들의 길을 찾을 수 있는 기회를 제공하고, 자녀의 각각 다른 개성을 지원하면서 부모가 자녀에게 적응하는 게 더 좋은 방법이라고 믿었다. 스팍 박사는 '아이 중심'의 육아를 주장했고,[37] 아이 중심의 육아는 아동기가 가진 개성의 다양성에 관용적일 수밖에 없었다. 자신의 표현을 자유롭게 하고 개성을 인정받은 아이들은 커서 개인의 자유와 사생활에 대해 올바른 인식을 가진 성인으로 자라는 경향이 있다. 이와 반대로 보수적인 육아권위자들은 그들이 탐탁지 않게 여기는 동성애 같은 성향을 성인이 되어 드러낼 가능성을 최소화하기 위해서 부모가 어렸을 때부터 자녀에게 적절한 성정체성을 심어주어야 한다고 주장한다.[38]

보수주의자들은 지나친 자유방임이 정치적·사회적 혼란을 일으켰다고 봤기 때문에 이를 방지하기 위해 1970년대에 그들의 육아 지침서를 서둘러 만들어 배포했고, 이 책은 전통적인 성 역할의 엄격한 강제와 훈육을 강조했는데 특히 체벌을 적극 추천했다.[39] 현대에 보수적 개신교도들이 부모에게 한 조언은 전 세대에 살았던 코튼 매더의 성서에 기반을 둔 조언을 그대로 흉내 냈을 뿐이다.[40] 그러나 새로운 자유방임 문화를 신랄하게 비판하는 사람들도 자신들을 낡은 권위주의자로 규정하는 것을 꺼린다. 리처드 닉슨은 선거 유세 기간 동안 관대한 양육을 비판했고 버릇없는 청소년을 비난하는 것을 좋아했지만, 그의 부인은 "딕 …… 은 어린 딸들을 결코 심하게 꾸짖지 않았어요."[41]라고 조심스럽게 설명했다.

미국에서 육아 지침서의 발전 과정을 보면, 식민지 시대 코튼 매더처럼 지역 자료들에서부터 시작해서 20세기 초중반에 정부가 발간한 『유아 돌봄』이라는 소책자가 나왔다. 그 뒤 스팍 박사의 책이 출간되었는데 이 책은 1946년에 5백 쪽으로 시작해서 나중에는 9백 쪽 이상으로 늘어났다. 오늘날 서점에는 스팍 박사의 꽤 두꺼운 책도 포함해서 이전보다 훨씬 더 다양하고 훨씬 더 많은 육아 서적이 몰려 있다.[42] 그에 반해서 코튼 매더의 팸플릿은 분량이 86쪽이었고 경쟁 도서도 거의 없었다. 매더의 팸플릿 86쪽 중에서 37쪽만 부모에게 초점이 맞춰져 있었고, 나머지는 불과 유황이 등장하는 구닥다리 기독교 연설로 아이들의 반항이 왜 나쁜가에 초점을 맞췄다. 『유아 돌봄』도 여러 판들이 나왔지만 모두 100쪽이이 안 되는 분량이었다.

양육 지침이 근본적으로 변하게 된 이유는 미국인들의 지적 능력이 높아졌고 사회 변화 속도도 빨라졌기 때문이다. 변화가 없는 전통사회에서 자녀를 키우던 부모들은 육아 지침서가 필요 없었다. 왜냐하면 부모는 자신들이 커왔던 방식으로 자녀를 키우면 되고, 기억이 나지 않으면 윗사람들에게 물어보면 되었다. 한 사회의 변화 속도가 커질수록, 부모들은 그들의 경험에만 의존해서 자녀를 키울 수 없게 되고, 스팍 박사처럼 전문가의 종합적인 조언이 더 필요해진다. 스팍 박사가 책 첫머리에 "당신은 당신이 안다고 생각하는 것보다 훨씬 더 많이 알고 있다"고 부모에게 충고하고 있음에도 불구하고,[43] (900쪽이 넘는) 이 커다란 책은 부모들에게 그것과는 정반대되는 생각, 즉 그들의 육아 본능만으로는 너무나 불충분하다는 생각을 확신하게 만든다.[44]

가족 내 사생활

식민지 시대엔 아마도 침대가 2개 정도 있는 방 하나를 부모와 6명의 아이들 그리고 한두 명의 수습생들이 함께 썼던 게 전형적이었을 것이다. 반면에,[45] 요즘 부모들은 자신들의 침대를 가지고 있고, 중산층 가정에서는 청소년들도 역시나 자기 방을 가지고 있는 게 일반적이다. 현대 미국 가정의 물리적 배치는 성적인 사생활을 촉진한다. 사생활을 보장받고 자란 젊은이들은 정부가 다른 사람의 사생활을 침범하는 것을 잘 용인하지 못한다.[46] 스팍 박사는 갓난아기를 키우는 부모에게 아기가 부모와 자도록 두는 것이 아니라, 아기들이 피곤하면 스스로 자는 것을 배우도록 하고 또 부모들도 자신들의 사생활을 지키기 위해 아기 방을 따로 만들어 주라고 조언했다. 물론, 이 조언은 부모가 여분의 방이 있어서 아기에게 방을 줄 수 있다는 것을 전제한다.[47]

가구당 침실 수와 방의 수를 조사한 인구조사 데이터는 1960년 이후부터만 확인할 수 있다. 1960년 이후, 미국 태생 세대주가 있는 미국인 가족들은 아이들 수는 점점 줄어들고 사는 곳은 점점 넓어지고 있다. 〈표 6.1〉은 1960년 이후에 아이가 있는 가정의 가구당 아이의 수는 끊임없이 줄어들고 있지만, 가구당 침실 수는 꾸준히 증가하고 있음을 보여주고 있다.[48] 이 두 경향의 결과로 한 아이가 가질 수 있는 평균 침실 수는 0.68에서 1.07로 증가하고 있으며, 미국 태생 부모의 아이들이 자신의 방과 자신들의 사생활 공간을 갖고 자라는 경향이 점점 더 증가해 왔다고 말할 수 있다.

〈표 6.1〉 아이가 있는 미국 가정에서 아이 한 명당 침실 수, 1960년~2000년

연도	A 가구당 아이 수	B 가구당 침실 수	C = B − 1 이용할 수 있는 침실 수	C/A 아이 한 명당 이용 가능한 침실 수
1960	2.38	2.61	1.61	0.68
1970	2.37	2.85	1.85	0.78
1980	1.97	2.96	1.96	0.99
1990	1.87	2.95	1.95	1.04
2000	1.87	3.01	2.01	1.07

출처: IPUMS, 가중치를 적용한 1% 마이크로데이터, 1960년~2000년

주: 모든 가정은 18세 미만의 아이가 적어도 한 명 있으며, 세대주는 미국 태생이다. 이용할 수 있는 침실 수는 전체 침실 수에서 하나를 뺐다. 그 이유는 세대주와 세대주의 파트너가 침실 하나를 사용한다고 가정하고, 나머지 가족들을 남은 방으로 분배했기 때문이다.

사회 계급과 육아

모든 미국 가족들이 자녀들에게 각자 방을 줄 만큼 넓은 집을 갖고 있는 것은 아니다. 성인의 인생 경험과 성인이 자녀를 키우는 방식 둘 다에서 사회경제적인 계급의 문제는 늘 중요한 요소였고 또 지금까지도 중요한 요소이다. 스팍 박사의 책은 영향력이 크고 폭넓게 읽혔지만, 대부분의 독자는 백인이며 적어도 중산층 이상이다. 미국 정부의 지침서인 『유아 돌봄』은 노동계급의 독자를 좀 더 겨냥하고 있으며, 『유아 돌봄』은 스팍 박사보다 관대하고 관용적인 조언을 좀 더 천천히 포함시켰다. 전통적인 권위주의적 육아 방식은 중산층보다 노동계급에서 좀 더 광범위하게 행해지고 있다는 연구 결과가 있다.[49]

한 관점에 따르면, 노동계급 부모는 교육을 덜 받았고 그래서 가장 최근의 생각들에 덜 노출되었기 때문에, 전통적인 권위주의 방식의 육

아를 포함해서 전통적인 가치를 더 오랫동안 고수한다고 한다.[50] 사회계급과 육아 그리고 사회적 태도를 연구한 멜빈 컨은, 노동계급이 권위주의적 육아에 집착하는 이유는 과거로부터 내려온 관습이어서가 아니라, 노동계급의 부모가 이미 경험했고 자기 자녀들도 경험하리라 생각되는 직업 이력에 아이들을 실용적으로 적응시키려 하기 때문이라고 주장했다.[51]

컨의 관점에서는, 육체노동을 하는 남성은 항상 직장 상사와 감독관의 독단적 권위 아래에 있었다. 노동계급 부모가 실행하는 권위적인 육아는 타당하게도 자녀들이 성인이 되었을 때 필요한 노동 경험, 즉 자녀들이 명령을 따르고 엄격한 관리를 받고 또 독단적인 요구에 순응하도록 준비시켰다. 중산층 부모는 일터에서 좀 더 자주적으로 일하며 직접적인 통제에서 좀 더 자유롭게 일하는 경험을 했기 때문에, 중산층 부모들의 일상적 경험은 자녀에게 독립과 자기 동기화를 심어주는 경향으로 이어졌다.

육아 방식이 변화한 증거

코튼 매더에서 『유아 돌봄』으로, 그리고 스팍 박사에게로 가는 육아 조언의 본질적인 변화는 권위주의 육아에서 '아이 중심'의 관대한 육아로 가는 역사적 변천과정을 보여 준다. 하지만 전문가의 조언이 일반적인 실천으로 이어졌다고 추론하는 것은 문제가 있다. 육아에 대한 대중의 태도에 대한 믿을 만한 데이터는 먼 과거의 것까지는 없다. 육아 실행에 대한 스팍 박사의 연구는 부모들이 얼마나 완강하게 외부의 조언을 무시하는지 보여 주었다.[52] 여기에서 나는, 이전의 보고서가 제안하는 것처럼 시간이 지나면서 양육 방식이 실제로 변화되고 있는지, 만약 그렇다면 그 획기적인 변화가 일어난 것은 언제였는지 확인하기 위해서, 양육 우선권에 대한 부모의 관점을 다룬 한정적이고 사용 가능한 역사적 설문 데이터를 고찰할 것이다.

1924년 로버트와 헬렌 린드 부부는, 그들이 '미들타운'이라고 부르는 미국 중서부 소도시에서 획기적인 연구의 일부로서,[53] 141명의 어머니들에게 특성 목록 표를 주며 목록 중에서 그들이 자녀들에게 가장 바라는 특성 세 가지를 선택하라고 했다.[54] 린드 부부는 또한 세대 간 변화도 알아보기 위해 같은 어머니들에게 그들의 어머니가 자신들에게 가장 강조했던 특성 세 가지도 고르라고 했다. 1978년, 테오도르 캐플로우와 동료들은 미들타운으로 다시 가서 324명의 엄마들에게 똑같은 설문조사를 실시했다.[55] 〈표 6.2〉는 1924년과 1978년의 결과를 비교한 듀웨인 알빈의 1988년 논문을 상황에 맞게 조정한 것이다.[56] 미들타운 연구는 무작위 표본 추출 방법이 나오기 전에 수행된 연구여서 선택 표본 추출 방식을 사용했고, 1924년의 표본 수도 너무 적어 방법적인 면에서 몇 가지 문제점이 있음에도 불구하고, 1924년의 데이터와 1978년의 데이터 비교는 유익하다.

1924년의 여성과 1978년의 여성 그리고 각 그룹에서 어머니가 중요시한 가치를 회고해서 적었기 때문에, 〈표 6.2〉는 미들타운에 살고 있는

〈표 6.2〉 자녀들이 가져야 한다고 가장 희망하는 세 가지 특성의 선택과 그 선택 비율, 1924년과 1978년

	1924		1978	
특성	엄마	본인	엄마	본인
관용(누군가의 반대의견도 존중하는 관용)	5.0	5.7	21.9	46.8
자립성(혼자 생각하고 행동하는 능력)	15.8	24.8	34.4	75.8
완전한 복종	64.4	45.4	43.8	16.8
교회에 대한 헌신	69.3	50.4	35.0	22.4
올바른 예의범절	40.6	30.5	40.4	23.3
다른 사람을 대하는 솔직함	24.8	27.0	16.7	25.5
세상에 이름을 날리고 싶은 욕구	5.0	5.0	6.6	0.9
집중력	4.0	9.2	4.1	7.7
사회적 책임감(사회 약자를 위한 개인 책임감)	6.9	12.8	17.3	25.7
예술과 음악, 시를 감상하는 능력	5.0	9.2	3.3	4.8
근검절약	21.8	24.8	26.0	16.8
성 위생에 대한 지식	2.0	14.9	5.1	7.8
호기심	1.0	0.7	2.6	9.9
애국심	16.8	20.6	8.3	4.5
좋은 학업성적	14.9	19.1	23.6	6.3
N	101	141	313	324

출처: Alwin, Duane F. "From Obedience to Autonomy: Changes in Traits Desired in Children, 1924~1978." *Public Opinion Quarterly* 52:33~52, Table 1. © 1988 by the American Association for Public Opinion Research에서 상황에 맞게 조정했다. 시카고 대학 출판부에서 출판되었으며, 허가를 받고 재인쇄했다.

주: 희망하는 특성들은 15개의 특성 목록에서 부모들이 자녀에게 가장 강력하게 희망하는 세 가지 특성들이다.

여성들의 네 세대에 걸친 육아 가치를 반영하고 있다. 1924년 인터뷰 대상자의 어머니들인 제1세대는 그 딸들의 관점에서 봤을 때, 교회에 대한 헌신(69.3%), 완전한 복종(64.4%), 올바른 예의범절(40.6%)을 자녀들이 가져야 할 가장 중요한 특성으로 꼽았다고 한다. 1924년 인터뷰 대상자의 어머니들인 제1세대들은 1900년쯤에 자녀를 양육했다. 1900년 미들타운

어머니들의 우선순위는 코튼 매더와 소책자 『유아 돌봄』이 주장했던 전통적 육아 가치였다. 관용(5%)이나 자립(15.8%)을 자녀들에게 중요하게 가르쳤던 어머니들은 1900년 미들타운엔 거의 없었다.[57]

1924년 인터뷰 대상자들도 그녀의 어머니들이 그랬던 것처럼 교회에 대한 헌신, 완전한 복종, 올바른 예의범절, 이 세 가지를 가장 중요한 특성으로 꼽았으나, 이것에 동의한 사람들은 줄었다(그 비율은 각각 50.4%, 45.4%, 30.5%이다). 1924년 인터뷰 대상자들은 그들의 부모 세대보다 자녀의 자립을 더 중요시할 가능성이 컸다(24.8%).

미들타운의 제 3세대 어머니들은 1978년 인터뷰 대상자들의 어머니들이며, 1955년경에 자녀를 키웠다. 1955년의 미들타운 어머니들은 그 딸들에 의하면 자녀들에게 완전한 복종, 올바른 예의범절, 교회에 대한 헌신, 이 세 가지를 가장 중요한 특성으로 가르쳤다고 한다(그 비율은 각각 43.8%, 40.4%, 35%이다). 1900년과 1955년 사이 세상의 변화는 미들타운의 어머니들로 하여금 자녀들에게 부모에게 복종하고 교회에 헌신하라고 가르치는 것이 전만큼 이롭지 않다고 여기게 만들었다. 하지만 그것을 제외하면, 1955년의 미들타운 어머니들은 1900년의 어머니들과 크게 다르지 않았다. 1955년 미들타운에서는 자녀에게 관용과 자립을 중요하게 키우는 어머니들이 소수이긴 하지만 늘었다.

미들타운에서 자녀 양육의 가장 큰 변화는 1955년의 어머니들과 1978년 어머니들 사이에서 일어났으며, 이 두 세대는 1960년을 사이에 두고 정반대의 의견으로 나뉜다. 1978년 인터뷰를 한 어머니들은 다른 어떤 특성들보다도 자립을 중요하게 여겼다. 1978년 인터뷰한 어머니들 중

75.8%가 자립을 가장 희망하는 특성이라고 응답했다. 1978년의 여성들은 이전 세 세대들이 평가했던 그 어떤 특성들보다도 자립을 더 높게 평가했다. 또 1978년의 미들타운 여성들은 이전 세대들보다도 자녀에게 관용(46.8%)을 가르치는 데 훨씬 많은 관심을 가졌다. 이전 세대들과 비교했을 때, 1978년의 미들타운 어머니들은 완전한 복종과 교회에 대한 헌신을 자녀들에게 가르치는 데 관심을 많이 갖지 않았다.

미들타운의 데이터는 부모와 자녀의 관계가 1960년 이후 근본적으로 바뀌고 있다는 논지를 뒷받침한다. 부모에게 복종하고 교회에 헌신하라는 것처럼 현대 이전의 가족에서부터 내려온 가치를 담은 낡은 권위주의적 육아 방식은 1950년대까지 미들타운에서는 여전히 중요한 규범이었다. 1960년 이후, 세대 간 관계의 오래된 패턴은 뒤집어졌고 미들타운의 부모들은 그들의 자녀를 자립적이고 관용적으로 키울 준비를 하기 시작했다.

7장

사회적 관용의 확산

부모님은 저를 만나기 위해 아프리카로 오셨고, 룰라를 만난 후에(찰리는 룰라를 가리키며 이야기를 계속 이어갔다) 미국에 있는 집으로 돌아가셨습니다. 몇 주가 지나고 부모님이 제게 전화를 하셨습니다. "얘야, 룰라를 더 이상 만나지 않았으면 좋겠구나." 이 말에 저는 정말 화가 났고, 분노를 느꼈습니다. 제 생각에 모든 사람들은 일생에서 부모의 생각이 더 이상 중요하지 않은 시점을 통과하는데, 그때가 바로 그 시점이었습니다.

찰리는 키도 훤칠하게 크고 잘 웃는 백인 청년이며, 컴퓨터 소프트웨어를 만드는 일을 하고 있다. 대학 졸업 후 애리조나 주 방위산업체에서 근무했으나, 그 일에서 보상도 못 받고 흥미도 없었다. 그는 여행을 하고 싶었다. 남아프리카 외진 산골 마을에서 일하고 있는 친구가 있었기 때문에 친구에게 편지를 썼고, 직장을 그만둔 후에 아프리카로 가는 편도 비행기 표를 끊었다.

찰리의 아버지는 미국 중서부 지역에 독일인 이민자들이 건설한 보수적인 소도시에서 역사학 교수를 지냈다. 찰리의 어머니는 시민권 운동이 한창이었을 때 젊은 시절을 보냈고 인종에 대해 온건한 관점을 가진 평범한 가정주부였다. 찰리의 부모님은 찰리를 공립 초등학교에 보냈고 그 학교엔 흑인 학생이 상당히 많았다. 찰리의 부모가 처음에 룰라를 반대했을 때, 그들은 룰라의 인종이 문제가 아니라고 매우 조심스럽게 말했다. 그것보다는 그들은 룰라가 너무 순박하며 순진하고 또 영어를 거의 할 줄 몰라서 그렇다고 이야기했다.

룰라는 아프리카의 한 부족 마을 작은 판잣집에서 삼촌을 포함해 30명 정도 되는 가족들과 살았다. 룰라는 추방된 반군 전사인 아버지와 간혹 편지를 주고받았고 아버지와 더 많은 시간을 보내길 간절히 원했다. 찰리는 이 이야기를 듣고 룰라를 위해 아버지를 찾아야겠다고 결심했다. 찰리는 반군 지역으로 먼 길을 나섰고, 룰라의 아버지를 찾아서 딸의 편지를 전해주었다. 룰라의 아버지는 답장을 썼고 찰리는 이것을 룰라에게 전해주었다. 편지에는 아버지도 룰라가 보고 싶지만 건강이 좋지 않아 병원에 있으니 룰라가 직접 이곳으로 와서 함께 지냈으면 좋겠다는 내용이 적혀 있었다. 룰라의 삼촌을 비롯해 친척들은 룰라 아버지의 편지를 달갑게 여기지 않았다. 첫째로, 그들은 세상풍파를 모르고 사는 젊고 영리한 룰라를 집에서 먼 곳에 굳이 위험을 무릅쓰고 보내고 싶지 않았다. 둘째로, 룰라의 삼촌은 백인 이방인인 찰리가 나서서 가족 중개인 역할을 하는 게 마음에 들지 않았다. 룰라는 삼촌에게 아버지를 만나게 해달라고 간청하고 협상했으며, 삼촌은 룰라가 일주일 안에 돌아온다는 단 한 가지 조건을 내건 후에 동의했다. 룰라는 아버지와 6개월을 지냈고, 이것은 삼촌을 포함한 그의 씨족들과 룰라와의 불화의 시작이었다. 아버지를 만난 룰라가 집으로 돌아오자 삼촌은 그녀를 매우 심하게 때렸다.

룰라는 찰리에게 전통적인 삶이라는 게 어떤 건지 보여 주기 위해 그녀가 사는 마을로 오라고 했지만, 그 방문은 이루어지지 않았다. 룰라의 삼촌은 찰리가 룰라의 남자친구라는 것을 직감적으로 알았고, 찰리를 체포하기 위해 경찰을 불렀다. 경찰은 삼촌의 불평을 다 들어줬지만, 찰리와 룰라의 관계가 법을 어긴 게 아니었기 때문에 경찰은 어떤 조치도

취하지 않았다. 삼촌은 룰라와 찰리를 계속 떨어뜨려 놓으려고 안간힘을 썼다. 마을에 있는 주민 어느 누구도 찰리에게 먹을 것을 주지 않았다. 찰리는 영어만 쓸 수 있었기 때문에 주민들과 의사소통도 할 수 없었다. 이틀 후, 찰리는 떠날 수밖에 없었다. 삼촌은 룰라가 마을을 떠나는 것을 허락하지 않았다. 한 번은 룰라가 집에 사슬로 묶였다. 찰리는 근처 다른 마을에 있는 인권감시기관으로 가서 룰라의 감금을 폭로했다. 인권기관 직원들이 삼촌에게 가서 룰라를 집에 사슬로 묶어둘 수 없다고 이야기했다. 룰라 삼촌은 한발 물러났고 룰라와 협상했다. 룰라는 공부를 하기 위해 떠날 때에만 마을을 벗어날 수 있었다. 찰리는 룰라에게 편지를 계속 보냈지만, 친척들이 중간에 편지를 가로챘다. 몇 달 후, 룰라는 국립 대학교 입학 통지서를 받았고, 그 나라의 수도에서 공부를 하기 위해 답답한 감금생활과도 같았던 마을을 떠났다.

찰리는 이미 수도에서 학생들을 가르치고 있었기 때문에, 찰리와 룰라는 마침내 룰라 가족들의 강력한 통제에서 멀리 벗어나 둘이 함께할 기회를 가졌다. 룰라는 대학생활을 사랑했고, 찰리를 아주 좋아했다. 찰리는 룰라와의 관계를 확신했기 때문에 미국에 계신 부모님을 아프리카로 초대해서 룰라를 소개했다. 찰리는 부모님이 진보적이라고 생각했고, 룰라와의 만남을 지지해 줄 것이라 기대했다. 하지만 부모님은 그렇게 하시지 않았다. 부모님은 찰리에게 룰라와 그만 만나는 게 좋겠다고 했지만, 둘은 이미 어려운 시기를 함께 극복해온 사이였다. 찰리의 부모님은 미국으로 돌아갔고, 찰리와 룰라는 아프리카에 남았다. 그들은 양쪽 가족의 영향으로부터 완전히 독립했으며 더할 수 없이 행복했다.

룰라는 미국에 가서 장학금을 받고 공부를 계속할 수 있을 정도로 공부를 잘했다. 룰라는 예전 마을로 돌아가 삼촌에게 장학금을 받아도 되는지 물어보았다. 삼촌은 더 이상 개입할 능력이 없었으므로 말문이 턱 막혔다. 그는 자신이 좋아하든 싫어하든 상관없이 조카가 떠날 거라는 사실을 알고 있었다. 룰라는 오하이오에 있는 작은 주립대학에 들어갔고, 그곳에서 대학과정을 마쳤다.

룰라가 학사 학위도 받고 영어도 유창하게 하자, 찰리의 부모님은 이 상황을 재평가하게 되었다. 찰리가 룰라와 결혼하려 하자 찰리의 부모님은 현실적이고 논리적인 결정을 내렸다. 부모님은 둘의 결혼에 동의했고, 결혼식에도 참석했다. 찰리와 룰라는 오하이오 주에서 남부 아프리카의 전통 결혼 예복을 입고 아프리카 전통 음악에 맞춰 결혼식을 올렸다. 결혼식이 끝난 후, 룰라의 마을 관습대로 교회에서부터 신부의 집까지 이어진 길 한가운데로 둘은 노래를 부르고 춤을 추며 행진했다.

룰라는 삼촌이 찰리를 못 만나게 하려 했다는 것에 전혀 놀라지 않았다. 연장자들의 사회적 통제는 마을 생활의 근본일 뿐만 아니라, 마을의 사회적 일관성은 부분적으로 씨족 집단 내의 결혼에 달려 있다. 룰라와 반대로 찰리는 부모님이 그가 한 중요한 결정에 대해 그를 지지해 줄 것이라 예상했고, 그는 부모님이 처음에 룰라에 대해 부정적인 반응을 보이자 당황했다. 찰리는 그가 자랐던 곳에서 멀리 떨어진 대학을 다녔고 혼자 생활했으며, 직장도 다니다가 아프리카로 여행을 갔다. 사회적 자유를 이미 경험한 찰리는 스스로의 결정을 절대 의심하지 말라고 배웠다. 찰리의 부모님은 찰리를 마음이 열린 사람으로 키웠지만, 그 결과 인종 문제에 있어서 찰리가 부모님보다 더 진보적이었기 때문에 찰리가 일시적으로 부모님과 갈등을 빚었다는 것은 역설적이었다.

자녀가 자라서 어른이 되는 동안 부모와 자녀와의 관계가 자녀에게 많은 영향을 미친다는 것은 아동 발달과 아동 심리학 분야에서 기본 전제다. 최근 학계 내에서 영향력이 떨어지기는 했지만, 그럼에도 불구하고 프로이트 학파의 정신분석 이론은 많은 심리학 분야, 특히 아동 발달과 아동 심리학에서 (항상 그 권위가 인정되는 것은 아닐지라도) 중요한 지적 뿌리이다. 인간 본성에 대한 프로이트의 핵심 통찰 중 하나는 아동기와 사춘기의 경험이 성인의 자아인식 뒤편에서 결정적으로 성인에게 영향을 미친다는 것이었다. 20세기 중반, 정치적 관용과 편협을 연구한 아도르노의 『권위주의적 성격』 같은 책들은 프로이트의 영향을 받았다.[1] 아도르노와 동료들은 성인 사회의 권위주의는 전통적인 구식 양육 방식의 직접적인 결과물이라고 주장했다. 엘스 프렌켈-브룬스윅에 따르면, 아버지는 항상 옳고 자신이 한 명령에 일일이 설명할 필요가 없다고 자녀들이 믿게 하면, 자녀들은 자신의 젊은 시절의 강한 아버지를 대신해서 정치적으로 권위적인 지도자들을 수용하고 사회 일탈과 정치적 소수당을 불신하게끔 성장한다.[2] 다시 말해서, 성인의 정치적 관점은 대체로 그 성인이 어렸을 적 길러진 방식에 의해 결정된다고 생각된다.

사회과학에서 좀 더 양적인 분석에 치중하기 시작한 20세기 후반, 프로이트 이론은 정량화하기 힘들었기 때문에 프로이트의 영향을 받은 심리학과 역사학의 광범위한 이론들은 인기가 떨어졌다.[3] 학교와 이웃,

유전자, 개성, 가족 내 역학 관계와 같은 많은 다른 변수들을 통제하기 힘들고, 가족 환경이나 성인이 되어 형성된 성격 같은 핵심 변수들은 일관되게 측정하기 어렵기 때문에 연구가들은 가족 환경의 영향을 정량화하는 데 어려움을 겪고 있다.[4]

존 보울비와 매리 에인스워스가 이끈 아동 발달분야의 애착학파는 1960년대와 1970년대에 영향력이 커지기 시작했고, 이들은 아이들이 자신감 있고 안정적인 어른으로 성장하기 위해서는 전적으로 엄마와의 일관된 육아 유대가 필요하다고 주장했다.[5] 애착학파는 아이의 앞으로의 성격과 개성을 결정하는 가장 중요한 요인으로 가족 환경, 그중에서도 부모와 자녀 관계를 강조했다. 아동기 성격 결정에 대한 더 최근의 학문은 애착학파가 강조한 가족 환경에 생물학적 요소와 유전자적 요소라는 중요한 새로운 인식을 더해 균형을 맞추고 있다.[6]

사람의 성격은 매우 복잡해서 간단하게 인과관계를 설명할 순 없지만, 우리가 꽤 확실하게 알고 있는 것들도 있다. 폭력에 노출된 아이들은 스스로 어른이 되어서도 습관적으로 폭력을 더 휘두르려 한다.[7] 애착학파가 아동기의 성격 결정에 있어서 본성보다 양육[의 중요성]을 더 강조한다고 비판하는 학자들도 표준 이하의 가족 환경이 아이들에게 오랫동안 부정적인 영향을 미치고, 그 결과의 잔여물은 성인기로 이월된다는 것을 인정한다.[8] 그래서 이 논의는 어떤 종류의 양육 습관들이 장려되어야 하는가로 넘어간다.[9] 『양육 가설』이라는 책에서 부모는 자녀의 성격 형성에 직접적으로 영향을 주지 않는다고 주장했던 주디스 해리스도 아이들은 그들의 또래 집단으로부터 엄청나게 많은 영향을 받으며, 부모가 자녀를 위해 그들이 사는 곳의 이웃을 선택하고 학교를 선택해서 결과적으로 또래 집단을 선택한다는 것을 인정한다.[10]

1951년 『고독한 군중』이란 책을 쓴 데이비드 리스먼과 동료들은 새롭게 등장한 가족과 그 가족이 가져온 개인의 성격 유형들을 탐구했다.[11] 리스먼은 현대 성격 유형을 '타인 지향적'이라고 불렀다. 타인 지향적인 사람들은 이전 세대에 비해 훨씬 관대하다고 여겨지는 가족 환경에서 자란다. 이들은 부모보다는 또래 집단에서 앞으로의 방향이나 길의 안내자를 찾는다.

이전의 사회와 개성 유형을 비교했을 때, 리스먼은 타인 지향적인 사람들은 어느 정도 게으르고 야망도 결여돼 있으며, 약간은 응석받이일 것이고 생산이나 자기차별화보다 소비에 관심이 많다고 설명했다.[12] 하지만 리스먼이 보기에, 타인 지향적인 사람들이 그들의 선조들보다 한 가지 나은 점은 이들이 선천적으로 도덕군자처럼 굴지 않고 관용적이라는 것이다.[13] 타인 지향적인 사람들의 성격은 부모에 의해 외곬으로 구축되는 것보다 광범위한 또래 집단의 상호작용에 의해 형성된다. 현대 중산층 부모들은 궁극적으로 자립심이라는 목표를 향해 자녀를 키우고, 그 결과 부모들은 두 세대나 세 세대 전만 해도 받아들여지지 않았을 자녀의 불복종과 이의 제기에 관용을 베푼다. 타인 지향과 자립기를 받침점으로 하는 현대 가족은 자녀가 복종하도록 하기 위해 그들의 의지를 꺾기보다는 자녀를 잘 보살피고, 자녀의 말에 귀를 기울이며 그들과 교섭한다.

정치적인 태도나 학문적인 태도와 상관없이 전문가 대부분은 어린 시절의 경험이 아이의 성격을 형성하고 그러므로 성인의 성격과 성향은 어렸을 때 형성된다는 것에 암묵적으로 동의한다. 이번 장에서 나는 1960년대 이후 대중의 태도 변화는 부분적으로 미국 가족 구조의 변화에서 기인한다는 것을 논증할 것이다. 미국 아이들은 낡은 권위주의적 양육 방식에 덜 노출되고 있기 때문에, 점점 더 많은 젊은이들이 자립기를 경험할수록 미국인들은 사회적 차이에 더 관용적이 될 것이다.

태도의 변화

소수 집단의 성관계와 인종에 대한 미국 대중의 태도는 과거 30년 동안 점점 더 관대해지고 있다. 미국에서 인종적 태도를 다룬 문헌에 따르면,[14] 이인종 결혼은 불법화해야 한다고 믿는 백인 비율이 꾸준히 줄어드는 것을 포함해서 데이비드 O. 시어스가 "구닥다리 인종차별"[15]이라 불렀던 태도들이 꾸준히 감소하고 있다. 하지만 일반 대중들의 인종적 태도가 변화할 때 그것이 갖는 의의와 깊이는 논쟁이 되고 있다. 어떤 학자들은 세속적인 변화는 여전히 중요함에도 불구하고 부분적으로 표면상의 변화라고 주장한다.[16] 이인종 결혼은 불법이어야 한다고 믿고 말하는 백인의 비율이 낮기는 하지만, 비밀이 보장되는 기표소 안에서는 다른 의견이 나온다. 미국 대법원이 이인종 결혼을 금지하는 법을 무효로 만들었지만, 그 후로 30년이 지난 뒤 남부 유권자들의 거의 과반수가 이인종 결혼 금지법을 남겨두라고 투표했다.[17]

비록 미국 백인들이 흑인을 위한 시민권을 막연하고 일반적인 방식으로 지지하더라도, 흑인과 백인 학생의 학교버스 통합정책이나 소수집단 우대정책처럼 흑인에게는 직접적인 이익이 있지만 백인에게는 손실이 있을 법한 정부의 개입에 대해선 백인은 받아들이지 않고 저항하고 있다.[18] 시어스는 백인이 자녀가 학교에 다니든 다니지 않든 학교버스 통합정책에 반대한다는 것을 발견했다. 시어스는 학교버스 통합정책에 대한 백인의 반대가 백인에게 직접적으로 영향을 미치는 정책에 대한 합리적인 반응이라기보다는 새로운 형태의 미묘한 인종주의에 가깝다는 결론을 내렸으며, 이를 "상징적 인종주의"라고 불렀다.[19]

인종이나 성생활처럼 민감한 주제에 대한 복잡하고 역설적인 대중여론을 고려했을 때, 문제는 여론을 어떻게 기술하고 이해하느냐이다. '진보적'liberal이란 말은 관용적이란 의미에서부터 시민권 지지나 다문화주의 지원, 혹은 자유 시장 지지라는 의미로도 사용되며, 최종적으로 (모호한 의미를 지닌) '보수적'이란 용어의 반대말로도 사용된다.[20] 인종과 동성애에 대한 미국인의 태도는 모순으로 가득 차 있는 것처럼 보이는데, 그 이유는 어떤 질문들에는 사람들이 놀라울 정도로 진보적인 의견을 내놓지만 또 다른 질문들에는 같은 응답자들이 놀랍게도 보수적인 대답을 내놓는다.

린드 부부가 '관용'이란 단어를 미들타운 여성 조사에서 사용했던 방식처럼,[21] 나도 '관용'이란 단어를 자신의 뜻과 의지와는 반대되는 여론일지라도 비주류 집단들이 자신들의 권리를 행사하는 것을 허락하기 위해 그 여론을 존중한다는 의미로 사용할 것이다. 나는 진보주의liberalism [22]를 대부분의 저자들보다 좀 더 좁게 정의했다. 나는 진보주의를 좀 더 관대하고 열린 정신이란 의미로 사용했으며, 진보주의는 차이와 다양성, 그리고 다문화주의를 관용과는 다른 방식으로 포용한다. 진정한 진보주의자들은 소수 집단을 위한 시민권을 지지할 뿐만 아니라, 소수자 권리의 현실적인 파급력도 기꺼이 받아들인다.

버몬트 주 주지사였던 하워드 딘은 1999년 베이커 대 버몬트 주 판결에서 버몬트 주 대법원의 결정, 즉 버몬트 주 의회가 미국 최초로 동성애자 커플을 위한 시민 결합 인증서를 발급하도록 강제한 결정을 반겼다.[23] 하지만 법원의 결정을 받아들이고 시민 결합 인증서 처리에 대한 지원까지 약속한 후, 딘은 동성 결혼에 대해 이렇게 말했다. "다른 사람들과 마찬가지로 내 마음도 불편하군"[24] 이런 경우 딘은 진보주의자보다는 관용적인 사람에 더 가까웠다.

1960년대 이후 인종과 성생활을 둘러싼 사안들에 대한 미국 여론의 변화를 '진보적'이라고 종종 묘사하더라도, 여전히 대중 여론은 많은 사회적 이슈와 성생활 이슈에 대해 놀랍도록 보수적이다.[25] 캐나다도 미국처럼 유럽이 근원이라는 점에서 거의 비슷하지만, 정치적으로 봤을 때 미국은 캐나다보다 훨씬 더 보수적이고 개인적이다.[26] 1960년 이후 미국 사회에서 벌어진 많은 변화들이 현실적으로 또는 정치적으로 진보주의적이더라도, 많은 다른 변화들은 진보주의의 성장보다는 관용의 성장에 기인한다. 그 한 예로 동성애와 동성애자 권리에 대한 미국 대중의 태도를 살펴보자.

1972년부터 실시된 미국의 종합사회조사General Social Survey(이하 GSS)는 미국의 사회적, 정치적, 문화적 경향에 대한 데이터에서 선두적인 출처가 되고 있다. GSS는 1973년에서 1993년까지 약 1,500개 가정을 무작위 표본 조사했으며, 1994년에서 2002년까지는 더 많은 표본으로 대략 3,000개 가정을 조사했고, 태도의 변화를 알아보기 위해 해마다 같은 질문을 던졌다.[27]

〈도표 7.1〉은 동성애자와 동성애자 권리에 대한 미국인의 태도를 보여 준다. 〈도표 7.1〉에서 위쪽에 있는 선들은 동성애자의 기본 권리에 대한 관용을 반영하는 2개의 설문조사의 질문들에 대한 경향의 선들이다. 첫 번째 질문은 다음과 같다. "동성애자가 당신이 속한 지역사회에서 연설하기를 원한다고 가정해 봅시다. 그 사람의 연설을 허용해야 할까요? 아니면 허용해선 안 될까요?" 동성애자가 자신의 지역사회에서 연설하도록 허용하겠다고 응답한 사람의 비율은 1973년 62%에서 2002년 85%로 증가했다.

〈도표 7.1〉의 밑에 있는 경향의 선 2개는 다음과 같은 질문에 대한 응답을 나타낸다. "동성 성인인 두 사람 간의 성관계에 대해 당신은 어떻게 생각하십니까? 항상 옳지 않다, 또는 대개 옳지 않다, 또는 가끔 옳지 않다, 또는 전혀 잘못된 것이 없다." 서로 합의한 동성 성관계는 전혀 잘못된 것이 없다고 진보주의적으로 대답한 응답자의 비율은 1973년 11%에서 2002년 34%로 증가했다. 적어도 약간의 대학 교육을 받은 성인 중에, 동성애자들에 대한 진보주의적 태도를 가진 사람들의 비율은 전체 대중보다 약간 더 높다. 동성애에 대한 여론이 최근 더 진보적으로 변화하고 있다고는 하나, 동성애에 대해 진보적 시각을 가진 성인들은 여전히 극소수다. 사실, 합의된 동성 성관계 질문에 다수의 대답은 '항상 옳지

〈도표 7.1〉 동성애에 대한 관용과 진보주의, 1973년~2002년

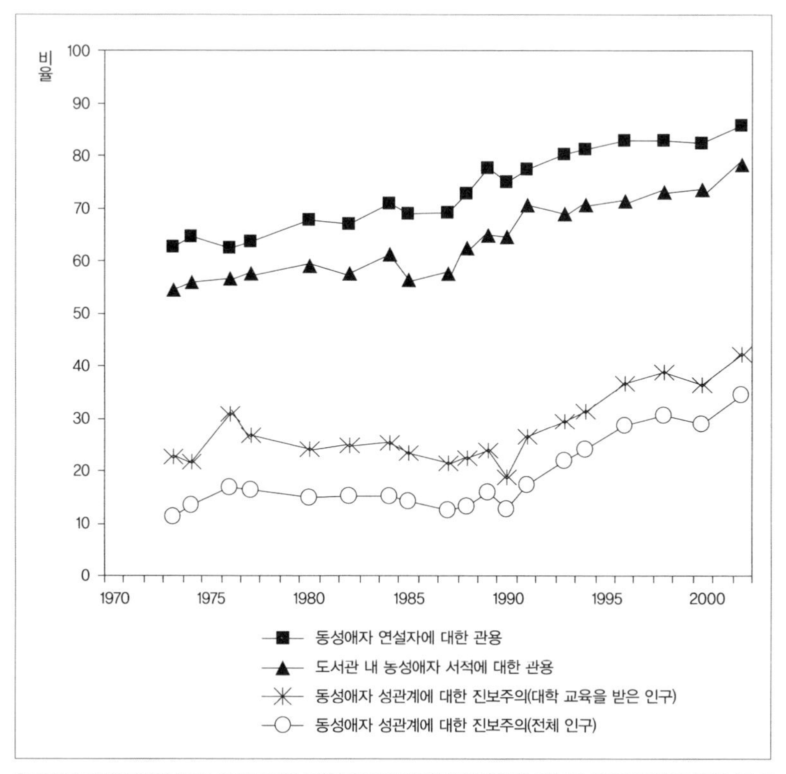

출처: 가중치를 적용한 GSS의 데이터, 1973년-2002년. '모름'과 '대답하지 않음'의 응답은 제외했다. 질문: (1) 공인된 동성애자가 당신이 속한 지역사회에서 연설하기를 원한다고 가정해 봅시다. 그 사람의 연설을 허용해야 할까요? 아니면 허용해선 안 될까요? (2) 당신 지역사회에 있는 몇몇 사람들이 동성애자 작가가 동성애를 지지하며 쓴 책을 공공 도서관에서 빼내야 한다고 제안한다면, 그 책을 없애는 데 찬성하시겠습니까? 아니면 반대하시겠습니까? (3) 동성 성인 두 사람 간의 성관계에 대해 당신은 어떻게 생각하십니까? 항상 옳지 않다, 또는 대개 옳지 않다, 또는 가끔 옳지 않다, 또는 전혀 잘못된 것이 없다.

않다'이다. 미국에서 성인 간의 합의된 동성애자 성관계가 '항상 옳지 않다'고 생각한 성인의 비율은 1973년 74%였고, 이후에도 꾸준히 대략 비슷한 수준을 보이다가 1990년대 후반에 들어서야 감소하기 시작했으며, 2002년에는 54%까지 내려왔다(〈도표 7.1〉에는 표시하지 않았음). 동성 성관계와 동성애자에 대한 미국인의 태도는 놀랍게도 편협한 상태로 남아 있다.

설문조사 데이터는 동성애자의 기본적인 권리에 대한 높은 수준의 관용과 동성애자에 대한 낮은 수준(대학 교육을 받은 사람들조차도 그 수위는 낮다)의 진보주의 사이의 인상 깊은 격차를 입증한다. 동성애자가 자신들의 지역사회에서 연설할 권리를 갖고 있다고 믿는 응답자의 많은 수가 또 동성애자들의 성관계는 '항상 옳지 않다'고 믿는다. 학자들은 동성애자와 동성애자 권리에 대한 미국 대중 여론의 모순점, 즉 상당수의 대중이 동성애자들을 위한 시민권은 지지하지만 동성애와 동성애자들에게는 계속 반감을 갖는 것에 주목하고 있다.[28]

동성애자 권리에 대한 관용을 결정하는 요소들

미국 사회에서 관용의 증가는 부분적으로 1960년 이후 규범으로 자리 잡고 있는 더 관대한 양육의 실행과 자립기의 작용이라고 나는 주장하고 있다. 이 시기는 교육과 도시 거주, 지리적 이동성, 가족 구조, 인생 시기, 그리고 1960년대 즈음에 성인이 된 코호트의 경험 모두가 개인적인 수준에서 관용에 명백한 영향을 미쳤다는 것을 실증적인 데이터로 증명하고 있다. 〈표 7.1〉은 동성애자 권리에 대한 관용, 즉 여기서는 응답자가 사는 지역에서 동성애자가 연설해도 된다고 동의한 경우, 그러한 관용적 태도에 영향을 미치는 많은 요소들을 서술한 것이다.[29]

1973년부터 2002년까지의 GSS데이터에 따르면, 정규 교육을 받은 사람일수록 동성애자 권리에 더 관용적이었다. 그리고 5명 이상의 형제를 둔 성인은 수가 더 적은 가족에서 자란 성인보다 상당히 덜 관용적이었다. 인구 1만 명 미만의 작은 소도시나 시골 지역에서 사는 사람은 덜 관용적이었고, 반면에 인구 100만 명 이상이 몰려 사는 도시에서 사는 사람이 가장 관용적이었다. 유대인과 무신론자는 개신교도보다 더 관용적이었다. 성서는 신의 실제 이야기이기 때문에 성서 말씀 그대로 믿고 따라야 한다고 믿는 성서 맹신자들은 성서를 단순히 고대의 이야기와 전설을 담은 책이라고 생각하는 사람들보다 동성애자 권리에 훨씬 덜 관용적이었다. 한 지역사회에서 평생을 살아온 사람들은 여행을 다니거나 이사를 다닌 사람들보다 덜 관용적이었다.

〈표 7.1〉에서 관용에 대한 예측 변수들 중에서, 교육이라는 범주에 속한 여러 그룹들은 관용에 대한 비율이 51.8%에서 92.6%까지 가장 큰 차이를 보이고 있기 때문에 정규 교육이 가장 강력한 예측 변수인 것 같다. 고등학교 이상의 교육을 받지 못한 사람 중에서는 오직 51.8%만이 동성애자가 자신의 지역사회에서 말할 수 있는 권리가 있다고 동의했다. 그 뒤로 정규 교육 수준이 높아질수록 동성애자 권리에 대한 관용도 상당히 증가한다. 대학원 이상의 교육을 받은 사람들 중 92.6%가 동성애자가 자신의 지역사회에서 말할 수 있는 권리가 있다고 믿어 가장 관용적이었다. 가장 높은 교육적 수준(92.6%의 관용)과 가장 낮은 교육적 수준(51.8%의 관용) 사이의 관용의 차이는 인상 깊다. 고등학교 미만의 교육을 받은 사람과 비교해서 대학원 교육을 받은 사람의 오즈비가 11.64[30]라는 건, 고등학교 미만의 교육을 받은 사람들과 비교해서 대학원 교육을 받은 사람들이 동성애자의 자유롭게 말할 권리에 관용적인 태도를

〈표 7.1〉 동성애자가 연설할 수 있는 권리에 대한 관용의 예측 변수들, 1973년~2002년

	관용의 비율	오즈비	조정한 오즈비
교육			
고등학교 미만	51.8	-	-
고등학교	72.9	2.49***	1.62***
대학교 중퇴	83.4	4.65***	2.51***
학사 학위	89.7	8.07***	3.68***
대학원 이상	92.6	11.64***	5.82***
형제자매 수			
없음	80.5	-	-
1명~2명	82.5	1.14	1.00
3명~4명	74.6	0.71***	0.80**
5명~10명	64.0	0.43***	0.68***
11명 이상	59.0	0.35***	0.64***
지역사회 인구 크기			
1만 명 미만	64.6	-	-
1만 명~9만 9천 명	77.0	1.84***	1.42***
10만 명~99만 9천 명	79.3	2.10***	1.83***
100만 명 이상	81.0	2.33***	2.11***
종교			
개신교	70.0	-	-
가톨릭	79.4	1.65***	1.43***
유대교	91.0	4.32***	2.86***
없음	81.9	1.94***	1.43***
성서에 대한 사고방식			
성서 맹신자	60.9	-	-
성서는 중요하다	85.3	3.65***	-
성서는 옛날 전설이다	91.3	6.30***	-
이 지역사회에서 평생을 살았나요?			
예	60.9	-	-
아니오	73.8	1.80***	-

* p 〈 .05 ** p 〈 .01 *** p 〈 .001, 양측 검정.
출처: General Social Survey, 1973년~2002년

주: 오즈비는 각각의 변수에 대해 따로따로 계산했다. 조정한 오즈비는 다변량 로지스틱 회귀분석방법을 사용해서(종속변수는 '당신의 지역사회에서 동성애자가 연설하는 것을 관용하는 정도') 모든 변수를 동시에 같이 계산했다. 이 때 인종과 설문조사를 실시한 해, 연령, 연령 제곱, 가족 소득, 성별과 함께 예측 변수로서 열거된 모든 변수들을 포함했고, 성서에 대한 사고방식과 그 지역사회에서 얼마나 오랫동안 살았는지는 설문조사를 실시한 모든 년도 동안 구할 수 있는 것이 없어서 제외했다. 조정한 오즈비는 1982년과 1987년 흑인의 과표본뿐만 아니라 인터뷰 대상자 가정의 크기도 설명한다.

보일 공산이 11배 더 높다는 의미이다.

가장 낮은 교육을 받은 사람들과 가장 높은 교육을 받은 사람들 사이에서 관측된 관용의 차이는 교육과 관용 사이의 인과관계, 다시 말해서 교육이 학생들을 좀 더 관용적인 성인으로 바꿔놓는다는 것을 시사한다. 하지만 교육과 관용의 관계는 오해될 수 있다. 다른 사회적 요소들이 관용과 높은 수준의 교육 둘 다에 영향을 줄 수 있다. 예를 들어, 시간이 지나면서 교육 정도가 높아져 왔고 또 시간이 지나면서 동성애자에 대한 관용도 증가해 왔다는 것을 우리는 알고 있기 때문에, 교육과 관용 사이의 관측된 관계는 둘 다 시간이 지나면서 각자 변화된 것인데 이 둘이 어떤 상관관계가 있다고 오해해서 혼란이 생긴 것일 수도 있다. 비슷하게, 대학 이상의 교육을 받은 사람들이 주요 도시에서 사는 것을 더 좋아할 수도 있고, 가족 수가 적은 가정에서 더 많이 자랄 수 있으며, 성서 맹신자의 성향이 적게 나타날 수도 있다.

다변량 통계분석은 모든 변수와 추가된 통제 요소를 동시에 고려해서 오즈비를 재평가한 것이다. 〈표 7.1〉의 '조정한 오즈비'의 세로축은 동성애자의 권리에 대한 관용의 오즈를 예측하기 위해서 다변량 로지스틱 회귀분석 방법을 사용했으며, 연령과 연령 제곱, 설문조사를 실시한 해, 인종, 가족 수입, 성별과 함께 예측 변수로서 교육, 형제자매 수, 인구 크기와 종교를 사용했다. 관용에 대한 교육의 영향에서 조정한 오즈비는 조정하지 않은 오즈비보다 작지만, 조정한 오즈비는 여전히 통계적으로 유의미하고 그 수는 1보다 상당히 크다. 조정한 오즈비는, 역사적인 시간의 흐름과 개인적인 나이 차이, 가족의 수입, 도시 거주 여부 등을 고려한 후에도 교육이, 개인적인 관용에서 직접적이고 강력한 영향을 미쳤다는 것을 시사한다.

GSS 응답자들은 모두 18세 이상으로 응답자들이 젊은이이거나 성인임을 말해준다. 형제자매 수가 흥미로운 이유는 가족의 크기가 성인에게 차이를 만들어서가 아니라, 가족의 크기가 어린 시절의 경험에서 중요한 어떤 것을 우리에게 말해주기 때문이다. 자녀가 그들의 자립 정신을 따르는 것을 허락하는 '아이 중심의 현대 가족은 자녀수가 적어야만 가능하다. 사춘기 자녀들에게 각자 방을 주고, 자녀들의 대학 교육을 위해 돈을 저축할 수 있는 부모의 능력은 자녀수가 증가할 때 감소한다. 경제학자 게리 베커는 이것을 아이들의 양과 '질' 사이의 균형이라고 부른다.[31]

아이 수가 많을수록 부모나 보호자들은 현실적 필요에 의해 더욱 더 권위주의적인 규칙에 기댈 수밖에 없다.[32] 스스로 판단할 수 있는 3명의 아이는 현명할 수 있지만, 각자 요구가 다 다른 12명의 아이들은 혼란스럽다. 식민지 시대 부모들은 가족을 경제적으로 생존 가능한 단위로 만들기 위해 일할 수 있는 아이들이 많이 필요했다.[33] 가족이 성공하기 위해 마치 군대와 같은 책임을 지고 있는 부모들은 아이들로부터의 이의제기를 조금이라도 참을 수 없었다. 20세기 초반에 정부가 발행했던 『유아 돌봄』 소책자도, 엄마가 집에서 혼자 여러 명의 아이들을 돌본다는 가정 하에 엄마가 그녀의 많은 의무들을 확실히 관리할 수 있도록 하기 위해 유아에게 젖을 먹이거나 교육을 시킬 때 엄격하고 규칙적으로 하도록 강조했다.[34] 형제자매 수는 미숙한 대용물이긴 하지만, 그렇지 않으면 어린 시절 경험의 유형을 과거로 거슬러 올라가 측정하기가 상당히 어렵다. 〈표 7.1〉에서 형제가 없거나(80.5%), 형제가 1명 내지 2명(82.5%)인 성인이 그들의 지역사회에서 동성애자가 연설할 수 있는 권리에 대해 가장 많은 관용을 보여 주었다. 서너 명의 형제가 있는 성인들은 관용이 약간 줄어들었고, 5명에서 10명(64.0%)의 형제를 둔 성인이나 11명 이상(59.0%)의 형제를 둔 성인들의 관용은 급격히 떨어졌다. 〈표 7.1〉의 조정한 오즈비는 교육과 도시 거주 여부, 종교, 수입, 역사적인 시간의 흐름, 그리고 다른 요인들을 고려한 후에도 가족이 적은 곳에서 자란 성인과 가족이 많은 곳에서 자란 성인 사이의 관용의 차이는 통계적으로 유의미하다는 것을 보여 준다.[35]

응답자의 나이와 역사적 시간도 동성애자의 권익에 대한 관용을 결정하는 데 중요하다. 역사적 시간이 1년씩 증가할 때 개인의 나이도 각각 1년씩 증가하는 것처럼 개인의 나이와 역사적인 시간은 정확히 같은 비율로 증가하기 때문에, 사회학자와 인구통계학자들은 역사적인 영향으로부터 생애 과정life-course의 영향을 구분하는 데 지독하리만큼 고생을 하고 있다.[36]

〈도표 7.2〉는 자신의 지역사회에서 동성애자가 연설할 수 있는 권리가 있다고 관용을 베푼 응답자들의 비율을 응답자의 나이와 설문조사를 10년 단위로 해서 비교하며 보여 주고 있다. 실선은 GSS 설문조사를 각각 10년 단위로 해서 연령별 그룹을 연결한 선이다. 점선은 시간 흐름에 따라 출생 코호트를 따라간 선이다. 가장 높은 곳에 있는 점선(코호트 1)은 1970년대에 20대를 지내고, 1980년대에 30대를 지내고, 1990년대엔 40대를 지내며, 새 천년의 첫 10년에 50대를 지낸 응답자들을 쭉 연

〈도표 7.2〉 응답자의 나이 및 10년 단위의 설문 조사에 따라 동성애자의 연설할 수 있는 권리에 대한 관용, GSS, 1973년~2002년

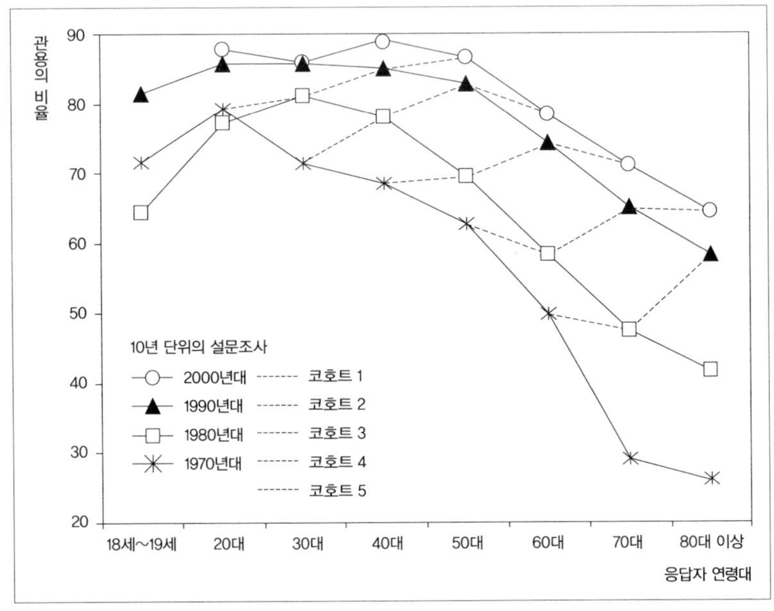

출처: 가중치를 적용한 GSS의 데이터, 1973년~2002년. "공인된 동성애자가 당신이 속한 지역사회에서 연설하기를 원한다고 가정해 봅시다. 그 사람의 연설을 허용해야 할까요? 아니면 허용해선 안 될까요?" 코호트 1은 가장 위에 있는 점선이며, 코호트 2는 두 번째 높은 점선이고, 나머지도 순서대로 내려온다.

결했다. 두 번째로 높은 곳에 그어진 점선은 코호트 2이며, 세 번째로 높은 점선은 코호트 3이고, 그 뒤에도 순서대로 내려온다. GSS는 약 2년에 한 번씩 수천 명의 미국인들을 무작위로 뽑아 설문조사를 한다. 이는 미국 인구조사 마이크로데이터처럼 GSS도, 장기적인 연구 목적으로 조사한 것이 아니기 때문에, 응답자를 여러 번 되풀이해 찾아가 다시 설문조사하지 않고 2년에 한 번씩 무작위로 뽑은 다른 사람들을 인터뷰한다는 의미이다. 연구자들은 같은 대상자들을 반복해서 인터뷰하는 진짜 코호트 연구와 구별하기 위해서, 때때로 이것을 '인위 코호트'라 부른다.

〈도표 7.2〉에서 실선은 연령에 따른 관용의 패턴이 거꾸로 된 U자형임을 보여 준다. 동성애자 권리의 관용은 20대와 30대의 응답자에게서 가장 높았다. 18세와 19세의 응답자들은 관용에서 낮은 비율을 보였고, 나이가 많은 미국인들 특히 50세 이상부터 나이가 들수록 관용의 비율이 점점 낮아졌다. 만약 실선들만 따라가 분석한다면, 사람들은 자립기에 가장 높은 관용의 비율을 보이고 나이가 들면서 관용의 비율이 점점 낮아진다고 가정하게 될 것이다. 하지만 한 시점에서의 단면cross sectional data만을 보고 인생 과정을 추론하는 것은 오해의 소지가 있다. 나이 든 사람들의 관용이 상당히 낮은 이유, 특히 1970년대와 1980년대에 설문조사했을 때 나이 든 사람들의 관용 비율이 상당히 낮은 이유는 이 사람들이 일찍 출생한 코호트이기 때문이다. 1970년대에 50대를 지낸 사람들은 1920년대경에 태어났기 때문에, 이들은 자립기가 규범이 되고 자립기와 함께 시민권 운동이 개인의 권리에 대한 미국인의 사고방식을 변화시키기 한참 전에 성인이 되었다.

그리고 1970년대부터 2000년대까지 연결한 인위 코호트의 점선을 따라간다면, 동성애자 권리에 대한 관용이 실제로 생애 과정을 따라서 올라갔다는 것을 볼 수 있다. 모든 코호트들은 그들의 30년 전인 1970년대에 비해 2000년과 2002년에 더 많은 관용을 보이고 있다. 코호트 4와 5는 1970년대와 1980년대 사이에 관용이 감소했지만, 1980년대와 1990년대 사이에 반대로 다시 증가했다. 관용은 생애 과정이 지날수록 일반적으로 안정적이거나 증가했으며, 이는 〈도표 7.2〉의 실선처럼 단면의 데이터와 대중적인 지식과는 정확히 반대이다.

18세와 19세의 젊은이들은 왜 같은 시기에 설문조사를 한 20대보다 관용이 훨씬 낮을까? 18세와 19세 젊은이들은 아직 그들의 정규 교육을 마치지 못했고, 여행도 아직 못했으며, 자립기의 영향력을 아직 온전히 경험하지도 못한 상태이다. 18세와 19세의 젊은이들이 모두 대학에 가거나 집에서 멀리 떨어지거나 혹은 세계를 여행하는 것은 아니지만, 1960년대 이후로 많은 사람들이 그렇게 한다. 자립기는 젊은이들이 자신의 자유를 더 즐기고 다른 사람들의 자유도 더 관용적으로 받아들이도록 만들고 있다.

시간이 지나면서 미국 사회가 개인의 권리에 대해 더 관용적으로 되는 요인 중 하나는 노먼 라이더가 '인구학적 신진대사'라고 부른 과정이다.[37] 새로운 젊은 세대의 등장은 가장 나이 많은 구세대의 사망보다 사회에 영향을 덜 미칠 수 있다. 1970년대에 80세 이상인 GSS 응답자들은 동성애자의 권리에 대해 어떤 그룹들보다도 가장 편협했다. 오직 26%만이 동성애자가 자신의 지역사회에서 연설할 수 있는 권리가 있다고 생각했다. 이 수치는 관용을 기록한 어떤 그룹보다도 낮았다. 즉 고등학교 중퇴자보다도 낮고, 성서 맹신자들보다도 낮으며, 11명 이상의 형제들과 자란 성인들보다도 낮고, 같은 지역에서 평생을 살았던 사람들보다도 낮다. 〈표 7.1〉에 열거된 관용의 예측 변수들 중에서, (응답자의 나이와 설문조사한 해를 전부 평균을 낸) 모든 범주도 최소한 50%의 관용이 나왔다.

〈도표 7.2〉의 왼쪽 위 부분을 보면, 즉 관용 곡선이 최고조에 달한 부분에서 실선들은 거의 붙을 만큼 가깝게 있다. 그 이유는 1970년대와 1980년대, 1990년대에 성인이 된 젊은이들은 비슷한 경험을 했기 때문이

다. 〈도표 7.2〉의 오른쪽 아래 부분의 실선들은 서로 멀리 떨어져 있는데, 그 이유는 1960년 훨씬 이전에 성인이 된 나이가 많은 응답자들의 경험이 1960년대 이후 코호트들의 경험과 근본적으로 다르기 때문이다.

정치학자인 로널드 잉글하트는 느리지만 꾸준한 변화가 모든 선진 서방국가들의 정치적 가치들을 추월하고 있다고 주장하고 있다.[38] 이런 사회들에서는 비록 불평등은 사라지지 않았지만 굶주림이 사라지고 있기 때문에, 사람들은 개인의 성취나 사생활에 더 큰 관심을 갖는다. 하지만 정치적 문화의 변화는 근본적으로 출생 코호트의 변화에 달려 있기 때문에 그 변화 속도는 느리다. 새로운 사회 환경에서 자란 아이들과 청소년들이 커서 성인이 되고 사회의 중책을 맡게 될 때까지 일생의 절반이나 그 이상이 걸린다. 그리고 이와 유사하게, 이전의 환경에서 자랐던 성인이 그들이 누렸던 사회 권력에서 은퇴하고, 투표와 사회 참여도 중단하고 마침내 사망하기까지도 수십 년이 지나야 한다. 서방국가에서 기대 수명이 늘어나고 있으며, 은퇴 연령도 높아졌기 때문에 코호트의 교체에 의한 사회 변화의 속도는 점점 더 느려지고 있다. 코호트의 교체에 의한 사회변화의 속도가 느리다 해도, 2세대 또는 3세대가 지난 후의 결과는 지금까지도 그래왔지만 앞으로도 꽤 극적일 수 있다.

〈표 7.2〉는 출생 코호트별로 응답자의 지역사회에서 동성애자 연설자의 표현 권리에 대한 관용을 비교했다. 인터뷰는 1973년부터 시작되었고, 1900년 이전에 태어난 사람들은 가장 덜 관용적이었다. 이들 중 오직 26.1%만이 자신의 지역사회에서 동성애자가 연설할 수 있는 권리가 있다고 믿었다. 가장 최근의 출생 코호트, 즉 1970년 혹은 그 이후에 태어났

〈표 7.2〉 동성애자의 발언 권리에 대한 관용과 출생 코호트, GSS, 1973년~2002년

출생 코호트	20세 때	관용의 비율	1900년 이전 출생자들과 비교한 관용 오즈비	1930년대 출생자들과 비교한 관용 오즈비	1930년대 출생자들과 비교해서 조정한 관용 오즈비
1900년 이전	1920년 이전	26.1	-	0.13***	0.20***
1900년~1929년	1920년~1949년	57.8	3.89***	0.49***	0.66***
1930년대	1950년대	73.5	7.96***	-	-
1940년대	1960년대	81.2	12.21***	1.53***	1.29***
1950년대	1970년대	82.7	13.50***	1.70***	1.40***
1960년대	1980년대	82.2	13.04***	1.64***	1.26***
1970년 이후	1990년 이후	87.4	19.70***	2.48***	1.87***

*** $p < .001$, 양측 검정.
출처: General Social Survey, 1973년~2002년

주: 오즈비는 인터뷰 대상자의 가정 크기와 흑인을 위해 부분집단의 추가적인 표본을 조절했다. 조정한 오즈비는 다변량 로지스틱 회귀분석방법을 사용해서 인종과 설문조사를 실시한 해, 가족 수입, 응답자 지역사회의 크기, 성별, 교육을 통제했으며, 종속 변수는 동성애자 연설자에 대한 관용이었다.

고 1990년 또는 그 이후에 20세가 된 사람들이 가장 관용적이었다. 이들은 87.4%가 자신의 지역사회에서 동성애자가 연설할 수 있는 권리가 있다고 믿었다.

〈표 7.2〉에서 오즈비의 첫 번째 열은 가장 나이가 많으며 관용의 비율도 가장 낮은 코호트인 1900년 이전 출생자들을 기준으로 각각의 출생 코호트 별 관용을 비교했다. 1900년 이전의 출생 코호트는 매우 편협하기 때문에 이 비교는 교훈적이지는 않지만 인상 깊다. 〈표 7.2〉에서 나머지 두 개의 열은 1950년대에 20대를 보낸 1930년대 출생 코호트를 기준으로 삼았는데, 그 이유는 단순히 1960년대의 가족 혁명이 일어나기 전이기 때문이다. 〈표 7.2〉는 수입과 교육, 그리고 그 밖의 다른 요소들을 고려해도 1960년대 이전에 20대를 보낸 사람들보다 1960년 이후 20대를 보낸 미국인들이 훨씬 더 관용적이라는 것을 보여 준다.

가족 구조와 아동기의 성향, 자립기가 1960년 이후 모든 것을 바꾸고 있기 때문에 1960년 이후 성인이 된 코호트들은 1960년 이전에 성인이 된 코호트들보다 더 관용적이다. 타인의 권리에 대한 관점과 세계관은 어린 시절과 젊은 시절에 가족을 어떻게 경험했느냐에 의해 형성된다.

앞으로 40년이 지나면, 인구학적 신진대사는 1960년 이전에 20대를 보낸 출생 코호트들, 즉 1940년 이전에 태어난 사람들을 모두 없애고 더 새롭고 더 관용적인 출생 코호트들을 그 자리에 대체시킬 것이다. 코호트의 대체는 이미 미국에서 개인의 권리에 대한 사회적 관용을 증가시키고 있다. 사회를 구성하는 모든 개인들이 자신들의 관용 수준을 살아 있는 동안에 높이지 않고 그대로 가지고 있다 하더라도, 코호트가 대체되기 때문에 미국에서 사회적 관용은 계속 증가할 것이다.

8장

사생활과 법

幸福家庭与艾滋病预
都希望自己有个幸福的家，有艾滋病的家，幸福便会蒙上阴影。世界卫生组织决
今年艾滋病的主题是："家庭与艾滋病"，社会大家庭预防艾滋病需要每个小家庭作出贡

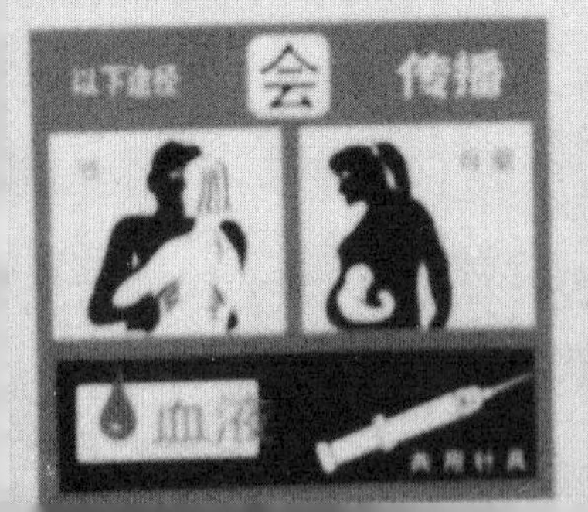
以下途径 会 传播
血液
共用针具

以下途径 不会 传播

当您的配偶或家人染上艾滋病

保护自己和家人的健康

1960년 이후, 미국 대법원은 일련의 새로운 개인 사생활권을 인정했다. 거기엔 산아 제한과 이성애자들의 이인종 결혼, 낙태, 그리고 성인 동성 커플이 합의하에 성관계를 할 수 있는 권리 등이 있다.[1] 보수주의 비평가들은 이 새로운 사생활권이 미국 헌법에 명확하게 명시되어 있지 않다며 불만을 표출하고 있다.[2] 이 새로운 사생활권이 미국 헌법의 문서에서 나온 것이 아니라면, 이 사생활권은 어디에서 왔을까?

식민지 시대에는 관습법의 하나로 남색男色을 금지하는 법이 만연했고, 이 법이 실제로 집행된 적은 거의 없었더라도 대부분의 주에서는 이 법을 당연하게 받아들였다.[3] 19세기에 들어와 각 주는 이인종 결혼 금지법과 낙태 금지법도 처음으로 제정했다.[4] 산아 제한 금지법은 좀 더 최근에 와서 제정되었는데, 산아를 제한할 수 있는 실현 가능한 기술이 좀 더 최근에 발전되었기 때문이다. 다시 말해서 이 새로운 사생활권은 오래된 전통을 뒤집고 있다. 법적 전통주의의 주장, 예를 들어 주정부들이 이인종 결혼을 법으로 금지한 것은 백 년 이상 있었던 것이기 때문에 이인종 결혼을 계속 법으로 금해야 한다는 주장은 1967년 미국 대법원에서 받아들여지지 않았다.[5] 주가 개인의 성생활을 통제했던 관습은 오래전부터 내려왔고, 주법으로도 지원 받았으며, 미국 헌법에도 언급되지 않았는데, 왜 갑자기 1960년 이후에는 받아들여지게 되었을까?

가족 구조의 변화와 자립기의 확산이 해답의 일부가 될 수 있다. 자립기는 젊은이들에게 이전 세대들은 전혀 경험해 보지 못했던 독립과 자유를 주었다. 성인 초기의 새로운 자유는 젊은이들이 세상을 보는 방식을 형성한다.[6] 관용적인 육아 방식 속에서 자랐고 자립기를 경험한 성인들은 사생활에 대해 그들의 선조들과 아주 다른 관점을 갖게 되었다.

그렇다고 미국이 갑자기 정치적으로 진보적인 나라가 되고 오래된 전통을 모두 완전히 없애고 있다고 말하는 것은 아니다. 성인들은 여전히 동성애에 반감을 품고 있으며, 백인은 아직도 흑인에 대한 정치적 배려에 불만을 품고 있다.[7] 어떤 기준에서 미국 사회는 사회적으로, 정치적으로 여전히 보수적이다. 그러나 새롭게 등장한 자립기 덕분에 사생활과 개인 권리에 대한 대중의 관용이 증가하고 있다. 미국 성인 대부분이 동성애는 '항상 옳지 않다'고 믿지만, 그래도 동성애자에게 사생활과 기본권을 줘야 한다고 생각하는 사람들이 늘고 있다.[8]

사생활권을 합법적으로 인정하는 사례가 증가하는 것은 미국으로만 한정되지 않는다. 특히 배우자 선택과 여성의 권리 그리고 동성애자의 권리에서 나타나는 개인의 권리 증가라는 비슷한 패턴은 많은 서방국가에서 나타나고 있다. 자립기는 모든 선진 서방국가에서 어떤 형태로든 존재한다.[9] 저개발 국가들도 서방 선진국과 정치 및 경제 협력을 얻기 위해 요구되는 동성애자 보호법을 서서히 받아들이고 있다.[10] 많은 학자들이 새로운 개인주의에 대해 쓰고 있지만, 사생활권이 새롭게 등장한 시기에 대해선 완전히 만족스러운 설명을 내놓지 못하고 있다. 사생활권 혁명은 왜 산업혁명 시기가 아니라 1960년 이후에 일어났을까? 새로운 개인주의의 문화적이고 지적인 근원을 종교개혁으로 추적할 수 있다면,[11] 1960년 이전 세기들에서 현대 사생활권을 인식했었어야 하지 않았을까? 나는 사생활권의 혁명 시기가 1960년 이후에 생긴 가족 구조의 변화 때문이라고 믿는다. 미국 대법관들과 고등법원 판사들은 가장 최근에 판사가 된 젊은 사람들을 제외하고 모두 1960년대 이전에 성인이 된 사람들이다.[12] 1960년대와 1970년대에 미국 법률의 개정은 판사들이 성인 초기에 겪었던 자립기의 경험 때문이 아니라, 사생활을 존중받고 싶어 하는 미국인들의 욕구가 빠르게 증가하는 것을 대법원이 민감하게 읽어냈기 때문이다.

사생활권은 미국 헌법에서 찾을 수 없으며, 사생활을 지지하는 구체적인 법적 근거의 부재는 사생활권의 확산을 더욱더 흥미롭게 만든다. 헌법을 처음 제정한 사람들을 포함해서 18세기 우리 선조들은 미국의 주들이 성관계나 결혼, 출산 등을 더 많이 통제해야 한다고 믿었다. 새롭게 등장한 사생활권에 반대하는 보수주의자들이 주로 하는 비평은 이 사생활권이 헌법을 엄격하게 해석해서 나온 것이 아니라 개인의 자유를 중요시하는 판사 활동가들의 창작에서 나온 결과라는 것이다. 하지만 사생활권이라는 쟁점에서 보수주의자들은 인구통계학적 흐름을 거스르고 있다.

사생활과 산아 제한

에스텔 그리스월드는 〈미국가족계획연맹〉 코네티컷 지부의 관리책임자였다. 1958년, 코네티컷 주는 1879년에 처음으로 통과된 오래된 법을 채택해서, 주 내에서는 산아 제한을 불법으로 만들었다. 1961년 그리스월드와 그녀의 직장 내 의료 책임자는 결혼한 사람들에게 산아 제한에 대한 정보와 의학적 조언, 처방전을 주었다는 이유로 체포되어 유죄를 선고 받았다. 산아 제한을 반대하는 코네티컷의 법은 거의 집행된 적이 없었기 때문에, 〈미국가족계획연맹〉이 산아 제한 금지법의 합헌성에 도전할 수 있도록 경찰의 이목을 끌어 기소되기까지는 꽤 오랜 시간이 걸렸다. 코네티컷 주와 산아 제한 금지법 지지자들은 이 법이 좀처럼 실행되지 않았기 때문에 사생활을 거의 침범하지 않았다고 주장했다. 산아 제한 금지법을 반대하는 비평가들은 이 법이 거의 집행되지도 않았으면서 종종 제멋대로 적용되는 것은 이 법이 합리적이지도 않고 더 이상 필요하지도 않기 때문이라고 맞받아쳤다.[13] 그리스월드는 산아 제한 금지법을 폐기하기 위해 코네티컷 주를 고소했다. 코네티컷 주 법원 판결에서는 그리스월드가 졌지만, 1965년에 미국 대법원은 그리스월드의 상고를 심리하였고, 같은 해 6월에 대법원은 코네티컷 주의 법을 무효화하는 판결을 내렸다.

그리스월드 대 코네티컷 주Griswold v. Connecticut의 대법원 판결은 개인의 성관계 권리에 대한 새롭지만 논쟁적인 시대를 예고했고, 이 판결은 19세기 후반 앤서니 컴스톡의 매춘 반대 캠페인 이후로 존재했던 산아 제한을 금지하는 주의 법을 완전히 무시했다.[14] 더글러스 대법관 및 당시 대법관들의 다수 의견을 보면, 코네티컷 주는 결혼한 사람들의 사생활을 헌법이 침해하고 있는 상황이라고 평가했다. "부부가 신성한 잠자리에서 피임기구를 사용하는지 확인하기 위해 경찰이 침대를 뒤지도록 우리가 허락해야 하겠습니까? 그러한 생각 자체가 부부 관계에도 사생활이 있다는 개념으로 봤을 때 매우 불쾌한 생각입니다."[15] 이와 반대 의견을 가진 블랙 대법관과 스튜어트 대법관은 미국 헌법엔 그러한 사생활

보호가 명시되어 있지 않기 때문에, 코네티컷 주의 산아 제한 금지법이 블랙 대법관의 관점에서는 '불쾌하고', 스튜어트 대법관도 '굉장히 어리석다'고 생각하지만, 그렇다고 헌법에 위배되는 것은 아니라고 주장했다. 블랙 대법관은 "대법원은 '사생활권'을 합헌이라고 이야기하면서, 마치 어떤 합헌적인 조항이나 조항들이 있어서, 개인의 '사생활'을 빼앗고 있을지 모르는 과거의 모든 법들을 금지하는 것처럼 말한다. 하지만 그런 것은 없다."[16]고 썼다.

1972년, 아이젠슈타트 대 베어드Eisenstadt v. Baird 사건에서 미국 대법원은 새로운 사생활권을 결혼한 커플에서 일반 개인에게까지도 확대했다.[17] 윌리엄 베어드는 보스턴 대학에서 학생들에게 산아 제한에 대해 강의한 후 피임약을 나눠준 혐의로 체포되었다. 매사추세츠 주법은 오직 결혼한 부부들에게만 산아 제한을 할 수 있는 권리를 주었다. 베어드는 청중으로 온 보스턴 대학생들이 결혼을 했는지 알 길이 없었지만, 지역 검사는 베어드가 미혼인 학생들이 많았다는 것을 분명히 알고 있었다고 가정했다. 매사추세츠 주는 미혼자들의 산아 제한 금지는 이들이 성관계를 갖지 않도록 설득하는 데 강력한 효과가 있다고 주장했다. 대법원의 다수 의견을 정리해서 쓴 브레넌 대법관은 매사추세츠 주의 미혼자 산아 제한 금지는 사생활을 지나치게 침범한다고 주장했다.

> 논의가 되고 있는 그리스월드의 사생활권이 결혼한 사람들 간의 관계를 포함하는 것은 사실이다. 그러나 커플이 결혼했다고 스스로 지성과 감성이 완전한 독립체를 이루는 것이 아니라, 분리된 지성과 감성을 가

진 각각의 개인 둘이 만나 교제를 하면서 완전해지는 것이다. 만약 사생활권이 무언가를 의미한다면, 그건 결혼을 했건 독신이건 간에 개인의 권리이며, 한 개인이 아이를 낳을지 말지 같은 결정처럼 그 사람에게 근본적인 영향을 미치는 문제에 있어서 정부의 부당한 강요로부터 자유로워질 권리이다.[18]

미국 대법원이 새로운 사생활권을 개인들에게 보장한 이후, 개인들은 산아 제한을 할 수 있는 권리도 가졌다. 그리스월드 판결이 있었던 1965년과 아이젠슈타트 판결이 있었던 1972년 사이, 블랙 대법관은 은퇴했고 스튜어트 대법관은 새로운 사생활권을 지지하는 다수 의견에 가세했다. 워렌 버거 대법원장만이 아이젠슈타트 사건에서 반대 의견을 제안했다.[19] 아이젠슈타트 사건에서 버거 대법원장의 반대 의견은 익숙한 형태를 취하고 있었다. "이런 피임 효과가 있는 제품들을 시장에서 공공연하게 구할 수 있어야 한다고 막연하게나마 제안한 글을 나는 14개 수정조항이나 헌법 다른 어떤 곳에서도 본 적이 없다."[20]

1973년, 미국 대법원은 로 대 웨이드Roe v. Wade사건에서 사생활권을 낙태 권리로까지 확대했다.[21] 제인 로Jane Roe(가명)는 텍사스 주에 살았던 독신 여성으로 임신 후 낙태를 원했으나 할 수가 없었다. 선택적 유산은 당시 텍사스 주에서 불법이었다. 〈미국의학협회〉는 낙태 반대 캠페인을 벌였고, 19세기 후반에 처음으로 낙태를 불법화하는 데 기여했다.[22] 19세기에 낙태를 반대했던 〈미국의학협회〉의 논리 중 일부는 그 당시의 낙태 기술은 여성에게 위험하다는 것이었다. 1973년쯤에 의학적 유산은 꽤 안전했다. 텍사스 주는 낙태를 할 수 없게 만들면서 "여성의 건강을 보호하기 위해서"라고 더 이상 주장할 수 없었다. 주들이 낙태를 막기 위한 정당화의 논리로 사용했던 공중 보건을 더 이상 강요하지 못하게 된 이후로, 대법원은 임신 기간을 3단계로 나누었을 때 처음 3개월과 다음 3개월, 즉 임신 후 약 6개월 내의 낙태가 불법인 것은 여성 사생활권의 침해로 헌법에 위배된다는 판결을 내렸다. 다수 의견을 정리한 브레넌 대법관은 다음과 같이 적었다.

> 사생활권은, 우리가 이것이 있다고 느끼거나 지방 법원이 판결을 내렸던 것처럼, 미국 수정헌법 제14조 개인의 권리 및 주정부의 개인 침해 제한 조항에 근거를 두든 수정헌법 제9조 개인의 권리 제한에 근거를 두든 간에, 임신 중절에 관한 여성의 자기 결정권을 포함할 정도로 충분히 확장되었다. 주정부가 임신한 여성에게 선택의 여지를 주지 않아 여성이 받은 손실은 명백하다.[23]

로Roe 사건에서 다른 의견을 가진 렌퀴스트 대법관은 법정이 찾아낸 사생활권은 헌법에 명백하게 명시된 것도 아니고, 수정조항 14조 입법자들의 생각도 아니라고 흔히 하는 불평을 했다. "그런 판결을 내리기 위해서는, 법원은 수정조항 14조 내에서 그 수정조항의 기안자들이 명백하게 알지 못했던 권리를 꼭 찾아내야 한다."[24]

로 대 웨이드의 대법원 판결은 텍사스 주의 낙태 금지법을 폐기시켰을 뿐만 아니라, 임신 기간 중 산모의 건강 상황에 따라서만 주가 낙태를 금할 수 있다는 명확하고 한정된 기준도 만들었다. 로 판결은 매우 명확하고 구체적이었기 때문에, 거의 모든 주에서 낙태 금지법을 새로운 전국적 기준에 맞춰 개정해야 했다.[25] 1973년 이후, 낙태 권리 반대자들은 로 대 웨이드 판결을, 사람들을 결집시키는 상징적인 계기로 삼고 정치적인 주도권을 잡으려 했다.[26]

성적인 표현의 권리와 사생활을 증진시키고 있는 미국 대법원이 했던 다른 대부분의 판결은 반대 의견이 공개적으로 조직되어 불평하는 경우가 거의 없는 반면, 로 대 웨이드 판결은 왜 그렇게 열렬하고 끊이지 않는 반발을 촉발시키고 있을까? 임신한 여성의 낙태 권리는 행실을 규제하는 주의 전통적인 권리뿐만 아니라, 태아가 가진 (하지만 불분명한) 권리와도 상충된다. 낙태 반대자들은 주가 가진 낙태를 막을 권리보다는 무방비 상태의 태아의 권리에 그들의 설득을 집중하고 있다. 개인과 성적인 행동을 규제하는 주의 전통적인 권리를 옹호해서는 누구도 다른 사람을 설득해서 함께 갈 수 없다. 낙태가 가진 두 가지 면이 각기 다른 개인을 염두에 두고 있기는 하지만, 이 양쪽 면은 앞서의 개인 권리에 대한 논쟁에 대해 생각해 보게 한다. 법학자인 메리 앤 글렌던은 그녀가 '말할 권리'rights talk라 부른 개인의 권리를 둘러싼 수사학이 1960년 이후에 거의 보편화되고 있다고 주장했다.[27] 누구도 피임 때문에 자기 권리를 침해당하지는 않으므로, 성인의 피임권에는 조직적인 반대자가 그다지 많지 않았다. 1960년 이후 성생활과 법의 변화들이 개인의 권리에 대한 공감을 불러일으켰기 때문이다. 이인종 결혼이나 동성애 같이 서로 동의한 성인들 사이의 성적 표현은 점점 합법화되는 반면, 강간이나 가정 폭력처럼 다른 개인의 권리를 침해하는 행동들은 1970년대 이후 미국과 전 세계에서 점점 더 많이 보고되고 비난받으며 처벌되고 있다.[28]

이인종 결혼

밀드레드 지터는 흑인 여성이고, 리차드 러빙은 백인 남성으로 이 둘은 버지니아 주의 시골에서 함께 자랐다. 둘은 사랑에 빠져 결혼하려 했지만, 버지니아 주에는 이인종 결혼을 금하는 법이 있다는 것을 알았다. 1958년, 지터와 러빙은 워싱턴 D.C.로 여행을 가서 결혼을 한 후에 다시 버지니아로 돌아왔다. 같은 해, 버지니아 주 캐롤라인 카운티의 검사는 러빙 부부를 체포할 영장을 발급 받았고, 한밤중에 침대에 있는 그들을 체포해 구치소에 넣었다. 러빙 부부가 다른 주에서 축복을 받으며 합법적으로 결혼을 했어도 버지니아 주의 법은 버지니아 주에 거주하는 사람들 모두에게 적용된다는 것을 이들은 몰랐다.[29]

1959년, 러빙 부부는 버지니아 주의 〈인종보존법〉(1924)을 어긴 죄를 인정했다. 레온 바질 버지니아 순회 재판소 판사는 러빙 부부에게 구치소에서 각각 1년씩 복역하라고 판결했다. 이 판결은 러빙 부부가 버지니아 주를 떠나고 남편과 부인의 자격으로 다시는 돌아오지 않겠다는 단서를 달고 25년간 유예되었다. 러빙 부부는 버지니아 주를 떠났지만, 가족과 떨어져 있는 게 어렵다는 것을 알았다. 밀드레드 러빙은 세 아이를 출산할 때마다 버지니아로 돌아왔으나, 남편은 법 때문에 함께 돌아올 수 없었다. 1963년, 러빙 부부는 버지니아 주로 돌아와 법에 이의를 제기하기로 했다. 이 사건은 다시 바질 판사에게 돌아왔고, 판사는 그의 첫 번째 결정을 단호하게 재확인했으며 주의 집요한 정책으로서 이인종 결혼 반대법을 지지했다. 러빙 부부는 버지니아 주의 항소심 법정에서는 성공하지 못했지만, 1967년 미국 대법원은 러빙 부부의 상고를 심리하고 버지니아 주 법원의 결정을 뒤집었다.

러빙 대 버지니아 주 사건Loving v. Virginia에서[30], 얼 워렌 대법원장은 대법관 전원 합의 판결문을 작성했다. 러빙 부부는 승소했고, 모든 주에서 헌법에 위배되는 이인종 반대법을 폐기시켰다. 워렌 수석 대법관은 사생활권이라는 법률상 불확실한 영역을 피해, 미국 수정헌법 제14조인 '평등 보호' 조항을 자신의 판결 기반으로 삼았다. 버지니아 주는 이인종 결혼을 한 파트너 모두에게 법을 똑같이 엄격하게 적용했기 때문에, 이인종 결혼 반대법이 인종에 따라 차별하지는 않았다고 주장했다. 대법원은 버지니아 주에서 러빙 부부의 결혼이 오직 그들의 인종 때문에 범죄가 되었다며 그 주장에 동의하지 않았다. 워렌 대법원장은 다음과 같이 썼다. "결혼은 우리의 생존과 생활을 위해 근본적인 '인간의 기본 시민권' 중 하나이다."[31]

러빙 부부 판결이 있었던 그 당시, 오클라호마와 텍사스, 웨스트버지니아, 델라웨어, 테네시 등 남동부 지역에 있던 16개 주들은 이인종 결혼을 금지하는 법을 가지고 있었다. 2차 세계대전과 1967년 사이, 캘리포니아 주를 포함한 다른 14개 주들은 이인종 결혼을 금지하는 주법을 폐기했다.[32] 1967년 이전에도 대법원이 이인종 결혼 반대법의 합헌성 문제를 다룰 수 있었던 기회가 몇 번 있었지만 취소했다.[33] 〈전미유색인종지위향상협회〉NAACP와 몇몇 대표적인 시민권 단체들은 이인종 결혼 금지법으로 고통받았던 사람들이 얼마 안 된다고 생각했기 때문에, 그리고 백인의 역공도 두려워서, 이인종 결혼을 쟁점화하는 것을 꺼려 했다.[34] 러빙 부부의 사건을 제기한 이들은 초기에 이 사건이 대법원으로 가기 전 법정 의견서를 강력하게 써 준 〈전미유색인종지위향상협회〉가 아니라 〈미국자유인권협회〉ACLU에 소속된 2명의 변호사였다. 대법관들은 이인종 결혼에 대한 백인의 반대 여론이 법원에 대항한 전국적인 반란으로까지 이어지지 않을 정도로 누그러졌다고 믿었을 때 이인종 결혼 반대법을 폐기했다.[35]

버지니아 주는 이 사건이 대법원으로 올라가기 전 그들의 소견서에서, 수정헌법 제14조는 19세기에 수정헌법을 만들고 지지했던 사람들이 이해했던 방식으로 적용되어야 하며, 이것이 바로 원래 목적의 법 원리라는 것이라고 주장했다.[36] 수정헌법 제14조는 1868년에 채택되었으며, 모든 사람이 법 앞에서 평등하게 보호된다고 약속했다. 다음은 수정헌법 제14조의 제1절의 내용이다.

> 미국에서 태어나거나 귀화한 사람 그리고 그 사법권에 속하게 된 사람 모두가 미국 시민이며 그가 속한 주의 시민이다. 어떤 주도 미국 시민의 권리 또는 면제권을 제한하는 법을 만들거나 강제해서는 안 된다. 또한 어떤 주에서도 법의 적정 절차 없이 개인의 생명, 자유 또는 재산을 빼앗아서는 안 된다. 게다가 그 사법권 범위에서 개인에 대한 법의 평등한

보호를 부정해서는 안 된다.

수정헌법 제13조(노예 제도 금지)와 수정헌법 제14조, 그리고 수정헌법 제15조(투표권은 인종 때문에 빼앗기거나 거절당할 수 없다는 선언)는 미국 남북 전쟁의 여파로 흑인들에게 만들어 준 합법적인 보증의 핵심 부분이었다. 흑인을 위해 만든 수정헌법 제14조와 15조의 광범위한 보증은 이행되지 않았으며, 특히 남부 지역에서는 거의 한 세기 동안이나 지켜지지 않았다.

러빙 부부의 사건이 대법원 법정에서 논쟁되었을 때, 버지니아 주는 법의 취지에 근거를 두었다. 다시 말해서, 버지니아 주는 수정헌법 제14조가 비준되었던 1868년에 그것을 비준한 많은 주들에서 이인종 결혼 반대법이 있었다는 점에 주목했다. 버지니아 주는 수정헌법 14조가 이인종 결혼 반대법과 모순된다고 여기지 않았다. 그래서 100년 전엔 문제가 없었다가 왜 지금에 와서 수정헌법 14조가 이러한 법들과 모순이 되느냐고 물었다. 미국 대법원이 1967년에 이인종 결혼 반대법을 수정헌법 제14조와 모순된다고 여겨 단호히 폐기했을 때, 이 만장일치 판결은 법의 취지 문제에 대한 대답을 회피했다.

미국에서 삶의 많은 측면이 1868년과 1967년 사이에 변했다. 거의 인식되지는 않았지만 강력한 결과를 초래한 한 가지 변화는 가족 구조의 변화, 특히 세대 사이의 관계 변화이다. 가족 구조의 변화로 인해, 젊은이들은 결혼을 결정할 때 한때 일반적으로 받아들여지고 폭넓게 지지를 받았던 부모의 개입을 갑자기 부당하고 부적당하다고 느낀다.

수정헌법 제14조는 자유와 적법 절차, 평등한 보호라는 이상을 고귀한 언어로 표현하고 있다. 현대의 시각에서, 수정헌법 제14조의 언어들은 19세기 후반에서 20세기 초반까지 사실상 흑인에게 합법적으로 차별을 했기 때문에 상당히 모순적으로 보인다. 노예 제도는 당시 세상에서 가장 자유민주주의적인 헌법이었던 미국 헌법과 4분의 3 세기 동안이나 공존했다. 미국 역사가에게 근본적인 문제들 중 하나는 이상적인 자유의 이념이 광범위하게 담긴 이 위대한 헌법과 노예제도나 흑인 차별 같이 자유를 제한한 현실을 어떻게 조화시키느냐하는 것이다. 19세기 백인 미국인들은 위선자들이라고 간단하게 말할 수 있을까? 약간의 위선은 확실히 있었지만, 19세기 미국인들이 '자유'와 '해방'을 오늘날 우리가 이해하는 것보다 더 좁은 방식으로 이해했다는 것을 인식하는 것도 중요할 것이다. 현대 가족의 삶과 자립기는 우리가 개인의 자유를 다르게 이해하도록 만들고 있으며, 그래서 우리는 우리의 선조들과 다르게 헌법의 언어를 이해한다.

사생활과 동성애

1986년, 바워스 대 하드윅Bowers v. Hardwick 사건에서[37] 미국 대법원은, 새로운 사생활권을 동성 성인들 사이의 합의한 성관계로까지 확대하지 않았던 (그리스월드 사건에서 보충 의견을 내었던) 골드버그 대법관의 발언을 재확인하며 5:4로 하드윅의 패소 판결을 내렸다.[38] 마이클 하드윅은 조지아 주에 살고 있었는데, 경찰이 잘못된 정보에 의거한 수색 영장을 들고 그의 집에 들이닥쳤다. 경찰은 하드윅이 다른 남성과 구강성교를 맺었다는 것을 알게 되었고, 하드윅을 조지아 주의 동성애 금지법anti-sodomy law을 위반한 혐의로 체포했다.[39] 지방 검사는 동성애 금지법이 거의 집행되지 않았기 때문에 하드윅을 기소하고 싶지 않았다.

20년 전 코네티컷 주의 산아 제한 금지법 지지자들이 주장했던 것처럼, 동성애 금지법 지지자들은 동성애 금지법이 실제로 거의 실행되지 않았기 때문에 사생활을 침해하지 않았다고 주장했다. 왜 주는 스스로 집행하려 하지도 않는 법을 유지하기 위해 그렇게 강력히 주장을 할까? 그 이유는 동성애 금지법이 동성애자에게 범죄 가능성이 높은 집단이라는 혐의를 두기 위해 사용되었기 때문이며, 그러고 나서는 그들의 권리를 한정하고 그들을 기소의 두려움에서 살도록 강제하기 위해서 사용되었기 때문이다. 그리스월드 사건에서 뒤집힌 코네티컷의 피임 금지법은 누구 하나 체포하지 않고도 미국 〈가족계획연맹〉이 코네티컷에서 진료소를 열지 못하게 만들었다.[40]

조지아 주의 지방 검사가 망설였음에도 불구하고, 하드윅은 어쨌든 동성애 금지법을 뒤집기 위해 조지아 주 법무장관인 마이클 바워스를 고소했다. 1986년에 대법원은 조지아 주의 법을 유지시켰다. 버거 대법원장은 보충의견에 다음과 같이 썼다. "대법원 의견에 함께하지만, 내 관점을 강조하기 위해 따로 적는다. 헌법에 남색을 저지르는 동성애자를 위한 기본 권리 같은 용어는 없다."[41]

2003년 로렌스 대 텍사스 주 사건Lawrence v. Texas [42]에서 대법원은 이전의 바워스 판결을 기각하고, 마침내 새로운 사생활권과 성적인 자유를 동성 커플에게 확대했다. 과거 조지아 주의 하드윅 사건처럼, 로렌스는 잘못된 정보에 의해 발급된 수색영장을 들고 들어간 경찰에 의해 그의 집에서 체포되었다. 경찰은 로렌스가 그의 남성 파트너인 가너와 성관계를 가진다는 것을 알았고, 이들을 텍사스 주의 동성애 금지법 위반으로 체포했다. 대법원에서 다수 의견을 대표해 정리한 케네디 대법관은 다음과 같이 적었다.

> 이 사건의 실마리는 성인인 신청인들이 적법 절차 조항 아래서 그들의 자유를 누리고 사적 관계를 맺는 데 자유로운가, 그렇지 않은가에 달려 있다……. 비록 바워스 사건 그리고 현재 사건과 관련된 이 법이 특정한 성적 행위를 금지하는 것 이상의 목적이 없다 해도, 그 처벌과 의도는 가장 사적인 인간 행위인 성적 행동과 가장 사적인 장소인 집에 영향을 주는 광범위한 결과를 낳는다. 신청인들은 법이 그들의 관계를 공식적으로 인정했느냐 안했느냐와 상관없이 그들의 개인적 관계를 통제하려 노력했고, 이 관계는 범죄로서 처벌받는 것이 아니라 개인이 선택할 수 있는 자유 안에 있다. 헌법에 의해 보호를 받는 자유는 동성애자에게 그들의 집과 그들의 사적 생활공간 안에서 관계를 시작할 수 있는 선택권과 자유인으로서 그들의 존엄성을 계속 유지할 권리를 허락한다.[43]

로렌스 대 텍사스 사건에서 다수 의견의 결정을 정리한 케네디 대법관은 조지아 주의 동성애 금지법을 인정했던 바워스 대 하드윅 판결 후

17년 동안 동성애자 성관계에 대한 미국 여론이 근본적으로 변했다고 주장하지 않았다. 1986년 이후 미국에서 동성애자 권리에 대한 관용이 증가하였다고 해도, 동성애에 대한 대중의 태도는 여전히 진보적이지 않았다. 몇몇 주들에서는 1986년과 2003년 사이에 동성애 금지법을 철회했지만, 이것 역시 로렌스 판결의 근거가 아니었다. 그리스월드와 아이젠슈타트, 로, 러빙의 판결과 일관된 로렌스 판결의 근거는 사생활을 위한 개인의 권리가 공동체의 권리나, 대중의 의견, 그리고 미국 헌법 입안자들의 입법 취지보다 중요하다는 것이었다.

로렌스 대 텍사스 판결은 5표를 얻어 과반수가 넘었으며, 이 중 4명은 바워스 대 하드윅 판결 이후 대법원으로 합류한 케네디와 사우터, 긴스버그, 브레이어 대법관이었고, 다른 1명은 1986년 조지아 주에 반대하면서 하드윅의 편에 섰던 스티븐스 대법관이었다. 산드라 데이 오코너 대법관은 텍사스 주의 동성애 법이 헌법에 위배된다는 법원 다수 의견에는 동의했지만, 바워스 판결을 무효화해야 한다는 의견에는 동의하지 않았다.[44] 1986년부터 2003년까지 동성애자의 사생활권에 대한 법원의 변화는 법관 사고방식의 변화 때문이 아니라 법관들의 교체, 즉 코호트 교체에 대응되는 법관의 변화 때문이었다.

개인 성관계 권리를 뒷받침하는 사법상의 꾸준한 진보는 강경한 보수주의자들에게 충격을 주고 있다.[45] 로버트 보크는 보수적인 헌법 수호자로, 1965년 그리스월드 대 코네티컷 주의 미국 대법원 판결, 즉 기혼 부부의 피임을 금지했던 주법을 폐기해 법정에서 근대 사생활 혁명이 시작되도록 만들었던 판결에 반대했다. 보크는 법원이 그리스월드 판결에서 헌법에 있지도 않은 사생활권을 끌어들여 판결을 내린 행위는 정도를 넘었다는 입장이다. 보크의 입장이 법적으로 어떤 가치가 있고, 그리스월드 판결에 동의 또는 반대한 사람들이 보크에 부분적으로 동의하더라도, 1960년대 이후 삶의 경험의 추세는 사생활을 기본적인 권리로 소중히 간직하는 쪽으로 흐른다. 1987년 보크의 대법원장 후보 추천은 대법원장 후보 역사상 가장 많은 상원의 반대로 무효가 되었다. 미국 상원에서 있었던 보크의 패배는 크게 보면 보크가 집요하게 비난했던 새로운 사생활권의 정치적 대관식처럼 보였다.[46]

최근 30년 동안의 판결문을 통해 승인된 사생활권은 미국 헌법에 명확하게 제시되어 있지 않다. 이 새로운 권리가 어디서 왔는지 이해하고자 한다면, 가족 삶의 변화가 우리의 사생활과 개인 권리에 영향을 주고 있는 방식들을 생각해 보는 게 도움이 될 것이다. 부모와 자녀의 관계의 본질이 예전과 달라졌기 때문에, 우리는 더 많은 사생활을 경험하고 또 우리의 어린 시절 개성은 더 쉽게 용인된다. 한때 자녀의 체벌은 권장되었지만, 요즘은 자녀의 체벌을 강력히 막는다. 식민지 시대에는 6명 이상의 아이들과 수습생들로 이루어진 대가족이 방 한 칸에 모여 살았지만, 요즘 전형적인 미국 커플은 한 명 내지 두 명의 아이를 낳으며, 아이들은 각자의 침실을 하나씩 갖고 있다. 과거 부모들은 경제적인 필요에 의해 좀 더 권위주의적이었다. 과거 세대의 부모들은 그들이 나이를 먹었을 때 부모를 부양할 복종적인 자녀들이 필요했기 때문에, 자녀를 복종적으로 키워야 했다. 식민지 사회도 가족 통치 제도 밖에는 어떤 통치 체제도 없었기 때문에, 부모가 자녀를 확고하게 통제하기를 요구했다.

현대 육아는 자녀가 독립적으로 성장하도록 준비한다. 현대 부모는 자녀가 성장하면 세상으로 나가 그들의 길을 만들어 나가기를 기대한다. 과거에 젊은이들은 그들이 결혼할 때까지 보통 부모와 함께 살거나 다른 가정에서 수습생으로 있으면서 가족 통치 제도의 영향력 아래에 있었다. 하지만, 1960년 이후 더욱 더 많은 젊은이들이 가족 통치 제도의 범위와 통제에서 벗어나 혼자 살며 일하고 교육을 받는 게 미국의 현실이다. 육아 방식은 세대 사이의 새로운 관계에 적응하고 있다. 사생활과 관용에 대한 개인의 태도는 가족 구조 변화의 결과로 바뀌고 있으며, 그 다음으로 법도 1960년대 이후 시대의 새로운 인구통계학적 현실을 반영하기 위해 바뀌고 있다. 물론, 사회와 개인의 태도는 1960년 이후 많은 방식으로 변하고 있다. 그래서 미국처럼 복잡한 사회에서 아주 폭넓은 사회 변화를 한 가지 이론으로 설명하는 것은 불가능할 수 있다. 그럼에도 불구하고, 가족을 간과한 사회 변화 이론들은 우리가 세상을 보는 방법을 형성하는 데 결정적인 영향을 준 사회적 맥락을 무시하고 있다.

9장

동성 결혼과 미국 가족의 미래

1960년 이후 미국에서 사생활과 성적 권리는 그 범위를 꾸준히 확장해왔다. 최근의 미국 정계를 흔드는 사생활과 성적 권리에 대한 쟁점, 즉 동성 결혼은 1960년에 정말 희한한 것으로 여겨졌을 것이다. 동성 결혼에 대한 논쟁이 일어나는 방식을 이해하고 동성 결혼의 미래의 전망을 예측하기 위해서, 우리를 이곳까지 데리고 온 역사적이고 인구통계학적인 힘들을 검토하는 것은 유용한 일이다.

미국에서 이인종 결혼의 사회적 역사와 법적 역사는, 시간이 지난 후에 보면 편의적으로 해석될 수도 있는데, 우리에게 동성 결혼에 대한 사회적이고 법적인 의문에 대해 많은 것을 가르쳐준다. 이번 장에서, 나는 이인종 결혼의 역사에 비추어 동성 결혼의 현 상태와 미래를 고찰할 것이다. 미국에서 이인종 결혼의 수와 동성 결합의 수는 몇 가지 동일한 인구통계학적·사회적 이유로 인해 최근에 둘 다 증가하고 있다. 아직도 널리 퍼져 있는 동성애자에 대한 공포와 동성 결혼에 대한 공포는, 미국에서 백인 지도자들에 의해 한때 공개적으로 폭넓게 나타났던 흑인에 대한 공포, 이인종 결혼에 대한 공포와 그렇게 다르지 않다.

1960년대 초반까지 이인종 결혼은 미국 역사 대부분에서 정치적으로 건드릴 수 없는 주제였고, 1967년에 합법적 권리가 되었다.[1] 1967년 이후, 이인종 결혼의 합법성에 대한 대중의 반대는 차츰 사라지고 있다. 동성 결혼은 미국에서 1990년대 초반까지 정치적으로 건드릴 수 없는 주제였으나, 변화가 시작되고 있다.[2] 수십 년 전에 동성 결혼을 반대했던 많은 주장들은 이인종 결혼을 반대하는 주장들과 비슷한 형식으로 나타났기 때문에, 이인종 결혼에 반대하는 법을 유지하자고 변호하는 주장들은 특히 검토해볼 가치가 있다.

이인종 결혼을 반대한 버지니아 주의 주장

입법 취지

러빙 대 버지니아 주 사건에 대한 대법원 판결이 있기 전 1967년의 변론 취지서에서 버지니아 주는, 법적, 헌법적, 도덕적, 역사적, 과학적, 공익 질서적인 논거로 이인종 결혼에 반대하는 법을 변호했다.[3]

버지니아 주는 수정헌법 제14조 채택 당시 이인종 결혼 금지법을 시행하던 주들이 수정헌법 제14조를 채택했기 때문에 그것은 이인종 결혼 금지법과 모순되지 않는다는 것을 입법 취지로 주장했다.[4]

전통의 보호

버지니아 주는 전통이라는 영향력도 중요한 한 측면이라고 주장했다. 이인종 결혼을 금지하는 법들은 각각 다른 많은 재판에서 서로 다르게 수십 번이나 확정되었다.

사법심사(위헌법률심판권)

민주적으로 선출된 입법 기관이 통과시키고 민주적으로 선출된 행정부가 서명한 법을 판사는 어떤 권리로 뒤집을 수 있는가? 미국 헌법 제정자들 중 일부는 입법 기관과 다수의 횡포에 맞서 법원의 균형을 맞추려 했다.[5] 미국 헌법 입안자들의 의도와는 상관없이 1803년 마베리 대 매디슨이라는 유명한 사건에서 대법원은 스스로 입법부와 행정부의 법률을 심리할 권력을 스스로에게 부여했다.[6]

과학적이고 생물학적인 근거

20세기 초의 과학계는 흑인이 생물학적으로 열등하기 때문에 이인종 결혼은 백인 미국 사회의 인종 보존에 위협이 된다는 주장을 일반적으로 지지했다.[7] 백인 인종이 가장 우수하다는 지적인 믿음은 20세기 중에 서서히 약화되었다. 독일 민족의 우수성을 히틀러가 광적으로 수용한 것, 독일 나치와 싸우기 위한 미국이 참전한 것, 그리고 히틀러 치하 독일의 제3제국이 저지른 괴상한 잔학상이 폭로된 것은 모두 인종 간의 선천적인 차이와 백인 인종의 우수성이라는 낡은 이론들의 신용을 떨어뜨렸다. 1967년경에 이인종 결혼을 반대하는 법을 지지했던, 흑인의 생물학적 열등성과 관련된 인종 이론들은 지성계의 불명예로 취급받았다. 버지니아 주는 인종 사이에 존재하는 생물학적 차이와 이인종 결혼의 위험성에 대한 과학적 논쟁은 아직 미해결 상태라고 주장했으며, 노스캐롤라이나 주는 이 변론 취지서에 동의했다.[8] 대법원에 올리기 전 그들의 변론 취지서에서 버지니아 주와 노스캐롤라이나 주는 둘 다 몇몇 전문가들이 오래된 인종 이론들을 포기했거나 거부했다는 것을 순순히 인정했지만, 여전히 다른 전문가들은 인종을 섞는 것이 인간 사회의 유전자 지속성에 불가피하게 해롭다는 생각을 지지하고 있다고 강력히 주장했다.[9] 버지니아 주의 법무장관은 다음과 같이 주장했다. "과학적인 동물 사육자는 여러 유형들을 교배시키기보다 한 종류의 유형을 특화시킬 때 가장 바람직한 결과가 나온다는 사실을 오래 전에 입증했다."[10]

신의 뜻

유명한 러빙 대 버지니아 사건이 미국 대법원에서 심리를 받기 전, 버지니아 주 법원은 러빙 부부에게 불리하고 이인종 결혼에 반대하는 법에 유리하도록 판결을 내렸다. 레온 바질 순회 재판관은 러빙 부부의 첫 번째 재판에서 유죄를 선고했고, 버지니아 주는, 미국 대법원으로 이 사건이 가기 전에 바질의 판결을 옹호했다. 바질은 러빙 부부의 항소가 다시 그에게 돌아왔을 때 판결을 내리며 다음과 같이 썼다. "전지전능한 신은 인종을 백인과 흑인, 황인, 말레이인, 적색인으로 창조했고, 인종을 각기 다른 대륙에 위치시켰다. 따라서 신이 개입해서 조정하는 게 아니라면, 그런 결혼은 있을 수 없다. 신이 인종을 분리했다는 사실은 신이 인종을 섞으려는 의도가 없었다는 것을 보여 준다."[11]

아이들의 보호

버지니아 주는 이인종 커플이 키우는 아이들이 겪게 될 상처와 혼란으로부터 아이들을 보호하기 위해 이인종 결혼 금지법은 꼭 필요하다고 주장했다. 타락하고 상처입기 쉬운 아이들을 보호해야 한다는 논리는 수년 간 사회 통제와 사회 개조 운동을 위한 기반으로 특히 효과적이었다.[12]

> 우리는 이미 이인종 결혼 사이에서 이혼율이 높다는 것에 주목하고 있으므로, 다음과 같은 질문은 적절하지 않다. "그럼 우리 이제 이인종 결혼 부모의 피해자가 될 아이들의 수를 늘릴까요?" 어떤 일이 일어날 것 같은 가능성이 조금이라도 있다면, 그리고 증거가 확실히 그 방향을 가리키고 있다면, 아이들을 위한 우리의 의무는 그런 결혼의 수를 줄이도록 해야 하는 것이다.[13]

버지니아 주의 주장이 상당한 법률적·역사적 선례에 기초하고 있다는 것이 사실이었음에도 불구하고, 대법원은 만장일치로 버지니아 주의 주장을 묵살했고 원고에게 유리한 판결을 내렸다. 미국에서 이인종 이성애자 결혼의 적법성은 지금은 확고한 법률로 자리를 잡았다. 남부 백인 유권자들은 이인종 결혼의 합법성에 대해 여전히 억울함을 품고 있을지 모르지만, 선출된 보수적 정치 지도자들은 노골적으로 이의를 제기하는 것을 꺼려 한다.[14]

동성 결혼을 반대하는 주장은 이인종 결혼을 반대하는 데 사용되었던 많은 주장들을 다시 사용한다. 동성 결혼은 미국 헌법 입안자들의 입법 취지를 거스른다, 동성 결혼은 오직 이성애자를 위한 결혼이라는 오래된 전통의 역사를 뒤집을 수 있다,[15] 동성 결혼은 대중의 민주적 의지에 반대하는 활동가 판사들에 의해 부추겨지고 있다,[16] 동성 결혼은 과학과 생물학, 진화를 거스르고 있다, 동성 결혼은 신의 뜻에 반대되고 있다,[17] 동성 결혼은 아이들에게 상처를 줄 수 있다[18] 등등이다.

동성 결혼과 아이들

동성 결혼에 대한 논쟁을 포함해서 결혼이나 가족과 관련된 모든 공공 정책의 논쟁에서 아이들은 핵심적 위치를 차지하고 있다. 동성 결혼 반대자들은 이성애자 부모가 아이를 잘 돌본다고 주장한다.[19] 동성 결혼 지지자들은 동성애자 부모도 이성애자 부모 못지않게 아이를 잘 키울 수 있고, 더욱이 동성애자 부모들에게는 법의 보호가 필요한 아이들이 이미 있다고 주장한다.[20] 예상한 대로 동성 부모 밑에서 자란 아이들의 사회적 적응에 대한, 전국적 대표성을 지닌 장기적인 데이터가 부족하다. 동성 결혼 반대자들은 동성애자 가족에 대한, 전국적 대표성을 지닌 데이터가 동성애자들이 부모로서 적합하다는 것을 입증할 때까지 동성 커플에게 더 이상의 권리를 승인해선 안 된다고 주장한다.[21] 동성 결혼 지지자들은 동성 커플과 그들의 자녀들에 대한 장기적인 연구가 그들의 참여의식에 달려 있고, 이것은 결국 주State가 동성 커플에게 동등한 권리를 기꺼이 주려는 마음에 달려 있다고 대응한다.[22] 동성 커플과 동성 커플의 아이들에 대한 것 중 확고한 사실 하나는 바로 이들의 수가 점점

〈표 9.1〉 동성 동거 부모와 함께 살고 있는 아이들

	조사년도		
	1990	2000년, 조정한 데이터	2000년, 조정하지 않은 데이터
(A) 전체 미국 아이들의 수	63,400,000	73,400,000	73,400,000
(B) 동성 동거 부모와 함께 살고 있는 아이들의 수	68,000	126,000	426,000
(B/A) 전체 미국 아이들 중 동성 동거 부모와 함께 살고 있는 아이들의 비율	1/934	1/571	1/172

출처: IPUMS, 가중치를 적용한 5% 미국 인구조사 마이크로데이터, 1990년과 2000년

주: 아이들은 모두 18세 미만이다. 2000년 조정한 데이터는 동성 동거 카테고리에서 인구 조사국에 의해 동성 커플이면서 결혼도 했다고 응답한 경우를 제외했기 때문에, 1990년 인구 조사 데이터와 더 비슷한 조건이다.

증가하고 있다는 것이다.

〈표 9.1〉은 동성 동거 부모와 함께 사는 미성년 아동의 수가 1990년과 2000년 사이에 상당히 증가하고 있다는 것을 보여 준다. 1990년에 동성 동거 부모와 함께 살았던 아이들은 6만 8천 명으로 미국인 아이 934명당 1명꼴이었다. 2000년 조정한 데이터는 1990년과 가장 비슷한 조건에서 나온 데이터이며, 12만 6천 명의 아이들이 동성 동거 커플과 살고 있는 것으로 나타난다. 조정하지 않은 2000년 인구조사 데이터는 인구조사국이 동성 동거 커플에 대한 그들의 정의를 확대했기 때문에 1990년 데이터와는 덜 비슷하지만, 2000년 동성애자 가족들의 모습을 더 정확하게 보여 준다.[23] 2000년 인구조사의 조정하지 않은 데이터에 따르면, 동성 동거 부모와 함께 살고 있는 아이들은 42만 6천 명으로, 이는 미국인 아이 172명당 1명꼴이다.

나의 인터뷰 대상자들인 파스칼과 마크의 경우를 보자. 파스칼과 마

크는 모두 백인 남성 동성애자들로 결혼해서 샌프란시스코에서 살고 있으며, 흑인 남자 아이 두 명을 입양해 키우고 있다. 가족은 모두 프랑스어를 쓴다. 파스칼과 마크의 가족이 거리를 걷고 있는 모습을 보면, 이들은 전통적 가족이 가진, 겉으로 보이는 거의 모든 관념들에 도전하고 있다. 그럼에도 불구하고 파스칼과 마크의 가족은 극히 평범하다. 파스칼과 마크는 아들들과 함께 공원에서 노는 것을 좋아한다. 그들은 아들들의 유치원에서 자원봉사도 한다. 아들들과 최대한 함께 지내기 위해 그들의 근무 일정도 조정한다.

대부분의 부모가 원하는 것, 즉 자녀들에게 가능한 가장 안전하고 가장 양육하기 좋은 환경을 제공하는 것을 파스칼과 마크도 똑같이 원한다. 하지만, 동성 결혼은 현재 법적으로 2차적 지위에 놓여있기 때문에 파스칼과 마크가 자녀를 양육할 수 있는 능력은 제한되어 있다. 파스칼은 프랑스 국적이고, 마크는 미국 국적이다. 만약 파스칼이 여성이었다면, 마크와 파스칼의 결혼은 파스칼에게 미국 국민이 되는 것을 허락했을 것이다. 파스칼과 마크는 둘 다 남성이기 때문에 그들의 결혼은 미국 연방 정부에게서 절대 인정받을 수 없었다.[24] 결과적으로, 파스칼은 취업 비자를 가지고 미국에 머물고 있고, 이는 파스칼이 2년에 한 번씩 비자를 갱신하기 위해 어쩔 수 없이 이 나라를 떠나도록 만든다. 2년마다, 충분한 예고 없이 파스칼의 비자 갱신이 거부되어 그들이 사업을 접고 재산도 판 후에 미국을 떠나야만 하는 일이 벌어질 수도 있기 때문에 파스칼과 마크의 삶은 안정되기가 어렵다.

하와이 주의 판결

1990년, 니니아 배어Baehr와 제노라 댄슬은 하와이 주에 결혼증명서를 신청했으나, 그들이 모두 여성이라는 이유로 거부되었다. 배어와 댄슬은 하와이 주를 상대로 한 재판에서 결국 승소했으나 뒤이어 동성 결혼을 막기 위한 긴 법률 싸움 끝에 하와이 주민들의 주법 수정안이 통과되자 패소하고 말았다. 비록 배어와 댄슬이 결혼을 허락받지는 못했지만, 1996년의 재판에서 그녀들의 승리는 동성 결혼에 대한 법적 풍경을 바꿔놓았다.[25] 처음에 하와이 주 법원은 배어와 댄슬의 고소를 기각했다. 1993년, 하와이 주 대법원은 배어와 댄슬의 항소를 심리했고, 동성 결혼 금지의 권리를 입증할 책임이 하와이 주에 있다고 하여 이 사건을 주 법원에 돌려보냈다.[26] 배어 대 미이케라고 다시 명명된 이 사건은 결국 1996년에 하와이 주 순회 재판소의 케빈 챙 판사의 주재로 재판이 열렸다.[27]

배어 대 미이케 사건은 게이와 레즈비언이 부모로서 적합한지에 대한 재판이었다. 하와이 주는 동성 부모가 하와이에서 아이를 키울 때 이성애자 부모만큼 잘할 수 없다는 주장을 그들의 강력한 권리 주장으로 삼았다.[28] 재판에서 하와이 주는 의사와 사회과학자들을 증인으로 내세웠고, 이들은 하와이 주가 이성애자 결혼에 호의를 갖고 있음을 분명히 보여 주었다. 하지만 주가 내세운 증인들조차도 "부모의 성적 성향은 그들이 좋은 부모이고 적합한 부모이며 사랑하는 부모 또는 성공한 부모의 자격이 없다는 것을 의미하지 않는다"는 것을 인정해야만 했다.[29] 하와이 주는 동성 커플이 적절한 부모가 될 수 없다고 단정하는 증인 한 명만 내세웠을 뿐인데, 이 한 명의 증인은 모든 사회과학과 심리학, 진화 이론을 반대했기 때문에 챙 판사는 이 증인을 신뢰하지 않았다.[30] 이 재판은 학계와 의료 서비스 직종 내에서 동성애자 권리에 대한 완전한 반대 입장이 고립되어 주변부로 물러나기 시작했다는 것을 보여 주었다. 동성 결혼이 반드시 아이를 키우는데 방해가 된다는 결정적 증거를 주는 거의 찾을 수 없었고, 또 원고의 증인들은 모두, 동성 부모에게 아이를 키우는 일에 어떤 약점이 있는 것은 아니라고 주장했기 때문에 증거의 무게는 분명했다. 챙 판사는 하와이 주가 동성 커플의 결혼을 막아야 하는 분명한 이해 관계를 제시하지 못했다고 봤고, 피고이자 하와이 주의 보건부 책임자인 로렌스 미이케에게 동성 커플의 결혼 증명서를 거부하지 말라고 지시했다.

동성애자 부모가 열등하다는 하와이 주의 주장이 재판에서 기각된 일은, 그 뒤 어떤 주정부든 동성 결혼을 막음으로써 이익이 있다고 주장하려는 사람에게는 목의 가시가 되었다.[31] 동성 커플의 결혼을 거부할 권리를 버몬트 주가 가지고 있다는 입장인 버몬트 주 법무장관은, 동성 부모의 육아가 부적절하다고 하는 하와이 주의 전혀 설득력 없는 주장에 개입하지 않았다. 이것으로 버몬트 주는 이성애 결혼의 배타성을 보여 주는 한정된 지역으로 남게 되었다.

> 원고는 주정부의 정당한 주장의 본질을 잘못 이해하고 있다. 원고는, 버몬트 주의 주장이 하와이 주가 배어 사건에서 이성애자 부모에게서 자란 아이들이 다른 부모에게서 자란 아이들보다 더 낫다고 한 주장과 같

은 주장이라고 한다. 하지만 그건 버몬트 주의 주장을 잘못 이해하고 비난한다는 점에서 부당한 처사다. 하와이 주와 달리 우리 버몬트 주는 동성 커플 밑에서 자란 아이들이 다른 아이들과 정신적으로 다를 것이라고 주장하지 않는다. 그것보다도 우리 버몬트 주는 남성과 여성이 함께 육아를 책임지고 육아에 참여하는 그런 자녀 교육의 이점에 관심을 두는 것이다. 앞으로도 우리 주는 이러한 결혼 논의에 대해 더 많은 관심을 가질 것이다.[32]

동성 커플이 양육에 있어 이성애자 결혼 커플과 동등하다고 인정하는 것 외에, 버몬트 주 법무장관은 선택권이 별로 없었다. 하지만 버몬트 주 법무장관이 부모로서 동성애자의 잠재적인 적합함을 인정함으로써, 그는 자신을 스스로 법적 궁지로 내몰았다. 베이커 대 버몬트 주 사건에서 원고들은 부분적으로이지만 승소했다. 버몬트 주에게 동성 커플의 합법적 결혼을 막을 설득력 있는 이유가 없었기 때문이다.[33]

동성애자 차별의 과학적 근거

1970년대 이전에 미국에서 동성애는 〈미국정신의학협회〉APA의 『정신장애 진단 및 통계 설명서』에서 공식적으로 정신 질환으로 여겨졌다.[34] 20세기 중반까지 흑인에 대한 인종차별이 과학에 의해 정당화되었던 것처럼, 1970년대 전까지는 동성애에 대한 차별도 그러했다. 1950년대까지

정신과 의사와 심리학자는 동성애자가 심각한 정신 장애를 가진 사람이라는 데 합의했다. 동성애자가 본성적으로 정신적인 장애가 있다는 증거는 편향된 표본 때문이었다. 즉, 전문적 치료를 받고 있는 동성애자 대부분은 감옥이나 정신 질환자들이 다수인 정신병원에 속해 있었다. 일반 대중 속 동성애는 그 당시에 매우 비밀스럽게 숨어 있었기 때문에, 심리학자와 정신과 의사들은 문제가 없는 동성애자 인구 집단의 존재를 인지하지 못했다. 에블린 후커는 교도 시설과 정신병원이 아닌 곳에 있는 게이 남성들을 찾기 위해 〈메타친협회〉와 만났고, 1957년 최초로 동성애자 남성과 이성애자 남성의 심리적응에 관한 통제된 실험을 진행했다. 후커는 이성애자 그룹과 동성애자 그룹의 지능과 나이 그리고 교육 수준을 맞췄고, 각 그룹에 기본적인 임상실험 테스트를 해보았다. 후커의 표본은 모두 치료를 받지 않는 일반 대중 남성들이었다. 후커는 정신의학 전문가들이 그녀의 표본인 이성애자와 동성애자를 임상적으로 구분할 수 없다는 것을 보았다.[35] 후커는 "임상 실체로서의 동성애는 존재하지 않는다"는 결론을 내렸다.[36] 그 다음 해에 후커의 결과는 다른 학자들에 의해 한 번 더 반복되었고, 동성애는 정신 이상의 한 형태라는 기존의 과학적 합의가 흔들리기 시작했다.[37]

1970년 샌프란시스코에서 열린 〈미국정신의학협회〉 회의에서, 임상의들은 이성애가 유일하게 건강한 성적 성향이라고 가정하고 동성애자들을 이성애로 전환시키기 위한 치료를 임상에서 하고 있다고 발언했는데, 이에 대해 동성애자 활동가들은 연설자들을 방해하고 패널들에게 항의했다.[38] 의학계의 지도자들과 정신의학 전문가들은 처음에 이 시위로 깜짝 놀랐으나, 3년 후 이 활동가들의 집요함과 열정이 전문가들을 이겼다. 1973년 〈미국정신의학협회〉 전국 총회가 호놀룰루에서 열렸을 때, 갈수록 더 신임을 잃는 동성애 정신이상 이론에 대해 지지자들과 반대자들은 협회의 공식적인 정책으로 무엇이 있어야 하는지를 두고 싸웠다.[39] 정치적으로 진보적인 정신과 의사들이 이 싸움에서 이겼고, 이들은 동성애에 대한 새로운 공식적인 성명서를 제안했는데, 그 성명서는 다음과 같이 시작했다. "동성애 그 자체가 판단력과 안정성, 신뢰성, 일반적 사회 능력과 직업 능력의 장애를 의미하지 않으므로, 〈미국정신의학협회〉는 동성애자에 대한 공적 차별과 사적 차별 모두를 몹시 유감스럽게 생각함을 밝힌다."[40]

1975년, 〈미국정신의학협회〉는 이 정신과 의사들의 성명서와 비슷한 입장을 채택했고, "모든 정신 건강 전문가들은 동성애자 성향과 오랫동안 관련되었던 정신질환의 오명을 없애는 데 도움을 주라고 강력히 권고했다."[41] 사회 복지사 전국 조직이 그 뒤를 따랐다. 미국에서 동성애자의 정치적 행동주의와 가시성의 증가는 동성애에 대한 과학적이고 전문적인 합의를 변화시키는 데 도움을 주었다. 과학적 합의의 변화는 과거 동성애자에 반대하는 합법적 차별을 지탱했던 핵심적인 기둥 중 하나를 제거했다.

사회 과학 분야에서 1973년 이후 동성애를 재평가한 결과, 하와이나 버몬트 같은 주들은 주 정부가 동성 결혼을 막을 강력한 이해관계가 있다고 주장해 줄 믿을 만한 전문가 증인을 찾기 힘들어졌다. 학계와 보건의료계에서 믿을 만한 전문가 대부분은 동성애자 권리를 지지하는 쪽으로 옮겼으며, 주는 동성 결혼과 싸울 만한 정보를 거의 갖고 있지 않다. 이것이 배어와 미이케 재판에서 하와이 주가 지고, 베이커 대 버몬트 주의 재판에서는 버몬트 주에 반대하는 판결이 나왔던 이유이다.

결혼법

2004년 2월, 샌프란시스코 시장으로 선출된 개빈 뉴섬은 동성 커플의 결혼 증명서 발급 거부를 중단하라고 카운티 서기에게 지시했다. 결혼이 가능한 시간이 얼마나 오래 주어질지 알 수 없는 가운데 수백 명의 동성애자 커플들이 샌프란시스코 시청으로 몰려들었다.[42] 내 인터뷰 대상자인 파스칼과 마크는 이미 두 아들이 있었지만, 그들은 그들이 결혼할 수 있을 거라 생각해 본 적이 없었다. 파스칼은 시청에서 어떤 일이 일어나고 있는지 듣고서, 마크에게 전화를 걸어 청혼했다. 마크는 다음과 같이 기억했다.

> 파스칼은 사무실에 있는 제게 전화를 해서는 시청으로 가자고 했어요. 파스칼은 제 휴대폰에다 말했어요. "시청에 가서 우리 결혼하자!" 저는 안 된다고 했지요. 파스칼, 프러포즈는 전화로 하는 게 아니야.
> 저는 파스칼이 무릎을 꿇고 결혼반지를 건네는 것을 원했어요. 지금까지 반지가 없기는 하지만…… 어쨌든 안 된다고 했어요. 그렇게 해선 안 되지요. 그 다음에 우리는 우리에게 72시간 정도가 남았고 그 뒤 법원이

> 다시 금지명령을 내릴 것이라고 들었기 때문에, 시청에 가서 결혼을 했습니다. 저는 오랫동안 결혼 생각을 포기하고 있었습니다.…… 저는 가족들을 불러 모아서 작은 예식과 함께 저녁을 먹으며 축하를 받았으면 했거든요.
>
> 대신에 저희는 일렬로 나란히 줄을 맞춰 서 있었습니다. 비도 엄청나게 쏟아졌지요. 줄은 건물을 한 바퀴 빙 둘렀습니다. 저희는 좋은 옷을 차려입었지만, 건물 안으로 들어가자 한기가 들었고 사우나에 들어간 것처럼 축축했습니다.…… 그리고 우리는 그리 좋은 인상을 받지도 못했습니다. 신청서를 작성하고 예식을 한 후에 결혼 증명서를 기다려야 한다고 하더군요. 하지만 정말 멋졌어요. 긍정적인 에너지를 듬뿍 받았답니다.

그 후로 일주일 동안 4천 명 이상의 동성 커플이 샌프란시스코에서 결혼했다.[43] 캘리포니아 주는 (2000년 3월 주 전체의 투표를 통해 통과된 주민법안발의 22번 법률 개정안으로) 동성 결혼을 분명하게 불허했기 때문에, 샌프란시스코의 동성 결혼의 법적 지위는 불확실했다. 파스칼과 마크는 주 법원이 샌프란시스코에 압력을 넣어 동성애자의 결혼을 멈추게 할지라도, 이미 혼인이 된 사람들의 자격을 박탈하지는 않을 거라는 사람들과 생각이 같았다. 그들의 예상은 빗나갔다. 2004년 8월, 캘리포니아 주 대법원은 뉴섬 시장이 그의 권한을 넘어섰다고 판결을 내리면서 샌프란시스코의 모든 동성 결혼을 무효화시켰고, 동성 커플에게 결혼 증명서를 발급하면서 받은 30달러도 돌려주라고 지시했다.[44] 법원은 캘리포니아의 동성 결혼 금지의 합헌성에 대한 문제를 남겼고, 이 쟁점은 미해결로 남아 있다.

2004년 7월에 학생들과 나는 파스칼과 마크를 인터뷰했고, 이는 캘리포니아 주 대법원이 그들의 결혼을 무효로 하기 한 달 전이었다. 파스칼과 마크는 모두 인터뷰를 하면서 그들의 결혼에 대해 그들이 이전에 예상했던 것보다 훨씬 더 감정적인 의미가 있다고 묘사했다. 마크는 다음과 같이 이야기했다. "그것은 당신이 아주 먼 곳을 여행하고 돌아오는 것과 같아요. 당신이 오랜 비행을 마치고 공항에 내렸을 때 아직 집에 있는 것은 아니죠. 택시를 타고 와야 당신은 집에 있는 거죠. 그리고 저희가 결혼을 한 것은 택시를 타는 것과 같아요. 그러니까 저희는 집에 도착한 거죠."

매사추세츠 주 대법원의 굿리지 대 공중보건부Goodridge v. Department of Public Health 판결로 2004년 봄부터 매사추세츠 주에서는 동성 커플이 결혼을 하기 시작했다.[45] 동성 결혼은 2004년에 여러 주에서 이뤄졌지만 매사추세츠 주에서 정식으로 법적 인정을 받았는데, 최초로 인정된 동성 결혼은 보수적인 종교계의 반동을 일으켰다. 2004년 총선거에서 11개 주가 동성 결혼을 막기 위해 그들의 주 헌법이나 주 법을 바꾸는 국민투표를 쉽게 통과시켰고, 동성 결혼에 대한 대중적 반대는 조지 W. 부시를 대통령에 당선시킨 유권자들에 의해 지지를 받았다. 2004년 대선의 결과는, 그 이전 하와이와 알래스카에서 동성 결혼을 금지하는 법률적 개정 및 1996년 양당의 지지 가운데 클린턴 대통령이 서명한 〈연방결혼보호법〉과 함께 동성애자 권리, 그중에서도 특히 동성 결혼을 반대하는 강력한 정치적 반동의 징후들이었다.[46]

역사 속 선례를 통해 알아보는 동성 결혼

역사 속 선례가 미국 동성 커플의 결혼이나 시민 결합에 어떤 미래를 제시할 수 있을까? 앞선 주들의 경험은 한 가지 단서를 제공한다. 매사추세츠 주에서 동성 커플이 처음으로 합법적으로 결혼했던 2004년 5월부터 매사추세츠 입법부가 동성 결혼을 금지하는 입법 개정안을 거부했던 2005년 9월까지 16개월 동안, 매사추세츠 주에서 동성 결혼에 대한 반대는 급감했다.[47] 동성 결혼 반대자들은 동성 결혼이 매사추세츠 주의 사회 구조에 처참하고 즉각적인 결과를 가져올 것이라고 예고했지만, 16개월이 지나고 6천 6백 쌍의 동성 결혼이 있은 후에도 어떤 해로운 결과는 발견되지 않았다. 버몬트 주의 입법자들도 비슷한 경험을 했다. 2000년 버몬트 주에서 동성애자 커플을 위한 시민 결합이 처음 시행되었을 때, 즉각적인 정치적 반동은 맹렬했다. 하지만 2년이 지난 후, 시민 결합에 대한 반대는 더 이상 버몬트 주의 많은 대중을 자극하는 원인이 되지 않았으며, 초기에 시민 결합에 대한 반대 여론을 타고 선출되었던 몇몇 국회의원들은 나중에 자리에서 내려왔다.[48]

동성 결혼이 이인종 결혼의 궤적을 쫓아간다고 가정하면, 동성 커플의 결혼 증명서를 인정하는 주의 수가 서서히 증가할 것이다. 몇몇 주들은 매사추세츠 주의 선구적인 예를 따를지 모른다. 이런 선구적인 주들이 몇 년 동안 동성 커플의 결혼 증명서를 승인하면서 사회 구조를 분열시키지 않는다는 사실이 누가 봐도 분명할 때, 다른 주들도 따를 것이다. 이인종 결혼을 금지하는 법을 가장 오랫동안 유지하고 있는 남부 주들을 포함해서, 유권자들이 기독교 근본주의자의 행동주의에 영향을 많이 받는 주들은 이미 동성 결혼 금지를 위해 주의 헌법을 개정하거나 주의 법을 보강하고 있다.

동성 결혼을 반대하는 정치적인 반동에도 불구하고, 현재 매사추세츠 주에는 수 천 명의 동성 결혼 커플이 있고, 버몬트 주와 다른 주에는 주에서 인정한 시민 결합이라는 수 천 명의 동성 커플이 있다. 동성 결혼의 증가는 동성애자 부모와 동성 커플이 정상적이고 신뢰할 만하다는 인식을 갖게 만든다. 1960년대 중반에 이인종 결혼을 반대했던 주들의 주장의 마지막 순간처럼, 지금은 타당하게 들리는 동성 결혼에 반대하는 주장들은 미래에 껄끄럽고, 귀에 거슬리고, 편협하게 들릴지 모른다. 동성 커플에 대한 현재의 법적인 풍경은 서양 장기판의 격자 줄무늬처럼 주별로 혼란스러우며, 1967년 이전의 이인종 커플이 직면했던 상황과 유사하다. 결국, 주 차원에서 합법성과 입법화의 싸움들이 몇 년간 있은 후에 그리고 초기의 정치적 열정이 사그라진 후에, 미국 대법원은 끼어들어서 이성애자 결혼과 똑같은 근거로 동성 결혼도 인정하라고 모든 주에 강제할 수도 있다. 이것이 동성애자 권리에 대한 예상의 가장 순조로운 시나리오이다. 동성 결혼은 궁극적으로 합법화로 가고 있다. 동성 결합의 확산, 부분적으로는 1960년대 이후 새로운 가족 구조의 결과인, 동성애 권리에 대한 관용의 증대, 반동성애 주장의 지적 신뢰성 감소, 일련의 주 법원 판결들, 그리고 동성애자 성관계를 금지한 주 법을 무시한 2003년 미국 대법원의 로렌스 대 텍사스 판결 등이 그렇게 만들고 있다. 로렌스 대 텍사스 재판에서 안토닌 스칼리아의 반대 의견은 이 사건에서 다수의견이 "이성 커플에게만 결혼을 한정해온 주의 법들을 무척 불안한 상황에 남겨두었다"고 불평했다.[49]

시민권 유추 해석[50]의 한계

이인종 결혼으로부터의 유추는 그것의 유용함에도 불구하고 동성 결혼을 유추하는 데 불완전하다. 미국에서 정치적 지배층이 1960년대에 흑인의 시민권을 진전시키기 위해 그렇게 신속하게 움직였던 한 가지 이유는 냉전이었다.[51] 냉전은 제 3세계 국가들의 정치적인 관점을 처음으로 미국과 관련이 있도록 만들었다. 아프리카와 아시아, 라틴아메리카에 있는 사람들은 미국에 있는 흑인과 아시아인, 히스패닉의 곤경에 자연스럽게 공감했다. 미국이 1960년대에 처음으로 소수 인종들에게 사회적, 정치적 권리를 주었던 한 가지 이유는 세계 여론이 그것을 원했기 때문이다. 동성 결혼을 위한, 이와 유사한 세계적인 여론은 없다. 반대로 제 3세계 국가 대부분에서 동성애자의 권리에 대한 종교적, 문화적인 반대는 미국보다 훨씬 심하다.

2003년에 미국 뉴햄프셔 주 성공회에서, 동성 결합을 했다가 헤어진 남성인 V. 진 로빈슨을 주교로 임명하자, 제3세계 국가에 있는 많은 성공회 교도들이 〈세계성공회연합〉에서 탈퇴하겠다며 위협했다. 게이 주교의 성직 서임에 대한 반대는 아프리카에 있는 성공회 지도자들 사이에서 특히 심했다.[52] 잉글랜드에 있는 영국 성공회 지도부가 동성애자를 주교로 임명한 뉴햄프셔 주 성공회 지부를 강한 어조로 힐책했지만, 로빈슨 주교의 사임을 명령하지 않았기 때문에 위원회는 보수적인 성공회 지도부들에게 실망을 안겨주었다.[53]

만약 동성 결혼의 권리가 유럽 전역에 퍼졌다면, 유럽의 여론이 미국에서 동성 결혼 권리를 위해 압력을 증가시키는 게 가능할 수 있었겠지만, 이것은 오직 미래의 가능성이다. 현재 동성 결혼 합법화를 위해 미국에 행사되는 외부의 압력은 거의 없고, 이것은 1960년대 소수 인종의 상태와 현재 동성애자의 권리의 상태 사이에 존재하는 핵심적인 차이 중 하나이다.

법적인 관점에서 봤을 때, 미국에서 20세기 내내 동성 커플은 이인종 커플보다 법적으로 덜 인정받고 있다는 점도 주목할 만하다. 1967년 러빙 판결이 있었을 때만 해도 미국 주의 절반 이상이 이인종 결혼을 합법적으로 인정했다. 이인종 결혼 금지법이 미국에서 가장 맹위를 떨쳤던 1913년과 1948년 사이에도 48개 주 중에서 오직 30개 주만이 이인종 결혼을 금했다.[54] 연방 정부는 이인종 결혼을 승인했고, 이인종 결혼을 불법화했던 주조차도 어쩔 수 없이, 그들의 지역을 통과해서 여행하는 이인종 커플의 결합을 인정했다.[55] 2005년, 동성 커플은 매사추세츠 주에서만 합법적으로 결혼할 수 있었다. 하와이 주의 배어 대 미이케 판결에 대한 대응으로 통과되었던 1996년의 〈연방결혼보호법〉에 의해 동성 커플이 어디서 축하를 받고 결혼했는지와 상관없이 연방정부는 동성 결혼을 무시할 수 있다.[56]

미래의 전망

미국에서 2004년 총선은 동성애자의 권리증진에 분명히 차질을 주었고, 앞으로 있을 선거와 입법에 더 큰 차질을 줄 지 모른다.[57] 미국에서 여론은 여전히 동성 결혼을 강력하게 반대한다. 하지만 법원은 동성 결혼을 반대하는 논리들이 시간이 지날수록 점점 설득력을 잃고 있다고 여긴다. 1996년 하와이 주의 배어 대 미이케 판결은 동성 커플도 결혼할 합헌적인 권리를 갖고 있다고 판결한 최초의 법원 판결이었다. 배어 판결은 알래스카 주와 버몬트 주, 매사추세츠 주의 법원에 이미 설득력을 발휘하는 판례이다. 1948년, 캘리포니아 주 대법원이 원고가 주장하는 이인종 결혼의 권리를 인정한 페레즈 대 샤프Perez v. Sharpe의 판결이 있었는데, 그 당시 이인종 커플은 미국에서 여전히 광범위하게 비난받았다. 페레즈 대 샤프 같은 선구적인 판결이 미국 전역에서 법으로 제정되기까지 20년이 걸렸고, 이인종 결혼이 정상화되기 시작하는 데 수십 년이 더 걸렸다. 동성 결혼이 미국에서 광범위하게 합법화되기까지 배어 판결 이후 20년 또는 그 이상이 걸릴지도 모른다.

동성 결혼에 반대하는 정치적 반동이 20년 이상 사회를 장악할 수 있을까? 역사가들은 19세기 초반에 젊은 공화국의 정신과 서쪽의 자유로운 땅이 젊은 백인들에게 주나 교회의 공식적인 승인 없이 형식에 얽매이지 않는 결합을 할 능력을 주었다고 본다.[58] 형식에 얽매이지 않는 결합은 잠시 동안 풍습으로 있었지만, 결국 보수적인 기독교인들과 주의 관료주의적인 반동은, 커플들이 결혼 증명서를 받기 위해 지방 법원으로 가도록 강제했으며, 그렇지 않을 경우 그 커플의 자녀에게서 상속권을 박탈했다.[59] 19세기 후반에도 같은 종류의 반동이, 일반적인 성적 관행을 따르지 않는 사람들과 자유사상가들을 박해한 〈컴스톡 법안〉, 그리고 미국에서 낙태를 금지한 최초의 법을 이끌어냈다.[60] 19세기의 반동(비주류적인 결합과, 종교 지도자들이 도덕적 해이로 보았던 것에 대한 반동)은 1세기 이상 지속되었고, 1920년대까지 완전히 사라지지 않았다. 나는 하나의 단순한 이유에서 동성 결혼에 대한 반대가 오늘날처럼 2050년에도 강력할 것이라고 믿지 않는다. 그 이유는 자립기와 가족 구조의 인구 변동이 동성애자의 권리를 반대하는 사람들로의 지지 기반을 서서히 붕괴시키고 있기 때문이다.

보수적 비평가들은 한 가지는 확실히 옳았다. 새롭게 나타난 개인적, 성적 자유는 혁명적이라는 것 말이다. 학자들은 과거에 있었던 가족 변화의 비율, 예를 들어 산업혁명 기간의 가족 변화 비율을 과장하는 경향을 보이고, 이는 간접적으로 1960년 이후의 변화를 실제보다 덜 극적으로 보이게끔 만들고 있다. 가족 삶에서 1960년 이후의 변화가 과거로부터의 결정적인 단절이라는 보수적인 관점은 학자들이 일반적으로 인정하고 있는 것보다 더 정확하다. 낙태와 이혼, 피임, 동거, 이인종 결합, 동성 결합들은 모두 50년 전보다 훨씬 더 일반적이고 더 쉽게 택할 수 있다. 미국 가족 제도는 꽤 최근까지 이성애자 동인종 결혼을 제외한 모든 가족 형태를 금하도록 관리했다. 1960년 이후 미국 가족 삶의 전반적 변화는 거의 필연적으로 보수주의자들을 정치적으로 강하게 반발하게 하고 있다.

하지만 보수적인 반발에도 불구하고 최근 동성애자의 권리는 인상 깊게도 증가하고 있다. 1990년 이후, 버몬트 주와 하와이 주, 캘리포니아 주, 뉴저지 주는 동성 커플을 위해 시민 결합이라는 법률을 제정했고, 수십 개의 지방 자치 단체와 수백 개의 시 자치 단체가 주의 결정을 따르고 있다. 2004년, 오리건 주와 뉴욕 주, 뉴저지 주의 소도시들과 샌프란시스코의 시장들은, 비록 나중에 이들의 반체제성이 주법에 의해 저지당하긴 했지만, 동성 커플에게 결혼 증명서를 발급함으로써 주법에 도전했다.[61] 2003년 굿리지 대 공중 보건부의 매사추세츠 주 대법원 판결이 있은 후 2004년 매사추세츠 주에서는 동성 커플이 결혼하기 시작했다.[62] 2003년에는 미국 대법원이 동성애 금지법을 완전히 없앴다. 덴마크와 노르웨이, 스웨덴, 프랑스, 독일을 포함한 미국 밖 많은 나라들에서는 1990년 이후로 동성애자들을 위해 이런저런 종류의 시민 결합이 제정되고 있다. 네덜란드에서는 2001년부터 동성애자들도 똑같이 결혼하고 있다.[63] 2005년에는 캐나다와 스페인 모두 동성 커플 결혼의 동등함을 인정했다.[64]

동성애자의 권리 혁명에 대한 한 가지 논리적인 질문이 있다. "왜 지금이지?" 만약 동성애자가 전 사회에 걸쳐 존재해 왔다면, 그리고 동성애자들이 천년 이상 온 사회에 걸쳐 폭넓게 학대받고 있었다면, 현대에 존재하는 전통적인 결혼이 중세 시대의 관습에 그 뿌리를 둔다면, 개인의 권리라는 발상이 종교 개혁에 그 뿌리를 둔다면, 그러면 왜 동성애자의 권리 혁명은 수백 년 전에는 일어나지 않았을까? 이 질문의 답으로 핵심적인 것은 인구 변동이다. 부유한 선진국들에서는 일반적이지만 덜 발전한 나라들에는 없는 자립기는 젊은이들이 그들의 부모로부터 전례 없는 독립을 하게 한다.

학자들은 젊은이들이 성인기로의 이행을 경험하는 방법이 변화했다고 쓰고 있다.[65] 하지만 젊은이들이 형성한 가족들의 종류와 자립기의 관련성을 체계적으로 분석하지 않는다. 출생률이나 이혼율, 전체 개체군의 크기, 기대 수명 같은 다른 인구 변동 추세는 끊임없는 보고와, 정기적이고 학문적인 관심, 그리고 대중적인 해설의 대상이다. 하지만 자립기는 공식적인 기록으로 남지 않는다. 함께 살고 있는 사람들에 대한 역사적으로 일관된 데이터가 없으면, 그 대상에 대한 관점은 개인적인 경험과 역사적 착시에 의해 영향을 받을 수 있다. 그래서 점점 더 많은 수의 미국인들이 "부모의 보금자리로 되돌아가고 있다"고 여겨지는 것이다. 하지만 데이터는 미국인들이 보금자리로 되돌아간다는 대중적인 이해가 잘못된 것이라고 보여 준다. 사실 우리는 오래된 사회적 역설, 즉 관습이 준수될 때보다 위반될 때 더 그 관습에 주목한다는 역설에 속고 있다. 젊은이들이 교육을 받고 독립적으로 살 거라 예상되는 요즘에 부모의 집으로 되돌아오고 있는 20대 젊은이들은 특별한 관심을 끈다. 과거 미혼의 젊은이들이 거의 대부분 부모와 함께 살았던 시대에는 세대 간 공동 거주 현상이 전혀 주의를 끌지 못했다.

젊은이들의 부모로부터의 자립은 가족 삶의 본성에 조용한 혁명을 일으키고 있다. 미국에서 스스로 정체성을 규정한 동성 커플의 수가 증가한 것은 동성애의 욕구가 갑자기 증가했기 때문이 아니다. 오히려 동성 커플의 수의 증가는 과거에 젊은이들의 동성 결합을 막았고 이전 세대의 동성 커플이 시야에서 가려지게 했던, 즉 완곡하게 표현해서 동성 커플이 "벽장 안에" 있도록 유지했던 부모의 사회적 통제의 영향력이 감소한 결과이다.

자립기는 우리가 형성하는 결합의 종류와 부모가 자녀를 양육하는 방법, 그리고 우리가 개인의 자유와 사생활에 대해 생각하는 방식에 중요한 영향을 미친다. 현대 부모는 자녀를 순종적으로 키우려 하기 보다는 자립적으로 키운다. 스팍 박사가 제안했던 관용, 사생활 인정, 관대함으로 자녀를 키운 부모는 이전 세대보다 개인적인 자유와 사생활을 더욱 소중하게 여기는 성인들을 생산하고 있다. 헌법에 특별히 열거되어 있지도 않고 우리 선조들이 승인하지도 않았던 피임, 낙태, 이인종 결혼 그리고 합의한 동성 성관계 같은 개인의 성적 권리가 인정된 것처럼, 자립기는 미국 대법원이 전반적인 판결을 내리는 데 필요한 사회적 상황을 형성하도록 만든다.

각 분야 전문가들은 1960년대 이후 미국뿐만 아니라 다른 선진국에서도 개인주의가 증가하고 있다고 말한다. 이것을 가족 삶과 관련지었을 때, 에드워드 쇼터는 다음과 같은 유추를 한다. "현대 이전의 핵가족은 확대가족과 공동 사회라는 부두에 매여 있는 보트와 같았다. 현대에 커플로 대표되는 보트는 사회적 기대로부터 매였던 밧줄을 풀고 지금은 자유롭게 멀리 항해하고 있다."[66] 현대의 커플은 전통적인 규칙과 기대 속에서 살지 않고 그들 자신의 규칙을 만든다. 수백 년 동안 영국과 미국의 관습법에 기반을 둔 절대적이고 가부장적인 결혼 관계는 뒤집어지고 있으며, 좀 더 성 중립적인gender neutral 결혼 관계로 대체되고 있다.[67] 여성의 노동시장 진입과 합의 이혼은 부부 양쪽이 결혼을 이전보다 쉽게 끝낼 수 있게 했다(그런다고 덜 고통스러운 것은 아니지만 말이다).

몇몇 학자들은 새롭게 등장한 자립independence과 개성individuality을 전통으로부터의 이탈 징후로 보고 있다.[68] 이런 시각을 가진 학자들은 현대 가족의 상대적인 성 평등과 민주주의가 평등한 관계 속에서도 진실한 사랑이 잘 자랄 수 있는 역사적인 상황을 처음으로 만들었다고 여긴다. 다른 학자들은 그렇게 낙관적이지 않다. 현대의 모든 낭만적인 관계가 전통으로부터 완전히 벗어나 끊임없이 소통과 재협상을 요구한다면, 관계에 대한 개인의 약속이 어떻게 단단해질 수 있을까? 이런 비평은 새로운 개인주의가 불행하고 비현실적인 기대와 이혼이라는 길을 통해 우리를 아래로 끌어내릴 것이라고 본다.[69] 어느 쪽 관점이든 새로운 개인주의의 가치를 인정하고 있으며, 일반적으로 미국 사회가 1960년 이후로 근본적으로 좀 더 개인주의적인 사회가 되었다는 데 동의한다.[70]

사회 규범과 관습, 그리고 전통이 어떻게 세대에서 세대로 재생산되는지 이해하기를 원한다면, 보수주의자들이 항상 하는 것처럼 가족부터 살펴봐야 한다.[71] 인구 통계학적 증거는 가족 구조, 특히 부모와 젊은 자녀 사이의 관계가 1960년 이후로 근본적인 방식으로 변화되고 있음을 보여 준다. 과거 젊은이들이 결혼할 때까지 부모와 살았던 반면, 요즘 독신 젊은이들은 보통 혼자서 산다. 과거 젊은이들에 대한 부모의 통제는 공동 거주에 기반을 두었다. 1960년 이후, 젊은이들은 부모의 감시에서 멀리 떨어져 파트너를 선택하고 사회적 결정과 성적인 결정을 한다.

초혼 연령, 특히 여성의 초혼 연령은 이전보다 더 높다. 결혼에 있어 더 늦은 나이는 젊은이들이 그들의 어린 시절 이웃의 사회적 관계망 밖에 있는 배우자를 찾을 가능성을 증가시킨다. 과거엔 젊은 여성이 직업적인 선택권이 거의 없었기 때문에 이들은 남편의 경제적 지원을 받기 위해 젊었을 때 결혼해야 했다. 2차 세계대전 이후, 여성은 정규적인 노동 인구에 그들의 존재를 꾸준히 증가시키고 있다. 1960년 이후 여성은 교육을 받아 자신을 경제적으로 지탱할 수 있다고 더 확신하기 때문에, 늦게 결혼하고 그들 부모의 선호에 자신들의 배우자 선호를 종속시키지 않으려 한다. 부모의 통제에서 벗어난 젊은이들은 비전통적 결합을 더 많이 이루게 된다.

미국에서 부모의 통제와 관리가 줄어들자, 자립기는 이인종 결합의 수와 동성 결합의 수를 증가시키고 있다. 동성 결합과 이인종 결합의 증가된 수는 대안 결합이 정상 상태로 보이게 하며 또한 눈에 잘 띄도록 만든다. 이런 결합은 '비정상적'이라는 이전에 만연했던 주장을 위축시킨다. 직전까지 '드러난' 동성 커플의 수와 이인종 결혼 커플의 수는 너무 적어서 이런 결합 밖에 있는 사람들은 이들과 접촉할 기회가 거의 없었다. 우리가 동성애자의 권리 혁명의 한가운데에 살고 있다는 근거는 동성 커플이 이전보다 더 눈에 잘 띄고 더 많아졌다는 사실에 있다.

대안 결합의 증가는 외부인들에게도 그들의 가시성을 증가시키고 있다. 이인종 결합 또는 동성 결합의 증가된 가시성은 더 많은 노출을 만들며, 이는 대안 결합이 더욱 인정받을 수 있도록 이끌 수 있다. 하지만 외부인들에게 대안 결합의 가시성은 반동과 괴롭힘, 그리고 증오 범죄를 끌어낼 수도 있다. 내가 인터뷰했던 동성 커플과 이인종 커플 거의 대부분은 여행할 때 자신들을 드러내는 방법에 대해 여전히 신중하다. 많은 이인종 커플과 동성 커플, 특히 여러 해 동안 함께 지내고 있는 커플들은 외부인들에 의해 괴롭힘을 받고 있다. 가까운 친구나 부모, 형제자매, 이모와 삼촌에게 대안 결합의 영향력은 외부인들에 대한 대안 결합의 영향보다 더 중요한데, 그 이유는 외부인들은 부정적인 반응을 보일 수 있기 때문이다. 내가 인터뷰한 커플 중 많은 수가 자신들의 배우자 선택 결과에 대해 부모의 사고방식이 시간이 지나면서 변화되었다고 설명했다. 동성 커플과 이인종 커플의 수가 증가하면서, 친구나 친척 중에 이인종 커플이나 동성 커플이 있는 미국인의 비율이 급격히 증가하고 있다.

산아 제한을 할 수 있도록 만든 과학기술의 진보는 1960년대 이후 미국 가족의 변화에 중요한 역할을 하고 있다. 의학적으로 안전한 낙태가 없다면, 낙태할 권리도 없을 것이다. 피임약은 여성이 자신의 출산력을 더 많이 통제하는 게 가능하도록 하고 있다. 가족계획 방법의 진보는 여성이 결혼을 미루고 또 그들의 인생 단계에서 더 적은 아이를 갖는 게 가능하도록 하고 있다. 더 적은 가족은 1세기 전엔 실현 불가능했던 관대한 양육을 가능하게 만든다. 비록 현대 미국 가족의 형태를 만드는 데 피임약의 역할이 의심할 여지없이 크다 하더라도, 피임약은 합법적인 한에서만, 또 손쉽게 구할 수 있는 한에서만 영향력을 발휘한다. 피임의 가능성과 합법성은 1960년대 후반과 1970년대 초반의 판례의 결과이다. 그리스월드 대 코네티컷 주 판결과 아이젠슈타트 대 베어드 판결처럼 피임에 대한 주의 제약을 완전히 없앴던 법원 판결은 사생활에 대한 미국인들의 새로운 태도의 반영이었다. 사생활에 대한 미국인들의 태도 변화는 미국인들이 아동기와 성인 초기에 새롭게 경험했던 방식에 부분적으로 바탕을 두고 있다고 나는 주장하고 있다.

2차 세계대전 이전, 주로 부자나 엘리트 계층만 고등교육을 받았다. 오늘날, 대학 교육은 대부분의 중산층 미국인들에게 실현 가능한 목표이다. 대학을 다니고, 여행을 다니며, 도시에 살고, 집과 멀리 떨어진 곳에 정착한 젊은이들은 이인종 결합이나 동성 결합과 더 관련이 있다. 자립기의 경제적 자유와 지리적 이동성은 젊은이가 형성하는 결합의 종류에 명백히 강한 영향을 끼쳤다.

2차 세계대전 이후 기술과 사회의 변화는 순식간에 진행되고 있어서 부모는 더 이상 자녀가 자라는 세상에서 전문가가 아니다. 교육적 성과와 교육의 요구 조건은 매우 빠르게 성장하고 있어서 젊은이들이 20대 초반 정도만 되어도 부모보다 교육을 더 많이 받았을 가능성이 있다. 사회와 기술, 그리고 경제에 불어닥친 빠른 변화는 당연히 나이 든 사람보다는 젊은 사람에게 유리하고 그래서 부모 세대의 권위, 심지어 도덕적 권위까지도 자연스럽게 손상시킨다.[72]

과거 젊은이의 결혼은 법과 관습, 그리고 부모의 직접적인 개입에 의해 조심스럽게 통제되었다. 자립의 시기가 등장한 시대의 부모는 자녀의 배우자 선택에 영향을 미쳤던 그들의 능력을 많이 잃고 있으며, 그 결과 동성 결합과 이인종 결합의 수가 증가하고 있다. 가족의 기본적인 인구학적 구조에서의 변화는 이인종 결혼과 동성애처럼 우리가 이전에 금기시했던 대상들에 대해 생각하는 방법과 새로운 가족들이 창조되는 방법에, 느리지만 꾸준하고 중요한 영향을 미치고 있다.

1960년 이전에 성인이 된 미국인은 1960년 이후 성인이 된 미국인보다 동성애자 권리에 훨씬 덜 관용적이다. 해마다 젊은이들의 새로운 코호트는 집과 멀어지고, 나이 든 미국인들이 사망하는 것처럼, 인구학적 신진대사는 자립기를 전혀 경험해보지 못한, 일찍 태어난 출생 코호트를 자립기를 경험했을 새로운 코호트로 대체한다. 가족 구조가 바뀌고 있는 방식 때문에 시간이 흐르면서 동성애자의 권리에 대한 반대는 약화된다. 2050년쯤엔 1960년 이전에 성인이 된 사람은 한 사람도 남아 있지 않을 것이다. 가족 삶에서의 인구학적 변화는 2050년 이전에, 미국에서 동성애자가 결혼의 권리가 반드시 포함된 완전한 시민권의 영역으로 들어오도록 만들 것이다.

동성애 혐오증은 사라지지 않을 것이다. 1960년대의 시민권 운동의 승리들은 미국에서 인종차별주의를 없애지 못했다. 흑인들은 여전히 차별에 직면해 있지만, 1960년 이전엔 불가능하다고 여겨졌던 권리들을 갖고 있다. 1967년 이인종 결혼을 금지하는 법을 미국 대법원이 폐기하기 전, 이인종 결혼에 대한 반대, 특히 백인들의 반대는 극복할 수 없을 것이라고 생각되었다.[73] 1967년 러빙 판결 이후, 이인종 결혼에 대한 반대는 사라지지 않고 있지만, 이 반대는 정치적으로 주변부로 격하되고 있다. 일부 백인들, 특히 남부에 있는 백인들은 이인종 결혼의 합법성에 반대하여 여전히 적대감을 품고 있다.[74] 이인종 커플은 동성 결혼 커플보다 여전히 부모의 반대에 직면해 있지만, 부모의 반대는 예전에 가졌던 만큼의 영향력을 갖고 있지 않다. 21세기 중반까지 동성애는 여전히 논란 가운데 있겠지만, 동성 결혼은 언젠가 합법이 될 것이다.

이 책은 2001년 여름에 이인종interracial 커플 인터뷰라는 소규모 프로젝트에서 시작되었다. 몇몇 학생이 프로젝트를 확대해서 동성 커플도 인터뷰하는 게 어떻겠냐고 했지만 처음엔 그 제안을 받아들이지 않았다. 그 뒤 3년간 인터뷰를 진행하면서 몇 가지 패턴을 발견하고 깜짝 놀랐다. 인터뷰 대상자 대부분이 어린 시절 살았던 공동체나 부모를 떠났다고 했다. 나는 부모로부터 자립하는 현상이 역사적으로 새로운 것인지와, 보다 전통적인 형태의 커플들도 마찬가지로 부모로부터 독립적인지가 궁금해졌다. 이 의문을 해결하기 위해 미국 인구 통계를 찾아보았다.

인구 통계를 분석하다보니, 세대 간 관계가 변화해 온 과정은 가족의 역사에 대한 문헌을 보며 내가 예상했던 것과는 매우 달랐음을 알게 되었다. 이인종 결혼 커플을 인터뷰하려던 소박한 프로젝트는 이제 미국 가족의 역사를 완전히 재평가하는 수준으로 커졌고, 나는 도움이 필요하다는 것을 깨달았다. 고맙게도 많은 학생들과 친구들, 동료들이 도움을 주었고, 나와 잘 알지 못하는 많은 이들 또한 나를 도와주었다.

스탠포드 대학 졸업생인 브라이언 콜웰과 타후 쿠쿠타이는 인터뷰 진행을 도왔고, 학부생인 줄리 월링, 제니퍼 공, 안드레아 알라르콘은 녹음한 인터뷰 내용을 글로 옮겨 주었다. 이들은 '학부생 교육을 위한 스탠포드 대학 부교무처장 장학금'을 받았고, 스탠포드 대학 사회학과에서도 약간의 지원금을 받았다. 인터뷰를 자원하고 우리를 집에까지 초대해서 이야기를 들려준 인터뷰 대상자들에게 특히 많은 신세를 졌다.

김병수는 인구조사 데이터의 초기 버전을 분석하는 과정에서 성실하고 꼼꼼하게 나를 도와주었다. 그 결과물인 「젊은 성인의 자립 및 이인종 결합과 동성 결합의 증가」라는 논문은 『미국 사회학 리뷰』에 실렸다. 이 논문을 교정해서 출판할 수 있게 허락해 준 〈미국사회학협회〉에 감사하며, 마찬가지로 『인구와 개발 리뷰』에 실린 논문인 「미국 사회 변화의 요소로서의 청소년기」를 교정해서 출판하게끔 허락해준 〈인구협회〉와 블랙웰 출판사에도 감사하게 생각한다. 시카고 대학 출판부는 〈미국여론조사협회〉가 1988년 발행한 『여론 연구』 52호 33~52쪽에 수록된 드웨인 알빈의 「순종에서 자율로 : 어린이에게 요구되는 특성의 변화, 1924~1978」 중에서 〈표 1〉을 내 책에 인용할 수 있게 해 주었다.

나는 스탠포드 대학이 제공한 1년의 연구교수 휴가 기간에 이 책을 집필했다. 〈헬먼 재단〉에서 연구비를 지원해준 덕분에 원고를 끝낼 수 있었다.

이 프로젝트는 내 스승과 동료, 학생, 가족, 친구의 친절한 조언이 없었다면 출판되지 못했다. 그들의 노력이 이 책을 통해 조금이라도 보상되었으면 한다. 브라이언 콜웰과 케니 디니츠, 폴라 잉글랜드, 데이비드 존프랭크, 타후 쿠쿠타이, 비비안 레비, 에이드리언 로, 더글라스 매시, 존메이어, 브루노 나바스키, 줄리 윌링, 새론 워너, 이들은 내가 원고를 수정할 때 원고를 처음부터 끝까지 다 읽고 적절한 순간에 훌륭한 조언을 해

주었다. 돈 문은 내게 가족학 관련 논문을 여러 편 소개해 주어 이 프로젝트가 제 방향을 잘 찾아갈 수 있도록 도왔다. 더그 매캐덤과 마크 그라노베터는 원고를 읽어 주었을 뿐만 아니라, 저작과 출판에 대한 내 질문에도 참을성 있게 대답해 주었다. 에밀리 료는 원고를 두 번이나 읽었고, 그때마다 거의 매 페이지에 핵심적인 질문을 적어주었다. 나는 그녀의 열정이 어디에서 나오는지 잘 모르지만, 그녀에게 많은 빚을 진 것은 확실하다. 아버지 모데가이 로젠펠드도 원고 전체를 두 번이나 읽었지만, 무엇보다 아버지로서 내게 더 고마운 분이다. 아내 비비안은 처음에 한 번 읽었고, 나중에 수정본이 나오자 난색을 표하며 말했다. "한 번이면 충분해요." 토니 팽과 데이비드 그라치안도 계속해서 도와주고 지지해 줬다. 이름을 밝힐 수 없는 검토자들도 훌륭하고 섬세한 의견을 내게 제시해 주었다.

이 책은 내 첫 번째 책이기 때문에 그동안 나를 도와준 분들에게 최초로 감사 인사를 할 기회이기도 하다. 매시 교수와 덴튼 교수의 『미국의 인종차별과 분리』는 내가 사회학자가 되려는 마음을 처음으로 먹게 한 책이다. 대학원 지도교수로 더글라스 매시를 만난 것은 정말 최고의 행운이었다. 마르타 티엔다는 내 박사 논문을 심사해 주셨고, 나는 지금까지도 그녀의 지성과 에너지, 그리고 열린 마음을 본보기로 삼고 있다. 로저 굴드도 박사 논문에 조언을 해 주었고, 그는 내가 아는 사람 중에서 가장 박식한 사람이었다. 그의 이른 죽음이 아쉬울 뿐이다.

이 책을 내 가족인 비비안, 라울, 오마라에게 바친다. 아내 비비안은 진정 자립정신이 강한 여성이며, 그녀를 만난 후 난 언제나 행복하다. 라울은 내게 꽤 복잡한 질문을 던지기도 하는데, 내가 혹 질문에 대답하지 못해도 사정을 이해할 정도로 똑똑하다. 오마라는 이제 겨우 한 살이라서 이 책의 부족함을 논하기엔 아직 어리다.

부록

〈표 A.1〉 미국 산업 혁명 동안 변화된 가족의 특성

	1850	1860	1870	1880	1890	1900	1910	1920	1930	1940	1950	1960	1970	1980	1990	2000
농가 비율	57.6	52.5	44.9	46.8		42.5	37.0	33.1		25.1	16.9	9.5	4.5	2.7	1.8	1.2
도시 중심부 거주인의 비율	7.9	12.3	13.4	15.0		23.0	27.9	32.0		33.5	31.2	37.0	34.5	29.2	22.3	27.1
평균 가정의 크기	5.54	5.3	4.99	4.8		4.56	4.32			3.63	3.36	3.35	3.13	2.73	2.57	2.49
기대 수명						47.3	50.0	54.1	59.7	62.9	68.2	69.7	70.9	73.7	75.4	77.0
이혼율		1.2	1.5	2.2	3.0	4.0	4.6	8.0	7.5	8.8	10.2	9.2	14.9	23.9	22.2	20.1
5세~19세 연령대의 학교 입학	54.0	57.8	47.5	51.2		54.9	63.4	68.6		74.1		84.3	88.0	88.8	88.9	93.4

출처: 농가 비율은 미국 태생 세대주를 포함한 가정의 비율이며, 여기에는 적어도 한 명의 전업 농부가 포함되어 있고, IPUMS, 가중치를 적용한 인구조사 데이터에서 자료를 구했다. 도시 중심부 거주인의 비율에는 교외 거주인을 제외했으며, IPUMS, 가중치를 적용한 인구조사 마이크로데이터에서 자료를 구했다. 가정의 크기는 공동 숙소에 살고 있지 않은 미국 태생 사람들의, 가중치를 적용한 인구조사 마이크로데이터에서 자료를 구했다. 기대 수명은 *Historical Statistics* (Washington D.C.: U.S. Bureau of the Census, 1975, p. 55)에서 그리고 1980년~2000년은 *Statistical Abstract of the U.S.* (Washington, D.C.: U.S. Bureau of the Census, 2003)에서 자료를 구했다. 이혼율은 기혼 커플 천 명당 이혼 수이며, 1920년~1970년의 이혼 수는 *Historical Statistics*, p. 49에서, 그리고 1860년~1900년의 이혼율은 Jacobson, *American Marriage and Divorce* (New York: Rinehart and Company, 1959, p. 90)에서 자료를 이용했다. 5세~19세 연령대의 학교 입학은 5세~19세 연령의 미국 태생 사람들을 대상으로 가중치를 적용한 인구조사 마이크로데이터에서 자료를 구했다.

〈표 A.2〉 산업 혁명 동안 가족 통치 제도의 강화 및 안정, 그리고 1960년대 이후 가족 통치 제도의 약화

	1880	1890	1900	1910	1920	1930	1940	1950	1960	1970	1980	1990	2000
초혼의 중위 연령													
여성	22.0		22.4	22.4	21.9		22.0	20.8	20.2	21.0	22.5	24.3	25.5
남성	25.4		26.1	25.6	25.4		25.0	23.5	22.5	22.8	24.5	26.6	27.4
부모와 사는 미혼 젊은이의 비율													
여성	68.4		70.2	70.8	73.1		71.1	65.4	56.1	49.6	39.1	38.9	36.2
남성	59.0		60.4	61.1	68.4		74.9	66.0	56.3	51.6	45.3	45.1	41.6
젊은 미혼 세대주의 비율													
여성	2.4		2.2	2.4	1.8		2.9	5.2	10.8	18.2	30.4	30.4	35.6
남성	4.5		4.6	4.0	2.6		2.7	2.8	7.6	14.5	26.8	24.3	28.0
젊은 독신 남성의 비율	5.7		6.5	5.5	3.8		3.5	2.7	4.7	8.9	22.0	27.8	35.1

출처: 모든 데이터는 IPUMS, 가중치를 적용한 인구조사 마이크로데이터를 참고해서 필자가 작성한 표이다.

주: 초혼의 중위 연령은 미국 태생의 남성과 여성을 대상으로 계산했다. 미혼인 젊은이는 미국 태생으로 20세~29세이며, 결혼 경험이 없다. 젊은 미혼 세대주 비율에서 부모와 사는 젊은이는 제외했다. 독신 세대주는 20세~39세로 공동 숙소에도 살지 않으며, 결혼한 적이 없고, 부모와도 살고 있지 않다.

〈표 A.3〉 미국 내 이인종 결혼 수, 1880년~2000년

	1880	1890	1900	1910	1920	1930	1940	1950	1960	1970	1980	1990	2000
흑인-백인의 결혼 커플(n)	8,367		10,624	28,469	12,410		53,805	44,362	55,089	67,685	132,603	236,908	345,652
아시아인-백인의 결혼 커플(n)	100		759	1,526	5,853		5,270	11,443	49,110	115,150	308,914	478,754	579,190
히스패닉-비히스패닉 백인의 결혼 커플										526,559	838,685	1,158,123	1,530,117

출처 : 모든 데이터는 IPUMS, 가중치를 적용한 인구조사 마이크로데이터를 참고해서 필자가 작성한 표이다. 커플은 연령과 출신 국가 상관없이 모든 개인을 포함한다. 백인과 흑인은 1970년 이전의 데이터와 일관성을 유지하기 위해 히스패닉도 포함했다.

〈표 A.4〉 다른 인종과 결혼한 인종 또는 민족 그룹, 1880년~2000년

	1880	1890	1900	1910	1920	1930	1940	1950	1960	1970	1980	1990	2000
기혼 백인 1,000명당 흑인과 한 이인종 결혼													
남성	0.5		0.2	0.3	0.3		1.0	0.6	0.8	0.6	0.7	1.4	2.0
남성 [이인종 결혼이 합법인 주(state)들만 포함]	0.6		0.2	0.1	0.3		0.7	0.5	0.6				
여성	0.6		0.5	1.5	0.4		1.1	0.8	0.7	1.0	2.3	3.7	5.4
여성 [이인종 결혼이 합법인 주(state)들만 포함]	0.6		0.6	0.8	0.4		0.8	0.6	0.6				
기혼 흑인 1,000명당 백인과 한 이인종 결혼													
남성	4.9		4.3	11.5	3.6		12.4	9.0	8.2	12.6	29.2	50.1	64.0
여성	3.7		1.6	2.4	2.9		11.2	7.3	9.8	7.6	9.4	20.0	25.5
기혼 백인 1,000명당 아시아인과 한 이인종 결혼													
남성				0.0	0.1		0.0	0.1	0.8	1.8	4.8	7.5	9.2
여성				0.1	0.2		0.2	0.2	0.5	1.0	2.0	3.1	3.4
기혼 미국 태생 아시아인 1,000명당 백인과 한 이인종 결혼													
남성				30.3	105.7		193.7	70.1	59.6	145.3	211.3	267.8	249.9
여성				51.1	92.5		60.9	68.2	92.0	158.9	282.5	325.2	338.1
기혼 비히스패닉 백인 1,000명당 히스패닉과 한 이인종 결혼													
남성										6.9	10.1	14.5	16.2
여성										6.6	9.6	13.2	18.8
기혼 미국 태생 히스패닉 1,000명당 비히스패닉 백인과 한 이인종 결혼													
남성										84.0	254.2	300.1	263.7
여성										88.9	245.4	296.9	269.6

출처: 모든 데이터는 IPUMS, 가중치를 적용한 인구조사 마이크로데이터를 참고해서 필자가 작성한 표이다. 개인은 연령과 상관없이 결혼한 사람들이다. 특별한 언급이 없는 한 개인들은 모두 출신 국가와 상관없다. 1970년 이전의 데이터와 일관성을 유지하기 위해 백인과 흑인의 수에 히스패닉을 포함했다. 이인종 결혼금지법은 헌법에 위배되기 때문에 1967년 이후로 미국에서 시행하지 않는다. Peter Wallenstein, *Tell the Court I Love My Wife* (New York: Palgrave Macmillan, 2002)를 참고하라.

〈표 A.5〉 이인종 결혼의 로그 오즈비, 1880년~2000년

	1910	1920	1930	1940	1950	1960	1970	1980	1990	2000
흑인-백인의 이인종 결혼에 대한 로그 오즈비										
모든 커플	-12.29	-13.74		-11.30	-12.15	-11.91	-11.73	-10.71	-9.62	-8.82
젊은 커플				-11.65	-12.15	-12.78	-11.39	-10.10	-8.68	-7.65
아시아인-백인의 이인종 결혼에 대한 로그 오즈비										
모든 커플				-12.10	-10.93	-9.17	-8.13	-7.26	-7.03	-7.16
젊은 커플						-9.76	-7.42	-6.34	-5.79	-5.56
히스패닉-비히스패닉 백인의 이인종 결혼에 대한 로그 오즈비										
모든 커플							-6.64	-6.22	-5.85	-5.80
젊은 커플							-6.20	-5.13	-4.55	-4.51

출처: 모든 데이터는 IPUMS 가중치를 적용한 인구조사 마이크로데이터를 참고해서 필자가 작성한 표이다. 로그 오즈비는 다른 인종을 제외한 2X2 표의 벡터 외적으로 구했다. 로그 오즈비의 수가 작을수록 두 그룹의 크기에 비례해서 그 두 그룹 간의 이인종 결혼이 흔치 않다는 뜻이다. Rosenfeld and Kim, "The Independence of Young Adults and the Rise of Interracial and Same-Sex Unions"를 참고하라. 1970년 이전의 데이터와 일관성을 유지하기 위해 백인과 흑인의 수에도 히스패닉을 포함했다. '젊은 커플'은 미국 태생이며 20세~29세이다. '모든 커플'은 나이와 출신 국가와 상관없이 모든 개인을 포함했다.

〈표 A.6〉 젊은 백인 커플의 커플 유형별 도시 거주, 1990년~2000년

	1990		2000	
커플 유형	도시 내 거주 비율	(1)과 비교한 도시 거주의 오즈비	도시 내 거주 비율	(1)과 비교한 도시 거주의 오즈비
(1) 백인, 이성, 결혼	15.2		15.0	
(2) 백인, 이성, 동거	26.1	1.97***	23.9	1.78***
(3) 백인, 동성, 동거	60.6	8.58***	29.4	2.36***

*** $p < 0.001$, 양측 검정.

출처: IPUMS, 1990년 1% 대도시 표본, 2000년 5% 표본 인구조사

주: 모든 커플은 미국 태생 비히스패닉 백인으로 20세~29세이다. 도시 거주가 확실하지 않은 세대주는 표본에서 제외했으며, 이 수는 1990년보다 2000년에 더 많다. 2000년 백인 동성 커플에 대한 도시 집중화의 조정한(동성 커플이면서 결혼도 했다고 응답한 경우 제외) 추정치: 36.3%.

〈표 A.7〉 시골, 도시, 교외 거주에 따른 지리적 이동성(모든 연령), 1990년~2000년

커플 유형	1990		2000	
	지리적 이동성 비율	(1)과 비교한 이동성의 오즈비	지리적 이동성 비율	(1)과 비교한 이동성의 오즈비
시골:				
(1) 이성, 동인종, 결혼	44.0		42.7	
(2) 이성, 이인종, 결혼과 동거	63.3	2.20***	63.3	2.31***
(3) 동성, 동거	54.1	1.50***	46.6	1.17***
(4) 동성, 이인종, 동거	69.8	2.94***	70.0	3.13***
교외:				
(1) 이성, 동인종, 결혼	54.5		52.6	
(2) 이성, 이인종, 결혼과 동거	63.8	1.47***	61.3	1.43***
(3) 동성, 동거	67.8	1.75***	59.2	1.31***
(4) 동성, 이인종, 동거	#		68.0	1.91***
도시:				
(1) 이성, 동인종, 결혼	55.7		53.9	
(2) 이성, 이인종, 결혼과 동거	63.5	1.38***	64.5	1.56***
(3) 동성, 동거	77.6	2.76***	67.3	1.76***
(4) 동성, 이인종, 동거	77.4	2.73**	74.5	2.50***

* p 〈 .05 ** p 〈 .01 *** p 〈 .001, 양측 검정.

출처: IPUMS 1990년 1% 대도시 표본(1990년의 5% 마이크로데이터는 도시와 교외를 구분하지 않았기 때문)과 2000년 5% 인구조사. 1990년 시골 커플은 1990년 대도시에 살고 있지 않은 5% 표본에서 구했다. 모든 커플은 미국 태생 개인들이다.

주: 중심 도시나 대도시 거주가 확실하지 않은 세대주는 표본에서 제외했으며, 이 수는 1990년보다 2000년에 더 많다. 지리적 이동성이 있는 커플은 한 명 이상의 파트너가 자신이 태어난 주가 아닌 다른 주에서 살고 있다. 2000년, 인종에 상관없이 동성 커플이면서 결혼도 했다고 응답한 경우를 제외한 동성 커플의 지리적 이동성: 56.3%(시골로의 이동성), 65.5%(교외로의 이동성), 71.7%(도시로의 이동성)

#는 충분하지 않은 데이터이다.

〈표 A.8〉 2000년 파트너가 남성인 동성 동거의 예측, 로지스틱 회귀분석을 통한 통계치 요약과 오즈비

	모델 0	모델 1	모델 2	모델 3	모델 4
로그우도 함수	-157,560	-157,303	-156,047	-153,937	-152,027
Δ -2LL		514	2,512	4,220	3,820
자유도	7	8	15	16	17
독립 변수:					
상수	.009***	.008***	.03***	.015***	.014***
교육					
5세 미만	1.42***	1.42***	1.84***	1.85***	1.72***
5세~8세	.96	.97	1.24***	1.33***	1.32***
9세	1.05	1.05	1.16**	1.20***	1.18***
10세	1.08*	1.08*	1.14***	1.17***	1.15***
11세	1.09*	1.10*	1.07	1.08	1.04
고등학교(참고)					
대학 중퇴	1.20***	1.17***	1.14***	1.07***	1.07***
학사 이상	1.39***	1.31***	1.33***	1.18***	1.14***
지리적 이동성		1.32***	1.37***	1.27***	1.28***
나이					
20세 미만(참고)					
20~29			.39***	.38***	.39***
30~39			.37***	.36***	.37***
40~49			.29***	.29***	.30***
50~59			.21***	.21***	.22***
60~69			.17***	.17***	.18***
70~79			.18***	.18***	.19***
〉 80			.20***	.19***	.20***
대도시에 있는 게이 남성 비율				1.91***	1.81***
도시 거주					2.52***

* p 〈 .05 ** p 〈 .01 *** p 〈 .001, 양측 검정.

출처: IPUMS 2000년 5% 인구조사 마이크로데이터. 로지스틱 회귀분석 모델은 가정 측정법(household weights)에 의해 가중치를 적용한 데이터를 사용했다.

주: 동성 동거에 대한 지리적 이동성의 영향의 조정한 오즈비(동성 커플이면서 결혼도 했다고 응답한 경우 제외): 1.59(모델 1), 1.71(모델 2), 1.58(모델 3), 1.60(모델 4), 모두 통계적으로 유의미함. 가중치를 적용하지 않은 N: 2,706,642.

〈표 A.9〉 서로 다른 비전통적 결합에 대한 지리적 이동성의 영향, 남성의 경우, 2000년

		모델 1	모델 2	모델 3	모델 4
기준 집단	종속 변인	이동성, 교육	모델 1 + 나이	모델 2 + 노출	모델 3 + 도시 거주
결혼한 백인 남성	흑인 여성과 결혼	1.56***	1.68***	1.63***	1.62***
	Δ -2LL		1,060	276	576
결혼한 백인 남성	아시아 여성과 결혼	2.58***	2.69***	2.44***	2.44***
	Δ -2LL		1,752	8,956	576
결혼한 백인 남성	히스패닉 여성과 결혼	1.54***	1.64***	1.40***	1.41***
	Δ -2LL		7,794	24,706	276
파트너가 된 남성	동성 동거	1.32***	1.37***	1.27***	1.28***
	Δ -2LL		2,512	4,220	3,820

* $p < .05$ ** $p < .01$ *** $p < .001$, 양측 검정.

출처: IPUMS 2000년 5% 인구조사 마이크로데이터. 로지스틱 회귀분석 모델은 가정에 가중치를 적용한 데이터를 사용했다.

주: 표시된 데이터는 로지스틱 회귀분석을 통한 오즈비와 통계치 요약이다. 모델의 숫자는 이전 표와 일치한다. 가중치를 적용하지 않은 숫자들은: 결혼한 백인 남성, 2,285,604; 파트너가 된 남성(결혼하고 동거하는 남성), 2,706,642. 동성 동거의 지리적 이동성에 대한 조정한 오즈비(동성 커플이면서 결혼도 했다고 응답한 경우 제외): 1.59(모델 1), 1.71(모델 2), 1.58(모델 3), 1.60(모델 4), 모두 통계적으로 유의미함. 흑인은 비히스패닉 흑인이고, 백인도 비히스패닉 백인이다. 개인적인 지리적 이동성은 그들이 태어난 주와 다른 주에서 살고 있는 경우이다. 기준 집단의 모든 개인들은 나이와 상관없이 미국 태생이다. Δdf = 7 (모델 2 - 모델 1); Δdf = 1 (모델 3 - 모델 2); Δdf = 1 (모델 4 - 모델 3).

대학교 2학년 때인가 3학년 때, 어느 추운 겨울날 저녁에 동아리 사람들과 술자리를 갖고 있었다. 남자 동기 한 명이 조심스럽게 자신은 동성애자라며 커밍아웃했고, 나를 비롯해 같이 술을 마시던 사람들 모두 그 사실을 덤덤하게 받아들였다. 화내거나 욕하는 사람도 없었고, 거북해하는 사람도 없었다. 오히려 나중에 그 친구가 놀라지 않았냐고 물었을 때에도 나는 그게 왜 놀랄 일이냐고 되물었다. 그 후 우리들은 대화하기가 더 수월해졌다. 그 친구는 자신의 성적 정체성에 대해 아직 부모님께도 이야기할 수 없었기에 자신이 느끼는 고민들을 종종 우리들에게 풀어 놓았다. 몇 달 후, 학교 휴게실에서 한 여자 선배가 옆에 있던 어린 여학생을 가리키며 자신의 애인이라고 소개했다. 그 여학생은 수줍게 인사를 건넸고, 나 역시 웃으며 스스럼없이 인사를 나눴다. 물론 이성애자들이 월등히 많았지만 동성애자와 양성애자들도 종종 있었고, 자신과 다른 성적 취향을 가진 사람들도 인정하는 분위기였다.

대학을 졸업하고 사회에서 느낀 분위기는 달랐다. 2000년 홍석천 씨의 커밍아웃에 대한 반응은 결코 호의적이지 않았다. 2013년 김조광수 감독이 동성과 결혼식을 올리자 몇몇 보수적인 종교인들은 이들의 결혼식장을 쑥대밭으로 만들었다. 동성 결혼의 인정을 주장하는 사람들은 아주 단순한 원칙을 주장할 뿐이다. 평등한 가족 구성권과 다양한 가족 구성권. 대학 시절엔 당연하게 여겨졌던 이런 권리들이 왜 사회에 나와서는 싸움을 통해 얻어야만 하는 권리가 된 것일까? 나의 이런 질문에 이 책의 저자인 마이클 J. 로젠펠드는 아주 친절히 답변해 준다.

저자는 다음과 같은 질문을 던진다. 동성 커플이나 이인종 커플이 갑자기 하늘에서 떨어진 것이 아닐 텐데, 왜 지금에서야 이들이 자신의 권리를 주장하게 되었을까? 저자는 그 원인으로 '자립기'를 든다. 자립기란 고등학교 졸업 후부터 결혼하기 전까지, 즉 젊은이들이 자신의 가정을 꾸리기 전까지 부모에게서 자립한 시기를 말한다. 미국에서 이 자립기는 1960년대 이후 생기기 시작했고, 이 기간에 젊은이들은 부모의 품을 떠나 대학을 가거나 여행을 가거나 직장 생활을 하는 등 상대적으로 사회적 독립을 즐긴다. 자립기가 생기면서 부모는 자녀의 생활을 통제하기 힘들어졌고, 자녀의 배우자 선택에도 영향력을 미칠 수가 없었다. 요컨대, 미국에서 1960년대 이전에는 젊은이들이 결혼하기 전까지 부모와 한 지붕 밑에서 살아야 했기 때문에 부모가 동성이나 다른 인종과의 만남을 통제할 수 있었지만, 자립기가 등장하면서 비전통적인 결합을 막을 수 없게 된 것이다. 저자는 1960년대 미국에서 활발히 일어났던 민권 운동, 여성 해방 운동, 히피 운동, 동성애 운동 등 젊은이들의 반란이 일어난 원인으로도 이 자립기의 등장을 꼽는다.

저자는 앞으로 약 40년 정도가 지나면 '인구학적 신진대사'에 의해 1960년 이전에 20대를 보낸 세대들이 모두 사라지기 때문에, 개인들의 관용 수준이 변화되지 않는다고 해도 미국에서의 전체적인 관용 수준은 점점 증가될 것이라고 보았다. 물론 저자는 자립기가 지금처럼 계속 유지된다는 가정 하에 이런 결론을 내렸을 것이다. 자립기의 성장이 사회적 관용의 확산에 결정적인 역할을 했다면, 자립기가 여러 다른 이유들로 인해 성장하지 않고 오히려 퇴보하게 되었을 때 그러한 자립기를 겪은 젊은이들은 또 어떠한 눈으로 사회를 보게 될까?

〈모던 패밀리〉라는 미국 드라마가 있다. 이 드라마는 로스앤젤레스 교외에 사는 제이 프리쳇의 가족생활을 보여 주는데, 제이는 첫 번째 아내와 이혼한 후 콜롬비아에서 이민 온 젊은 여성과 가족을 꾸리고 산다. 제이의 큰 딸은 결혼해서 3명의 자녀를 낳았고, 작은 아들은 동성애자로 같은 동성애자와 결혼해 아시아에서 한 여자 아이를 입양해 키운다. 드라마 자체도 재미있지만, 내가 부러웠던 것은 이들이 서로를 인정하고 함께 어울려 살아가는 모습이었다. 하지만 이들도 저절로 이렇게 되지는 않았을 것이다. 미국에서 이인종 결혼이 동성 결혼보다 먼저 합법화되었지만, 그렇게 되기까지 무수히 많은 사람들의 문제제기와 오랜 투쟁이 있었다. 그 뒤를 이어 동성 결혼도 미국과 유럽에서 점점 인정되고 합법화되는 추세이지만, 아직도 갈 길이 멀다. 비전통적 결합이 합법화되는 과정은 8장에 자세히 나와 있다.

부족한 옮긴이를 믿고 좋은 책의 번역을 맡긴 갈무리 출판사에 감사드린다. 덕분에 번역을 하면서 참 즐거운 시간을 보냈다. 중간중간 헤맬 때마다 많은 도움을 준 남편에게도 고맙다는 인사를 전하고 싶다. 그리고 언제나 밝게 웃으며 행복하다고 말해주는 어린 아들, 딸에게도 사랑의 마음을 전한다.

2014년 10월 31일

이계순

:: 후주

1장 서문

1. William N. Eskridge, Jr., *Equality Practice : Civil Unions and the Future of Gay Rights* (New York : Routledge, 2002); Brause v. Bureau of Vital Statistics Alaska, WL 88743 (1998); Baehr v. Miike, WL 694235 Hawaii Circuit Court (1996).
2. Andrew Koppelman, *The Gay Rights Question in Contemporary American Law* (Chicago : University of Chicago Press, 2002); Baker v. State, 170 Vermont 194 (1999).
3. Lawrence v. Texas, 539 U.S. 558 (2003).
4. Dean E. Murphy, "San Francisco Married 4,037 Same-Sex Pairs from 46 States," *New York Times,* March 18, 2004, A:1; Goodridge v. Department of Public Health Massachusetts SJC-08860 (2003); Thomas Crampton, "Court Says New Paltz Mayor Can't Hold Gay Weddings," *New York Times,* June 8, 2004, B:6; Thomas Crampton, "Issuing Licenses, Quietly, to Couples in Asbury Park," *New York Times,* March 10, 2004, B:5; Matthew Preusch, "Oregonians Look to One Suit to Settle Gay Marriage Issue," *New York Times,* March 25, 2004, A:16.
5. Eskridge, *Equality Practice*; William N. Eskridge, Jr., *Gaylaw : Challenging the Apartheid of the Closet* (Cambridge, Mass. : Harvard University Press, 1999); Koppelman, *The Gay Rights Question in Contemporary American Law.*
6. John D'Emilio, *The World Turned : Essays on Gay History, Politics, and Culture* (Durham, N.C. : Duke University Press, 2002).
7. Robert J. Sickels, *Race, Marriage, and the Law* (Albuquerque : University of New Mexico Press, 1972); Loving v. Virginia, 388 U.S. 1 (1967); Rachel Moran, *Interracial Intimacy : The Regulation of Race and Romance* (Chicago : University of Chicago Press, 2001); Peter Wallenstein, *Tell the Court I Love My Wife : Race, Marriage, and Law — An American History* (New York : Palgrave Macmillan, 2002).
8. [옮긴이] 이후에서는 이 표현을 제목인 The Age of Independence와 같은 뜻으로 이해하여 '자립기'로 번역한다.
9. 자립기를 고찰한 학자들은 다음과 같다. Jeffrey Jensen Arnett, *Emerging Adulthood : The Winding Road from the Late Teens through the Early Twenties* (Oxford : Oxford University Press, 2004); Richard A. Setterstein, Jr., Frank F. Furstenberg, Jr., and Rubén G. Rumbaut, eds., *On the Frontier of Adulthood : Theory, Research, and Public Policy* (Chicago : University of Chicago Press, 2005); John Modell, *Into One's Own : From Youth to Adulthood in the United States, 1920~1975* (Berkeley : University of California Press, 1989); Marlis Buchmann, *The Script of Life in Modern Soci-*

ety : Entry into Adulthood in a Changing World (Chicago : University of Chicago Press, 1989); Frances K. Goldscheider and Calvin Goldscheider, *The Changing Transition to Adulthood : Leaving and Returning Home* (Thousand Oaks, Calif. : Sage Publications, 1999); Frances K. Goldscheider and Calvin Goldscheider, *Leaving Home before Marriage : Ethnicity, Familism, and Generational Relationships* (Madison : University of Wisconsin Press, 1993).

10. 이것이 그 유명한 러빙 대 버지니아 주(Loving v. Virginia) 판결이다. Moran, *Interracial Intimacy*를 참고하라.
11. Douglas S. Massey and Nancy A. Denton, *American Apartheid : Segregation and the Making of the Underclass* (Cambridge, Mass. : Harvard University Press, 1993).
12. 여기에서(즉 본문에서) 여러 종류의 비전통적 결합들의 통계수치가 다루는 기간이 끝나는 시점(temporal endpoint)이 각기 다른 이유는 미국 인구조사가 각 인구집단들에 대한 조사를 각기 다른 시점에 시작했기 때문이다. Steven Ruggles et al., "Integrated Public Use Microdata Series : Version 3.0," in *Historical Census Projects* (Minneapolis : University of Minnesota, 2004), http://www.ipums.org를 참고하라. 미국 인구조사는 1990년에 처음으로 동성 동거 커플과 이성 동거 커플을 룸메이트와 분리해서 다르게 인식했다. 히스패닉을 인지하고 처음으로 인정한 인구조사는 1970년이다. 미국 인구조사에서 흑인과 백인, 아시아인의 구분은 19세기부터 쭉 일관되게 진행되고 있다.
13. U.S. Bureau of the Census, "Technical Note on Same-Sex Unmarried Partner Data from the 1990 and 2000 Censuses" (2001), http://landview.census.gov/population/www/cen2000/samesex.html (accessed February 7, 2004).
14. Paul Spickard, *Mixed Blood : Intermarriage and Ethnic Identity in Twentieth Century America* (Madison : University of Wisconsin Press, 1989), p. 291.
15. Wallenstein, *Tell the Court I Love My Wife.*
16. Edmund S. Morgan, *The Puritan Family : Religion and Domestic Relations in Seventeenth-Century New England* (New York : Harper, [1944] 1966).
17. Morgan, *The Puritan Family,* pp. 144~145.
18. Morgan, *The Puritan Family*; David Hackett Fischer, *Albion's Seed : Four British Folkways in America* (New York : Oxford University Press, 1989); Richard Godbeer, *Sexual Revolution in Early America* (Baltimore : Johns Hopkins University Press, 2002).
19. Tamar Lewin, "For More People in 20's and 30's, Home Is Where the Parents Are," *New York Times,* December 22, 2003, B:1; Abby Ellin, "You Earned Your Wings, So Return to the Nest," *New York Times,* June 16, 2002, 3:10.
20. Goldscheider and Goldscheider, *Leaving Home before Marriage.*
21. 제시 버나드는 "실제로 모든 결혼은 '남편의 결혼과 아내의 결혼으로 이루어진 두 개의 결혼'이다."라며 더 강경한 의견을 내놓았다. Jessie Bernard, *The Future of Marriage* (New Haven, Conn. : Yale University Press, 1972), pp. 4~5.

22. [옮긴이] 통계조사 자료에서 최초로 입력한 전산 파일 자료를 원자료(raw data)라고 하며, 이는 입력이나 조사에서 생긴 오류를 거르기 이전의 데이터이다. 원자료에서 입력 오류 등을 제거한 후 데이터 가공을 할 때 사용하는 기초 자료를 마이크로데이터라고 하며, 통계원시자료라고도 한다.
23. Alexis de Tocqueville, *Democracy in America,* vol. 1, trans. Henry Reeve, Francis Bowen, and Phillips Bradley (New York : Vintage, [1835] 1945) [알렉시스 드 토크빌, 『미국의 민주주의』 1, 임효선 외 옮김, 한길사, 2002]; Ellen Rothman, *Hands and Hearts : A History of Courtship in America* (New York : Basic Books, 1984); Frank F. Furstenberg, Jr., "Industrialization and the American Family : A Look Backward," *American Sociological Review* 31, no. 3 (1966) : 326~337.
24. Steven Mintz and Susan Kellogg, *Domestic Revolutions : A Social History of American Family Life* (New York : Free Press, 1988); Paula S. Fass, *The Damned and the Beautiful : American Youth in the 1920's* (New York : Oxford University Press, 1977); Christine Stansell, *City of Women : Sex and Class in New York, 1789~1860* (Urbana : University of Illinois Press, 1982); Steven Mintz, *Huck's Raft : A History of American Childhood* (Cambridge, Mass. : Harvard University Press, 2004); Nan Enstad, *Ladies of Labor, Girls of Adventure : Working Women, Popular Culture, and Labor Politics at the Turn of the Twentieth Century* (New York : Columbia University Press, 1999); Carole Shammas, "Anglo-American Household Government in Comparative Perspective," *William and Mary Quarterly* 52, no. 1 (1995) : 104~144.
25. [옮긴이] 코호트(cohort)란 특정 기간에 태어나거나 결혼을 한 사람들처럼 통계상의 인자(因子)를 공유하는 인구 집단이다.
26. 부모가 자녀의 비전통적인 선택을 관용적으로 받아들이자, 비전통적 결합이 자립기 이전에도 나타나기 시작했다. 십대 청소년들은 부모 집에서 살면서도 자신이 동성애자임을 드러내거나 인종 간 관계를 드러내기 시작했다. Professor David John Frank, personal correspondence, October 22, 2005.
27. Doug McAdam, *Political Process and the Development of Black Insurgency, 1930~1970* (Chicago : University of Chicago Press, 1982).
28. Frances Fox Piven and Richard Cloward, *Poor People's Movements : How they Succeed, How They Fail* (New York : Pantheon, 1977).
29. [옮긴이] 1960년대 미국 학생운동은 몇 가지 상징적 사건으로 시작되었다. 대표적으로 노스캐롤라이나 주 그린즈버러에서 있었던 최초의 연좌(Sit-in)운동과 〈학생비폭력조정위원회〉(SNCC)의 결성이 그것이다. 이 중 〈학생비폭력조정위원회〉는 1960년대 중반 미국에서 나타난 흑인권력운동(black power movement)의 영향을 받았다.
30. [옮긴이] 1964년 11월, 캘리포니아 대학 버클리 캠퍼스에서 시작된 학생운동으로 대학 행정부가 대학에서 정치 활동을 했던 학생들을 처벌하자 이에 반대하며 일어났다. 결국 대학은 학생들의 학내 정치 활동 금지 규정을 취소했고, 이 운동은 이후 전 사회로 퍼졌다.

31. [옮긴이] 1964년 여름방학에 북부의 청년들은 미시시피 주에 모여 흑인들의 유권자 등록을 독려했고, 훗날 이 프로젝트를 '자유의 여름'(Freedom Summer)이라 불렀다. 자유의 여름이 끝났을 때 흑인 6명이 살해되었고, 참가자 천 명이 체포되었으나 오히려 더 많은 대학생들이 미시시피로 몰려와 자유의 여름 운동을 계속 이어갔다.
32. 특히, Doug McAdam, *Freedom Summer* (Oxford : Oxford University Press, 1990); Todd Gitlin, *The Sixties : Years of Hope, Days of Rage* (New York : Bantam, 1993)를 참고하라.
33. Students for a Democratic Society, "Port Huron Statement" (New York : Students for a Democratic Society, 1962).
34. 한 가지만 다른 예를 든다면, 미국 혁명의 지도자들은 이들을 반대했던 국왕파 사람들보다 훨씬 젊었다. 국왕파 지도자들은 식민지 체제 내에서 명성을 쌓을 만큼 오래 활동했지만, 젊은 혁명가들은 정부의 급진적 변혁이 자신들의 정치적·경제적 열망을 촉진시킬 수 있다는 것을 예상했다. Mintz, *Huck's Raft,* p. 69를 참고하라.
35. Randy Shilts, *The Mayor of Castro Street : The Life and Times of Harvey Milk* (New York : St. Martin's Press, 1982).
36. Martin Duberman, *Stonewall* (New York : Plume, 1993).
37. [옮긴이] 〈메타친 협회〉(Mattachine Society). 메타친은 왕에게 직언을 하는 이탈리아의 어릿광대인 메타치노(Mattaccino)에서 유래한 이름이다. 한때 캘리포니아에서만 2,000여 명의 회원이 있었지만 '사회와 대립하지 않는다'(non-confrontation)는 소극적 운동방식으로 크게 성장하진 못했다.
38. 같은 책, p. 207.
39. 문제를 심도 있게 다룬 예로는 Gitlin, *The Sixties : Years of Hope, Days of Rage*; Sara Evans, *Personal Politics : The Roots of Women's Liberation in the Civil Rights Movement and the New Left* (New York : Vintage, 1980); McAdam, *Freedom Summer*; Milton Viorst, *Fire in the Streets : America in the 1960s* (New York : Simon and Schuster, 1979); Duberman, *Stonewall*; John D'Emilio, *Sexual Politics, Sexual Communities : The Making of a Homosexual Minority in the United States, 1940~1970* (Chicago : University of Chicago Press, 1998)이 있다.
40. Ruggles et al., "Integrated Public Use Microdata Series : Version 3.0."
41. James Allan Davis, Tom W. Smith, and Peter V. Marsden, *General Social Surveys, 1972~2000 : Cumulative Codebook* (Chicago : National Opinion Research Center, 2000).
42. Steven Ruggles, "The Transformation of the American Family Structure," *American Historical Review* 99, no. 1 (1994) : 103~128.
43. Peter L. Berger and Thomas Luckmann, *The Social Construction of Reality : A Treatise in the Sociology of Knowledge* (New York : Doubleday, 1966)[피터 버거·토마스 루크만 지음, 『실재의 사회적 구성』, 하홍규 옮김, 문학과지성사, 2014]; Nancy F. Cott,

Public Vows : A History of Marriage and the Nation (Cambridge, Mass. : Harvard University Press, 2000); John D'Emilio and Estelle Freedman, *Intimate Matters : A History of Sexuality in America* (New York : Harper and Row, 1988); Godbeer, *Sexual Revolution in Early America*; Michael Grossberg, *Governing the Hearth : Law and the Family in Nineteenth-Century America* (Chapel Hill : University of North Carolina Press, 1985); Moran, *Interracial Intimacy.*

44. Sidney Kaplan, "The Miscegenation Issue in the Election of 1864," *Journal of Negro History* 34, no. 3 (1949) : 274~343.

45. [옮긴이] 영어에서 '게이'는 남성 동성애자라는 의미도 있지만 '동성애자의', '동성애의'라는 의미도 띤다. 저자도 이 책에서 '게이'라는 단어를 '동성애자의', '동성애의'라는 의미로 쓰기도 한다. 한국 사회에서 '게이'는 '남성 동성애자'만을 의미하기 때문에 혼동을 피하기 위해 저자가 '동성애자의', '동성애의'라는 의미로 '게이'를 쓸 때에는 전부 '동성애자의' 또는 '동성애자'로 통일해 주었다.

46. 로드 험프리스(Laud Humphreys)는 공중 화장실에서 남성과 성관계를 맺은 남성들을 연구했다. 이런 남성들 대부분은 결혼을 했거나 동성애를 매우 은밀하게 감췄고, 이런 비밀이 폭로되면 그들의 사회적 지위가 위협받을 수 있었다. 그래서 험프리스는 이 그룹을 연구하기 위해서 매우 기발한 책략이지만 동시에 비평가들 입장에서는 비윤리적인 방법을 써야만 했다. Laud Humphreys, *Tearoom Trade : Impersonal Sex in Public Places* (New York : Aldine de Gruyter, 1975)를 참고하라. 보통 은밀한 행동이나 감춰진 행동은 전국적 대표성을 지닌 여론 조사에서는 잘 보이지 않는다.

47. William Julius Wilson, *The Truly Disadvantaged : The Inner City, the Underclass, and Public Policy* (Chicago : University of Chicago Press, 1987); Lee Rainwater and William L. Yancey, *The Moynihan Report and the Politics of Controversy* (Cambridge, Mass. : MIT Press, 1967); Herbert G. Gutman, *The Black Family in Slavery and Freedom, 1750~1925* (New York : Vintage, 1976).

48. 이인종 결합에 대한 중요한 문헌들은 다음과 같다. Milton Gordon, *Assimilation in American Life : The Role of Race, Religion, and National Origin* (New York : Oxford University Press, 1964); Matthijs Kalmijn, "Trends in Black/White Intermarriage," *Social Forces* 72 (1993) : 119~146; Matthijs Kalmijn, "Intermarriage and Homogamy : Causes, Patterns, Trends," *Annual Review of Sociology* 24 (1998) : 395~421; Zhenchao Qian, "Breaking the Racial Barriers : Variations in Interracial Marriage between 1980 and 1990," *Demography* 34 (1997) : 263~276; Maria P. P. Root, *Love's Revolution : Interracial Marriage* (Philadelphia : Temple University Press, 2001); Michael J. Rosenfeld, "Measures of Assimilation in the Marriage Market : Mexican Americans 1970~1990," *Journal of Marriage and the Family* 64 (2002) : 152~162; Moran, *Interracial Intimacy*; Renee C. Romano, *Race Mixing : Black-White Marriage in Postwar America* (Cambridge, Mass. : Harvard University Press, 2003); David Heer, "Intermarriage,"

in *Harvard Encyclopedia of American Ethnic Groups,* ed. Stephan Thernstrom, Ann Orlov, and Oscar Handlin (Cambridge, Mass. : Harvard University Press, 1980), pp. 513~521; David Heer, "The Prevalence of Black-White Marriage in the United States, 1960 and 1970," *Journal of Marriage and the Family* 36 (1974) : 246~258; Randall Kennedy, *Interracial Intimacies : Sex, Marriage, Identity and Adoption* (New York : Pantheon, 2003); Spickard, *Mixed Blood : Intermarriage and Ethnic Identity in Twentieth-Century America.*
동성 커플에 대한 문헌은 다음과 같다. Allan Bérubé, *Coming Out under Fire : The History of Gay Men and Women in World War Two* (New York : Free Press, 1990); Lillian Faderman, *Surpassing the Love of Men : Romantic Friendship and Love between Women from the Renaissance to the Present* (New York : Harper Collins, [1981] 1998); Lillian Faderman, *Odd Girls and Twilight Lovers : A History of Lesbian Life in Twentieth-Century America* (New York : Penguin, 1991); George Chauncey, *Gay New York : Gender, Urban Culture and the Making of the Gay Male World, 1890~1940* (New York : Basic Books, 1994); John D'Emilio, "Capitalism and Gay Identity," in *The Lesbian and Gay Studies Reader,* ed. Henry Abelove, Michele Aina Barale, and David M. Halperin (New York : Routledge, 1993), pp. 467~478; D'Emilio, *Sexual Politics, Sexual Communities*; Elizabeth Lapovsky Kennedy and Madeline D. Davis, *Boots of Leather, Slippers of Gold : The History of a Lesbian Community* (New York : Routledge, 1993).
동성 커플과 이인종 커플 둘 다 논의한 것으로는 Romano의 *Race Mixing*과 Kennedy & Davis의 *Boots of Leather, Slippers of Gold*가 있다.
최근 사회과학자와 법학자 들 중 아주 일부는 성(sex)과 인종을 서로 교차해서 연구하고 있다. 한 가지 예로 Joane Nagel, *Race, Ethnicity, and Sexuality : Intimate Intersections, Forbidden Frontiers* (New York : Oxford University Press, 2003)이 있다. 나이젤은 이성애자 이인종 결합에서 성과 관계된 고정 관념과 성 권력의 역학을 주로 논의하지만, 성정체성과 동성애도 논의한다. 동성애자의 권리와 동성 결혼을 연구하는 나이젤은 대개 이인종 결혼도 논의한다. 왜냐하면 이인종 결혼에 대한 법정 판결(특히 러빙 대 버지니아 판결)은 미국에서 동성 결혼이라는 문제를 위한 합법적인 전례의 실마리이기 때문이다. Eskridge, *Equality Practice*; Koppelman, *The Gay Rights Question in Contemporary American Law*; Mark Strasser, "Family, Definitions, and the Constitution : On the Antimiscegenation Analogy," *Suffolk University Law Review* 25 (1991) : 981~1034를 참고하라.

49. Andrew Sullivan and Joseph Landau, eds., *Same-Sex Marriage : Pro and Con* (New York : Vintage, 1997); Strasser, "Family, Definitions, and the Constitution" D'Emilio, *Sexual Politics, Sexual Communities.*

50. Clem Brooks, "Civil Rights Liberalism and the Suppression of a Republican Political Realignment in the United States, 1972 to 1996," *American Sociological Review* 65

(2000) : 483~505.

51. George Chauncey et al., "Amicus brief in support of the petitioners in Lawrence v. Texas" (2003).

52. Arnett, *Emerging Adulthood*; Duane F. Alwin, "From Obedience to Autonomy : Changes in Traits Desired in Children, 1924~1978," *Public Opinion Quarterly* 52, no. 1 (1988) : 33~52; John Demos, "Child Abuse in Context : An Historian's Perspective," in *Past, Present and Personal : The Family and the Life Course in American History* (New York : Oxford University Press, 1986), pp. 68~91; Joseph F. Kett, *Rites of Passage : Adolescence in America 1790 to the Present* (New York : Basic Books, 1977).

53. Griswold v. Connecticut, 381 U.S. 479 (1965); Robert H. Bork, *The Tempting of America : The Political Seduction of the Law* (New York : Simon & Schuster, 1991); Loving v. Virginia; Eisenstadt v. Baird, 405 U.S. 438 (1972); Roe v. Wade, 410 U.S. 113 (1973); Lawrence v. Texas; Koppelman, *The Gay Rights Question in Contemporary American Law*; Laurence H. Tribe, *Abortion : The Clash of Absolutes* (New York : W. W. Norton, 1992).

2장 가족 통치 제도

1. Edmund S. Morgan, *The Puritan Family : Religion and Domestic Relations in Seventeenth-Century New England* (New York : Harper, [1944] 1966).

2. Morgan, *The Puritan Family*; David Hackett Fischer, *Albion's Seed : Four British Folkways in America* (New York : Oxford University Press, 1989).

3. Nancy F. Cott, *Public Vows : A History of Marriage and the Nation* (Cambridge, Mass. : Harvard University Press, 2000); Michael Grossberg, *Governing the Hearth : Law and the Family in Nineteenth-Century America* (Chapel Hill : University of North Carolina Press, 1985); Claude Lévi-Strauss, *The Elementary Structures of Kinship,* trans. James Harle Bell and John Richard von Sturmer (Boston : Beacon Press, 1969); Richard Godbeer, *Sexual Revolution in Early America* (Baltimore, Md. : Johns Hopkins University Press, 2002).

4. Morton Hunt, *The Natural History of Love* (New York : Anchor Books, 1994).

5. John Demos, *A Little Commonwealth : Family Life in Plymouth Colony* (London : Oxford University Press, 2000); Godbeer, *Sexual Revolution in Early America*; Grossberg, *Governing the Hearth*; Morgan, *The Puritan Family*. 가족 통치 제도가 식민지 시대의 젊은이들에게 많은 영향을 주었다는 시각이 학자들 사이에선 지배적이지만, 이에 반대하는 사람도 있다. Carole Shammas, *A History of Household Government in America* (Charlottesville : University of Virginia Press, 2002)를 참고하라. 최근의 사용 가능한 인구조사 마이크로데이터는 1850년까지만 확장되었기 때문에, 1850년 이전의 미국 가족생활에 대한 가정들은 어쩔 수 없이 단편적인 데이터에 기초했다. 미국 식민지 시

대를 관찰하는 몇몇 사람들은 부모의 의도와 상관없이 젊은이들의 결혼이 이루어졌다고 믿지만, 이는 잘못된 이해이다. 식민지 생활의 구조는 젊은이들이 보통 인식하지 못했던 방식으로 배우자 선택을 제한했다.
6. Demos, *A Little Commonwealth*; Fischer, *Albion's Seed*; Grossberg, *Governing the Hearth*; Morgan, *The Puritan Family*.
7. Fischer, *Albion's Seed*; Barry Levy, *Quakers and the American Family : British Settlement in the Delaware Valley* (New York : Oxford University Press, 1988).
8. Fischer, *Albion's Seed*, p. 485.
9. Shammas, *A History of Household Government in America,* p. 105.
10. Edmund S. Morgan, *Virginians at Home : Family Life in the Eighteenth Century* (Williamsburg, Va. : William Byrd Press, 1952); Fischer, *Albion's Seed*.
11. Fischer, *Albion's Seed*.
12. Grossberg, *Governing the Hearth*.
13. Godbeer, *Sexual Revolution in Early America*.
14. Grossberg, *Governing the Hearth,* p. 66.
15. 같은 책, p. 68.
16. John D'Emilio and Estelle Freedman, *Intimate Matters : A History of Sexuality in America* (New York : Harper and Row, 1988); Morgan, *The Puritan Family*.
17. Joseph F. Kett, *Rites of Passage : Adolescence in America 1790 to the Present* (New York : Basic Books, 1977).
18. Fischer, *Albion's Seed*.
19. 18세기 북미 영국 식민지로 이주한 백인 유럽인 중 절반 이상이 도제살이 하인으로 식민지에 왔다. Steven Mintz, *Huck's Raft : A History of American Childhood* (Cambridge, Mass. : Harvard University Press, 2004), p. 33을 참고하라.
20. Philippe Ariès, *Centuries of Childhood : A Social History of Family Life,* trans. Robert Baldick (New York : Vintage, 1962); Kett, *Rites of Passage*; Edward Shorter, *The Making of the Modern Family* (New York : Basic Books, 1975).
21. Demos, *A Little Commonwealth*.
22. Godbeer, *Sexual Revolution in Early America*.
23. 같은 책.
24. Fischer, *Albion's Seed*.
25. Morgan, *The Puritan Family*.
26. Arthur W. Calhoun, *A Social History of the American Family : Colonial Period,* vol. 1 (New York : Barnes and Noble, [1917] 1960).
27. Roger Thompson, *Sex in Middlesex : Popular Mores in a Massachusetts County, 1649~1699* (Amherst : University of Massachusetts Press, 1986), p. 10.
28. Fischer, *Albion's Seed*.

29. Morgan, *The Puritan Family,* pp. 148~149.

30. Carole Shammas, "Anglo-American Household Government in Comparative Perspective," *William and Mary Quarterly* 52, no. 1 (1995) : 104~144.

31. Calhoun, *A Social History of the American Family : Colonial Period,* p. 248.

32. 역사가 조지 프레드릭슨(George Fredrickson)에 의하면, 식민지인들은 미시시피 서쪽에 사는 원주민들을 정복하고 땅을 얻고 싶어 했으나, 영국 국왕이 원주민과 맺은 조약을 폐기하도록 허락하지 않아 식민지인들과 갈등 관계에 놓였고, 결국 식민지인들이 영토를 확장하기 위해서는 영국으로부터의 독립이 필요했다고 한다. 이것이 미국 혁명이 일어나게 된 첫 번째 이유였다고 프레드릭슨은 말한다. George M. Fredrickson, *White Supremacy : A Comparative Study in American and South African History* (Oxford : Oxford University Press, 1981)을 참고하라.

33. William J. Goode, *World Revolution and Family Patterns* (New York : Free Press, [1963] 1970); Frank F. Furstenberg, Jr., "Industrialization and the American Family : A Look Backward," *American Sociological Review* 31, no. 3 (1966) : 326~337; Godbeer, *Sexual Revolution in Early America.*

34. Alexis de Tocqueville, *Democracy in America,* vol. 1, trans. Henry Reeve, Francis Bowen, and Phillips Bradley (New York : Vintage, [1835] 1945)[알렉시스 드 토크빌, 『미국의 민주주의』 1, 임효선 외 옮김, 한길사, 2002].

35. 토크빌이 미국인의 삶에 일어났던 독립을 보고 생각했던 것을 현대에 재평가한 것으로는 Robert N. Bellah et al., *Habits of the Heart : Individualism and Commitment in American Life* (New York : Harper and Row, 1985)[R. 벨라, 『미국인의 사고와 관습』, 김명숙 옮김, 나남출판, 2001]이 있다.

36. Noel Ignatiev, *How the Irish Became White* (New York : Routledge, 1995); Kett, *Rites of Passage.*

37. Daniel Scott Smith and Michael S. Hindus, "Premarital Pregnancy in America, 1640~1971 : An Overview and Interpretation," *Journal of Interdisciplinary History* 5, no. 4 (1975) : 537~570.

38. Kett, *Rites of Passage.*

39. John Demos, "The Rise and Fall of Adolescence," in *Past, Present, and Personal : The Family and the Life Course in American History* (New York : Oxford University Press, 1986), pp. 92~113, quotation from p. 102.

40. Grossberg, *Governing the Hearth.* 한편, 다른 학자들은 "작은 정부에 대한 공화주의적 애정이 가정적 해법을 사회문제에 적용하는 것을 선호한 것이 아닌지" 궁금해 한다. Shammas, "Anglo-American Household Government in Comparative Perspective," p. 106.

41. 역사학자인 캐롤 샤마스(Carole Shammas)는 식민지 시대의 백인 남성 중심 가부장제에서 가장은 한 명 이상의 아내를 맞이할 수 없고, 고용인을 팔 수 없으며, 자녀의 결혼

을 강제할 수 없다는 영국 법을 상속할 때 제한으로 두었다는 점에 주목한다. Shammas, "Anglo-American Household Government in Comparative Perspective"를 참고하라.

42. 미국 혁명을 이끈 백인 남성들은 권리라는 보편적 언어를 사용했지만 실제로 그들은 백인 남성의 권리를 염두에 두었기 때문에, 몇몇 학자들은 공화주의 정신이 여성과 소수자, 흑인의 권리엔 어떤 영향도 미치지 않았다고 주장한다. 독립 후에 노예 수가 적었던 북부의 몇몇 주들은 노예를 해방시켰지만, 남부에서 노예 제도는 더욱 심각해졌다. 북부에서 고용된 계약노예(indentured servitude)는 줄지 않고 유지되었다. Shammas, "Anglo-American Household Government in Comparative Perspective"를 참고하라.

43. Grossberg, *Governing the Hearth.*

44. 식민지 시대에 남색(男色, sodomy)은 대개 불법(그리고 2003년 로렌스 대 텍사스 주의 대법원 판결이 있을 때까지 남색은 몇몇 주에서 불법인 채로 남아 있었다)이었지만, 동성애는 알려지지 않았었다. 다시 말해서 식민지 시대에는 다른 종류의 성적 성향에 대한 언어가 없었다. '동성애'란 용어는 19세기 후반이 되어서야 나왔다. Michel Foucault, *The History of Sexuality : An Introduction* (New York : Vintage, [1976] 1990)[미셸 푸코, 『성의 역사』 1권, 이규현 옮김, 나남출판, 2010]; D'Emilio and Freedman, *Intimate Matters.*

45. Carroll Smith-Rosenberg, "The Abortion Movement and the AMA, 1850~1880," in *Disorderly Conduct : Visions of Gender in Victorian America* (New York : Oxford University Press, 1985), pp. 217~244.

46. D'Emilio and Freedman, *Intimate Matters*; Anna Louise Bates, *Weeder in the Garden of the Lord : Anthony Comstock's Life and Career* (Lanham, Md : University Press of America, 1995); James Q. Wilson, "Crime and American Culture," *The Public Interest* 70, no. Winter (1983) : 22~48.

47. Bates, *Weeder in the Garden of the Lord*; Nicola Beisel, *Imperiled Innocents : Anthony Comstock and Family Reproduction in Victorian America* (Princeton, N.J. : Princeton University Press, 1997).

48. [옮긴이] 미국 수정헌법 제19조(Nineteenth Amendment 또는 Amendment XIX)는 미국 시민이 성별에 따라 투표권을 보장받지 못하는 것을 막고, 여성에게 참정권을 보장하기 위해 수정한 헌법으로 1920년 8월 18일에 비준 받았다. 이 헌법 개정을 위해 미국 내 많은 여성들이 주와 국가를 상대로 치열하게 싸웠다.

49. Nancy F. Cott, *The Bonds of Womanhood : "Woman's Sphere" in New England, 1780~1835* (New Haven, Conn. : Yale University Press, 1997).

50. 같은 책, Carroll Smith-Rosenberg, "Beauty, the Beast and the Militant Woman : A Case Study in Sex Roles and Social Stress in Jacksonian America," in *Disorderly Conduct : Visions of Gender in Victorian America* (New York : Oxford University Press, 1985), pp. 109~128.

51. Lillian Faderman, *Odd Girls and Twilight Lovers : A History of Lesbian Life in Twentieth-Century America* (New York : Penguin, 1991), p. 13.

52. Arthur W. Calhoun, *A Social History of the American Family : From 1865 to 1919,* vol. 3 (New York : Barnes and Noble, [1919] 1960), p. 93.
53. Carroll Smith-Rosenberg, "The Female World of Love and Ritual : Relations between Women in Nineteenth-Century America," in *Disorderly Conduct : Visions of Gender in Victorian America* (New York : Oxford University Press, 1985), pp. 53~76; Lillian Faderman, *Surpassing the Love of Men : Romantic Friendship and Love between Women from the Renaissance to the Present* (New York : Harper Collins, [1981] 1998).
54. Faderman, *Surpassing the Love of Men.*
55. Faderman, *Odd Girls and Twilight Lovers,* p. 4.
56. Faderman, *Surpassing the Love of Men.*
57. Faderman, *Odd Girls and Twilight Lovers,* p. 42.
58. Smith-Rosenberg, "The Female World of Love and Ritual."
59. 같은 책, p. 57.
60. Faderman, *Surpassing the Love of Men,* pp. 190~203.
61. Eugene D. Genovese, *Roll, Jordan, Roll : The World the Slaves Made* (New York : Vintage, 1976). 케네스 스탬프(Kenneth Stampp)는 주인이 노예의 결혼식 비용을 대고 주인과 노예가 함께 결혼을 축하하더라도, 노예 결혼식은 공동의 축하 행사가 아니라 다만 노예 제도라는 단순무식한 관습 하에서 주인을 위한 연출된 오락거리일 뿐이었다고 알려준다. Kenneth M. Stampp, *The Peculiar Institution : Slavery in the Ante-Bellum South* (New York : Vintage Books, [1956] 1989), p. 329.
62. Wilma King, *Stolen Childhood : Slave Youth in Nineteenth-Century America* (Bloomington : Indiana University Press, 1995); Stampp, *The Peculiar Institution*; Genovese, *Roll, Jordan, Roll.*
63. Mintz, *Huck's Raft,* p. 103; Frederick Douglass, *Narrative of the Life of Frederick Douglass, An American Slave, Written by Himself* (New Haven, Conn. : Yale University Press, [1845] 2001)[프레더릭 더글라스, 『미국 노예, 프레더릭 더글러스의 삶에 관한 이야기』, 손세호 옮김, 지만지, 2014]; Stampp, *The Peculiar Institution.*
64. Mintz, *Huck's Raft*; King, *Stolen Childhood*; Douglass, *Narrative.*
65. Lee Rainwater and William L. Yancey, *The Moynihan Report and the Politics of Controversy* (Cambridge, Mass. : MIT Press, 1967); J. E. Goldthorpe, *Family Life in Western Societies : A Historical Sociology of Family Relationships in Britain and North America* (Cambridge : Cambridge University Press, 1987).
66. 다니엘 패트릭 모이니헌(Daniel Patrick Moynihan)은 린든 존슨(Lyndon Johnson) 대통령을 위해 준비한 흑인 가족에 대한 유명한 보고서에서 1960년대의 흑인 가족은 파손된 기관이라고 주장했다. 그는 노예 제도의 피해로 결혼률이 낮고, 이혼율이 높으며, 여성 가구주의 가족이 굉장히 많다고 했다. 이에 대해 허버트 거트먼(Herbert Gutman)

은 학자의 입장에서 흑인 가족에게 일어난 노예제도의 영향은 보통 예상하는 것보다 훨씬 적고, 20세기에 흑인 가족의 결혼률이 낮은 것은 노예제도 때문이 아닐 것이라고 대꾸했다. 제임스 윌슨(James Q. Wilson)을 포함한 비평가들은 거트먼이 노예제도가 흑인 가족에게 끼친 피해를 대충 얼버무리며 넘어갔다고 반박했다. Hebert G. Gutman, *The Black Family in Slavery and Freedom, 1750~1925* (New York : Vintage, 1976); Rainwater and Yancey, *The Moynihan Report*; Genovese, *Roll, Jordan, Roll*; Goldthorpe, *Family Life in Western Societies*; James Q. Wilson, *The Marriage Problem : How Our Culture Has Weakened Families* (New York : Harper Collins, 2002)를 참고하라.

67. Winthrop D. Jordan, *White over Black : American Attitudes toward the Negro, 1550~1812* (Chapel Hill : University of North Carolina Press, 1968); Stampp, *The Peculiar Institution*; Genovese, *Roll, Jordan, Roll*; Godbeer, *Sexual Revolution in Early America*.
68. Godbeer, *Sexual Revolution in Early America*; Joseph J. Ellis, "Jefferson : Post-DNA," *William and Mary Quarterly* 57, no. 1 (2000) : 125~138; Annette Gordon-Reed, "Engaging Jefferson : Blacks and the Founding Father," *William and Mary Quarterly* 57, no. 1 (2000) : 171~182. 토마스 제퍼슨은 살아 있는 동안 샐리 헤밍스가 낳은 자신의 아이들을 노예로 두었지만, 유언장에서는 이 아이들을 자유롭게 해주었다.
69. 물론 예외도 있었다. 어떤 작가들은 처음부터 제퍼슨을 위선자라고 추정했다. Ellis, "Jefferson : Post-DNA"와 Jordan, *White over Black*을 참고하라.
70. 제퍼슨이 샐리 헤밍스 아이들의 아버지라는 증거에는 DNA뿐만 아니라(DNA 증거만 가지고는 토마스 제퍼슨의 아들도 샐리 헤밍스 아이들의 아버지가 될 수 있었다) 헤밍스의 여섯 아이들이 태어난 시기도 한몫했다. 샐리 헤밍스의 여섯 아이들은 모두 제퍼슨이 몬티첼로에 돌아오고 아홉 달이 지난 후 나왔다. Fraser D. Neiman, "Coincidence or Causal Connection? The Relationship between Thomas Jefferson's Visits to Monticello and Sally Hemings's Conceptions," *William and Mary Quarterly* 57, no. 1 (2000) : 198~210를 참고하라. DNA 증거에 출산 시기의 증거가 더해지니, 헤밍스 아이들의 아버지가 제퍼슨인가에 대한 어떤 합리적인 의심도 사라졌다.
71. Ellis, "Jefferson : Post-DNA."
72. Stampp, *The Peculiar Institution*; Douglass, *Narrative*.
73. James West Davidson and Mark Hamilton Lytle, *After the Fact : The Art of Historical Detection* (New York : McGraw-Hill, 1999), pp. 147~177.
74. Ellis, "Jefferson : Post-DNA" Peter S. Onuf, "Every Generation Is an "Independent Nation' : Colonization, Miscegenation, and the Fate of Jefferson's Children," *William and Mary Quarterly* 57, no. 1 (2000) : 153~170.
75. Ignatiev, *How the Irish Became White*; Stampp, *The Peculiar Institution*.
76. Martha Hodes, *White Women, Black Men : Illicit Sex in the 19th Century* (New Haven, Conn. : Yale University Press, 1997).

77. [옮긴이] 1865년에 수정헌법 제13조를 통해 노예제가 공식적으로 폐기되었고, 1868년에는 수정헌법 제14조를 통해 흑인에게도 시민권이 부여되었으며, 1870년에는 수정헌법 제15조를 통해 인종에 관계없이 투표권이 보장되었다.

78. Rachel Moran, *Interracial Intimacy : The Regulation of Race and Romance* (Chicago : University of Chicago Press, 2001); Peter Wallenstein, *Tell the Court I Love My Wife : Race, Marriage, and Law — An American History* (New York : Palgrave Macmillan, 2002). '잡혼'(miscegenation)이란 단어는 뉴욕에서 흑인 노예 제도를 옹호하는 신문의 편집장이 1864년 미국 대통령 선거 당시 지어낸 것이다. Sidney Kaplan, "The Miscegenation Issue in the Election of 1864," *Journal of Negro History* 34, no. 3 (1949) : 274~343를 참고하라.

79. Calhoun, *A Social History of the American Family : From 1865 to 1919*.

80. [옮긴이] 대표적인 자료 조사 방법으로 정량적(quantitative) 조사와 정성적(qualitative) 조사가 있다. 정량적은 양에 따라 조사하는 것으로 일정한 모집단의 표본을 대량 수집해서 그들의 관계를 알아내거나 습성을 판단하는 것이며, 정성적은 종류와 특징에 따라 조사하는 것으로 모집단 표본의 수가 적지만 깊은 곳까지 파고들 수 있다. 여론조사가 정량적 방법이라면, 인터뷰 조사는 정성적 방법이다. 정량적 조사에 쓰인 데이터를 흔히 '하드 데이터'라고 하며, 정성적 조사에 쓰인 데이터를 '소프트 데이터'라고 한다.

81. Neil J. Smelser, *Social Change in the Industrial Revolution : An Application of Theory to the British Cotton Industry, 1770~1840* (Chicago : University of Chicago Press, 1959).

82. Peter Laslett, *The World We Have Lost : England before the Industrial Age* (New York : Charles Scribner's Sons, [1965] 1971); Peter Laslett, *Family Life and Illicit Love in Earlier Generations* (Cambridge : Cambridge University Press, 1977).

83. Beth L. Bailey, *From Front Porch to Back Seat : Courtship in Twentieth-Century America* (Baltimore, Md. : Johns Hopkins University Press, 1988), p. 17.

84. 같은 책.

85. 같은 책, p. 13.

86. Bates, *Weeder in the Garden of the Lord*, p. 200.

87. D'Emilio and Freedman, *Intimate Matters*; Paula S. Fass, *The Damned and the Beautiful : American Youth in the 1920's* (New York : Oxford University Press, 1977).

88. Cott, *Public Vows*.

89. Glen H. Elder, Jr., *Children of the Great Depression : Social Change in Life Experience* (Chicago : University of Chicago Press, 1974).

90. Kingsley Davis and Pietronella van den Oever, "Age Relations and Public Policy in Advanced Industrial Societies," *Population and Development Review* 7, no. 1 (1981) : 1~18.

91. Allan Bérubé, *Coming Out under Fire : The History of Gay Men and Women in World*

War Two (New York : Free Press, 1990); John D'Emilio, *Sexual Politics, Sexual Communities : The Making of a Homosexual Minority in the United States, 1940~1970* (Chicago : University of Chicago Press, 1998); D'Emilio and Freedman, *Intimate Matters.*

92. Bérubé, *Coming Out under Fire.*

93. Elizabeth Lapovsky Kennedy and Madeline D. Davis, *Boots of Leather, Slippers of Gold : The History of a Lesbian Community* (New York : Routledge, 1993); Faderman, *Odd Girls and Twilight Lovers,* pp. 118~138.

94. Randy Shilts, *Conduct Unbecoming : Gays and Lesbians in the U.S. Military* (New York : Fawcett Columbine, 1993); Bérubé, *Coming Out under Fire.*

95. Beth Bailey, *Sex in the Heartland* (Cambridge, Mass. : Harvard University Press, 1999).

96. 같은 책.

97. 같은 책. David Riesman, Nathan Glazer, and Reuel Denney, *The Lonely Crowd : A Study of the Changing American Character* (New Haven, Conn. : Yale University Press, [1950] 2001)[데이비드 리스먼, 『고독한 군중』, 류근일 옮김, 동서문화사, 2011].

98. Douglas S. Massey and Nancy A. Denton, *American Apartheid : Segregation and the Making of the Underclass* (Cambridge, Mass. : Harvard University Press, 1993); Arnold R Hirsch, *Making the Second Ghetto : Race and Housing in Chicago, 1940~1960* (Cambridge : Cambridge University Press, 1983).

99. [옮긴이] 군나르 뮈르달은 경제의 동태 과정을 한 시점에서 절단, 분석하는 것에 의해 과거 및 장래의 변동성을 파악할 수 있다고 했다.

100. Gunnar Myrdal, Richard Sterner, and Arnold Rose, *An American Dilemma : The Negro Problem and Modern Democracy* (New York : Harper, 1944).

101. Emory S. Bogardus, "Measurement of Personal-Group Relations," *Sociometry* 10, no. 4 (1947) : 306~311.

102. Hirsch, *Making the Second Ghetto.*

103. Massey and Denton, *American Apartheid*; Hirsch, *Making the Second Ghetto.*

104. Julie DaVanzo and M. Omar Rahman, "American Families : Trends and Correlates," *Population Index* 59 (1993) : 350~386.

105. Ruby Jo Reeves Kennedy, "Premarital Residential Propinquity and Ethnic Endogamy," *American Journal of Sociology* 48, no. 5 (1943) : 580~584; Maurice R. Davie and Ruby Jo Reeves, "Propinquity of Residence before Marriage," *American Journal of Sociology* 44, no. 4 (1939) : 510~517; Alfred C. Clarke, "An Examination of the Operation of Residential Propinquity as a Factor in Mate Selection," *American Sociological Review* 17 (1952) : 17~22; James H. S. Bossard, "Residential Propinquity as a Factor in Marriage Selection," *American Journal of Sociology* 38, no. 2 (1932) : 219~224; Joseph R. Marches and Gus Turbeville, "The Effect of Residential Propinquity on Marriage

Selection," *American Journal of Sociology* 58, no. 6 (1953) : 592~595.
106. Bossard, "Residential Propinquity as a Factor in Marriage Selection."
107. Kennedy, "Premarital Residential Propinquity and Ethnic Endogamy."
108. Massey and Denton, *American Apartheid.*
109. D'Emilio, *Sexual Politics, Sexual Communities*; George Chauncey, *Gay New York : Gender, Urban Culture and the Making of the Gay Male World, 1890~1940* (New York : Basic Books, 1994); Kennedy and Davis, *Boots of Leather, Slippers of Gold.*
110. D'Emilio, *Sexual Politics, Sexual Communities.*
111. 같은 책, Chauncey, *Gay New York*; Claude Fischer, "Toward a Subcultural Theory of Urbanism," *American Journal of Sociology* 80, no. 6 (1975) : 1319~1341; Louis Wirth, "Urbanism as a Way of Life," *American Journal of Sociology* 44, no. 1 (1938) : 1~24.
112. Betty Friedan, *The Feminine Mystique* (New York : Dell, 1974); Kennedy and Davis, *Boots of Leather, Slippers of Gold.*
113. Bérubé, *Coming Out under Fire*; Renee C. Romano, *Race Mixing : Black-White Marriage in Postwar America* (Cambridge, Mass. : Harvard University Press, 2003); John D'Emilio, "Capitalism and Gay Identity," in *The Lesbian and Gay Studies Reader,* ed. Henry Abelove, Michele Aina Barale, and David M. Halperin (New York : Routledge, 1993), pp. 467~478.
114. Bérubé, *Coming Out under Fire.*
115. 같은 책, p. 6.
116. Romano, *Race Mixing.*
117. Goode, *World Revolution and Family Patterns,* p. 32.

3장 자립기

1. Larry L Bumpass, "What's Happening to the Family? Interactions between Demographic and Institutional Change," *Demography* 27, no. 4 (1990) : 483~498; Andrew J. Cherlin, *Marriage, Divorce, Remarriage* (Cambridge, Mass. : Harvard University Press, 1992); Julie DaVanzo and M. Omar Rahman, "American Families : Trends and Correlates," *Population Index* 59 (1993) : 350~386; Frank F. Furstenberg, Jr., "Divorce and the American Family," *Annual Review of Sociology* 16 (1990) : 379~403; Frank F. Furstenberg, Jr., "Family Change and Family Diversity," in *Diversity and Its Discontents : Cultural Conflict and Common Ground in Contemporary American Society,* ed. Neil J. Smelser and Jeffrey C. Alexander (Princeton, N.J. : Princeton University Press, 1999); William J. Goode, *World Revolution and Family Patterns* (New York : The Free Press, [1963] 1970); Tom W. Smith, "The Emerging 21st Century American Family," *General Social Survey Social Change Report* No. 42 (1999).
2. Arthur W. Calhoun, *A Social History of the American Family : From 1865 to 1919,* vol.

3 (New York : Barnes and Noble, [1919] 1960), pp. 323~332.

3. Karl Marx and Friedrich Engels, *The Marx-Engels Reader,* trans. Robert C. Tucker (New York : W. W. Norton, 1978).

4. Lewis A. Coser, *Masters of Sociological Thought* (Fort Worth, Tex. : Harcourt Brace Jovanovich, 1977); Frédéric Le Play, *On Family, Work, and Social Change,* trans. Catherine Bodard Silver (Chicago : University of Chicago Press, 1982).

5. Peter Laslett, *The World We Have Lost : England before the Industrial Age* (New York : Charles Scribner's Sons, [1965] 1971); John Hajnal, "European Marriage Patterns in Perspective," in *Population in History : Essays in Historical Demography,* ed. D. V. Glass and D. E. C. Eversley (Chicago : Aldine, 1965), pp. 101~143.

6. Peter Laslett and Richard Wall, eds., *Household and Family in Past Time* (Cambridge : Cambridge University Press, [1972] 1977). 현대 이전의 가족에 대한 라슬렛의 영향력 있는 주장은 몇 가지 의견에 이의를 제기하고 있다. 평론들에 관해선 Lutz K. Berkner, "The Use and Misuse of Census Data for the Historical Analysis of Family Structure," *Journal of Interdisciplinary History* 5, no. 4 (1975) : 721~738; David I. Kertzer, "Household History and Sociological Theory," *Annual Review of Sociology* 17 (1991) : 155~179; Steven Ruggles, "The Transformation of the American Family Structure," *American Historical Review* 99, no. 1 (1994) : 103~128을 참고하라. 라슬렛이 주장했던 것처럼 현대 이전의 가족이 실제로 핵가족이었는지 아니면 직계 가족과 복합 가족이 일반적이었는지는 역사적 시기와 구체적인 지역, 그리고 존재하는 한정된 데이터에 대한 조사자 각각의 해석에 달려 있다. 엄밀히 말하면, 직계 가족은 부모님과 함께 사는 젊은 남성이나 젊은 여성이 자신의 배우자를 부모님과 사는 집으로 데려올 때 형성되는 가족형태이다.

7. 산업혁명 이전, 마을의 인구 이동에 대한 조사 결과는 다시 출판된 Peter Laslett, *Family Life and Illicit Love in Earlier Generations* (Cambridge : Cambridge University Press, 1977)의 Clayworth와 Cogenhoe라는 영국 마을의 행정 교구 기록에 대한 라슬렛의 연구에서 나왔다.

8. Laslett, *The World We Have Lost*; Laslett, *Family Life and Illicit Love in Earlier Generations.* 라슬렛이 산업혁명 전의 가족에 대한 그의 영향력 있는 책을 처음으로 출판했을 시기에, 미국의 몇몇 사회학자들도 산업혁명이 가족에게 미친 영향에 대한 가정을 의심하기 시작했다. Frank F. Furstenberg, Jr., "Industrialization and the American Family : A Look Backward," *American Sociological Review* 31, no. 3 (1966) : 326~337; Goode, *World Revolution and Family Patterns*를 참고하라.

9. U.S. Bureau of the Census, *Historical Statistics of the United States, Colonial Times to 1970, Bicentennial Edition, Part 1* (Washington, D.C. : U.S. Government Printing Office, 1975); Michael J. Rosenfeld, "Young Adulthood as a Factor in Social Change in the United States," *Population and Development Review* 32, no. 1 (2006).

10. Paul H. Jacobson, *American Marriage and Divorce* (New York : Rinehart and Company, 1959); Cherlin, *Marriage, Divorce, Remarriage*
11. Michael B. Katz, *Reconstructing American Education* (Cambridge, Mass. : Harvard University Press, 1987); Joseph F. Kett, *Rites of Passage : Adolescence in America, 1790 to the Present* (New York : Basic Books, 1977); Samuel Bowles and Herbert Gintis, *Schooling in Capitalist America : Educational Reform and the Contradictions of Economic Life* (New York : Basic Books, 1976).
12. Calhoun, *A Social History of the American Family : From 1865 to 1919*; Anna Louise Bates, *Weeder in the Garden of the Lord : Anthony Comstock's Life and Career* (Lanham, Md. : University Press of America, 1995).
13. Ellen Rothman, *Hands and Hearts : A History of Courtship in America* (New York : Basic Books, 1984). 산업혁명기의 가족 통치 제도에서 백인 젊은이들의 독립을 강조한 역사적 문헌들을 추가하면, Nan Enstad, *Ladies of Labor, Girls of Adventure : Working Women, Popular Culture, and Labor Politics at the Turn of the Twentieth Century* (New York : Columbia University Press, 1999); Christine Stansell, *City of Women : Sex and Class in New York 1789~1860* (Urbana : University of Illinois Press, 1982); Howard P. Chudacoff, *The Age of the Bachelor : Creating an American Subculture* (Princeton, N.J. : Princeton University Press, 1999). 1920년대에 젊은이들의 자립이 늘었다는 것을 역사적으로 주장한 문헌은 다음과 같다. Paula S. Fass, *The Damned and the Beautiful : American Youth in the 1920's* (New York : Oxford University Press, 1977)이 있다.
14. Berkner, "The Use and Misuse of Census Data for the Historical Analysis of Family Structure."
15. Steven Ruggles et al., "Integrated Public Use Microdata Series : Version 3.0," in *Historical Census Projects* (Minneapolis : University of Minnesota, 2004), http://www.ipums.org.
16. 1930년의 미국 인구조사 마이크로데이터는 아직 사용 가능하지 않다. 왜냐하면 인구조사국이 1930년의 인구조사로부터는 공개 마이크로데이터를 생산하지 않았고 익명 보장을 위해 72년 간 인구조사 원본 파일의 공개를 금지했던 조치가 최근에야 만료되었기 때문이다.
17. 1980년과, 1990년 및 2000년에 미국 인구조사국은 미국에 거주하는 모든 가정에 설문조사지를 보냈다. 그중 무작위로 선별된 몇몇 가정은 더 길고, 더 자세한 설문지를 받았다. 5% 인구조사 마이크로데이터는 긴 설문지의 응답들에서 얻어낸 것이다. 인구조사 마이크로데이터에서 가중치는 표본 추출 확률의 역이기 때문에, 가중치는 1-in-100 표본에 대해서는 100을 비례배분하고, 1-in-20 표본에 대해서는 20을 비례배분한다. 가중치는 인구의 신뢰성이 높은 총합과 인구 비율을 치우치지 않게 구할 때 사용한다. 1980~2000년 인구조사에서, 특히 2000년을 제외하고, 몇몇 개인의 가중치는 20의 평균보다 높고,

또 일부는 낮다. 가중치의 변동성은 인구조사에서 긴 설문지에 대한 응답 비율을 바로 잡기 위해 만들어진 것인데, 긴 설문지에 대한 응답 비율은 부분 모집단에 따라 서로 다르다. 예를 들어, 흑인의 긴 서식지에 대한 응답 비율은 작성할 법적 의무가 있는 짧은 설문지에 비해 응답률이 낮다. 긴 설문지에 대한 낮은 응답 비율을 보상하기 위해 5% 마이크로데이터에서 흑인에게는 조금 더 높은 가중치를 부여한다.

18. Hyman Alterman, *Counting People : The Census in History* (New York : Harcourt, Brace and World, 1969); Ruggles et al., "Integrated Public Use Microdata Series : Version 3.0."
19. U.S. Bureau of the Census, "Technical Note on Same-Sex Unmarried Partner Data from the 1990 and 2000 Censuses," (2001), http://landview.census.gov/population/www/cen2000/samesex.html (accessed February 7, 2004).
20. Alterman, *Counting People*.
21. Furstenberg, "Industrialization and the American Family."
22. 대도시 지역에 대한 정의는 인구조사마다 바뀌기 때문에, 〈도표 3.1〉을 해석할 때 약간의 주의가 필요하다. 몇몇 인구조사, 특히 2000년 인구조사에서 많은 개인들이 이미 사라진 대도시·중심가에 산다고 답했기 때문에, 2000년 교외 거주 비율이 기록되지 못했다.
23. Jacob A. Riis, *How the Other Half Lives : Studies Among the Tenements of New York* (New York : C. Scribner's Sons, 1906).
24. Stansell, *City of Women*.
25. Bates, *Weeder in the Garden of the Lord*; Nicola Beisel, *Imperiled Innocents : Anthony Comstock and Family Reproduction in Victorian America* (Princeton, N.J. : Princeton University Press, 1997), Stansell, *City of Women*.
26. Calhoun, *A Social History of the American Family : From 1865 to 1919*; Beisel, *Imperiled Innocents*.
27. Tamara Hareven, *Family Time and Industrial Time : The Relationship between the Family and Work in a New England Industrial Community*. (Cambridge : Cambridge University Press, 1982).
28. Louise A. Tilly and Joan W. Scott, *Women, Work, and Family* (New York : Routledge, 1987); Neil J. Smelser, *Social Change in the Industrial Revolution : An Application of Theory to the British Cotton Industry 1770~1840* (Chicago : University of Chicago Press, 1959); E. P. Thompson, *The Making of the English Working Class* (London : Camelot Press, 1963).
29. Tilly and Scott, *Women, Work, and Family*.
30. Smelser, *Social Change in the Industrial Revolution*.
31. 〈도표 3.1〉과 〈도표 3.2〉는 오직 미국 태생만 포함한다. 이민자를 포함해도 이 도표의 모양은 바뀌지 않는다.
32. 사망률 위험 요소 중 영유아 사망률의 감소가 19세기와 오늘날의 가장 큰 차이점이다.

1850년에 매사추세츠 주에서 막 태어난 사람들의 기대 수명은 39세밖에 안 되었지만, 이때 20세였던 사람들은 60세 정도까지 살 것이라 예상되었다. 그에 반해서, 1950년 미국에서 태어난 백인의 기대 수명은 70세 정도이며, 여성은 조금 더 높았고 남성은 조금 더 낮았다. 이때 20세인 사람들도 마찬가지로 대략 70세까지(여성은 조금 더 높다) 살 거라 예상되었다. U.S. Bureau of the Census, *Historical Statistics of the United States, Colonial Times to 1970,* p. 56.

33. Ruggles, "The Transformation of the American Family Structure"; U.S. Bureau of the Census, *Historical Statistics of the United States, Colonial Times to 1970*; Susan Cotts Watkins, Jane A. Menken, and John Bongaarts, "Demographic Foundations of Family Change," *American Sociological Review* 52 (1987) : 346~358. 다세대(多世代) 공동 거주의 인구학적 한계에 대한 논쟁은 중요한데, 산업혁명 이전의 서유럽에 다세대 가정이 적었다는 것에 대해 라슬렛과 동료들은 서유럽의 가족 제도가 단 한 번도 다세대 체계였던 적이 없었다고 주장한 반면, 그에 대한 비판자들은 아이가 있는 커플들이 부모와 사는 것을 선호한다 하더라도 다세대 가정이 매우 드물다는 것은 사망률이 높다는 것을 의미한다고 주장했다. 비판적인 논의를 보려면, Michael Anderson, *Approaches to the History of the Western Family 1500~1914* (London : Macmillan Press, 1980); Berkner, "The Use and Misuse of Census Data for the Historical Analysis of Family Structure" Marion J. Levy, Jr., "Aspects of the Analysis of Family Structure," in *Aspects of the Analysis of Family Structure,* ed. Ansley J. Coale, et al. (Princeton, N. J. : Princeton University Press, 1965), pp. 1~63를 참고하라. 다세대 가정의 인구학적 한계의 효과를 모의 실험한 연구를 보기 위해서는, Steven Ruggles, *Prolonged Connections : The Rise of the Extended Family in Nineteenth-Century England and America* (Madison : University of Wisconsin Press, 1987); Kenneth W. Wachter, Eugene A. Hammel, and Peter Laslett, *Statistical Studies of Historical Social Structure* (New York : Academic Press, 1978)를 참고하라.

34. John Modell and Tamara Hareven, "Urbanization and the Malleable Household : An Examination of Boarding and Lodging in American Families," *Journal of Marriage and the Family* 35, no. 3 (1973) : 467~479; Stansell, *City of Women.*

35. Kett, *Rites of Passage*; Edmund S. Morgan, *The Puritan Family : Religion and Domestic Relations in Seventeenth-Century New England* (New York : Harper, [1944] 1966).

36. Modell and Hareven, "Urbanization and the Malleable Household."

37. Morgan, *The Puritan Family.*

38. 20세기가 시작될 무렵에 젊은 남성은 부모에게서 더 많은 거주의 자율권을 획득한 반면, 20세기가 끝날 때까지도 젊은 여성은 부모와 사는 남성들보다도 더 거주의 자율권이 없었다. 과거의 지배적인 가족 형태였던 가부장제에서 신음했던 젊은 여성들에게 자립기는 특히 많은 권한을 준다.

39. John Modell, Frank F. Furstenberg, Jr., and Theodore Hershberg, "Social Change

and Transitions to Adulthood in Historical Perspective," in *The American Family in Social-Historical Perspective,* ed. Michael Gordon (New York : St. Martin's Press, 1978), pp. 192~219.

40. Cherlin, *Marriage, Divorce, Remarriage*; DaVanzo and Rahman, "American Families : Trends and Correlates."

41. Jeffrey Jensen Arnett, *Emerging Adulthood : The Winding Road from the Late Teens through the Early Twenties* (Oxford : Oxford University Press, 2004); John Modell, *Into One's Own : From Youth to Adulthood in the United States, 1920~1975* (Berkeley : University of California Press, 1989); Marlis Buchmann, *The Script of Life in Modern Society : Entry into Adulthood in a Changing World* (Chicago : University of Chicago Press, 1989); Richard A. Setterstein, Jr., Frank F. Furstenberg, Jr., and Rubén G. Rumbaut, eds., *On the Frontier of Adulthood : Theory, Research, and Public Policy* (Chicago : University of Chicago Press, 2005); Jeffrey Jensen Arnett and Susan Taber, "Adolescence Terminable and Interminable : When Does Adolescence End?" *Journal of Youth and Adolescence* 23, no. 5 (1994) : 517~537를 참고하라.

42. 특히 『뉴욕 타임스』 지는 이런 오해를 불러일으킨 데에 큰 책임이 있다. 예를 들어, Tamar Lewin, "For More People in 20's and 30's, Home Is Where the Parents Are," *New York Times,* December 22, 2003, B:1; Dale Buss, "Sure, Come Back to the Nest. Here are the Rules," *New York Times,* January 23, 2005, 3:8; Abby Ellin, "You Earned Your Wings, So Return to the Nest," *New York Times,* June 16, 2002, 3:10을 참고하라.

43. 〈표 3.1〉에서 결혼한 여성과 독신 여성 모두를 포함한 젊은 여성의 비율을 보자. 독신이면서 부모와 함께 사는 젊은 여성이 1960년에 12.4%였다가 2000년 21.1%로 증가했지만, 이런 변화의 원인은 이 연령대의 여성 집단에서 결혼하는 여성의 비율이 줄어들고 있기 때문이다.

44. Peter Applebome, "Parting Wisdom : Don't Worry, but Don't Rent Out My Room," *New York Times,* June 5, 2005, A:37.

45. Frances K. Goldscheider and Calvin Goldscheider, *Leaving Home before Marriage : Ethnicity, Familism, and Generational Relationships* (Madison : University of Wisconsin Press, 1993); Frances K. Goldscheider and Calvin Goldscheider, *The Changing Transition to Adulthood : Leaving and Returning Home* (Thousand Oaks, Calif. : Sage Publications, 1999).

46. Robert F. Schoeni and Karen E. Ross, "Material Assistance from Families during the Transition to Adulthood," in *On the Frontier of Adulthood,* ed. Richard A. Setterstein, Jr., Frank F. Furstenberg, Jr., and Rubén G. Rumbaut (Chicago : University of Chicago Press, 2005), pp. 396~416.

47. 대학 입학 비율은 가중치를 적용한 인구조사 마이크로데이터에서 자료를 얻어 필자가 만든 도표이다. 미국 인구조사는 1940년 처음으로 모든 가정 구성원의 교육 정도를 기록

했다.

48. Steven Mintz, *Huck's Raft : A History of American Childhood* (Cambridge, Mass. : Harvard University Press, 2004), p. 59.

49. Kett, *Rites of Passage.*

50. 같은 책.

51. Beth L. Bailey, *From Front Porch to Back Seat : Courtship in Twentieth Century America* (Baltimore, Md. : Johns Hopkins University Press, 1988).

52. John D'Emilio, *Making Trouble : Essays on Gay History, Politics, and the University* (New York : Routledge, 1992); Thomas Frank, *What's the Matter with Kansas? How Conservatives Won the Heart of America* (New York : Henry Holt, 2004).

53. Jon Weiner, "A Review of *The Common-Sense Guide to American Colleges 1991~1992,* Edited by Charles Horner," *The Nation,* February 24, 1992, 236~240; Frank, *What's the Matter with Kansas?*

54. 자유 언론 운동(Free Speech Movement)과 이 운동의 함의에 대한 내용은 Mark Kitchell, *Berkeley in the Sixties* (First Run Feature Films, 1990)라는 다큐멘터리 필름에서 가져왔다.

55. 같은 책.

56. 같은 책.

57. 같은 책.

58. (클라크 커(Clark Kerr)와 캘리포니아 대학을 특별히 언급한 것을 포함해서) 1960년 이후 대학의 도덕적 위기에 대한 다른 관점을 보려면, Katz, *Reconstructing American Education,* pp. 160~183을 참고하라.

59. Enstad, *Ladies of Labor, Girls of Adventure.*

60. Kett, *Rites of Passage*; John Demos, *A Little Commonwealth : Family Life in Plymouth Colony* (London : Oxford University Press, 2000).

61. Robert Staughton Lynd and Helen Merrell Lynd, *Middletown : A Study in Contemporary American Culture* (New York : Harcourt, Brace, 1929), p. 26.

62. Betty Friedan, *The Feminine Mystique* (New York : Dell, 1974)[베티 프리단, 『여성의 신비』, 김현우 옮김, 이매진, 2005]; Carroll Smith-Rosenberg, "Hearing Women's Words : A Feminist Reconstruction of History," in *Disorderly Conduct : Visions of Gender in Victorian America* (New York : Oxford University Press, 1985), pp. 11~52.

63. 나는 인구조사에 기록된 초혼의 중앙값을 계산할 때 모든 개인을 포함했고, 이들이 결국 결혼을 했는지 안 했는지는 상관하지 않았다. 그래서 더 표준적인 초혼 연령의 계산과는 약 반년 정도 차이가 있다. 이 계산법은 결혼을 계속 하지 않고 있는 50세 이상 사람들은 제외했다. 표준적인 방법에서는 50세까지도 결혼을 하지 않은 사람은 앞으로도 결혼을 하지 않을 것이라고 추정했고, 이 추정은 점점 더 미약해지고 있다. 그리고 표준적인 방법은 50세에 결혼을 하지 않은 나이 많은 코호트들의 퍼센트를 좀 더 최근에 출

생한 코호트들에 적용하기 위해서, 인구통계학자들이 정상 인구 추정이라 부르는 것(두 번째로 잠재적 문제가 있는 추정)도 활용해야 한다. Catherine A. Fitch and Steven Ruggles, "Historical Trends in Marriage Formation : The United States, 1850~1990," in *The Ties ThatBind : Perspectives on Marriage and Cohabitation,* ed. Linda J. Waite et al. (New York : Aldine de Gruyter, 2000), pp. 59~90; Henry S. Shryock and Jacob S. Siegel, *The Methods and Materials of Demography* (Washington, D.C. : U.S. Bureau of the Census, 1975); John Hajnal, "Age at Marriage and Proportions Marrying," *Population Studies* 7, no. 2 (1953) : 111~136를 참고하라. 인구조사 마이크로데이터를 사용해서 미국 태생 백인의 초혼 중앙값을 도출한 피치와 러글스의 계산(이들이 만든 〈도표 4.1〉)은 내가 한 계산과 거의 비슷하지만, 그들의 중앙값은 내 것보다 약간 낮다. 왜냐하면 이들은 이들이 보기에 절대로 결혼하지 않을 것으로 추정되는 사람들의 얼마 되지 않는 비율을 제외했기 때문이다. 복원된 교구 기록에 나타나는 결혼 연령의 예들은 Philip J. Greven, Jr., *Four Generations : Population, Land and Family in Colonial Andover, Massachusetts* (Ithaca, N.Y. : Cornell University Press, 1970); Laslett, *The World We Have Lost*; Laslett, *Family Life and Illicit Love in Earlier Generations*을 참고하라.

64. 초혼 연령에 대한 다양한 관점 및 미국 내 데이터로 측정한 값을 보려면, Cherlin, *Marriage, Divorce, Remarriage*; Fitch and Ruggles, "Historical Trends in Marriage Formation" Walt Saveland and Paul C. Glick, "First-Marriage Decrement Tables by Color and Sex for the United States in 1958~60," *Demography* 6, no. 3 (1969) : 243~260; Paul C. Glick and Emanuel Landau, "Age as a Factor in Marriage," *American Sociological Review* 15, no. 4 (1950) : 517~529; Paul C. Glick and Robert Parke, Jr., "New Approaches in Studying the Life Cycle of the Family," *Demography* 2 (1965) : 187~202; DaVanzo and Rahman, "American Families : Trends and Correlates" Thomas J. Espenshade, "Marriage Trends in America : Estimates, Implications, and Underlying Causes," *Population and Development Review* 11, no. 2 (1985) : 193~245; Margaret Mooney Marini, "Measuring the Effects of the Timing of Marriage and First Birth," *Journal of Marriage and the Family* 43, no. 1 (1981) : 19~26; Arland Thornton and Deborah Freedman, "The Changing American Family," *Population Index* 38 (1983) : 1~43을 참고하라.
65. Cherlin, *Marriage, Divorce, Remarriage*; DaVanzo and Rahman, "American Families : Trends and Correlates" Thornton and Freedman, "The Changing American Family."
66. Laslett, *The World We Have Lost*; Greven, *Four Generations.* 그레벤의 경우, 초혼 연령 중앙값을 제시하고 있지는 않지만, 결혼하지 않은 개인의 수를 안다면 표(p.121, Table 11)를 통해 초혼 연령뿐만 아니라 모든 결혼 연령의 중앙값을 추정할 수 있다.
67. Greven, *Four Generations.*
68. Barry Levy, *Quakers and the American Family : British Settlement in the Delaware*

Valley (New York : Oxford University Press, 1988).

69. 저자가 가중치를 적용한 인구조사 데이터를 바탕으로 계산했다.

70. Valerie Kinckaid Oppenheimer, "A Theory of Marriage Timing," *American Journal of Sociology* 94 (1988) : 563~591.

71. Enstad, *Ladies of Labor, Girls of Adventure*; Fass, *The Damned and the Beautiful*; Stansell, *City of Women*; Calhoun, *A Social History of the American Family : From 1865 to 1919,* Rothman, *Hands and Hearts*; Chudacoff, *The Age of the Bachelor*; Mintz, *Huck's Raft*; Steven Mintz and Susan Kellogg, *Domestic Revolutions : A Social History of American Family Life* (New York : Free Press, 1988).

4장 대안 결합의 확산

1. 인터뷰를 기록한 부분은 이곳과 이어지는 장들에 나온다. 나는 2001년에서 2004년 사이에 샌프란시스코만 지역에서 살고 있는 28쌍의 커플을 보통 그들의 파트너와 함께 집에서 인터뷰했다. 인터뷰는 90분에서 5시간 사이에 끝났고, 평균 2시간 반 정도 걸렸다. 인터뷰는 자유롭고 열린 형식이었지만, 모든 인터뷰는 다음과 같은 질문을 공통으로 던지며 시작했다. "어디서 성장했고, 가족은 어땠으며, 인종과 성별 역할에 대해 배운 것 중 기억나는 게 있으면 이야기해 주세요."

2. Michael J. Rosenfeld, "Measures of Assimilation in the Marriage Market : Mexican Americans 1970~1990," *Journal of Marriage and the Family* 64 (2002) : 152~162; Frank D. Bean and Marta Tienda, *The Hispanic Population of the United States* (New York : Russell Sage, 1987).

3. Rachel Moran, *Interracial Intimacy : The Regulation of Race and Romance* (Chicago : University of Chicago Press, 2001). But see also Zhenchao Qian, "Breaking the Racial Barriers : Variations in Interracial Marriage between 1980 and 1990," *Demography* 34 (1997) : 263~276; Rosenfeld, "Measures of Assimilation in the Marriage Market : Mexican Americans 1970~1990" Stanley Lieberson and Mary C. Waters, *From Many Strands : Ethnic and Racial Groups in Contemporary America* (New York : Russell Sage Foundation, 1988).

4. Guillermina Jasso and Mark R. Rosenzweig, *The New Chosen People : Immigrants in the United States* (New York : Russell Sage Foundation, 1990).

5. Michael J. Rosenfeld and Byung-Soo Kim, "The Independence of Young Adults and the Rise of Interracial and Same-Sex Unions," *American Sociological Review* 70, no. 4 (2005) : 541~562.

6. 동성 커플을 사회 인구학적으로 분석한 1990년과 2000년 인구조사의 잠재적 유용성은 거의 대부분 잘 실현되지 못하고 있다. 이 중 예외는 Marieka M. Klawitter and Victor Flatt, "The Effects of State and Local Antidiscrimination Policies on Earnings for Gays and Lesbians," *Journal of Policy Analysis and Management* 17, no. 4

(1998) : 658~686; Gary J. Gates and Jason Ost, *The Gay and Lesbian Atlas* (Washington, D.C. : Urban Institute Press, 2004); Dan Black et al., "Demographics of the Gay and Lesbian Population in the United States : Evidence from Available Systematic Data Sources," *Demography* 37, no. 2 (2000) : 139~154; Lisa K. Jepsen and Christopher A. Jepsen, "An Empirical Analysis of the Matching Patterns of Same-Sex and Opposite-Sex Couples," *Demography* 39, no. 3 (2002) : 435~453이 있다.

7. Elizabeth Lapovsky Kennedy and Madeline D. Davis, *Boots of Leather, Slippers of Gold : The History of a Lesbian Community* (New York : Routledge, 1993); George Chauncey, *Gay New York : Gender, Urban Culture and the Making of the Gay Male World, 1890~1940* (New York : Basic Books, 1994).
8. 인구조사 요약 테이프(census summary tape)를 통해 공개된 동성 커플의 공식적 수치는 1990년에 14만 5천 쌍이었고, 2000년에는 59만 3천 쌍이었다. 인구조사 요약 테이프는 미국 각 가정에 보낸 짧은 인구조사 설문 답변들에 기초하고 있다. 인구조사 요약 테이프가 전체 인구의 규모를 잘 추정하고 있더라도 조사자들은 마이크로데이터를 사용한다. 왜냐하면 인구조사 요약 테이프 자료들과 달리 마이크로데이터는 개인적 수준에서의 연구가 가능하기 때문이다. 이 책에 나오는 데이터 분석과 세세한 통계 자료 대부분은 오직 인구조사 마이크로데이터를 사용해서 산출했기 때문에, 나는 일관성을 유지하기 위해 모든 인구의 통계 자료는 인구조사 마이크로데이터를 바탕으로 했다. 인구조사 요약 테이프 파일 전체에서 2000년 동성 동거 커플의 총합을 알려면 다음을 참조하라. U.S. Bureau of the Census, *Statistical Abstract of the United States* (Washington, D.C. : U.S. Government Printing Office, 2003), p. 62, table 69.
9. U.S. Bureau of the Census, "Technical Note on Same-Sex Unmarried Partner Data from the 1990 and 2000 Censuses" (2001), http://landview.census.gov/population/www/cen2000/samesex.html (accessed February 7, 2004); Rosenfeld and Kim, "The Independence of Young Adults and the Rise of Interracial and Same-Sex Unions." 인구조사의 기술 보고에는 1990년과 2000년의 동성 파트너 데이터를 단순 비교할 수 없다고 적혀 있다. 나는 2000년 동성 파트너 데이터가 비록 완벽하진 않겠지만 1990년 데이터와 비교적 호환이 잘 되도록 그것을 조정할 수 있다고 주장한다. 수정 절차와 그 타당성에 대한 세세한 서술은 http://www2.asanet.org/journals/asr/contents.html에 있는 2005년 8월 『미국사회학리뷰』의 부록이나 내 개인 웹사이트인 http://www.stanford.edu/~mrosenfe를 참조하라.
10. [옮긴이] 〈연방결혼보호법〉(DOMA, Defense of Marrige Act). 결혼은 한 남성과 한 여성 간의 법적 결합으로 한정해서 정의한다는 법으로, 1996년 제정되었다.
11. U.S. Bureau of the Census, "Technical Note on Same-Sex Unmarried Partner Data from the 1990 and 2000 Censuses."
12. 2000년 조정된 동성 커플의 표본이 전체 동성 커플의 표본의 절반밖에 안 된다고 해도, 이 두 표본은 모두 똑같이 실증적 결과에 대한 실마리를 제공한다. 2000년 동성 커플에

게 조정한 데이터를 사용했을 때, 1990년에서 2000년까지 동성 커플은 108%의 성장률이 나오는데, 이것은 여전히 놀라운 성장률일 뿐만 아니라 조정하지 않은 데이터에서 나온 270%라는 성장률보다 더 의미가 있다. Rosenfeld and Kim, "The Independence of Young Adults and the Rise of Interracial and Same-Sex Unions"을 참고하라.

13. 1990년 인구조사에서 측정량은 실제 동성 커플의 수보다 더 적게 산출되었다. 하지만 그보다 더 중요한 문제는 편향성의 문제다. 그러나 Black et al., "Demographics of the Gay and Lesbian Population in the United States"에서는 1990년 동성 동거 커플의 표본이 다른 데이터의 출처들, 즉 1990년 에이즈로 사망한 사람들의 지리적 분포를 포함한 다른 데이터들의 출처들과 비교해서 편파적이지 않다고 주장한다. 그러나 배젯과 로저스(Badgett and Rogers)는 2000년 인구조사에서 동성 동거인의 표본이 두 개의 작은 편의에 의해 선택된 동성 커플의 표본(N = 174 그리고 N = 90)과 비교해서 사회 경제적인 지위가 높은 쪽으로 치우쳤다고 제기한다. M. V. Lee Badgett and Marc A. Rogers, "Left Out of the Count : Missing Same-Sex Couples in Census 2000" (Amherst, Mass. : Institute for Gay and Lesbian Strategic Studies, 2003). 미국에서 동성애자들을 조사한 다른 데이터의 출처들이 갖는 한계는 인구조사에 내재된 편파 가능성을 더욱 평가하기 어렵게 만든다.

14. John Boswell, *Christianity, Social Tolerance and Homosexuality* (Chicago : University of Chicago Press, 1980).

15. 예를 들어, 보수적인 정치인들이 라우만의 연구에 기금을 내려 하지 않았던 이유를 참고하라. Edward O. Laumann et al., *The Social Organization of Sexuality : Sexual Practices in the United States* (Chicago : University of Chicago Press, 1994), p. 286. 또한 Eve Kosofsky Sedgwick, "Epistemology of the Closet," in *The Lesbian and Gay Studies Reader,* ed. Henry Abelove, Michele Aina Barale, and David M. Halperin (New York : Routledge, 1993), pp. 45~61도 참고하라.

16. Alfred C. Kinsey, Wardell B. Pomeroy, and Clyde E. Martin, *Sexual Behavior in the Human Male* (Philadelphia : W. B. Saunders, 1948); Chauncey, *Gay New York*; John D'Emilio, "Capitalism and Gay Identity," in *The Lesbian and Gay Studies Reader,* ed. Henry Abelove, Michele Aina Barale, and David M. Halperin (New York : Routledge, 1993), pp. 467~478; John D'Emilio, *Sexual Politics, Sexual Communities : The Making of a Homosexual Minority in the United States, 1940~1970* (Chicago : University of Chicago Press, 1998); John D'Emilio and Estelle Freedman, *Intimate Matters : A History of Sexuality in America* (New York : Harper and Row, 1988); Laumann et al., *The Social Organization of Sexuality.*

17. Kinsey, Pomeroy, and Martin, *Sexual Behavior in the Human Male,* pp. 650~651.

18. William G. Cochran, Frederick Mosteller, and John W. Tukey, "Statistical Problems of the Kinsey Report," *Journal of the American Statistical Association* 48 (1953) : 673~716; W. Allen Wallis, "Statistics of the Kinsey Report," *Journal of the*

American Statistical Association 44 (1949) : 463~484; Laumann et al., *The Social Organization of Sexuality*.

19. James Howard Jones, *Alfred Kinsey : A Public/Private Life* (New York : W. W. Norton, 1997); Laumann et al., *The Social Organization of Sexuality*.
20. Laumann et al., *The Social Organization of Sexuality*, p. 294.
21. D'Emilio, "Capitalism and Gay Identity."
22. 만약 미국이 성적 파트너를 만나는 데 닫힌 사회라고, 즉 미국인의 성적 파트너가 대부분 혹은 전혀 미국 밖에 살지 않는다고 가정한다면, 더 나아가 이성애자의 모든 성적 결합 행위가 성별 그룹에서 정확히 한 명씩 포함한다면, 주어진 시간 내에 남성과 여성의 이성애자 파트너의 총합은 분명 같을 것이다. 이것은 한 사람이 만나는 파트너의 수가 다를 때에도 마찬가지인데, 예를 들어 한 명의 여성이 천 명의 성적 파트너가 있고 반면에 천 명의 남성은 오직 한 명의 파트너만 있다고 해도 마찬가지이다. 이성애자 파트너 총합의 균등은 경제학자들이 회계적 항등식(accounting identity)이라 부르는 것과 같다고 할 수 있다. 실제로 대표성을 지닌 설문조사에서는, 남성과 여성의 이성애자 파트너 총합이 거의 같이 나온다. 물론 여기에 어려움도 있다. 우선, 섹스의 양을 측정하는 설문조사에서 반드시 확인해야 하는 사람은 성적 파트너의 숫자가 가장 많은 사람(상업적 성노동자)인데 이들은 설문조사에 가장 응하지 않는 사람들 중 하나이다. 그리고 다음으로 사회적 요인이 있다. 이것은 미국인들이 빌 클린턴 추문에서 알게 되었듯이 섹스가 무엇인지 모두가 합의한 것은 아니란 사실이다. 결국 서로 다른 인구집단들은 성 규범과 파트너에 대한 충직함, 난잡한 성행위에 대해 서로 다르게 느끼고 있고, 이런 이유로 그들의 성 경험을 많이 보고하거나 적게 보고한다.
23. Richard C. Lewontin, "Sex, Lies, and Social Science," *The New York Review of Books*, April 20 1995; Laumann et al., *The Social Organization of Sexuality*.
24. Sedgwick, "Epistemology of the Closet."
25. 미국에서 다양한 방식으로 동성애자를 연구하기 위해서는 공개와 비공개를 적절히 이용해야 한다. Wayne H. Brekhus, *Peacocks, Chameleons, Centaurs : Gay Suburbia and the Grammar of Social Identity* (Chicago : University of Chicago Press, 2003)를 참고하라.
26. D'Emilio, "Capitalism and Gay Identity."
27. Michael Grossberg, *Governing the Hearth : Law and the Family in Nineteenth-Century America* (Chapel Hill : University of North Carolina Press, 1985).
28. Lillian Faderman, *Odd Girls and Twilight Lovers : A History of Lesbian Life in Twentieth-Century America* (New York : Penguin, 1991); Lillian Faderman, *Surpassing the Love of Men : Romantic Friendship and Love between Women from the Renaissance to the Present* (New York : Harper Collins, [1981] 1998); D'Emilio and Freedman, *Intimate Matters*.
29. 1970년대에 미국 인구조사국은, 이론상 다루기가 어려운 이 파트너와 룸메이트 들의 홈

합을 설명하는, 새롭고 다루기 힘든 구절을 소개했는데, 이 문구는 "거처를 공유한 이성(異性)의 사람"(People of the Opposite Sex Sharing Living Quarters), 또는 POSSLQ이다. 〈도표 4.2〉에 나오는 동거 커플을 수량화하기 위해서, 남성 세대주와 그의 여성 룸메이트 또는 파트너는 혈연관계가 아니어야 했고, 둘 다 미혼이어야 했으며, 둘 다 부모와 떨어져 살고 있어야 했고, 둘 다 20세에서 39세 사이의 비슷한 연령대여야 했다. 남성 세대주는 모두 미국 태생이었는데, 이는 부모와 떨어져 사는 국제 이민자를 제외하기 위해서였으며, 공동 숙소보다는 모두 아파트나 개인 주택에서 살고 있었다.

30. Elijah Anderson, *Streetwise : Race, Class, and Change in an Urban Community* (Chicago : University of Chicago Press, 1990).
31. 완전히 인습 타파적이고 대체로 총명하며, 논란이 많은 리틀록의 조치와 인종, 권리, 이인종 결혼에 대해 보려면 Hannah Arendt, "Reflections on Little Rock," *Dissent* 6, no. 4 (1959) : 45~56을 참고하라. 당시 리틀록에 대한 조치가 얼마나 논란이 많았는가하면, *Dissent*의 편집자들은 Hannah Arendt의 글을 폭넓게 부인하는 서문을 썼으며, 그 뒤로 그녀의 글에 적대적인 답변의 글을 두 편 실었다.
32. Elliot Aronson, *The Jigsaw Classroom* (Beverly Hills, Calif. : Sage Press, 1978).
33. Mark Twain, *The Adventures of Huckleberry Finn (Tom Sawyer's Comrade) : Scene, the Mississippi Valley : Time, Forty to Fifty Years Ago* (London : Chatto and Windus, 1884)[마크 트웨인, 『허클베리 핀의 모험』, 김욱동 옮김, 민음사, 1998].
34. 만약 r이 어떤 한 커플이 특정 비전통적 그룹에 있는 확률이라면, N은 사회생활 범위에 있는 커플 수이고, P 는 N 커플 중 적어도 한 쌍이 비전통적일 확률이다. 그래서 $(1-r)$은 어떤 주어진 커플이 특정 비전통적 그룹에 속하지 않을 확률이다. N 커플들 중에 특정 비전통적 그룹이 전혀 없을 확률은 $(1-r)^N$이다.(독립적이라는 가정을 여기에서 볼 수 있다.) 이제 정반대로 N 커플 중 적어도 한 쌍이 특정 비전통적 그룹에 있을 확률은 $P = 1-(1-r)^N$ 이다. N 과 r이 모두 적을 때, 이 확률은 대략 $P \approx rN$이 된다.
35. 이 가정에 대한 평가를 보기 위해서는 Joshua Goldstein, "Kinship Networks That Cross Racial Lines : The Exception or the Rule?" *Demography* 36, no. 3 (1999) : 399~407를 참고하라.
36. D'Emilio, "Capitalism and Gay Identity"; D'Emilio, *Sexual Politics, Sexual Communities*; D'Emilio and Freedman, *Intimate Matters*; Faderman, *Surpassing the Love of Men*.

5장 대안 결합과 자립기

1. Douglas S. Massey and Nancy A. Denton, *American Apartheid : Segregation and the Making of the Underclass* (Cambridge, Mass. : Harvard University Press, 1993).
2. Claude Fischer, "Ever More Rooted Americans" (The Survey Research Center, University of California-Berkeley, 2000). 허락을 받고 인용하였다. 1940년에서 1970년까지 미국 태생 젊은이들의 주에서 주로의 이동성은 급격히 증가했고, 뒤이어 1970년에서

1980년까지는 약간 감소했다. 1980년에서 2000년까지 젊은이들의 지리적 이동성은 상대적으로 저조했다. Michael J. Rosenfeld and Byung-Soo Kim, "The Independence of Young Adults and the Rise of Interracial and Same-Sex Unions," *American Sociological Review* 70, no. 4 (2005) : 541~562. 다시 말해서, 1980년에서 2000년까지 비전통적 결합의 확산은 지리적 이동성의 성장 하나만이 원인일 수 없는데, 왜냐하면 지리적 이동성은 이 기간에 일반적으로 증가하지 않았기 때문이다. 1980년에서 2000년까지 젊은이의 거주지 자립도 증가했고, 결혼 연령도 증가했으며, 여성의 노동력 참여도 증가했고, 교육 정도도 증가했지만(3장 참고), 지리적 이동성은 이 기간 증가하지 않았다. 나는 젊은이들이 지리적 이동성을 선택적으로 사용하는 것은 아닐까 생각한다. 자신이 자란 지역사회에서 멀리 떨어져야 하는 젊은이들에게 지리적 이동성은 더 유리한 선택이다. 이성애자라는 전통적 파트너를 선택한 젊은이들에게 그들이 자란 지역사회와의 근접성은 예전보다 지금 더 소중하다. 남편과 아내 둘 다 직업이 있기 때문에 확대가족이 자신들의 자녀를 돌봐줄 수 있다는 그 잠재적 가치는 1980년에 비해 2000년에 더 소중하다.

3. Larry L. Bumpass, "What's Happening to the Family? Interactions between Demographic and Institutional Change," *Demography* 27, no. 4 (1990) : 483~498.
4. $P1$이 확률이라면, 오즈(odds)는 $P1 / (1 - P1)$ 이다. 두 개의 퍼센트 값을 비교할 때, 양쪽 퍼센트에서 오즈를 구한 다음 그 두 개의 비율, 혹은 오즈비(odds ratio)를 구한다. 오즈비 = $[P2 / (1 - P2)] / [P1 / (1 - P1)]$이다. 오즈는 100퍼센트가 인구 퍼센트에서 최대라는 사실을 감안한 것이다. 51%의 두 배가 되는 인구 퍼센트는 구할 수 없지만, 오즈는 언제든지 2배, 3배 등이 될 수 있다. 오즈비는 유용한 특징을 다양하게 가지고 있는데, 그 중 하나는 오즈비의 자연 로그는 표본이 충분히 많다면 정규분포된다는 것이다. Alan Agresti, *Categorical Data Analysis* (New York : John Wiley, 1990)를 참고하라.
5. 민족-인종 그룹들을 한 개의 범위로 합치는 것은 이인종 결혼 문헌에서는 꽤 전형적인 일이다. Zhenchao Qian, "Breaking the Racial Barriers : Variations in Interracial Marriage between 1980 and 1990," *Demography* 34 (1997) : 263~276. 2000년 인구조사 데이터에서 나는 아주 적은 퍼센트를 차지하는 다인종 사람들을 '그 외 다른 인종 모두'의 범주로 넣었다. 인구조사 설문지에서 히스패닉성(Hispanicity)은 인종에서 분리된 범주이다. 조사원들은 보통 미국에서 히스패닉을 인종 보다는 민족 그룹으로 나타내고, 백인과 흑인 또는 백인과 아시아인 사이의 사회적 장벽보다 히스패닉과 비히스패닉 사이의 사회적 장벽이 일반적으로 더 유연하다고 강조한다. Frank D. Bean and Marta Tienda, *The Hispanic Population of the United States* (New York : Russell Sage, 1987); Michael J. Rosenfeld, "Measures of Assimilation in the Marriage Market : Mexican Americans 1970~1990," *Journal of Marriage and the Family* 64 (2002) : 152~162을 참고하라. 미국에서 이인종 결혼에 반대하는 법률은 오직 백인과 흑인의 이인종 결혼만 혹은 때때로 백인과 아시아인 또는 백인과 북미 원주민의 이인종 결혼이 불법이라고 명시했다. Rachel Moran, *Interracial Intimacy : The Regulation of Race and Romance* (Chicago : University of Chicago Press, 2001)을 참고하라. 미국에서 가장 많은 히스패닉 그룹인 멕시코계 미

국인은 미국 내 모든 사회적 상호작용에서까지 그런 것은 아니더라도 미국 법정에서는 보통 백인 인종으로 생각된다. Ian F. Haney López, *White by Law : The Legal Construction of Race* (New York : New York University Press, 1996)을 참고하라.

6. [0.591/(1 - 0.591)] / [0.481/(1 - 0.481)] = 1.56. 〈표 5.1〉은 서로 다른 커플 유형 5개의 지리적 이동성 비율을 비교했다. 커플 유형 5개에서 각각 지리적으로 움직인 사람과 머문 사람의 비율을 쉽게 비교할 수 있다. 예를 들어 2000년, 지리적으로 이동한 젊은 커플 2백만 쌍 중에 이성 동인종 결혼 커플은 66.5%였고, 반면에 동성 동거 커플은 0.69%였다. 두 파트너 모두 자신이 태어난 주에서 살고 있는 2백 10만 쌍의 젊은 커플 중에 이성 동인종 결혼 커플은 70.3%였고, 반면에 동성 동거 커플은 0.31%였다. 이 데이터는 〈표 5.1〉과 다르게 나타나지만, 같은 정보를 준다. 즉, 동성 커플은 머문 사람(0.31%)보다 움직인 사람(0.69%)의 비율이 높다. (인구조사 마이크로데이터를 통해 만든 필자의 통계는 〈표 5.1〉과 동일한 출처에서 가져온 것이다.) 〈표 5.1〉에서와 같이 모든 커플은 미국에서 태어난 개인이고, 인구조사를 할 당시의 나이는 20세~29세였다. 여기서 핵심은 대안 결합이 지리적 이동성과 연관이 있다는 것이다. 대안 결합의 형성이 지리적 이동성을 초래했는지 아니면 지리적 이동성이 대안 결합의 형성을 이끌었는지에 대해서, 즉 상관관계의 원인 방향에 대해서는 이 표들이 특별히 구분하지 않았다. 인구조사 데이터 및 민족지적 인터뷰는 두 개가 다 원인의 방향이 된다는 증거를 보여 준다. 사실, 각 커플 유형에 속한 이동자와 거주자의 비율로 시작하고 두 커플 유형을 한꺼번에 다룬다면, 누구나 〈표 5.1〉과 같은 오즈비를 구할 수 있다. Agresti, *Categorical Data Analysis*를 참고하라.

7. 지리적 이동성에 대한 최근의 양적인 연구 및 게이와 레즈비언의 다른 특징적인 사회인구학적 요소들을 보려면 Esther D. Rothblum and Rhonda Factor, "Lesbians and Their Sisters as a Control Group : Demographic and Mental Health Factors," *Psychological Science* 12, no. 1 (2001) : 63~69를 참고하라.

8. 예를 들어, 매사추세츠 주에서는 1778년에 〈추방법〉(Banishment Act)이 통과되었는데, 추방 당한 사람이 승인 없이 돌아오면 사형에 처한다는 내용이었다.

9. John Modell, Frank F. Furstenberg, Jr., and Theodore Hershberg, "Social Change and Transitions to Adulthood in Historical Perspective," in *The American Family in Social-Historical Perspective,* ed. Michael Gordon (New York : St. Martin's Press, 1978), pp. 192~219.

10. Rosenfeld, "Measures of Assimilation in the Marriage Market : Mexican Americans 1970~1990" David Montejano, *Anglos and Mexicanos in the Making of Texas, 1836~1986* (Austin : University of Texas Press, 1987); López, *White by Law*; Stanley Lieberson and Mary C. Waters, *From Many Strands : Ethnic and Racial Groups in Contemporary America* (New York : Russell Sage Foundation, 1988).

11. 읽기 쉽게 하기 위해서 아시아인 커플과 아시아인-백인 커플은 〈도표 5.1〉에서 생략했으나, 그 결과는 비슷하다. 인구조사를 한 모든 해에 아시아인-백인 커플은 아시아인끼리 결혼한 커플과 백인끼리 결혼한 커플보다 지리적 이동성이 더 컸다. 2000년에 아시아인-

백인의 커플은 흑인-백인의 커플보다 지리적 이동성이 더 컸다.

12. Louis Wirth, "Urbanism as a Way of Life," *American Journal of Sociology* 44, no. 1 (1938) : 1~24; Claude Fischer, "Toward a Subcultural Theory of Urbanism," *American Journal of Sociology* 80, no. 6 (1975) : 1319~1341.
13. 식민지 미국의 사회적 통제에 대해 알아보려면, John Demos, *A Little Commonwealth : Family Life in Plymouth Colony* (London : Oxford University Press, 2000); Philip J. Greven, Jr., *Four Generations : Population, Land, and Family in Colonial Andover, Massachusetts* (Ithaca, N.Y. : Cornell University Press, 1970); Edmund S. Morgan, *The Puritan Family : Religion and Domestic Relations in Seventeenth-Century New England* (New York : Harper, [1944] 1966)을 참고하라.
14. Peter Laslett, *The World We Have Lost : England before the Industrial Age* (New York : Charles Scribner's Sons, [1965] 1971).
15. John D'Emilio and Estelle Freedman, *Intimate Matters : A History of Sexuality in America* (New York : Harper and Row, 1988).
16. 1990년 도시 거주에 대한 통계는 5% 마이크로데이터가 아니라 1% 마이크로데이터에서 구할 수 있기 때문에, 표본 크기가 작아 동성 이인종 커플의 도시성(urban-ness)을 합당하게 추정할 수 있을 만큼의 수가 되지 않는다.
17. 미국에서 동성애자의 삶이 갖는 본질적인 도시적 성격에 대해서는 George Chauncey, *Gay New York : Gender, Urban Culture, and the Making of the Gay Male World, 1890~1940* (New York : Basic Books, 1994)을 참고하라. 2000년 인구조사를 이용한 동성 커플의 지리학에 대한 연구는 Gary J. Gates and Jason Ost, *The Gay and Lesbian Atlas* (Washington, D.C. : Urban Institute Press, 2004)을 참고하라. 라우만과 그의 동료들은 스스로 인정한(self-identified) 게이 남성들이 스스로 인정한 레즈비언들보다 더 도시에 있으려 한다고 했으나, 게이 남성은 40명이었고 레즈비언은 25명으로 그들의 조사에서 이 두 인구의 표본 수가 너무 적었다. Edward O. Laumann et al., *The Social Organization of Sexuality : Sexual Practices in the United States* (Chicago : University of Chicago Press, 1994), p. 305. 1990년과 2000년 인구조사에서 젊은 게이 남성 커플과 젊은 레즈비언 커플의 도시 생활 비율에서 중요한 차이점은 없었다. 〈표 5.2〉에 나오는 커플들의 유형, 1990년 인구조사 데이터의 1% 표본에서 젊은 동성 커플의 표본 크기는 게이 남성 커플은 69, 레즈비언 커플은 52였다. 2000년 인구조사의 5% 표본의 표본 크기에서 게이 남성 커플은 826, 레즈비언 커플은 844였다. 2000년 인구조사의 5% 표본에서 모든 연령의 미국 태생 동성애자 커플은 그들의 도시 거주 상태가 게이 남성 커플은 N = 8,107이었고, 레즈비언 커플은 N = 8,538이었는데, 이들 사이에 도시 거주와 관련한 중요한 차이가 있었다. 게이 남성 커플의 39.5%가 도시에서 살았던 반면에, 레즈비언 커플은 30.5%가 도시에서 살았다. 모든 연령의 동인종 이성애자 결혼 커플의 도시 거주 비율은 15.3%인 것과 비교해 보라.
18. D'Emilio and Freedman, *Intimate Matters*; Elizabeth Lapovsky Kennedy and Made-

line D. Davis, *Boots of Leather, Slippers of Gold : The History of a Lesbian Community* (New York : Routledge, 1993).

19. 초기 동성애자 조직에 대한 정확한 역사를 위해서는 John D'Emilio, *Sexual Politics, Sexual Communities : The Making of a Homosexual Minority in the United States, 1940~1970* (Chicago : University of Chicago Press, 1998)를 참고하라.

20. 같은 책; Allan Bérubé, *Coming Out under Fire : The History of Gay Men and Women in World War Two* (New York : Free Press, 1990); Randy Shilts, *The Mayor of Castro Street : The Life and Times of Harvey Milk* (New York : St. Martin's Press, 1982).

21. Shilts, *The Mayor of Castro Street*; Martin Duberman, *Stonewall* (New York : Plume, 1993).

22. Shilts, *The Mayor of Castro Street.*

23. 만약 누군가 2000년의 조정한 인구조사 데이터, 즉 '결혼'이라 표기한 동성 커플 수를 전체 동성 동거 커플 수에서 뺀 데이터를 사용한다면, 지리적 이동성과 동성 결합 사이의 상관성이 더 강력하고, 어느 쪽 통제력이 모델들에 개입되었나와 상관없이 늘 유사하게 안정적으로 나타날 것이다.

24. Rosenfeld and Kim, "The Independence of Young Adults and the Rise of Interracial and Same-Sex Unions."

25. Rafael M. Díaz, *Latino Gay Men and HIV* (New York : Routledge, 1998); Martin F. Manalansan IV, *Global Divas : Filipino Gay Men in the Diaspora* (Durham, N.C. : Duke University Press, 2003).

26. William N. Eskridge, Jr., *Gaylaw : Challenging the Apartheid of the Closet* (Cambridge, Mass. : Harvard University Press, 1999); Rhonda R. Rivera, "Sexual Orientation and the Law," in *Homosexuality : Research Implications for Public Policy,* ed. John C. Gonsiorek and James D. Weinrich (Newbury Park, Calif. : Sage, 1991), pp. 81~100.

27. Guillermina Jasso and Mark R. Rosenzweig, *The New Chosen People : Immigrants in the United States* (New York : Russell Sage, 1990); Andrew Reding, "Sexual Orientation and Human Rights in the Americas"(New York : World Policy Institute, 2003); Human Rights Watch, "Locked Doors : The Human Rights of People Living with HIV/AIDS in China" (New York : Human Rights Watch, 2003); Human Rights Watch, "Future Forsaken : Abuses against Children Affected by HIV/ AIDS in India" (New York : Human Rights Watch, 2004).

28. Manalansan, *Global Divas.*

29. 같은 책, p. 101.

30. Díaz, *Latino Gay Men and HIV.*

31. Manalansan, *Global Divas.*

32. Héctor Carrillo, "Sexual Migration, Cross-Cultural Sexual Encounters, and Sexual Health," *Sexuality Research and Social Policy* 1, no. 3 (2004) : 58~70.

33. F. James Davis, *Who Is Black? One Nation's Definition* (University Park : Pennsylvania State University Press, 1991).
34. Carole Shammas, *A History of Household Government in America* (Charlottesville: University of Virginia Press, 2002).
35. Joane Nagel, *Race, Ethnicity, and Sexuality : Intimate Intersections, Forbidden Frontiers* (New York : Oxford University Press, 2003), pp. 177~199; Renee C. Romano, *Race Mixing : Black-White Marriage in Postwar America* (Cambridge, Mass. : Harvard University Press, 2003).
36. Michael J. Rosenfeld, "The Salience of Pan-National Hispanic and Asian Identities in U.S. Marriage Markets," *Demography* 38 (2001) : 161~175; Yen Le Espiritu, *Asian American Panethnicity : Bridging Institutions and Identities* (Philadelphia, Pa. : Temple University Press, 1992).
37. Yen Le Espiritu, "Gender and Labor in Asian Immigrant Families," in *Gender and U.S. Immigration : Contemporary Trends,* ed. Pierrette Hondagneu-Sotelo (Berkeley : University of California Press, 2003), pp. 81~100; Patricia R. Pessar, "Engendering Migration Studies : The Case of New Immigrants in the United States," in *Gender and U.S. Immigration,* ed. Hondagneu-Sotelo, pp. 20~42.
38. Espiritu, "Gender and Labor in Asian Immigrant Families" Pessar, "Engendering Migration Studies."
39. Nagel, *Race, Ethnicity, and Sexuality*; Pessar, "Engendering Migration Studies."
40. Emilio A. Parrado and Chenoa A. Flippen, "Migration and Gender among Mexican Women," *American Sociological Review* 70, no. 4 (2005) : 606~632.
41. Milton Gordon, *Assimilation in American Life : The Role of Race, Religion, and National Origin* (New York : Oxford University Press, 1964).
42. Howard Schuman et al., *Racial Attitudes in America : Trends and Interpretations* (Cambridge, Mass. : Harvard University Press, 1997).
43. Mary R. Jackman, "General and Applied Tolerance : Does Education Increase Commitment to Racial Integration?" *American Journal of Political Science* 22, no. 2 (1978) : 302~324; Mary R. Jackman and Michael J. Muha, "Education and Intergroup Attitudes : Moral Enlightenment, Superficial Democratic Commitment, or Ideological Refinement?" *American Sociological Review* 49, no. 6 (1984) : 751~769.
44. 이인종 커플과 대학 교육과의 연관성은 미국 토박이 백인과 미국 토박이 흑인과의 결합이라기보다는 백인과 아시아인의 결합 그리고 미국 태생인 사람과 외국에서 태어난 사람과의 이인종 결합 때문이다. 왜냐하면, 미국 토박이 흑인은 고등교육을 받은 사람들의 수치가 적게 나오기 때문이다.
45. 인종과 교육, 사회 계급에 대한 대중적인 이론으로 교환 이론(exchange theory)이 있는데, 이 이론은 1941년 사회학의 대가들인 킹슬리 데이비스와 로버트 머튼이 처음으로

제안했다. Kingsley Davis, "Intermarriage in Caste Societies," *American Anthropologist* 43 (1941) : 376~395; Robert K. Merton, "Intermarriage and the Social Structure : Fact and Theory," *Psychiatry,* no. 4 (1941) : 361~374을 참고하라. 머튼과 데이비스는, 1941년 당시 미국에서 흑인과 결혼하면 심한 불이익이 있다는 것을 감안했을 때, 백인이 흑인을 선택해서 결혼하려 하는 이유를 이해하려고 무척 애썼다. 머튼과 데이비스는 이인종 결혼이 교환에 근거하고 있다고 각자 이론을 세웠다. 이 이론은 흑인 배우자는, 백인 배우자가 흑인 사회에 자신의 운명을 던진 것에 대한 보상을 하기 위해 백인 배우자보다 사회 계급이나 교육 정도가 높아야만 할 것이라고 예측했다. 머튼과 데이비스는 그들의 이론을 입증할 데이터가 없었고, 그 이후 경험에 의한 연구는 다른 결과를 보여 주었다. 나는 이 주제와 관련된 데이터와 문헌들을 조사했고 교환 이론을 입증할 구체적인 증거가 전혀 없다는 것을 알아냈다. 흑인-백인 결혼 커플들은 교육과 사회 계급에 있어서 다른 커플들이 하는 방식 그대로 결혼하는 경향이 있다. Michael J. Rosenfeld, "A Critique of Exchange Theory in Mate Selection," *American Journal of Sociology* 110, no. 5 (2005) : 1284~1325를 참고하라.

46. [옮긴이] 이 인용문에서 '게이'라는 단어는 '남성 동성애자'에 한정된 표현이 아니며 남성과 여성 동성애자를 모두 가리킨다.

47. 2000년 동성 커플이면서 결혼도 했다고 응답한 경우를 제외한 데이터도 비슷한 결과를 낸다.

48. GSS에서 데이터를 얻어 작성한 내 도표들은 동성애자 권리에 대한 관용은 백인보다 흑인에서 15%정도 지속적으로 낮게 나타나고 있음을 보여 준다. Díaz, *Latino Gay Men and HIV*; Benoit Denizet-Lewis, "Double Lives on the Down Low," *New York Times Magazine,* August 3, 2003도 참고하라.

49. Kennedy and Davis, *Boots of Leather, Slippers of Gold.*

50. 1990년과 2000년 모두에서 동성 커플은 이성 커플보다 이인종성향의 비율이 상당히 높았다. 이성 동거 커플이 2000년 가장 높은 이인종성향 비율을 차지했다 하더라도, 젊은 이성 결혼 커플은 이성 동거인들보다 2000년 3.4배 수적으로 우세했고, 1990년에는 6.4배 우세했다. 만약 우리가 이성애자 동거인과 이성애자 결혼 커플을 결합시켜 하나의 이성애자 범주로 만든다면, 그 결과로 나온 이인종성향의 비율은 이성애자 결혼 커플 단독으로 했을 때의 비율과 가깝게 나올 것이다. 왜냐하면 결혼 커플은 이성애자 커플 중에서 수적으로 우세하기 때문이다. 젊은 이성애자 커플을 모두 합한 이인종성향 비율은 1990년에 6.21%, 2000년에 10.19%였고, 모두 동성 동거 커플의 이인종성향 비율보다 유의미하게 낮았다.

51. 미국 인구조사는 1990년까지 룸메이트와 결혼 안 한 파트너를 구분하지 않았기 때문에, 유감스럽게도 1980년 인구조사에서는 동거에 대한 분석이 빠져 있다.

52. Glenn Firebaugh and Kenneth E. Davis, "Trends in Antiblack Prejudice, 1972~1984 : Region and Cohort Effects," *American Journal of Sociology* 94, no. 2 (1988) : 251~272; Schuman et al., *Racial Attitudes in America.*

53. 조이너와 카오는 20년 후에 모은 자료를 바탕으로 결혼 연령과 이인종 결혼은 관련이 없다는 것을 알아냈다. Kara Joyner and Grace Kao, "Interracial Relationships and the Transition to Adulthood," *American Sociological Review* 70, no. 4 (2005) : 563~581을 참고하라.
54. Firebaugh and Davis, "Trends in Antiblack Prejudice, 1972~1984," Schuman et al., *Racial Attitudes in America.*
55. Mark Granovetter, "Economic Action and Social Structure : The Problem of Embeddedness," *American Journal of Sociology* 91, no. 3 (1985) : 481~510.
56. 이인종 결혼이 노출 정도에 따라 영향을 받는다는 이론적인 설명이 필요하면, Peter M. Blau, *Inequality and Heterogeneity : A Primitive Theory of Social Structure* (New York : Free Press, 1977); Peter M. Blau and Joseph E. Schwartz, *Crosscutting Social Circles : Testing a Macrostructural Theory of Intergroup Relations* (Orlando, Fla. : Academic Press, 1984)을 참고하라.
57. '적합한 후보자들이 있는 장'(field of eligible candidates)이란 아주 적절한 구절은 Robert F. Winch, *Mate-Selection : A Study of Complementary Needs* (New York : Harper and Brothers, 1958)에서 인용했다.
58. Morton Hunt, *The Natural History of Love* (New York : Anchor Books, 1994); Edward Shorter, *The Making of the Modern Family* (New York : Basic Books, 1975).
59. 비전통적 결합의 지리적 이동성에 대한 이론을 양적으로 테스트한 흥미로운 사례 한 가지를 보려면, Rothblum and Factor, "Lesbians and Their Sisters as a Control Group : Demographic and Mental Health Factors"를 참고하라.
60. Bérubé, *Coming Out under Fire*; Chauncey, *Gay New York*; John D'Emilio, "Capitalism and Gay Identity," in *The Lesbian and Gay Studies Reader,* ed. Henry Abelove, Michele Aina Barale, and David M. Halperin (New York : Routledge, 1993), pp. 467~478; D'Emilio and Freedman, *Intimate Matters.*
61. Louise A. Tilly and Joan W. Scott, *Women, Work and Family* (New York : Routledge, 1987), p. 191; Romano, *Race Mixing,* p. 14.
62. Morgan, *The Puritan Family*; Demos, *A Little Commonwealth*; Greven, *Four Generations.*
63. Elizabeth Bott, *Family and Social Network : Roles, Norms, and External Relationships in Ordinary Urban Families* (London : Tavistock, 1957)를 참고하라.
64. [옮긴이] 한 방울의 규칙(one drop rule)이란 미국 남부지방에서 조상 중에 흑인의 피가 한 방울이라도 섞였으면 흑인으로 간주했던 제도를 말한다.
65. Davis, *Who Is Black?*

6장 아동기

1. 매우 다른 두 개의 사회에서 자녀의 양육을 비교한 것으로 Urie Bronfenbrenner, *Two*

Worlds of Childhood : U.S. and U.S.S.R. (New York : Touchstone, 1972)이 대표적이다. 미국에서 사회 계층 간의 자녀 양육 스타일을 비교한 것으로는 Urie Bronfenbrenner, "Socialization and Social Class through Time and Space," in *Readings in Social Psychology,* ed. Eleanor E. Maccoby, Theodore M. Newcomb, and Eugene L. Hartley (New York : Holt, 1958), pp. 400~425; Annette Lareau, *Unequal Childhoods : Class, Race, and Family Life* (Berkeley : University of California Press, 2003)[아네트 라루, 『불평등한 어린 시절』, 박상은 옮김, 에코리브르, 2012]; Melvin L. Kohn, *Class and Conformity : A Study in Values* (Chicago : University of Chicago Press, 1977)이 있다.

2. Jeffrey Jensen Arnett and Susan Taber, "Adolescence Terminable and Interminable : When Does Adolescence End?" *Journal of Youth and Adolescence* 23, no. 5 (1994) : 517~537. 이번 장에서 나는 과거 권장되었던 권위주의적 육아 방식과 1960년대 이후 미국 중산층의 규범으로 자리 잡은, 좀 더 관대하고 관용적인 육아 방식을 비교할 것이다. 아동 심리학 논문에서는 부모-자녀 관계의 형태를 좀 더 뚜렷하게 인식한다. 매코비와 마틴은 다이애나 바움린드의 저술에 나온 전문용어를 인용해서 부모-자녀 관계를 독재적, 권위적, 관대한 유형을 포함한 4가지[나머지 하나는 방임적 유형이다. — 옮긴이] 기본적인 범주로 나누어 논의를 진행한다. 다이애나 바움린드가 양육 방식에 대해 쓴 글에서는, '관대한' 부모는 자녀의 일상생활에 거의 개입하지 않는 반면, '권위적' 부모는 개입을 하긴 하지만 너무 독단적으로 훈육하지 않고 좀 더 적절하게 균형을 맞춘다. Eleanor E. Maccoby and John A. Martin, "Socialization in the Context of the Family : Parent-Child Interaction," in *Handbook of Child Psychology,* vol. 4, ed. Paul H. Mussen and E. Mavis Hetherington (New York : John Wiley, 1983), pp. 1~101; Diana Baumrind, "The Discipline Encounter : Contemporary Issues," *Aggression and Violent Behavior* 2, no. 4 (1997) : 321~335; Diana Baumrind and Ross A. Thompson, "The Ethics of Parenting," in *Handbook of Parenting,* ed. Marc H. Bornstein (Mahwah, N.J. : Lawrence Erlbaum and Associates, 2002), pp. 3~34; Diana Baumrind, "Effects of Authoritative Parental Control on Child Behavior," *Child Development* 37, no. 4 (1966) : 887~907. 부모와 자녀 사이의 실제 상호작용에 대한 역사적으로 일관적인 데이터가 부족하기 때문에, 나는 이번 장에서 양육 방식을 간략하게 관대한 것과 권위적인 것으로 분류했다. 그래서 나는 '관대한'이란 용어를 아동 발달 분야에서 사용하는 용어보다 좀 더 일반적이고 덜 경멸적인 용어로 사용한다.
3. Maccoby and Martin, "Socialization in the Context of the Family : Parent-Child Interaction."
4. John Demos, "Child Abuse in Context : An Historian's Perspective," in *Past, Present and Personal : The Family and the Life Course in American History* (New York : Oxford University Press, 1986), pp. 68~91; C. Henry Kempe et al., "The Battered-Child Syndrome," *Journal of the American Medical Association* 181, no. 1 (1962) : 17~24; Marilyn Heins, "The "Battered Child' Revisited," *Journal of the American Medical Association*

251, no. 24 (1984) : 3295~3300.

5. David Riesman, Nathan Glazer, and Reuel Denney, *The Lonely Crowd : A Study of the Changing American Character* (New Haven, Conn. : Yale University Press, [1950] 2001)[데이비드 리스먼, 『고독한 군중』, 류근일 옮김, 동서문화사, 2011]; Arnett and Taber, "Adolescence Terminable and Interminable : When Does Adolescence End?" Christopher Lasch, *Haven in a Heartless World : The Family Besieged* (New York : W. W. Norton, 1977); Benjamin Spock and Steven J. Parker, *Dr. Spock's Baby and Child Care* (New York : Pocket Books, 1998).

6. Philippe Ariès, *Centuries of Childhood : A Social History of Family Life,* trans. Robert Baldick (New York : Vintage, 1962); Joseph F. Kett, *Rites of Passage : Adolescence in America, 1790 to the Present* (New York : Basic Books, 1977); Morton Hunt, *The Natural History of Love* (New York : Anchor Books, 1994); Edward Shorter, *The Making of the Modern Family* (New York : Basic Books, 1975).

7. Samuel X. Radbill, "Children in a World of Violence : A History of Sexual Abuse," in *The Battered Child,* ed. C. Henry Kempe and Ray E. Helfer (Chicago : University of Chicago Press, 1980), pp. 3~20; Lloyd deMause, "The Evolution of Childhood," in *The History of Childhood,* ed. Lloyd deMause (New York : Peter Bedrick Books, 1988), pp. 1~73.

8. David Hackett Fischer, *Albion's Seed : Four British Folkways in America* (New York : Oxford University Press, 1989), p. 100.

9. Cotton Mather, *A Family Well-Ordered : An Essay to Render Parents and Children Happy in One Another* (Boston : Green and Allen, 1699), p. 24. At another time, Mather wrote more ambiguously about physical discipline : "I would never come to give a child a blow except in case of obstinacy or some gross enormity." Philip J. Greven, Jr., *Spare the Child : The Religious Roots of Punishment and the Psychological Impact of Physical Abuse* (New York : Vintage Books, 1990), p. 84.

10. Julia Grant, *Raising Baby by the Book : The Education of American Mothers* (New Haven, Conn. : Yale University Press, 1998).

11. Mather, *A Family Well-Ordered,* p. 11.

12. 린다 폴록(Linda Pollock)이 산업혁명의 이전의 일기들에서 부모가 아동기의 아이들을 잔혹하게 때리고, 매질하며, 엉덩이를 때렸다는 내용들을 찾을 수 없었던 이유는 체벌이 당시에는 아주 일상적이어서 부모와 자녀, 그리고 지역사회 모두가 체벌을 이상하게 여기지 않았고 적절하다고 생각했기 때문이다. Linda A. Pollock, *Forgotten Children : Parent-Child Relations from 1500 to 1900* (Cambridge : Cambridge University Press, 1983)을 참고하라.

13. Fischer, *Albion's Seed*; Barry Levy, *Quakers and the American Family : British Settlement in the Delaware Valley* (New York : Oxford University Press, 1988).

14. Linda Gordon, *Heroes of Their Own Lives : The Politics and History of Family Violence* (New York : Viking, 1988).

15. Demos, "Child Abuse in Context : An Historian's Perspective," p. 71.

16. Ann Hulbert, *Raising America : Experts, Parents and a Century of Advice about Children* (New York : Vintage, 2003).

17. G. Stanley Hall, *Adolescence : Its Psychology and Its Relations to Physiology, Anthropology, Sociology, Sex, Crime, Religion and Education* (New York : D. Appleton and Company, 1904); Hulbert, *Raising America,* p. 79.

18. Nancy Pottishman Weiss, "Mother, the Invention of Necessity : Dr. Benjamin Spock's Baby and Child Care," *American Quarterly* 29, no. 5 (1977) : 519~546.

19. U.S. Children's Bureau and Mrs. Max West, *Infant Care* (Washington, D.C : U.S. Government Printing Office, 1914), p. 59.

20. 영국의 존 보울비와 미국의 메리 아인스워스는 애착학파의 선구자였다. Robert Karen, *Becoming Attached : First Relationships and How They Shape Our Capacity to Love* (New York : Oxford University Press, 1998).

21. Karen, *Becoming Attached*; Spock and Parker, *Dr. Spock's Baby and Child Care.* 애착이론의 모순은 수 세기 동안 여성들은 집에서 자녀들과 있었지만 자녀를 너무 배려해 그들을 망치지 말라는 조언을 들어왔다는 것이다. 요즘엔 여성에게도 공식적으로 노동시장이 열려 있고 여성들은 가족과 일 사이에서 균형을 맞춰야 하는데, 전문가들은 개별적으로 애정을 듬뿍 받고 자란 아이들이 더 잘 자랄 가능성이 많다는 사실을 계속 발견하고 있다. 애착이론은 엄마들이 밖에서 일하는 것보다 집에서 아이들과 있어야 한다고 제안하기 때문에 페미니스트들은 이 문제를 정확하게 짚으며 비판하고 있다.

22. Martha Wolfenstein, "Fun Morality : An Analysis of Recent American Child-Training Literature," in *Childhood in Contemporary Cultures,* ed. Margaret Mead and Martha Wolfenstein (Chicago : University of Chicago Press, 1955), pp. 168~178; U.S. Children's Bureau, *Infant Care* (Washington, D.C. : U.S. Government Printing Office, 1921); U.S. Children's Bureau and West, *Infant Care* (1914).

23. U.S. Children's Bureau and West, *Infant Care* (1914), p. 62.

24. U.S. Children's Bureau, *Infant Care* (1921), p. 42.

25. U.S. Children's Bureau and West, *Infant Care* (1914)을 참고하라.

26. [옮긴이] 『유아와 육아의 상식』(*Common Sense Book of Baby and Child Care*)은 이후 개정판에서 이름을 『유아와 육아』(*Baby and Child Care*)로 바꿨다.

27. Benjamin Spock, *The Common Sense Book of Baby and Child Care* (New York : Deull, Sloan and Pearce, 1946).

28. Spock and Parker, *Dr. Spock's Baby and Child Care,* p. 438. Spock, *The Common Sense Book of Baby and Child Care,* pp. 269~272; Greven, *Spare the Child*의 초판도 참고하라.

29. Weiss, "Mother, the Invention of Necessity" Hulbert, *Raising America.*

30. 현대의 보수적인 기독교 자녀 양육 지침서로 가장 잘 알려진 것은 James Dobson, *Dare to Discipline* (New York : Bantam Doubleday, 1980)이다. 돕슨의 경쟁자들을 알아보기 위해서는 John P. Bartkowski and Christopher G. Ellison, "Divergent Models of Childrearing in Popular Manuals : Conservative Protestants vs. the Mainstream Experts," *Sociology of Religion* 56, no. 1 (1995) : 21~34을 참고하라.

31. Theodore Roszak, *The Making of a Counter Culture* (Berkeley : University of California Press, [1968] 1995); Christopher Jencks, "Is It All Dr. Spock's Fault?" *New York Times Magazine,* May 28 1968.

32. Hulbert, *Raising America.*

33. Spock and Parker, *Dr. Spock's Baby and Child Care,* p. 456 (1998).

34. Hulbert, *Raising America.*

35. Spock and Parker, *Dr. Spock's Baby and Child Care,* p. 38 (1998).

36. 같은 책, p. 40.

37. Hulbert, *Raising America.*

38. 같은 책; Bartkowski and Ellison, "Divergent Models of Childrearing in Popular Manuals."

39. Hulbert, *Raising America*; Dobson, *Dare to Discipline.*

40. Mather, *A Family Well-Ordered*; Dobson, *Dare to Discipline*; Hulbert, *Raising America*; Greven, *Spare the Child*; Bartkowski and Ellison, "Divergent Models of Childrearing in Popular Manuals."

41. Hulbert, *Raising America,* p. 258.

42. 같은 책.

43. Spock and Parker, *Dr. Spock's Baby and Child Care,* the 1998 edition, p. 1을 참고하라.

44. Lasch, *Haven in a Heartless World.*

45. John Demos, *A Little Commonwealth : Family Life in Plymouth Colony* (London : Oxford University Press, 2000); Fischer, *Albion's Seed.*

46. Maccoby and Martin, "Socialization in the Context of the Family : Parent-Child Interaction," p. 84.

47. Spock and Parker, *Dr. Spock's Baby and Child Care*; Weiss, "Mother, the Invention of Necessity."

48. 집에 있는 방의 수에 대한 데이터는 1960년까지 제공되지만, 가정의 크기에 대한 사용 가능한 인구조사 데이터는 1850년까지 제공된다. 내가 데이터를 입력해 계산해 보니 가정의 크기가 1950년대 베이비 붐을 제외하고 1850년 이후로 꾸준히 감소하고 있음을 알 수 있다. 〈표 6.1〉의 A열을 확장시키면, 인구조사 당시 미국 태생의 세대주와 적어도 한 명의 아이가 있는 가정의 가구당 아이들의 수는 1850년 3.29, 1880년 2.85, 1910년 2.61,

1940년 2.21이었다.

49. Bronfenbrenner, "Socialization and Social Class through Time and Space" Lareau, *Unequal Childhoods*.
50. Bronfenbrenner, "Socialization and Social Class through Time and Space."
51. Kohn, *Class and Conformity*.또 Robert Staughton Lynd and Helen Merrell Lynd, *Middletown : A Study in Contemporary American Culture* (New York : Harcourt, Brace and Company, 1929)도 참고하라.
52. Hulbert, *Raising America*, p. 264.
53. 사회학에서 유명한 미들타운은 인디애나 주 먼시(Muncie)의 가명이었다. 인디애나 주 먼시는 특별한 대도시가 아니었기 때문에 샌프란시스코나 뉴욕처럼 혼란스럽지 않았다. 먼시는 전형적인 교구의 중서부 소도시였는데 바로 이 이유 때문에 린드 부부는 먼시를 선택했고, 먼시에서 측정된 사회 변화는 미국에 있는 다른 많은 소도시에서도 나타났다. Theodore Caplow et al., *Middletown Families : Fifty Years of Change and Continuity* (Minneapolis : University of Minnesota Press, 1982), p. 3N.
54. Lynd and Lynd, *Middletown*.
55. Caplow et al., *Middletown Families*.
56. Duane F. Alwin, "From Obedience to Autonomy : Changes in Traits Desired in Children, 1924~1978," *Public Opinion Quarterly* 52, no. 1 (1988) : 33~52.
57. 부유한 부모들은 자녀가 복종보다는 자주성과 내적 동기가 더 중요할 것이라고 예상되는 전문적인 직업을 가질 것이라고 생각해서인지, 부유한 부모일수록 아동기의 자녀에게 복종을 덜 강조한다고도 린드 부부는 적었다.

7장 사회적 관용의 확산

1. T. W. Adorno et al., *The Authoritarian Personality* (New York : W. W. Norton, [1950] 1982); Erik H. Erikson, *Childhood and Society* (New York : W. W. Norton, [1950] 1963); Alex Inkeles and Daniel J. Levinson, "National Character : The Study of Modal Personality and Sociocultural Systems," in *Handbook of Social Psychology*, vol. 2, ed. Gardner Lindzey (Reading, Mass. : Addison-Wesley, 1954).
2. Adorno et al., *The Authoritarian Personality*, pp. 256~266. 권위주의적 육아 방식의 잠재적 해로움에 대한 더 단호한 견해를 보고 싶다면, Alice Miller, *For Your Own Good : Hidden Cruelty in Child-Rearing and the Roots of Violence*, trans. Hildegarde Hannum and Hunter Hannum (New York : Farrar, Straus and Giroux, 1983)을 참고하라.
3. 아도르노와 동료들은 『권위주의적 성격』을 써서 나치즘의 등장을 설명하려 시도했다. 그들은 권위주의적 양육이 파시즘에 대한 독일인의 감성을 부분적으로 설명한다고 주장했다. 그러나 안타깝게도 동시대에 나치와 대항해서 싸웠던 미국과 영국, 그리고 다른 많은 민주 국가의 양육 규범도 권위주의적이었다. 나치 당원들이 어렸을 때인 19세기 후반

과 20세기 초반에 다른 나라들과 비교해서 독일의 양육이 더 많이 권위적이었다는 것을 아도르노와 동료들은 증명하지 않았다. 나라들마다 어떤 양육을 했는지, 실증적으로 비교할 수 있는 표준화된 데이터가 없다. ('국민성'은 말할 것도 없고) 양육 실천의 의미와 영향은 미묘하며 주관적이기 때문에, 자녀 양육의 국가적인 차이가 국민성이나 정치적 행동의 차이를 결정한다는 이 이론을 실증적으로 테스트하는 데 참고할 수 있는, 전국적 대표성을 지닌 표준화된 데이터를 취합하기는 어렵다. 프로이트와 아도르노의 이론은 실증적으로 테스트하기 어렵기 때문에, 현대의 심리학은 이들의 광범위한 역사적 이론들에서 멀어지고 있다. 『권위주의적 성격』을 다양한 관점으로 비평한 것을 보려면 Richard Christie and Marie Jahoda, eds., *Studies in the Scope and Method of "The Authoritarian Personality"* (Glencoe, Ill. : Free Press, 1954)을 참고하라.

4. Eleanor E. Maccoby and John A. Martin, "Socialization in the Context of the Family : Parent-Child Interaction," in *Handbook of Child Psychology,* vol. 4, ed. Paul H. Mussen and E. Mavis Hetherington (New York : John Wiley, 1983), pp. 1~101; Judith Rich Harris, *The Nurture Assumption : Why Children Turn Out the Way They Do* (New York : Touchstone, 1998).
5. 애착학파의 전기적인 역사와 지성사를 보고 싶으면 Robert Karen, *Becoming Attached : First Relationships and How They Shape Our Capacity to Love* (New York : Oxford University Press, 1998)를 참고하라.
6. Michael Rutter, "Nature, Nurture, and Development : From Evangelism through Science toward Policy and Practice," *Child Development* 73, no. 1 (2002) : 1~21; Sandra Scarr, "Developmental Theories for the 1990s : Development and Individual Differences," *Child Development* 63, no. 1 (1992) : 1~19.
7. Richard J. Gelles and Murray A. Straus, *Intimate Violence* (New York : Simon and Schuster, 1988); Philip J. Greven, Jr., *Spare the Child : The Religious Roots of Punishment and the Psychological Impact of Physical Abuse* (New York : Vintage Books, 1990).
8. Scarr, "Developmental Theories for the 1990s."
9. Diana Baumrind, "The Average Expectable Environment Is Not Good Enough : A Response to Scarr," *Child Development* 64, no. 5 (1993) : 1299~1317.
10. Harris, *The Nurture Assumption,* p. 335.
11. David Riesman, Nathan Glazer, and Reuel Denney, *The Lonely Crowd : A Study of the Changing American Character* (New Haven, Conn. : Yale University Press, [1950] 2001)[데이비드 리스먼, 『고독한 군중』, 류근일 옮김, 동서문화사, 2011]. 『고독한 군중』은 1백만 부 이상 팔렸으며, 미국인 사회학자가 쓴 가장 잘 팔린 책으로 평판이 났다. Herbert J. Gans, "Best-Sellers by Sociologists : An Exploratory Study," *Contemporary Sociology* 26, no. 2 (1997) : 131~135을 참고하라.
12. Riesman, Glazer, and Denney, *The Lonely Crowd,* p. 159[리스먼, 『고독한 군

중』; Dennis Wrong, "*The Lonely Crowd* Revisited," *Sociological Forum* 7, no. 2 (1992) : 381~389.

13. Wrong, "*The Lonely Crowd* Revisited."

14. Howard Schuman et al., *Racial Attitudes in America : Trends and Interpretations* (Cambridge, Mass. : Harvard University Press, 1997); Reynolds Farley, "Racial Trends and Differences in the United States 30 Years after the Civil Rights Decade," *Social Science Research* 26 (1997) : 235~262.

15. David O. Sears, "Symbolic Racism," in *Eliminating Racism : Profiles in Controversy,* ed. Phyllis A. Katz and Dalmas A. Taylor (New York : Plenum Press, 1988).

16. Sears, "Symbolic Racism" Mary R. Jackman, "General and Applied Tolerance : Does Education Increase Commitment to Racial Integration?"*American Journal of Political Science* 22, no. 2 (1978) : 302~324; Mary R. Jackman and Michael J. Muha, "Education and Intergroup Attitudes : Moral Enlightenment, Superficial Democratic Commitment, or Ideological Refinement?" *American Sociological Review* 49, no. 6 (1984) : 751~769.

17. Renee C. Romano, *Race Mixing : Black-White Marriage in Postwar America* (Cambridge, Mass. : Harvard University Press, 2003).

18. Sears, "Symbolic Racism." 그러나 Sears에 대한 Larry Bobo의 응답도 참조하라. Lawrence Bobo, "Group Conflict, Prejudice, and the Paradox of Contemporary Racial Attitudes," in *Eliminating Racism : Profiles in Controversy,* ed. Phyllis A. Katz and Dalmas A. Taylor (New York : Plenum, 1988).

19. Sears, "Symbolic Racism."

20. Clem Brooks, "Civil Rights Liberalism and the Suppression of a Republican Political Realignment in the United States, 1972 to 1996," *American Sociological Review* 65 (2000) : 483~505.

21. Robert Staughton Lynd and Helen Merrell Lynd, *Middletown : A Study in Contemporary American Culture* (New York : Harcourt, Brace, 1929).

22. [옮긴이] 이 책에서는 'liberalism'을 '진보주의'로, 'liberal'은 '진보적'으로 일관되게 옮겼다.

23. Baker v. State 170 Vt. 194 (1999).

24. David Moats, *Civil Wars : A Battle for Gay Marriage* (Orlando, Fla. Harcourt, 2004), p. 16.

25. Tom W. Smith, "Attitudes toward Sexual Permissiveness : Trends, Correlates, and Behavioral Connections," in *Sexuality across the Life Course,* ed. Alice S. Rossi (Chicago : University of Chicago Press, 1994), pp. 63~97.

26. Seymour Martin Lipset, *Continental Divide : The Values and Institutions of the United States and Canada* (New York : Routledge, 1991); Wayne Baker, *America's Crisis of*

Values : Reality and Perception (Princeton, N.J. : Princeton University Press, 2005). 립셋은 캐나다가 미국보다 시민들에게 국가적인 건강 관리와 좀 더 전면적인 사회안전망을 제공한다고 했다. 미국 12개 주가 동성 결혼을 금하는 법을 강화하거나 통과시키고 6개월 후인 2005년, 캐나다는 과거 캐나다 몇몇 지방에서만 허용되었던 권리를 확대시켰다. 사실상 국가 정책으로 동성 커플에게도 결혼을 동일하게 인정해주기 시작했다. Clifford Krauss, "Gay Marriage Is Extended Nationwide in Canada," *New York Times,* June 29, 2005, A:4을 참고하라.

27. Tom W. Smith, "Timely Artifacts : A Review of Measurement Variation in the 1972~1989 GSS," paper presented at the 1990 meetings of the American Statistical Association, Anaheim, Calif.; James Allan Davis, Tom W. Smith, and Peter V. Marsden, *General Social Surveys, 1972~2002 : Cumulative Codebook* (Ann Arbor, Mich. : Inter-university Consortium for Political and Social Research, 2003).
28. Alan S. Yang, "Trends : Attitudes toward Homosexuality," *Public Opinion Quarterly* 61, no. 3 (1997) : 477~507; Jeni Loftus, "America's Liberalization in Attitudes toward Homosexuality, 1973 to 1998," *American Sociological Review* 66 (2001) : 762~782.
29. 동성애자에 대한 진보주의와 관용의 예측 요소들에 대한 문헌의 간략한 리뷰는 Loftus, "America's Liberalization in Attitudes toward Homosexuality, 1973 to 1998"을 참고하라.
30. $[0.926/(1-0.926)]/[0.518/(1-0.518)] = 11.64$
31. Gary S. Becker, *A Treatise on the Family* (Cambridge, Mass. : Harvard University Press, 1991).
32. Paula S. Fass, *The Damned and the Beautiful : American Youth in the 1920's* (New York : Oxford University Press, 1977), p. 90.
33. Philip J. Greven, Jr., *Four Generations : Population, Land, and Family in Colonial Andover, Massachusetts* (Ithaca, N.Y. : Cornell University Press, 1970); Louise A. Tilly and Joan W. Scott, *Women, Work, and Family* (New York : Routledge, 1987).
34. U.S. Children's Bureau and Mrs. Max West, *Infant Care* (Washington, D.C. : U.S. Government Printing Office, 1914).
35. 1960년대 이후로 가족 수가 많은 것, 즉 12명 이상의 자녀를 두는 것은 성서 맹신주의와 강력한 연관이 있다. 만약 '성서에 대한 사고방식'이 다변량의 모델에 들어간다면, 형제의 수는 더 이상 동성애자의 권리에 대한 관용의 중요한 예측 변수가 되지 않을 것이다. 여기서 문제는 '성서에 대한 사고방식'은 1984년까지 GSS에서 물어보지 않았다는 것이고, 모델들에서 '성서에 대한 사고방식'을 사용하기 위해서는 1973년부터 1982년까지 모든 GSS 데이터를 분석에서 폐기해야만 한다는 것이다.
36. 연구자들은 역사적인 영향을 '코호트' 영향과 '시대' 영향으로 세분한다. 이때 코호트의 역사적인 영향력은 특정한 연령대에 특별한 영향을 주고, 시대의 역사적인 영향은 모든 연령에 비슷한 방식으로 영향을 준다. 대공황은 거의 모든 사람에게 영향을 주었기 때

문에 명백하게 시대 영향이지만, 대공황은 또한 1930년대에 성인이 된 젊은이들의 세대에 독특한 코호트 영향도 주었다. 어떤 연구자들은 2차 세계대전 이후 베이비 붐은 대공황시절에 성인이 된 세대의 출산이 단순히 지연되어서 그렇다고 주장한다. 앤드류 철린은 다양한 출생 코호트의 출산을 비교한 후, 1950년대의 베이비 붐 당시 대공황 시절에 성인이 된 부모의 코호트뿐만 아니라 모든 부모의 출생 코호트에서 출산이 높게 나왔다는 것을 보여 준다. 철린의 관점에서 1950년대의 베이비 붐은 코호트 영향이 아니라 시대 영향이었다. Glen H. Elder, Jr., "Age Differentiation in the Life Course," *Annual Review of Sociology* 1 (1975) : 165~190; Glen H. Elder, Jr., *Children of the Great Depression : Social Change in Life Experience* (Chicago : University of Chicago Press, 1974); Andrew J. Cherlin, *Marriage, Divorce, Remarriage* (Cambridge, Mass. : Harvard University Press, 1992); Norman B. Ryder, "The Cohort in the Study of Social Change," *American Sociological Review* 30 (1965) : 843~861을 참고하라.

37. Ryder, "The Cohort in the Study of Social Change."
38. Ronald Inglehart, *Culture Shift in Advanced Industrial Society* (Princeton, N.J. : Princeton University Press, 1990).

8장 사생활과 법

1. 산아 제한에 대한 접근은 Griswold v. Connecticut, 381 U.S. 479 (1965); Eisenstadt v. Baird, 405 U.S. 438 (1972)을 참고하라. 낙태의 권리는 Roe v. Wade, 410 U.S. 113 (1973)을 참고하라. 이인종 결혼은 Loving v. Virginia, 388 U.S. 1 (1967)을 참고하라. 동성애 금지법의 폐기는 Lawrence v. Texas, 539 U.S. 558 (2003)을 참고하라.
2. Robert H. Bork, *The Tempting of America : The Political Seduction of the Law* (New York : Simon and Schuster, 1991).
3. John D'Emilio and Estelle Freedman, *Intimate Matters : A History of Sexuality in America* (New York : Harper and Row, 1988).
4. Rachel Moran, *Interracial Intimacy : The Regulation of Race and Romance* (Chicago : University of Chicago Press, 2001); Carroll Smith-Rosenberg, "The Abortion Movement and the AMA, 1850~1880," in *Disorderly Conduct : Visions of Gender in Victorian America* (New York : Oxford University Press, 1985), pp. 217~244.
5. 러빙 대 버지니아 주의 만장일치 판결을 참고하라. 버지니아 주 법무장관의 전통주의적 주장은 그 판결에서 거부되었다. "Brief on Behalf of Appellee in Loving v. Virginia" (Westlaw 93641, 1967); Attorney General of North Carolina, "Amicus Brief in Loving v. Virginia" (Westlaw 93614, 1967).
6. Jeffrey Jensen Arnett, *Emerging Adulthood : The Winding Road from the Late Teens through the Early Twenties* (Oxford : Oxford University Press, 2004).
7. Alan S. Yang, "Trends : Attitudes toward Homosexuality," *Public Opinion Quarterly* 61, no. 3 (1997) : 477~507; David O. Sears, "Symbolic Racism," in *Eliminating Rac-*

ism : Profiles in Controversy, ed. Phyllis A. Katz and Dalmas A. Taylor (New York : Plenum Press, 1988).

8. Jeni Loftus, "America's Liberalization in Attitudes toward Homosexuality, 1973 to 1998," *American Sociological Review* 66 (2001) : 762~782.
9. Kingsley Davis and Pietronella van den Oever, "Age Relations and Public Policy in Advanced Industrial Societies," *Population and Development Review* 7, no. 1 (1981) : 1~18; Göran Therborn, *Between Sex and Power : Family in the World, 1900~2000* (London : Routledge, 2004); David John Frank and Elizabeth H. Mceneaney, "The Individualization of Society and the Liberalization of State Policies on Same-Sex Relations, 1984~1995," *Social Forces* 77, no. 3 (1999) : 911~943; Edward Shorter, *The Making of the Modern Family* (New York : Basic Books, 1975); Morton Hunt, *The Natural History of Love* (New York : Anchor Books, 1994).
10. Frank and Mceneaney, "The Individualization of Society and the Liberalization of State Policies on Same-Sex Relations, 1984~1995."
11. Max Weber, *The Protestant Ethic and the Spirit of Capitalism,* trans. Stephen Kalberg (Los Angeles : Roxbury, [1905] 2001)[막스 베버, 『프로테스탄트 윤리와 자본주의 정신』, 김상희 옮김, 풀빛, 2006].
12. 대부분의 미국 대법관 후보자들이 법조계나 공직에서의 화려한 경력을 근거로 지명을 받기 때문에, 대법관들은 일반 대중보다 나이가 더 많은 경향이 있다. 대법원장인 얼 워렌은 1891년에 태어났고, 1953년에 대법원에 들어왔다. 얼 워렌의 후계자인 워렌 버거 대법원장은 1907년에 태어났고, 1969년에 대법원장이 되었다. 버거가 1986년에 은퇴했을 때, 1924년에 태어난 윌리엄 렌퀴스트가 대법원장이 되었다. 2005년 렌퀴스트 대신 대법원장이 된 존 로버츠는 1955년에 태어났으며, 미국 대법원에서 1960년 이후에 성인이 된 최초의 대법원장이다.
13. Bork, *The Tempting of America*; Andrew Koppelman, *The Gay Rights Question in Contemporary American Law* (Chicago : University of Chicago Press, 2002)
14. Griswold v. Connecticut, 381 U.S. 479 (1965); Nicola Beisel, *Imperiled Innocents : Anthony Comstock and Family Reproduction in Victorian America* (Princeton, N.J. : Princeton University Press, 1997).
15. Griswold v. Connecticut at 485.
16. Griswold v. Connecticut at 508.
17. Eisenstadt v. Baird, 405 U.S. 438 (1972).
18. Eisenstadt v. Baird, 405 U.S. 438 (1972) at 453.
19. Moran, *Interracial Intimacy,* p. 91.
20. Eisenstadt v. Baird, 405 U.S. 438 (1972) at 471.
21. Roe v. Wade, 410 U.S. 113 (1973).
22. Smith-Rosenberg, "The Abortion Movement and the AMA, 1850~1880."

23. Roe v. Wade, 410 U.S. 113 (1973) at 153.
24. Roe v. Wade, 410 U.S. 113 (1973) at 174.
25. Ruth Bader Ginsburg, "Speaking in a Judicial Voice," *New York University Law Review* 67 (1992) : 1185~1209.
26. 같은 책; Kristin Luker, *Abortion and the Politics of Motherhood* (Berkeley : University of California Press, 1984); Neal Devins, "Book Review Essay : Through the Looking Glass : What Abortion Teaches Us about American Politics," *Columbia Law Review* 94 (1994) : 293~330; Laurence H. Tribe, *Abortion : The Clash of Absolutes* (New York : W. W. Norton, 1992).
27. Mary Ann Glendon, *Rights Talk : The Impoverishment of Political Discourse* (New York : Free Press, 1993).
28. Therborn, *Between Sex and Power* : United Nations, *The World's Women 2000 : Trends and Statistics,* vol. 16 (New York : United Nations, 2000); United Nations, *The World's Women, 1970~1990 : Trends and Statistics,* vol. 8 (New York : United Nations, 1991).
29. Peter Wallenstein, *Tell the Court I Love My Wife : Race, Marriage and Law — An American History* (New York : Palgrave Macmillan, 2002); Koppelman, *The Gay Rights Question in Contemporary American Law.*
30. Loving v. Virginia, 388 U.S. 1 (1967).
31. Loving v. Virginia, 388 U.S. 1 (1967) at 12.
32. Wallenstein, *Tell the Court I Love My Wife.*
33. 같은 책, Moran, *Interracial Intimacy*; Robert J. Sickels, *Race, Marriage and the Law* (Albuquerque : University of New Mexico Press, 1972).
34. Wallenstein, *Tell the Court I Love My Wife.*
35. Sickels, *Race, Marriage and the Law.*
36. Bork, *The Tempting of America*; Tribe, *Abortion.*
37. Bowers v. Hardwick, 478 U.S. 186 (1986).
38. Griswold v. Connecticut, 381 U.S. 479 (1965) at 499.
39. 소도미 법(sodomy law)의 성서적이고 법적인 과거의 역사에 대한 개요를 위해서는 John Boswell, *Christianity, Social Tolerance, and Homosexuality* (Chicago : University of Chicago Press, 1980)를 참고하라.
40. Koppelman, *The Gay Rights Question in Contemporary American Law,* p. 40.
41. Bowers v Hardwick, 478 U.S. 186 (1986) at 196.
42. Lawrence v. Texas, 539 U.S. 558 (2003).
43. 같은 책. at 558.
44. 산드라 데이 오코너 대법관은 바워스 대 하드윅 판결이 틀렸다는 로렌스 대 텍사스 주 판결의 다수 의견에 동의하지 않았다. 물론 그녀는 1986년 하드윅에 반대해서 표를 던졌

다. 로렌스 대 텍사스 주 사건에서 오코너의 공동 의견은 동성애가 새로운 개인의 권리로 보호된 것이 아니라, 텍사스의 동성애 법이 오직 동성애자 커플에게 적용되었기 때문에 헌법의 평등한 보호 조항을 침해했다고 본 것이었다. 조지아 주의 동성애 금지법은 동성 커플 사이의 동성애에 동성애만 특정하여 규제한 법이 아니었기에, 이 법은 오코너의 관점에서는 헌법에 위배되지 않았다.

45. 공산주의자들도 개인의 자유가 우리의 정치적 담론을 지배하는 방식에 대해 비평한다. 메리 앤 글렌던과 아미타이 에치오니는 새로운 개인의 자유가 공동체에 대한 의무를 훼손시키면서 개인의 권리를 너무 많이 만들기 때문에 문제가 있다고 주장한다. Glendon, *Rights Talk*; Amitai Etzioni, *The Spirit of Community : The Reinvention of American Society* (New York : Simon and Schuster, 1993)을 참고하라.

46. Koppelman, *The Gay Rights Question in Contemporary American Law,* p. 39.

9장 동성 결혼과 미국 가족의 미래

1. Rachel Moran, *Interracial Intimacy : The Regulation of Race and Romance* (Chicago : University of Chicago Press, 2001); Robert J. Sickels, *Race, Marriage and the Law* (Albuquerque : University of New Mexico Press, 1972).
2. William N. Eskridge, Jr., *Equality Practice : Civil Unions and the Future of Gay Rights* (New York : Routledge, 2002); Andrew Koppelman, *The Gay Rights Question in Contemporary American Law* (Chicago : University of Chicago Press, 2002).
3. Attorney General of Virginia, "Brief on Behalf of Appellee in Loving v. Virginia" (Westlaw 93641, 1967).
4. Leonard W. Levy, *Original Intent and the Framers' Constitution* (New York : Macmillan, 1988). 모든 미국인 중에서 제임스 매디슨은 헌법 입안자들의 입법 취지라는 증거를 가지고 법적·헌법적 주장들을 강화하기 위한 가장 좋은 위치에 있었는데, 왜냐하면 그는 주된 입안자들 중 한 명이었고, 가장 충실한 헌법 제정 회의 기록들을 갖고 있었기 때문이다. 그런데 초기 미공화국에서 매디슨의 중요한 경력에도 불구하고, 그는 입법 취지라는 특권을 가진 지식에 거의 의존하지 않았다. 헌법 제정 회의는 그들의 토론이 후일의 헌법 토론에 영향을 미치지 않도록 보장하기 위하여 비밀 유지 합의를 했다. 헌법 제정 회의는 1787년에 열렸지만, 매디슨은 1840년까지 그 회의에 대한 그의 기록을 그리 서둘러 출판하지 않았다. 매디슨은 1836에 사망했고, 그의 기록은 1840년까지 출판되지 않았다. 다시 말해서, 매디슨의 개인적인 입법 취지는 현재 옹호되는 입법 취지 이론과 일관되지 않는다. Jack N. Rackove, *Original Meanings : Politics and Ideas in the Making of the Constitution* (New York : Alfred A. Knopf, 1996)도 참고하라.
5. Laurence H. Tribe, *American Constitutional Law* (Mineola, N.Y. : Foundation Press, 1978); Levy, *Original Intent and the Framers' Constitution*; Laurence H. Tribe, *Abortion : The Clash of Absolutes* (New York : W. W. Norton, 1992).
6. Marbury v. Madison, 5 U.S. 137 (1803). 사법심사의 원칙에 비판적인 로버트 보크와 같

은 법학자들은 현대의 사법 결정들뿐만 아니라, 1803년으로 돌아가 대법원의 역사 전체도 필연적으로 논란이 되었다. 다시 말해서, 사법심사의 원칙에 반대하는 항의는 입법 취지의 원칙뿐만 아니라, 전통주의의 원칙도 부정한다. Robert H. Bork, *The Tempting of America : The Political Seduction of the Law* (New York : Simon and Schuster, 1991); Levy, *Original Intent and the Framers' Constitution*; Tribe, *American Constitutional Law*; Koppelman, *The Gay Rights Question in Contemporary American Law.*

7. Michael Banton, *Racial Theories* (Cambridge : Cambridge University Press, 1998); Tomás Almaguer, *Racial Fault Lines : The Historical Origins of White Supremacy in California* (Berkeley : University of California Press, 1994); Stephen Jay Gould, *The Mismeasure of Man* (New York : W. W. Norton, 1996)[스티븐 J. 굴드, 『인간에 대한 오해』, 김동광 옮김, 사회평론, 2003].
8. Attorney General of North Carolina, "Amicus Brief in Loving v. Virginia" (Westlaw 93614, 1967).
9. 같은 책, 5.
10. Attorney General of Virginia, "Brief on Behalf of Appellee in Loving v. Virginia," 26.
11. Moran, *Interracial Intimacy,* p. 95.
12. 19세기 금주 운동은 술에 취한 부모가 자녀를 방치하거나 자녀에게 해를 끼치는 것을 막기 위한 노력에서 만들어졌고, 앤서니 컴스톡의 범죄 반대 캠페인은 도시의 타락과 탐욕으로부터 상처입기 쉬운 아이들을 보호하기 위한 노력에서 만들어졌다. Nicola Beisel, *Imperiled Innocents : Anthony Comstock and Family Reproduction in Victorian America* (Princeton, N.J. : Princeton University Press, 1997)을 참고하라.
13. Attorney General of Virginia, "Brief on Behalf of Appellee in Loving v. Virginia," 29. Citing Albert Isaac Gordon, *Intermarriage : Interfaith, Interracial, Interethnic* (Boston : Beacon Press, 1964), pp. 334~335.
14. Renee C. Romano, *Race Mixing : Black-White Marriage in Postwar America* (Cambridge, Mass. : Harvard University Press, 2003).
15. 초기 기독교도가 지금의 동성애자 결혼과 유사한 당시의 동성 결합을 찬양했다는 흥미로운 역사적 주장을 보려면, John Boswell, *Same-Sex Unions in Premodern Europe* (New York : Vintage, 1994)을 참고하라. 보즈웰의 초기 기독교 필사본 인용과 관련된 비평과 토론은 Brent D. Shaw, "A Groom of One's Own?" *The New Republic,* July 18, 1994, 33을 참고하라. 또한 그 다음으로 같은 저널의 October 3, 1994년 호에 게재된 쇼와 헥스터 사이의 언쟁도 참고하라.
16. 굿리지 대 공중 보건부 사건에서 매사추세츠 주의 변론 취지서가 이런 관점들 중 몇몇을 만들었는데, 이러한 관점에는, 동성 결혼의 쟁점은 입법부에 계속해서 그대로 남아있으며, 동성 결혼은 관습법과 수 세기의 전통과 반대방향으로 갔고, 동성 결혼은 잠재적으로 아이들에게 상처를 줄 수 있다는 관점도 포함되었다. Attorney General of Mas-

sachusetts, "Brief of Defendants—Appellees on Appeal from a Final Judgment of the Superior Court in Goodridge v. Department of Public Health"(Boston, 2004)을 참고하라. 좀 더 일찍 나왔지만 매우 비슷한 변론 취지서인 Attorney General of Vermont, "Motion to Dismiss Baker v State, Vermont Superior Court" (Montpelier, 1997)도 참고하라. 동성 결혼에 대한 편견으로 인한 잡혼 비유를 주제로 한 신랄한 논문을 보려면, Eric Zorn, "Marriage Issue Just as Plain as Black and White," *Chicago Tribune,* May 19, 1996, C:1을 참고하라. 법적이고 공적인 정책의 관점으로부터 유추한 더 깊은 해설을 보려면, Evan Wolfson, *Why Marriage Matters : America, Equality, and Gay People's Right to Marry* (New York : Simon and Schuster, 2004); Mark Strasser, "Family, Definitions, and the Constitution : On the Antimiscegenation Analogy," *Suffolk University Law Review* 25 (1991) : 981~1034; Koppelman, *The Gay Rights Question in Contemporary American Law*; Eskridge, *Equality Practice*를 참고하라.

17. 과거 종교에서 이인종 결혼을 반대하는 주장과 현재 종교에서 동성 결혼을 반대하는 주장은 동일하지는 않지만 비슷하다. 물론 성서에 대한 해석은 폭넓게 다를지라도, 이인종 결혼과 민족 간 결혼에 대한 성서의 관점은 다양한 반면 동성애에 대한 성서에서의 경고는 좀 더 강하다는 차이가 한 가지 있다. 예를 들어, 레위기 20장 13절의 내용은 다음과 같다. "어떤 남자가 여자와 동침하듯 남자와 동침하면, 그 둘은 역겨운 짓을 하였으므로 사형을 받아야 한다." 또한 John Boswell, *Christianity, Social Tolerance and Homosexuality* (Chicago : University of Chicago Press, 1980); Alliance of Baptists et al., "Amicus Brief in Lawrence v. Texas" (2003)도 참고하라.
18. Eskridge, *Equality Practice*; Carlos A. Ball and Janice Farrel Pea, "Warring with Wardle : Morality, Social Science, and Gay and Lesbian Parents,"*University of Illinois Law Review* (1998) : 253~339; Lynn D. Wardle, "The Potential Impact of Homosexual Parenting on Children,"*University of Illinois Law Review* (1997) : 833~920.
19. Wardle, "The Potential Impact of Homosexual Parenting on Children."
20. Ball and Pea, "Warring with Wardle."
21. Wardle, "The Potential Impact of Homosexual Parenting on Children."
22. Ball and Pea, "Warring with Wardle."
23. U.S. Bureau of the Census, "Technical Note on Same-Sex Unmarried Partner Data from the 1990 and 2000 Censuses" (2001), http://landview.census.gov/population/www/cen2000/samesex.html (acessed February 7, 2004); Michael J. Rosenfeld and Byung-Soo Kim, "The Independence of Young Adults and the Rise of Interracial and Same-Sex Unions," *American Sociological Review* 70, no. 4 (2005) : 541~562.
24. 〈연방결혼보호법〉(the federal Defense of Marriage Act)을 둘러싼 논쟁을 보려면, Koppelman, *The Gay Rights Question in Contemporary American Law*; Eskridge, *Equality Practice*을 참고하라.
25. Koppelman, *The Gay Rights Question in Contemporary American Law*; Eskridge,

Equality Practice.

26. Baehr v. Lewin, 852 P.2d Hawaii 44 (1993). 심리와 항소, 재심을 하는 동안에, 하와이 주의 보건부 책임자는 존 레윈에서 로렌스 미이케로 바뀌었고, 사건은 배어 대 미이케로 명명되었다.
27. Baehr v. Miike, WL 694235 Hawaii Circuit Court (1996).
28. Attorney General of Hawaii, "State of Hawaii's Pre-trial Memorandum in Baehr v. Miike" (Honolulu : 1996); Baehr v. Miike.
29. 배어 대 미이케 사건에서 피고측 증인인 Dr. Pruett(4쪽)과 Dr. Eggebeen(5쪽)에서 인용한 챙 재판관의 의견을 참고하라.
30. 이 증인이 바로 리차드 윌리암스 박사(Dr. Richard Williams)였다. 배어 대 미이케 사건 판결문 6쪽에 있는 챙 재판관의 결정을 참고하라.
31. 이것은 와들(Wardle)이 볼(Ball)과 피(Pea)에 동의하는 지점이다. 와들은 재판에서 하와이 주가 패배한 이유는 이 사건을 충분히 뜨거운 이슈로 만들지 않았기 때문이라고 설명했다. Ball and Pea, "Warring with Wardle," Wardle, "The Potential Impact of Homosexual Parenting on Children."
32. Attorney General of Vermont, "Brief Arguing that the Superior Court Decision in Baker v. State Be Affirmed" (Montpelier : 1998).
33. Baker v. State, 170 Vermont 194 (1999).
34. American Psychiatric Association, *Diagnostic and Statistical Manual of Mental Disorders* (Washington, D.C. : American Psychiatric Association, 1952). 1952년 판의 DSM에서는 동성애를 확실히 인격 장애로 분류했지만, 1968년에 출간된 두 번째 판에서는 불분명했다. 1978년에 출간된 3번째 판에서는 동성애를 완전히 삭제했다.
35. Evelyn Hooker, "The Adjustment of the Male Overt Homosexual," *Journal of Projective Techniques* 21 (1957) : 17~31.
36. 같은 책.
37. John C. Gonsiorek, "The Empirical Basis for the Demise of the Illness Model of Homosexuality," in *Homosexuality : Research Implications for Public Policy*, ed. John C. Gonsiorek and James D. Weinrich (Beverly Hills, Calif. : Sage, 1991).
38. Ronald Bayer, *Homosexuality and American Psychiatry : The Politics of Diagnosis* (Princeton, N.J. : Princeton University Press, 1987); American Psychological Association et al., "Amicus Brief in Support of Petitioners in Lawrence v. Texas" (Washington, D.C. : 2003).
39. Bayer, *Homosexuality and American Psychiatry*; Charles Silverstein, "Psychological and Medical Treatments of Homosexuality," in *Homosexuality : Research Implications for Public Policy*, ed. John C. Gonsiorek and James D. Weinrich (Newbury Park, Calif. : Sage, 1991), pp. 101~114.
40. American Psychiatric Association, "Position Statement on Homosexuality and Civil

Rights," *American Journal of Psychiatry* 131 (1973) : 497. 저명한 정신과 의사들 중 몇몇은 동성애가 알콜 중독처럼 집중적인 치료에 의해 치료될 수 있고 치료받아야 한다고 계속 믿고 있다. 이 정신의학의 전통주의자들은 동성애에 대한 〈미국정신의학협회〉의 새로운 성명서에 신물을 냈고, 이들은 전체 〈미국정신의학협회〉 회원들이 모여 투표하기 이 문제를 해결해야 한다고 요구했다. 1974년, 〈미국정신의학협회〉 회원 58%가 『정신장애의 진단 및 통계 편람』의 다음 번 개정에서 정신 질환의 목록에서 동성애를 제거하자는 결정을 지지했다. Bayer, *Homosexuality and American Psychiatry*; Charles W. Socarides, *Homosexuality* (New York : Jason Aronson, 1978)을 참고하라.

41. American Psychological Association et al., "Amicus Brief in Support of Petitioners in Lawrence v. Texas," 11.
42. Dean E. Murphy, "San Francisco Married 4,037 Same-Sex Pairs from 46 States," *New York Times,* March 18, 2004, A:1; Dean E. Murphy, "San Francisco Mayor Exults in Move on Gay Marriage," *New York Times,* February 19, 2004, A:14.
43. Murphy, "San Francisco Married 4,037 Same-Sex Pairs from 46 States" Murphy, "San Francisco Mayor Exults in Move on Gay Marriage."
44. Dean E. Murphy and Carolyn Marshall, "California Court Rules Gay Unions Have No Standing," *New York Times,* August 13, 2004, A1; Lockyer v. City and County of San Francisco, CA S122923 (2004).
45. Goodridge v. Department of Public Health Massachusetts, SJC-08860 (2003).
46. Eskridge, *Equality Practice.*
47. Pam Belluck, "Massachusetts Rejects Bill to Eliminate Gay Marriage," *New York Times,* September 15, 2005, A:14.
48. David Moats, *Civil Wars : A Battle for Gay Marriage* (Orlando, Fla. : Harcourt, 2004).
49. Lawrence v. Texas, 539 U.S. 558 (2003, Scalia dissenting) at 602.
50. [옮긴이] Civil Rights Analogy. 이인종 결혼을 사생활권으로 인정하는 것에 바탕하여 동성 결혼도 사생활권으로 인정하자는 논리 또는 운동.
51. Doug McAdam, *Political Process and the Development of Black Insurgency,1930~1970* (Chicago : University of Chicago Press, 1982); Frances Fox *Piven and Richard Cloward, Poor People's Movements : How They Succeed, How They Fail (New York : Pantheon, 1977).*
52. Mark Lacey and Laurie Goodstein, "African Anglican Leaders Outraged over Gay Bishop in U.S.," *New York Times,* November 4, 2003, A:1. 미국 내 성공회 교도 사이에서도 상당한 분열이 있었다. Jane Gordon, "Meetings, and a Schism, Continue," *New York Times,* April 24, 2005, 14:1을 참고하라.
53. Laurie Goodstein, "Church Is Rebuked on Same-Sex Unions," *New York Times,* October 19, 2004, A:13.
54. Peter Wallenstein, *Tell the Court I Love My Wife : Race, Marriage, and Law — An*

American History (New York : Palgrave Macmillan, 2002).

55. Koppelman, *The Gay Rights Question in Contemporary American Law*.

56. 같은 책.

57. 미국에서 동성애자의 권리와 동성애자의 삶의 역사적인 경향에 비추어 본, 동성 결혼의 미래에 대한 낙관적인 관점은 George Chauncey, *Why Marriage? The History Shaping Today's Debate* (New York : Basic Books, 2004)을 참고하라.

58. Arthur W. Calhoun, *A Social History of the American Family : From Independence through the Civil War*, vol. 2 (New York : Barnes and Noble, [1918] 1960); Richard Godbeer, *Sexual Revolution in Early America* (Baltimore, Md. : Johns Hopkins University Press, 2002).

59. Godbeer, *Sexual Revolution in Early America*; Michael Grossberg, *Governing the Hearth : Law and the Family in Nineteenth-Century America* (Chapel Hill : University of North Carolina Press, 1985)

60. Carroll Smith-Rosenberg, "The Abortion Movement and the AMA, 1850~1880," in *Disorderly Conduct : Visions of Gender in Victorian America* (New York : Oxford University Press, 1985), pp. 217~244; John D'Emilio and Estelle Freedman, *Intimate Matters : A History of Sexuality in America* (New York : Harper and Row, 1988).

61. Murphy, "San Francisco Married 4,037 Same-Sex Pairs from 46 States"; Murphy, "San Francisco Mayor Exults in Move on Gay Marriage"; Thomas Crampton, "Court Says New Paltz Mayor Can't Hold Gay Weddings," *New York Times*, June 8, 2004, B:6; Thomas Crampton, "Issuing Licenses, Quietly, to Couples in Asbury Park," *New York Times*, March 10, 2004, B:5; Matthew Preusch, "Oregonians Look to One Suit to Settle Gay Marriage Issue," *New York Times*, March 25, 2004, A:16.

62. Pam Belluck, "Hundreds of Same-Sex Couples Wed in Massachusetts," *New York Times*, May 18, 2004, A:1; Goodridge v. Department of Public Health Massachusetts, SJC-08860 (2004).

63. 데이터가 아주 조금 시간이 지난 것이긴 하지만, 결혼 권리의 국제 비교와 관련한 철저한 논쟁에에 대해서는 Eskridge, *Equality Practice*를 참고하라. 좀 더 최신의 정보를 위해서는 http://www.lambdalegal.org를 참고하라.

64. Renwick McLean, "Spanish Parliament Gives Approval to Bill to Legalize Same-Sex Marriages," *New York Times*, April 22, 2005, A:12; Clifford Krauss, "Gay Marriage Is Extended Nationwide in Canada," *New York Times*, June 29, 2005, A:4.

65. Jeffrey Jensen Arnett, *Emerging Adulthood : The Winding Road from the Late Teens through the Early Twenties* (Oxford : Oxford University Press, 2004); Richard A. Setterstein, Jr., Frank F. Furstenberg, Jr., and Rubén G. Rumbaut, eds., *On the Frontier of Adulthood : Theory, Research, and Public Policy* (Chicago : University of Chicago Press, 2005); John Modell, Frank F. Furstenberg, Jr., and Theodore Hershberg, "So-

cial Change and Transitions to Adulthood in Historical Perspective," in *The American Family in Social-Historical Perspective,* ed. Michael Gordon (New York : St. Martin's Press, 1978), pp. 192~219.

66. Edward Shorter, *The Making of the Modern Family* (New York : Basic Books, 1975).

67. Lenore Weitzman, *The Marriage Contract : Spouses, Lovers, and the Law* (New York : Free Press, 1981).

68. Shorter, *The Making of the Modern Family*; Anthony Giddens, *The Transformation of Intimacy : Sexuality, Love, and Eroticism in Modern Societies* (Cambridge : Polity Press, 1992); Morton Hunt, *The Natural History of Love* (New York : Anchor Books, 1994); Ron Lesthaeghe, "A Century of Demographic and Cultural Change in Western Europe : An Exploration of Underlying Dimensions," *Population and Development Review* 9 (1983) : 411~435.

69. Ulrich Beck and Elisabeth Beck-Gernsheim, *The Normal Chaos of Love,* trans. Mark Ritter and Jane Wiebel (Cambridge : Polity Press, 1995)[울리히 벡 · 엘리자베트 벡 게른스하임, 『사랑은 지독한, 그러나 너무나 정상적인 혼란』, 배은경 외 옮김, 새물결, 1999]; James Q. Wilson, *The Marriage Problem : How Our Culture Has Weakened Families* (New York : Harper Collins, 2002); Christopher Lasch, *Haven in a Heartless World : The Family Besieged* (New York : W. W. Norton, 1977).

70. 새롭게 등장한 개인주의에 대한 공동체주의(communitarian)의 비평은 Amitai Etzioni, *The Spirit of Community : The Reinvention of American Society* (New York : Simon and Schuster, 1993); Mary Ann Glendon, *Rights Talk : The Impoverishment of Political Discourse* (New York : Free Press, 1993)을 참고하라.

71. Wilson, *The Marriage Problem*; Linda J. Waite and Maggie Gallagher, *The Case for Marriage : Why Married People Are Happier, Healthier, and Better Off Financially* (New York : Doubleday, 2000); James Dobson, *Dare to Discipline* (New York : Bantam Doubleday, 1980). 가족 질서의 중요성에 대한 식민지적 관점을 보려면 Cotton Mather, *A Family Well-Ordered : An Essay to Render Parents and Children Happy in One Another* (Boston : Green and Allen, 1699); Edmund S. Morgan, *The Puritan Family : Religion and Domestic Relations in Seventeenth-Century New England* (New York : Harper, [1944] 1966).

72. William F. Ogburn and N. F. Nimkoff, *Technology and the Changing Family* (Westport, Conn. : Greenwood Press, 1955).

73. Sickels, *Race, Marriage and the Law*; Loving v. Virginia, 388 U.S. 1 (1967); Moran, *Interracial Intimacy.*

74. Romano, *Race Mixing.*

:: 표 차례

:: **도표 차례**

ㄱ

ㄴ, ㄷ

ㄹ

ㅁ

ㅂ

ㅅ

ㅇ

ㅈ, ㅋ

ㅌ

ㅍ

ㅎ

:: 용어 찾아보기

본문에 참고한 이미지 출처

2쪽 : https://www.flickr.com/photos/24141546@N06/15770713616/
4~8쪽 : https://www.flickr.com/photos/nattu/895220635/
9쪽 : https://www.flickr.com/photos/laurenmanning/5658991033/
33쪽 : https://www.flickr.com/photos/briannalehman/3398276991/
128쪽 : https://www.flickr.com/photos/fibonacciblue/5727668513/
180쪽 : https://www.flickr.com/photos/tomsaint/5793041889/
201쪽 : https://www.flickr.com/photos/distelfliege/12643582504/
226쪽 : https://www.flickr.com/photos/azwegers/6169806541/
245쪽 : https://www.flickr.com/photos/nattu/895220635/